U0524038

In The SHADOW Of The EMPRESS

哈布斯堡女皇

玛丽亚·特蕾莎 和 18世纪欧洲的权力博弈

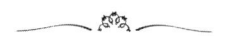

[美]南希·戈德斯通 ◎著
Nancy Goldstone
陈 雷 ◎译

华夏出版社
HUAXIA PUBLISHING HOUSE

IN THE SHADOW OF THE EMPRESS
Copyright ©2021 by Nancy Goldstone
This edition arranged with InkWell Management LLC
through Andrew Nurnberg Associates International Limited

版权所有，翻印必究。
北京市版权局著作权合同登记号：图字 01-2024-3700 号

图书在版编目（CIP）数据

哈布斯堡女皇：玛丽亚·特蕾莎和 18 世纪欧洲的权力博弈 /（美）南希·戈德斯通（Nancy Goldstone）著；陈雷译 . — 北京：华夏出版社有限公司，2025.
ISBN 978-7-5222-0826-8

Ⅰ．K835.07

中国国家版本馆 CIP 数据核字第 2025ZP6728 号

哈布斯堡女皇：玛丽亚·特蕾莎和 18 世纪欧洲的权力博弈

著　　者	[美] 南希·戈德斯通（Nancy Goldstone）
译　　者	陈　雷
责任编辑	杨小英
责任印制	周　然
装帧设计	赵萌萌

出版发行	华夏出版社有限公司	
经　　销	新华书店	
印　　装	三河市万龙印装有限公司	
版　　次	2025 年 5 月北京第 1 版	2025 年 5 月北京第 1 次印刷
开　　本	880×1230　1/32 开	
印　　张	18.5	插　页　4
字　　数	400 千字	
定　　价	128.00 元	

华夏出版社有限公司　地址：北京市东直门外香河园北里 4 号　邮编：100028
网址：www.hxph.com.cn　电话：（010）64663331（转）
若发现本版图书有印装质量问题，请与我社营销中心联系调换。

献给拉里、里和泰勒，
没有他们，这一切都没有意义。

目录

主要谱系　　　　　　　　　Ⅰ
引　子　　　　　　　　　　Ⅰ

第Ⅰ部　玛丽亚·特蕾莎　　　001
1　一道帝国诏令　　　　　　003
2　奥地利女大公　　　　　　013
3　匈牙利女王　　　　　　　028
4　波希米亚女王　　　　　　047
5　神圣罗马帝国女皇　　　　067
6　帝国事务　　　　　　　　096
7　裙子三姐妹　　　　　　　119

第Ⅱ部　三位帝国公主　玛丽亚·克里斯蒂娜、玛丽亚·卡罗琳娜和玛丽·安托瓦内特　　131
8　最受宠爱的公主　　　　　135
9　恋爱中的女大公　　　　　157
10　替　补　　　　　　　　 187

11	那不勒斯王后	205
12	小家伙	225
13	法国太子妃	237
14	皇室的分歧	267
15	那不勒斯王后掌权	295
16	法国王后	319
17	钻石与债务	340

第 III 部　女皇的影响　367

18	布鲁塞尔的背叛	371
19	王后立场坚定	397
20	舍命一搏	413
21	恐怖与悲剧	444
22	死于维也纳	471
23	大使夫人、海军上将和王后	495
24	科西嘉人与王后	521

后　记	549
致　谢	553
主要参考文献	557

我宁可被人看作软弱,也不愿背负不义之名,愿上帝保佑。

——玛丽亚·特蕾莎,1765 年

你不了解我。我可不像别的女人那样胆小怯懦。

——玛丽亚·克里斯蒂娜,1789 年

时间与上天将为我正名。

——玛丽亚·卡罗琳娜,1806 年

在玛丽亚·特蕾莎的所有女儿当中,我难道不是最最幸运的那一个吗?

——玛丽·安托瓦内特,1792 年

主要谱系

Selected Genealogy

奥地利

利奥波德一世（1640—1705），神圣罗马帝国皇帝，匈牙利和波希米亚国王，娶诺伊堡的埃莱奥诺雷·玛格达莱妮（1655—1720）为神圣罗马帝国皇后。两人育有二子。

1. **约瑟夫一世**（1678—1711），神圣罗马帝国皇帝，匈牙利和波希米亚国王。

2. **查理六世**（1685—1740），神圣罗马帝国皇帝，匈牙利和波希米亚国王。

约瑟夫一世娶不伦瑞克的威廉明妮（1673—1742），育有两个女儿。

1. **玛丽亚·约瑟法**（1699—1757），嫁奥古斯特三世（波兰国王,萨克森选帝侯,1696—1763)。

2. 玛丽亚·阿马利娅(1701—1756),嫁查理七世(巴伐利亚选帝侯,神圣罗马帝国皇帝,1697—1745)。

查理六世娶不伦瑞克-沃尔芬比特尔的伊丽莎白·克里斯蒂娜(1691—1750),育有两个女儿。

1. **玛丽亚·特蕾莎**(1717—1780),神圣罗马帝国皇后,匈牙利和波希米亚女王,嫁**洛林的弗朗西斯一世**(神圣罗马帝国皇帝,1708—1765)。

2. **玛丽亚·安娜**(1718—1744),奥属尼德兰总督,嫁**洛林的查理**(奥属尼德兰总督,1712—1780)。

玛丽亚·特蕾莎和洛林的弗朗西斯的子女:

1. 一个女儿(1737—1740)。

2. 玛丽安娜(1738—1789),女修道院院长。

3. 一个女儿(1740—1741)。

4. **约瑟夫二世**(1741—1790),神圣罗马帝国皇帝,匈牙利和波希米亚国王,第一任妻子为**帕尔马的伊莎贝拉**(1741—1763,死于天花),第二任妻子为巴伐利亚的玛丽亚·约瑟法(1739—1767,死于天花)。

5. **玛丽亚·克里斯蒂娜**("咪咪",1742—1798),泰申女公爵,奥属尼德兰总督,嫁**萨克森的阿尔伯特**(泰申公爵,奥属尼德兰总督,1738—1822)。

6. 玛丽亚·伊丽莎白(1743—1808),女修道院院长。

7. 查理（1745—1761，死于天花）。

8. 玛丽亚·阿马利娅（1746—1804），帕尔马公爵夫人，嫁斐迪南（帕尔马公爵，1751—1802）。

9. 利奥波德二世（1747—1792），托斯卡纳大公，神圣罗马帝国皇帝，娶西班牙的玛丽亚·路易莎（1745—1792）。

10. 一个女儿（1748，只存活了一个小时）。

11. 玛丽亚·约翰娜（1750—1762，死于天花）。

12. 玛丽亚·约瑟法（1751—1767，死于天花）。

13. 玛丽亚·卡罗琳娜（"夏洛特"，1752—1814），那不勒斯王后，嫁斐迪南四世（那不勒斯国王，1751—1825）。

14. 斐迪南（1754—1806），米兰总督。

15. 玛丽·安托瓦内特（1755—1793），法国王后，嫁路易十六（法国国王，1754—1793）。

16 马克西米利安（1756—1801），科隆选帝侯。

德意志　萨克森

强者奥古斯特二世（1670—1733），萨克森选帝侯，波兰国王，娶拜罗伊特的克里斯蒂娜·埃伯哈丁。两人育有一子，即**奥古斯特三世**（萨克森选帝侯，波兰国王）。

奥古斯特三世（1696—1763）娶威廉明妮的多产大女儿玛丽亚·约瑟法。两人育有16个子女，与本书内容有关的如下：

1. 腓特烈·克里斯蒂安（1722—1763），继其父为萨克森选帝侯。

2. 玛丽亚·阿马利娅（1724—1760），嫁**唐·卡洛斯**（那不勒斯国王），其子为**斐迪南四世**（那不勒斯国王）。

3. 弗朗茨·泽维尔（1730—1806），在腓特烈·克里斯蒂安死后为萨克森摄政。

4. 玛丽亚·约瑟法（1731—1767），嫁法国王太子**胖子路易**。

5. **阿尔伯特**（1738—1822），泰申公爵，奥属尼德兰总督，娶了玛丽亚·克里斯蒂娜。

德意志　巴伐利亚

查理七世（1697—1745），巴伐利亚选帝侯，不幸的神圣罗马帝国皇帝，娶威廉明妮的小女儿玛丽亚·阿马利娅。两人育有7个子女，与本书内容有关的如下：

1. 马克西米利安三世（1727—1777），继其父为巴伐利亚选帝侯。正是他的死促使**约瑟夫**派兵进入巴伐利亚，导致腓特烈大帝开战。

2. 玛丽亚·约瑟法（1739—1767，死于天花），即**约瑟夫**那位不受喜爱的第二任妻子。

西班牙

腓力五世（1683—1746），西班牙国王，娶帕尔马女公爵**伊丽莎白·法尔内塞**（西班牙王后，腓力的第二任妻子，1692—1766）。

这对夫妇有两个儿子。

1. **唐·卡洛斯**（1716—1788），那不勒斯国王，后为西班牙国王查理三世。

2. **唐·腓力**（1720—1765），帕尔马公爵。

意大利　那不勒斯

那不勒斯国王**唐·卡洛斯**（亦为西班牙国王查理三世）与妻子萨克森的玛丽亚·阿马利娅（那不勒斯王后，1724—1760）所生的若干子女：

1. 西班牙的玛丽亚·路易莎（1745—1792），嫁利**奥波德二世**（神圣罗马帝国皇帝，托斯卡纳大公）。

2. **查理四世**（1748—1819），西班牙国王，娶帕尔马的玛丽亚·路易莎。

3. **斐迪南四世**（1751—1825），那不勒斯国王，娶玛丽亚·卡罗琳娜（那不勒斯王后）。

那不勒斯王后**玛丽亚·卡罗琳娜**与丈夫**斐迪南四世**的子女：

1. 玛丽亚·特蕾莎（1772—1807），嫁利奥波德的长子**弗朗西斯二世**（神圣罗马帝国皇帝）。

2. 玛丽亚·路易莎（1773—1802），嫁利奥波德的次子斐迪南三世（托斯卡纳大公）。

3. 卡洛斯（1775—1778，死于天花）。

4. 玛丽亚·安娜（1775—1780，死于天花）。

5. 弗朗西斯科（1777—1830），那不勒斯王太子，先娶利奥波德的女儿玛丽亚·克莱门蒂娜，后又娶西班牙的玛丽亚·伊莎贝拉（1789—1848）。

6. 玛丽亚·克里斯蒂娜（1779—1849），嫁撒丁国王之弟。

7. 真纳罗（1780—1789，死于天花）。

8. 朱塞佩（1781—1783，死于天花）。

9. 玛丽亚·阿马利亚（1782—1866），法国王后，嫁路易·菲利普一世（奥尔良公爵，法国国王，1773—1850）。

10. 一个女儿（1783，死胎）。

11. 玛丽亚·安托瓦内塔（1784—1806），嫁西班牙的斐迪南七世（1784—1833）。

12. 玛丽亚·克洛蒂尔德（1786—1792，死于天花）。

13. 玛丽亚·恩里切塔（1787—1792，死于天花）。

14. 卡洛（1788—1789，死于天花）。

15. 利奥波德（1790—1851）。

16. 阿尔伯特（1792—1798，在先锋号上因脱水而死）。

17. 玛丽亚·伊莎贝拉（1793—1801）。

意大利　帕尔马

帕尔马公爵唐·腓力与妻子、**路易十五**的长女路易丝·伊丽莎白（1727—1759）所生的若干子女：

1. **帕尔马的伊莎贝拉**（1741—1763，死于天花），嫁约瑟夫二世（神圣罗马帝国皇帝）。

2. **斐迪南**（1751—1802），帕尔马公爵，娶玛丽亚·阿马利娅（帕尔马公爵夫人）。

3. **玛丽亚·路易莎**（1751—1819），西班牙王后，嫁查理四世（西班牙国王）。

意大利　托斯卡纳

神圣罗马帝国皇帝、托斯卡纳大公**利奥波德二世**与妻子西班牙的玛丽亚·路易莎（唐·卡洛斯之女，那不勒斯国王斐迪南四世的姐姐）共育 16 个子女，其中竟有 12 个儿子。这些子女中只有几个明确地出现在本书中，他们是：

1. **弗朗西斯二世**（1768—1835），神圣罗马帝国皇帝，最初的短暂婚姻娶的是叶卡捷琳娜大帝的一个亲戚，后来娶了玛丽亚·卡罗琳娜的长女、那不勒斯的玛丽亚·特蕾莎。弗朗西斯的长女**玛丽·路易丝**（1791—1847）嫁给了拿破仑。

2. **斐迪南三世**（1769—1824），托斯卡纳大公，娶玛丽亚·卡罗琳娜的次女、那不勒斯的玛丽亚·路易莎。

3. **查理大公**（1771—1847），被玛丽亚·克里斯蒂娜和阿尔伯特收养。

4. **玛丽亚·克莱门蒂娜**（1777—1801），嫁玛丽亚·卡罗琳娜的长子、那不勒斯王太子弗朗西斯科。

法　国

路易十五（1710—1774，死于天花），法国国王，娶波兰国王斯坦尼斯拉斯的女儿玛丽·莱辛斯卡（1703—1768）。

路易十五和玛丽·莱辛斯卡的若干子女：

1. 路易丝·伊丽莎白（**帕尔马的伊莎贝拉母亲**，1727—1759），嫁帕尔马公爵**唐·腓力**。
2. **胖子路易**（1729—1765），法国王太子，娶萨克森的玛丽亚·约瑟法。
3. 阿代拉伊德公主（1732—1800）。
4. 维克图瓦公主（1733—1799）。
5. 索菲公主（1734—1782）。
6. 路易丝公主（1737—1787）。后面四位即路易十六的未婚姑妈们。

胖子路易和萨克森的玛丽亚·约瑟法所生的若干子女：

1. **路易十六**（1754—1793），法国国王，娶**玛丽·安托瓦内特**。
2. 普罗旺斯伯爵（1755—1824），后为法国国王**路易十八**。
3. 阿图瓦伯爵（1757—1836），后为法国国王**查理十世**。
4. 伊丽莎白公主（1764—1794）。

玛丽·安托瓦内特与路易十六所生子女：

1. 玛丽-泰蕾兹（1778—1851）。
2. 路易-约瑟夫（1781—1789），法国王太子。

玛丽·安托瓦内特与阿克塞尔·范·费尔森伯爵所生子女：

1. 路易-查理（1785—1795），在其哥哥死后成为法国王太子，后为**路易十七**。

2. 索菲公主（1786—1787）。

引　子

Introduction

巴黎，杜伊勒里宫，1791 年 6 月 20 日傍晚时分

　　夏至日前一晚，10 点多钟，夜幕刚刚降临。法国王后玛丽·安托瓦内特（Marie Antoinette）已上床休息。当天下午早些时候，她带着 12 岁的女儿玛丽 – 泰蕾兹（Marie-Thérèse）和 6 岁的儿子路易（王储），驱车前往约四分之一英里外一座以风景秀美闻名的私人花园，让孩子们呼吸新鲜空气。他们大约 7 点钟才从花园回来，然后姐弟俩就被送回了各自的房间，在吃饱喝足后上床睡觉了。玛丽·安托瓦内特本人按照惯例在 9 点钟与丈夫路易十六和他的妹妹伊丽莎白公主一起安静地用了餐。晚餐后，王后进入私室，由她的首席侍女服侍着宽衣，她如往常一样吩咐了第二天叫醒她的时间。

侍女也像往常一样，将这一命令传达给门外站岗的士兵。然后，王后便上床休息了。

但她并没有睡着。因为玛丽·安托瓦内特盼望、祈祷和准备了几个月的时刻，也就是王室逃离巴黎和革命的时刻，终于要来了。

两年前的一天，一群愤怒的巴黎暴民袭击并成功占了一度被王室乃至所有法国人看作坚不可摧的巴士底狱。自那时起，王后便越来越确信事情会一发不可收拾，迟早她、她的丈夫和孩子们将不得不在夜深人静之时恐惧而不光彩地秘密逃亡。在得知巴士底狱被攻占的消息后，王后便敦促丈夫立即带家人离开当时居住的凡尔赛宫，向东前往更安全的梅斯，那里毗邻她的哥哥、神圣罗马帝国皇帝统治的土地。一旦安全离开，国王便可以招募足够的人手，率领一支足以在首都维持秩序的强大军队返回。玛丽·安托瓦内特十分确信这一行动的必要性，以至于她已开始匆忙收拾行李。一位目睹事件进程的侍女说："她命令我把她所有珠宝都从匣子里取出来，装进一个小箱子里，以便她可以随身带上马车。"

但路易十六却犹豫不决。他按照惯例召集顾问们征求意见，玛丽·安托瓦内特出席了这次会议，尽管她激烈地主张离开，却无法影响集体的决断。"事情已经决定了：军队开走，国王留下来。"王后回到住处后绝望地对仆人们说，"这不是他自己做的决定，人们就这个问题进行了长时间的辩论，最后国王站起来说：'好吧，先生们，我们必须做出决定。到底走还是留？我怎样都可以。'大部分人都主张国王应留下来，而这选择是否正确就要看来日的结果了。"玛丽·安托瓦内特显然认为，这是一个严重的错误。

她在危机时刻无法拯救自己和家人，却可以拯救其他一些人。

所有与法国王后密切相关的人都面临着生命危险,其中最重要的就是玛丽·安托瓦内特最亲密的朋友、迷人的波利尼亚克公爵夫人。1789年7月16日晚,也就是在巴士底狱陷落仅仅两天后,王后就找来公爵夫人并让她逃走。她恳求说:"恐怕最坏的事情将会发生,为了我们之间的友谊,请你快离开吧。"王后还让自己的丈夫一起来劝说,路易十六也毫不犹豫地表达了同样的看法。国王对公爵夫人说:"我刚刚已命令阿图瓦伯爵(路易最年轻的弟弟)离开,我也给您同样的命令。一刻也不要耽搁,带上家人赶紧走吧。"

于是,波利尼亚克公爵夫人便带着她的丈夫、女儿和两名随从,在当天午夜乘坐一辆又大又沉、被称为"贝利娜"的马车逃离了王宫。公爵夫人为了伪装而将自己打扮成一个女仆。这个计策成功了,当他们的马车在桑斯停下换马时,曾有人问他们:"波利尼亚克一家还跟王后在一起吗?"询问者显然不知道这些富裕的旅行者便是波利尼亚克一家。于是他们便"装出最满不在乎的坚定口气回答说,他们(波利尼亚克一家)离凡尔赛宫远着呢,而且我们已经摆脱了所有这些坏家伙了",然后便获准安全地离开了法国。他们先去了瑞士,又从那里去了意大利,向玛丽·安托瓦内特的家人寻求帮助,其中包括她那位热情果敢的姐姐、极具影响力的那不勒斯王后玛丽亚·卡罗琳娜(Maria Carolina)。玛丽·安托瓦内特最喜欢的肖像画家伊丽莎白·维热·勒布伦(Élisabeth Vigée Le Brun)也逃到了后者的宫廷寻求庇护。

但是,无论玛丽·安托瓦内特多么希望,当危难到来之时,她要去投奔的却并非在年龄和感情上与其最接近的姐姐玛丽亚·卡罗琳娜。因为南意大利太遥远了,根本无法成为组织有效反击的真正前哨。她知道,她的丈夫需要外国贷款和士兵,还需要一个离家较近的地方来召集大量仍然忠于王室的国人为其作战。这就意味着她要逃往奥地利,求助于她那位身为皇帝的哥哥,以及(虽然不太情愿)他哥哥最亲密的顾问,也是她仍在世的姐姐中最年长的一个,奥属尼德兰总督玛丽亚·克里斯蒂娜(Maria Christina)。

玛丽·安托瓦内特与这位比她年长 13 岁、经常主动给她提建议的姐姐之间的关系一言难尽。她们从未亲近过。法国王后曾对玛丽亚·克里斯蒂娜的多管闲事表达过公开的反感,还不止一次怀疑她向她们尊贵的母亲、大权在握的女皇*玛丽亚·特蕾莎(Maria Theresa)打小报告。但后来母亲去世了,玛丽亚·克里斯蒂娜填补了母亲留下的空缺,将这个家庭维系在了一起。随着巴黎局势的恶化,玛丽·安托瓦内特对姐姐之价值与忠诚的所有疑虑都被后者慷慨的姐妹之情和她自己的迫切需要克服了。1790 年 5 月 29 日,距离波利尼亚克一家逃亡还不到一年,法国王后在位于圣克卢的夏宫中怀着前所未有的热爱和感激之情(显然是因对方的帮助意愿而起)写信给玛丽亚·克里斯蒂娜说:"你真好,我亲爱的姐姐,你的信让我热泪盈眶。"当出逃的决定做出之后,也正是能力出众的玛丽亚·克里斯蒂娜帮忙安排了相关事宜。

但是,打算离开和真正离开之间还是有很大区别的。那年夏天,国王、王后、孩子们以及国王的妹妹都可以自由地外出狩猎,并在圣克卢城堡宽敞的院子里散步。彼时若想逃走是相对容易的,他们可以从那里抢先一步奔向边境,让可能的追兵追之不及。但

---

* 玛丽亚·特蕾莎在位期间是权力的实际掌控者,因此在大部分时候将其头衔 empress 译为"女皇",只在少数涉及其丈夫的皇帝身份时才译为"皇后"。——译者注

这种情况并没有发生，这促使伊丽莎白公主在 1790 年 10 月 24 日的一封加密信件中惆怅地对一位朋友说："我的病人（路易十六）仍然双腿僵硬，我担心病痛会蔓延到关节，最终变得无法治愈。"但事实上，就在他妹妹寄信的当天，路易十六向驻扎在巴黎以东约 200 英里的梅斯的一位忠于王室的法军将领派去了一名密使，宣布王室决定在返回杜伊勒里宫的冬季住所后便立即出逃，并请其调集军队护卫他们的逃跑路线。这项出逃计划要等到次年夏天才开始安排实施，不过玛丽·安托瓦内特的解放时刻总算还是到来了。

受到波利尼亚克一家成功脱逃的鼓舞，法国王后仿照她昔日好友的出逃模式，开始了自己的逃亡之旅。国王一家伪装成仆人，计划在午夜过后乘坐一辆宽敞舒适、设备齐全的四轮大马车悄悄离开巴黎。孩子们的家庭教师将扮成一位杜撰出来的男爵夫人，带着两个女儿（王储将装扮成女孩）去探亲；女仆打扮的伊丽莎白夫人则装成是她的旅伴。路易十六身着棕色大衣，头戴圆帽和假发，屈尊假扮成男爵夫人的男仆，而玛丽·安托瓦内特则身着朴素的衣裙和黑色短斗篷，用帽子遮住她那头容易暴露身份的头发，扮作孩子们的家庭教师。

就这样，在 1791 年 6 月下旬的那个漆黑夜晚，法国王后脱衣上床约 15 分钟后又悄无声息地爬了起来，通过秘密通道来到孩子们睡觉的房间。女儿很容易就被唤醒了，但王储却睡得很沉。为了不让他因突然被惊醒而哭闹，母亲跪在他的床边，轻声说："我们要出发去打仗了，会有很多的士兵参加。"

她很了解自己的儿子，他立刻睁开了眼睛，说："快，快，让我们赶紧出发吧。"

所有人都知道这次出逃的结果以及玛丽·安托瓦内特和家人的可怕命运。玛丽·安托瓦内特的传奇故事引人入胜，可以反复讲述而不失其感染力，它已深深地印在了大众的意识之中，超越了历史，接近于神话。

然而，即使在被讲述过那么多遍之后，这些事件的神秘色彩依然挥之不去。法国王室的其他成员，包括路易十六的两个兄弟和他们的妻子儿女，甚至国王年迈的姑妈们，都设法躲过了卫兵的审查，偷偷迅速地越过了边境，获得了自由。为什么这次逃亡却一败涂地？国王会为了波利尼亚克公爵夫人及其家人的安全而将他们打发走，可他为什么没有送走自己的妻儿？玛丽·安托瓦内特对这一切有什么影响？这位王后的名字如今已成为骄横傲慢之风的代名词，而正是这种作风激怒了她的臣民，导致他们起来革命，那么，她对这一灾难性事件到底又该负多大的责任呢？

这些问题至今仍未得到解答，并不是因为谜题无法解开，而是因为很多信息都是一个更大故事的组成部分。这是一个由无比坚强的女性组成的家庭的故事，首先是玛丽·安托瓦内特那位令人敬畏的母亲，女皇玛丽亚·特蕾莎，她是欧洲有史以来最杰出的领导人之一，再就是她的三个女儿，声名狼藉的法国王后只是其中最小的一个。她才华横溢的姐姐玛丽亚·克里斯蒂娜是奥属尼德兰总督，她也曾与法国革命狂潮带来的危险和阴谋作过斗争。而那不勒斯女王玛丽亚·卡罗琳娜则勇气惊人，她在第一波恐怖浪潮中幸存下来，但随后又被迫面对拿破仑所带来的旋风。她们的统治与玛丽·安托瓦内特的统治一样，充满了辉煌和悬念，她们的惊险故事彼此勾连，共同诠释着她们生活于其中的那个非同寻常的时代。

玛丽·安托瓦内特和她的姐姐们都不畏传统和成见，开辟了自己的道路。然而，将她们引领上这样一条道路的是她们那位威严的母亲，她是历史上第一位凭自身资格继承了庞大哈布斯堡帝国的女性。

第 I 部

玛丽亚·特蕾莎
Maria Theresa

15 岁的玛丽亚·特蕾莎

1

一道帝国诏令
An Imperial Decree

很显然，有一个国家得利，就有一个国家受损。

——伏尔泰《哲学词典》

1717年5月13日早上7点刚过，玛丽亚·特蕾莎降生于帝国古老的统治中心，首都维也纳那座威严的霍夫堡宫中。她的父亲是神圣罗马帝国皇帝兼匈牙利和波希米亚国王查理六世，乃欧洲最有势力的人之一；她的母亲是伊丽莎白·克里斯蒂娜皇后，据一位英国使节的妻子玛丽·沃特利·蒙塔古（Mary Wortley Montagu）夫人说，"其美丽蜚声多国"，众所周知。"她秀发浓密……光彩照人；美第奇家族收藏的那座著名雕像*也不及她身段婀娜，比例匀称。"

---

* 指美第奇家族收藏的维纳斯雕像，现藏于乌菲兹美术馆。——译者注

玛丽夫人的赞美是真心诚意的，她并非那种习惯于在写信时对别人大加赞美之人。比如，她对自己在维也纳认识的其他出身高贵的女性们就不乏微词，曾评论说她们的发式和穿着打扮是"怪异可怕且违背一切常识和理性的……你很容易想象，这些离奇的装束会怎样凸显和增进她们自然的丑陋，那是全能的上帝好心赐给她们所有人的"。

统治家族生下一个女儿来，这可从不是一件完全可喜可贺的事情，而玛丽亚·特蕾莎的降生尤其让人沮丧发愁，特别是对她的父亲来说。查理六世当然希望生出的是个儿子——所有皇帝都想要儿子，为的是确保皇位有人继承。伊丽莎白·克里斯蒂娜的第一个孩子是前一年4月降生的，的确是个儿子，但让其双亲和他们的臣民们悲痛的是，他在年底之前便夭折了；而现在这第二个孩子是个女儿。在生出儿子之前先有了个女儿，这使得皇帝不得不面对一个他非常不想面对的问题——他受到一个秘密协议的约束，协议内容规定了他死去哥哥的孩子们和他自己的孩子们在继承权上的地位。

表面看来，查理的困境源自他作为次子的地位以及其家族显而易见缺乏健康男性继承人的状况。不过，查理真正的问题在于，他是个哈布斯堡家族中人，而一个人若是生在18世纪初的哈布斯堡家族中，其处境就会有点儿像是要看守一座藏满了奇珍异宝的巨大而古老的城堡，城堡的所有门窗都大敞四开，城前还放下了吊桥。不管看守者多么勤恳认真，总会有人溜进来，偷了金银一走了之。

在帝国看来，最大的一个贼就是"太阳王"路易十四。在路易登上王位之前，人们的共识是，卓越的哈布斯堡王朝中的一员将作为神圣罗马帝国皇帝统治德意志、奥地利、波希米亚、西里西亚、匈牙利和北意大利，而另一个哈布斯堡家的亲族将统治西班牙王国，包括西属尼德兰（即今天的比利时和佛兰德斯），以及意大利南部和中部的其他领土，再加上新世界的殖民地。哈布斯堡家族认为，根据数世纪以来的惯例，这无比巨大的财富和广袤得惊人的土地都应归他们所有，这种权利既是与生俱来的，又是合法的。

但在路易十四登上法国王位后，情况发生了改变。路易十四对传统不屑一顾，在其看似漫长无止境的统治期间（他在位72年），他一直利用每个机会挑战哈布斯堡家族的权威。他抢夺他们临近法国北部和东部边境的领地；他引诱那些重要的德意志领主们加入法国阵营，将他们变成自己的同盟者，而这些男爵们至少在名义上是应效忠于神圣罗马皇帝的；他入侵位于德意志中部至关重要的巴拉丁领地，以其弟媳之名将之据为己有。

不过，路易十四最大胆无耻的行动发生在1700年11月1日，那时哈布斯堡家族的西班牙国王（一个不怎么聪明果断的统治者）在没有儿子继承王位的情况下死去了，据说他在临死之前按教皇的意思将其王国留给了太阳王16岁的孙子，而没有留给他自己的帝国亲戚。那时的皇帝利奥波德一世（查理之父）自然对此加以反对，声称继承王位的应该是自己的次子（查理）。作为回应，路易十四的军队入侵了比利时、德意志、意大利和西班牙，由此引发了西班牙王位继承战争，这是一场国际危机，欧洲各主要大国在接下来的12年里全都被卷入其中。

利奥波德在战争早期于1705年去世，查理的哥哥约瑟夫即位称帝。查理那时只有20岁，正在西班牙竭尽全力作战，力图从法国人那里夺回王国。约瑟夫在英国、荷兰和萨伏依的帮助下于布伦海姆和都灵战胜了路易十四的军队，取得令人印象深刻的战果，而兵力不足的查理却被阻挡在巴塞罗那，未能再深入一步，而且就连已到手的巴塞罗那也经常遭到路易十四孙子的围攻，后者成功地巩固了自己在王国其他地区的统治，因而作为西班牙国王腓力五世而得到了欧洲各国的承认。

不过，查理非常喜欢气候温暖、阳光灿烂的巴塞罗那——谁不喜欢呢？——他在其后数年中一直留在那里，准备持续坚守阵地，打到最后。可是后来却发生了人们完全未曾预料到的事。他那位32岁的兄长约瑟夫在1711年因天花而丧命，虽然医生们曾竭尽全力为其治疗，治疗手段包括把他关在紧闭门窗的闷热病房里，再用20码长的法兰绒毯子将其卷起来裹紧。约瑟夫留下遗孀和两个女儿，但没有儿子，于是26岁的查理忽然就登上了神圣罗马帝国皇帝的大位。

在一个位于西班牙南部、被围攻的前沿据点里统治广阔复杂的帝国显然是不可能的，于是查理离开温暖惬意的巴塞罗那，返回了维也纳，结果却发现他已故哥哥的那些同盟者们因已达成了自己的军事和政治目标，不想再继续打下去了。没有英国和荷兰的帮助，查理根本无法继续战争，于是这位新皇帝只好向现实低头，不情愿地签署了一系列和平协议，正式将西班牙、意大利南部和中部，以及新世界等哈布斯堡领土交到得胜的腓力五世手中。虽然查理通过这些协议拿到了西属尼德兰（此外还有德意志、奥地利、西里西亚、匈牙利、波希米亚和北意大利），但显而易见的是，这次盗贼偷到手的可不只是金银——他现在已经将半个城堡据为己有了。

查理是家族中第一个在即位伊始便失去了其家族曾拥有数百

年之领土的人，雪上加霜的是，由于长子夭折，而新出生的玛丽亚·特蕾莎又是个女儿，如今他还必须对付由《共同继承协议》（*pactum mutuae successionis*）所强加的条件，那是他在1703年9月西班牙王位继承战争刚刚开始之时所签署的秘密协定。这份秘密文件是在利奥波德一世的授意下起草的，其中规定，如果查理和他的兄长约瑟夫死后都没有男性继承人，约瑟夫的女儿在继承帝国时将优先于查理的女儿。当时，他父亲的理由很清楚。利奥波德自然希望查理能将法国篡位者赶出西班牙，并为哈布斯堡家族夺回王国及其所有领土，于是他在这一假设的基础上决定了继承事宜：在没有男性继承人的情况下，约瑟夫的长女将统治帝国。其中没有写明的是，查理一家将得到西班牙王位作为补偿。

利奥波德竟预见到了这种特殊情况的发生，这似乎有些不可思议，不过约瑟夫没有生下男性继承人便死掉并不难预料。约瑟夫是一个开放且精力充沛的花花公子。传言说他染上梅毒并传染给了妻子，导致后者无法再生育。如果传言属实，这可能就是他们早就不再同房的原因。"我听说皇帝（约瑟夫）不再和他的妻子住在一起了，这样一来她就不会有儿子了。"路易十四的小姨子、奥尔良公爵夫人莉泽洛特（Liselotte）说道，她是皇后的亲戚。一位医生曾被问到为什么王后的孩子总是不健康，他回答说："生活放荡的男人少子，这是常有的事。毕竟国王给王后的就如同刷杯子的水。"

虽然约瑟夫在世时，查理顺从了父亲的意愿，但在他自己当上皇帝后不久，查理就开始挑战这份令人不快的协议条款。显然，他签署协议时的情况已经发生了变化。事实上他已失去了西班牙及附属于西班牙的所有其他哈布斯堡领地，因此也就不能再把它们留给自己的女儿了。当然,他希望自己最终能有一个儿子,那样问题就能迎刃而解了。与约瑟夫不同,查理和他美丽的妻子生活非常幸福。他曾在遇见伊丽莎白·克里斯蒂娜时惊呼:"我做梦也没想到,你会这么漂亮!"而且他显然曾为生下一个男性继承人而积极努力过。一位侍臣曾说,他"如此深情地爱着他的王后,一刻不见便觉得难受,只要有片刻闲暇,就会跑去与其共度"[*]。

当然,没人能预测未来。如果(上帝保佑不要这样)真的要由女性来继承帝国,为什么是他哥哥的女儿而不是他自己的女儿呢?这似乎不太公平。

但他能怎么做呢?毕竟查理已向他身为皇帝的父亲做出了有约束力的承诺。但随后他灵光一闪,意识到现在的皇帝是他自己,而身为皇帝是可以随心所欲地发布命令的,即便这意味着要推翻前任皇帝的政策。

查理照此而行。1713年9月19日,在他的第一个孩子出生之前,查理就召集了政府成员,颁布了一道诏令,粗暴地降低了他侄女们的地位,以他自己的女儿取而代之,而这使得他的嫂子、约瑟夫的遗孀威廉明妮(Wilhelmine)极为不满并永远怀恨在心(事实证明,《共同继承协议》并不像查理认为的那样隐秘)。他这项法令被冠以《国事诏令》的崇高名号。威廉明妮进行了反击,召集盟友支持她的立场,起初查理还假装迁就,希望自己能有个儿子,让争端得到友好解决。但1717年春天玛丽亚·特蕾莎的出生再次将这个问题推到了风口浪尖——如果他现在不采取坚定的立场支持自己

---

[*] 查理对他的新娘是如此着迷,以至于为此给她的祖父写了一封正式的感谢信,感谢他促成了这桩婚事。他在信中激动地说:"我将永远感激您,感谢您让这位天使成为我的王后。"

的女儿，她就很可能永远失去继承帝国的机会。

《国事诏令》得到重申，为了强调皇帝的决定已不可更改，在女婴出生的当天傍晚，当她被抱着去进行洗礼时，查理命令他的侄女们走在其身后。仪式的参加人员非常多，不得不在宫廷大殿里举行，殿中点燃了数百支蜡烛。伴随着号角声，由维也纳上流社会组成的盛大队伍庄严入场，包括御前会议成员、将军们、政府要员、教皇使节和其他各类使节，当然还有皇帝本人及皇室其他成员。在所有人都就位后，内务大臣把偎依在华丽枕头上的婴儿女大公抱到了洗礼池前，按照指示，约瑟夫的两个女儿紧随其后。据一位目击者称，"就在约瑟夫遗孀的眼前"进行了一次极为公开的羞辱。

女婴被命名为玛丽亚·特蕾莎·沃尔布加·阿马利娅·克里斯蒂娜（Maria Theresa Walburga Amalia Christina）。出生还不到24小时，她的继承权就受到了威胁。

有其母必有其女，玛丽亚·特蕾莎有着一头金色的卷发、粉白相间的皮肤和一双富有神采的大眼睛，即使是在孩提时代，便已非常迷人。更妙的是，她的气质与外貌相得益彰。她阳光开朗，性情和善，家庭生活的温馨和稳定更增强了她的这种气质。她经常与父母见面，非常爱他们。她的家庭教师慈爱善良，几乎成了她的第二个母亲。1718年9月14日，就在玛丽亚·特蕾莎出生16个月之后，皇后又生下一个孩子（可惜仍是个女儿），取名玛丽亚·安娜（Maria Anna），于是玛丽亚·特蕾莎有了一个忠实的小妹妹和玩伴。因此，她经历了一种帝国宫廷中罕有的近乎田园诗般的童年。

她所受的教育也是愉悦的。尽管颁布了《国事诏令》，其父也坚持要让自己的女儿优先继承皇位，但包括查理本人在内，没有人真的相信一个女人可以统治帝国。总有一天会有一个健康的儿子出生，如果没有，与玛丽亚·特蕾莎结婚的人就会加冕称帝。玛丽亚·特蕾莎的任务就是装点宫廷。因此她所受的教育并不特别繁重，跟其他贵族家庭中的女儿无甚差别。这意味着她主要接受的是有关高雅艺术的教育。* 音乐被当成了重中之重——整个帝国宫廷都喜欢意大利歌剧，尤其是她的父亲——于是她学会了弹奏键盘乐器和歌唱咏叹调。为了能在日后主持或出席众多盛大的舞会，她的舞蹈技能受到了特别的训练，维也纳国家歌剧院的芭蕾舞首席编舞师受聘教她滑步和跳跃。她还跟随一位奥地利著名画师学习素描和绘画。她在语言方面表现出色，掌握了法语和德语，甚至还有拉丁语，而帝国政府正是用拉丁语来与其匈牙利臣民进行交流的。玛丽亚·特蕾莎能够轻松流利地使用这些语言，这说明她非常聪明。

虽然查理六世没有为他的长女提供正式的治国教育，但聪明的玛丽亚·特蕾莎只需目睹父亲为确保她毫无争议地继承帝国而采取的特殊手段，就能获得一流的（虽然是暗地里进行的）地缘政治博弈教育了。随着年龄的增长，玛丽亚·特蕾莎不得不对这方面的事情加以关注。

查理很快就意识到，仅仅颁布《国事诏令》或许还不足以确保女儿在他死后真正继承帝国。1719 年 8 月 20 日，在玛丽亚·特蕾莎还在蹒跚学步时，心怀怨恨的威廉明妮便将她的长女嫁给了萨克

---

* 虽然她的课程确实包括一些历史，但仅限于遥远的古典时期，所以并不特别有用。她需要了解的重要问题包括："十大族长中哪些生活在洪水之前，哪些又生活在洪水之后？"

森选帝侯兼波兰国王"强者奥古斯特"(Augustus the Strong)的儿子和继承人,以此作为她的反击手段。奥古斯特是德国最爱冒险投机且最有野心的领主之一。他通过一系列精明的政策,包括皈依天主教、与俄国结盟以及明目张胆的贿赂,登上了波兰王位。3年后,1722年10月5日,威廉明妮又如法炮制,将小女儿嫁给了巴伐利亚选帝侯的儿子,这位选帝侯也是一个公然想要获得某个王位的德意志君主。虽然查理坚决要求两位新郎签署冗长的文件,放弃对其财产或皇位的任何权利,但这当然无法保证他们在其死后会遵守协议。威廉明妮已经发起了挑战。

尽管他最有经验的将军、萨沃伊的欧根亲王曾告诫他,"《国事诏令》只能由充实的国库和20万战斗人员来保障",但查理却选择无视这些有用的实用智慧。相反,他决定实施自己设计的更加微妙的战略,试图通过长期以来被证明有效的收买手段来争取各国对《国事诏令》的支持。

他从匈牙利王国开始。匈牙利人作为臣民是很不好对付的,这是个骄傲而独立的民族,经常发动叛乱。人们认为匈牙利人是野蛮人,是不可靠的盟友,他们会为君主而战,但也会突然造反作乱。然而,保住匈牙利王位对奥地利和帝国的利益而言至关重要,匈牙利是维也纳与凶狠的奥斯曼帝国之间的唯一屏障。

因此,1722年冬天,就在他的第二个侄女嫁给巴伐利亚选帝侯的继承人之后,查理在位于维也纳之东约35英里的首府城市普雷斯堡召集了一次匈牙利代表会议(Diet)。在接下来的几个月里,匈牙利人在政治和经济上获得了一系列极其慷慨的让步,包括但不限于制定自己法律的权利、贵族永久免税的保证,以及建立一支完全由下层人民（没有代表与会）提供资金和兵员的常备军。在这些令人满意的让步诱惑之下，匈牙利王国在1723年春正式接受了《国事诏令》。

在这次成功的鼓舞下，查理将注意力转移到了为长女选择合适丈夫的问题上。尽管时间还很充裕——她才6岁——但萨沃伊的欧根已经开始敦促皇帝将玛丽亚·特蕾莎许配给洛林公爵的长子了。欧根知道他这位老战友是一个模范战士。此外，洛林公国也是法国人的觊觎之地——路易十四曾一度占领过洛林，但他的士兵最终被帝国军队击退——而婚约联盟可以作为对公爵忠诚的奖赏，并让洛林始终站在帝国一边。皇帝同意邀请这位未来的求婚者前往维也纳，表面上是为了让他完成学业，实际上是一种考察实验，看看他与皇室是否合得来。这似乎是一个简单的解决办法，既能满足年事已高的将军的要求，又不至于让自己对这桩婚事做出承诺。

可惜，洛林公爵的长子还没来得及利用这个善意的邀请便死去了。幸运的是，洛林公爵还有一个次子可以代替他去世的哥哥前往维也纳。查理同意换人，并再次发出了邀请，这回邀请的是剩下的这位洛林公国继承者。他于1723年秋天抵达维也纳。

查理那时对大女儿的婚事已不那么忧心，因为伊丽莎白·克里斯蒂娜皇后又怀孕了。若她生下的是个男孩，那么他所有的担忧都将烟消云散。儿子将继承他的土地和皇位，《国事诏令》也就没有必要生效了。他和皇室其他成员正是怀着这样乐观的心情在霍夫堡宫迎接14岁的洛林的弗朗西斯·斯蒂芬（Francis Stephen of Lorraine）到来的。

2

奥地利女大公
Archduchess of Austria

> 在这个时代,"国土被送来送去"的说法恰如其分。
>
> ——伏尔泰《路易十四时代》

洛林的弗朗西斯是那种最讨人喜欢的求婚者。他头发卷曲,身材修长,拥有令无数少女为之倾倒的英俊外表。除了不可否认的俊美外貌之外,他还有着灵活的运动能力以及温和可亲又吸引人的个性。他的专注力不够——无论如何都不能被称为学者——但他在舞蹈和骑术方面的天赋足以弥补这一点。他热衷于狩猎,这使他成为查理的绝佳伙伴,后者也与这位少年一样热衷此项运动。皇帝邀请弗朗西斯无限期地留在维也纳,这当然让所有人,包括他的大女儿,都以为这个金童将来会成为她的丈夫。对查理来说,喜欢玩乐、性格开朗的弗朗西斯就是他一直渴望却至今未能得到的儿子。

对于小学生年纪的玛丽亚·特蕾莎来说，这位高中生年纪的万人迷简直就是上帝。

尽管皇帝非常喜爱弗朗西斯的陪伴，但他不会公开承诺这桩婚事。事实上，在这位年轻人来到霍夫堡宫不到一年的时间里，查理那位仍怀恨在心的嫂子的行动让他不得不再次警惕起来，对这门亲事也开始动摇。

洛林的弗朗西斯少年时

从1724年春天开始，弗朗西斯求娶公主的计划便开始受挫，当时，怀孕的皇后虽被寄予厚望，结果生下的却仍是一个不受欢迎的女儿[*]，而这再次让人们普遍感到绝望。皇后诞下男性继承人的努力又一次失败了，这让威廉明妮勇气大增，再次发起了进攻。她利

---

* 这个出生于4月5日的孩子将会在6岁时夭折。

用自己家族的关系，安排法国与她两位新女婿治下的萨克森公国和巴伐利亚公国结盟，目的就是要推翻《国事诏令》，让她的女儿们重新成为皇位继承人的优先人选。查理知道威廉明妮占有优势，因为他的大侄女，也就是嫁给萨克森的储君的那位，有着让他觉得很不公平的生育能力。她已经生了三个儿子（其中一个已经夭折，但其他两个据说都很健康），查理还沮丧地得知，她如今又怀孕了。

虽然路易十四已去世近十年，他的曾孙路易十五也才刚满14岁，但查理明白，他需要认真对待这种对《国事诏令》的挑战。如果在他死后，强大的法国派出军队支持他的侄女继承帝位，那么他的女儿就需要有自己强大的盟友来帮助捍卫继承权。也就是说，她可能必须与其他大国的某个家族联姻，以便获得他们的帮助。所以，尽管所有人都喜欢弗朗西斯，皇帝却不愿意选定他为婿。

就这样，在接下来的十年里，即在玛丽亚·特蕾莎的整个童年和青少年时期（在此期间，那个来自洛林的年轻的阿多尼斯*继续和他们生活在一起，而她对他的感情也从英雄崇拜发展为痴迷，又发展成了激动而不顾一切的初恋），她的父亲一直极力回避她和弗朗西斯何时成亲的话题。这并不是说婚约被完全取消了，而是查理需要保持选择的开放性，因为他追求的那个目标——让欧洲其他强权国家同意在他死后支持《国事诏令》——凌驾于皇室的其他所有关切之上。

从来没有一个人曾如此努力地去实施一项行动。为了取得成功，皇帝不惜贿赂、哄骗或威逼，可谓无所不用其极。然而，当每

---

* 希腊神话中的美男子。——译者注

个人都知道你手中有什么牌时,想赢是很难的。

第一个响应查理以实质利益换取对其女儿权利之承认意图的君主正是他的老对手,西班牙的腓力五世。腓力本人也陷入了困境。他娶了一位年轻的妻子,曾经的帕尔马女大公伊丽莎白·法尔内塞(Elizabeth Farnese)。1721年,这对夫妇3岁的女儿与她的堂兄路易十五订婚,并被送到凡尔赛去适应她未来王国的生活,等待长大后完婚。但就在她到达凡尔赛三年后,一位新任大臣在法国上台,决定让14岁的国王转而迎娶21岁的波兰公主。当伊丽莎白·法尔内塞发现自己6岁的女儿竟要像一双破手套一样被送回来时,她气得把戴在手腕上的那条带有路易十五微型肖像的珠宝手链扯了下来,狠狠地踩踏了一番。

作为报复,她和腓力五世派遣里普达公爵(为了掩盖自己的任务,他采用了"普法芬伯格男爵"这个滑稽可笑的假名)作为密使前往维也纳。这位假冒的男爵虽然在经验、常识和聪明才智方面有所欠缺,但虚张声势和说大话的能力却很不一般。在价值40万弗罗林的贿赂促成的一系列会晤中,里普达描绘了西班牙与帝国合作所能创造出的辉煌未来。公爵预言,两国将一起向共同的敌人发动战争,而且仅仅是宣布他们的结盟就已经会让法国和英国瑟瑟发抖了。为了确保在各条战线上都能取得胜利,里普达承诺,腓力将每年向查理输送300万弗罗林金币,用于改善因资金不足而衰败不堪的帝国军队。作为回报,查理将向腓力提供3万名士兵,帮助西班牙从英国手中收复直布罗陀。最重要的是,只要查理同意将玛丽亚·特蕾莎嫁给腓力和伊丽莎白·法尔内塞的长子唐·卡洛斯(Don Carlos),西班牙就会同意维护皇帝所珍视的《国事诏令》。由于与西班牙这样的大国联姻显然比与洛林这样的小公国更有利，皇帝在 1725 年 5 月秘密同意了所有交易。

这个美妙的计划几乎立刻就失败了。里普达的想象力远远超出了他的权限，腓力原本的计划是用 40 万弗罗林来完成与奥地利的整个交易，而不是只作为结盟的定金。然而，公爵是在回到马德里后才想起这件事的，所以在向腓力五世和伊丽莎白·法尔内塞吹嘘自己的谈判能力时，他并没有提及每年需额外支付的 300 万弗罗林。其结果是，查理徒劳地向腓力五世索要其许诺的大量西班牙黄金，以便扩充军队，而腓力五世则迟迟等不来那据说已经在路上的帝国军队，变得越来越不耐烦。西班牙国王最后还是发现了问题所在，下令逮捕里普达。这位想象力丰富的谈判者躲进了英国驻马德里大使的家中，在那里，他向惊愕的主人和盘托出了整个计划，为的是换取保护，让自己免受恼羞成怒的君主的伤害。

英国大使上报伦敦，伦敦又通知了法国。两个王国并没有像查理所曾相信的那样恐惧畏缩，而是决定共同对西班牙和奥地利开战。英国更进一步，将其传统盟友普鲁士也拉了进来。当这些国家开始调兵遣将时——普鲁士国王拥有一支由 7 万名身材高大的士兵组成的可怕军队——腓力五世明智地改变了阵营，站到奥地利的对立面。到了 1731 年，查理所面临的情势急转直下，从里普达所许诺的辉煌未来变成了被英国、法国、西班牙和普鲁士同时入侵。

他显然无法同时与所有这些国家作战，于是皇帝被迫求和。当然，仅仅回到旧日的联盟中是不够的，查理需要这些敌对势力都对《国事诏令》表达支持。于是皇帝采取了一项创新战略，即通过送出大块领地来保障女儿未来的继承权。英国获得了奥地利的航运权和两个德意志公国,作为支持该文件的交换条件,而西班牙获得了帕尔马和托斯卡纳。为了转移来自近处的普鲁士的威胁,查理努力想要与普鲁士王室结亲,甚至提出可以将玛丽亚·特蕾莎嫁给普鲁士王储。普鲁士王室出于宗教原因(普鲁士人信奉加尔文教,奥地利人信奉天主教)而不情愿地拒绝了此项提议,于是皇帝又转而用他妻子的一位新教亲戚代替了自己的女儿,用这种方式保证了普鲁士对《国事诏令》的承认。

此时的玛丽亚·特蕾莎已14岁,正迅速成长为一位可爱的少女,期待着与心爱之人正式宣布订婚。弗朗西斯当时22岁,其父刚刚去世,因而由他继承了洛林公爵的爵位;他也期待着公开宣布订婚。查理很迟才意识到他的大女儿对这个长期居留的暂住客有多么迷恋(不仅仅是玛丽亚·特蕾莎,她的妹妹玛丽亚·安娜也想要嫁给弗朗西斯),他认为明智的解决办法是让她心仪的对象离开其身边,以防与西班牙的秘密婚约成真。于是,作为魅力攻势的一部分,他派弗朗西斯走访欧洲各国,以平息因奥地利与西班牙结盟而引发的任何怨怒,而这位和蔼可亲的年轻人也正是扮演这一角色的理想人选。

外界自然会将这一外交举措理解为新洛林公爵与外国宫廷建立个人关系的一种方式,这种关系在他日后成为玛丽亚·特蕾莎的丈夫时将被证明是非常有用的。因此,弗朗西斯在各处都被当成是帝国最高级别代表而受到了欢迎。他首先去了英国,于1731年10月14日抵达,在那里度过了十周的美好时光,整日打猎、跳舞,还拜访了宫廷里所有最时髦的人。他在著名的皇家学会参观了一次化学实验,而学会对他所表现出的兴趣感到非常高兴,当场就让他加入成为会员。国王乔治二世认为他是个优秀的伙伴,在他离开时还为其写了一封推荐信。他在下一站海牙同样取得了成功,在那里待了一个月后又前往普鲁士。他在一路上尽职尽责地访问了一系列德意志公国,然后于1732年2月底抵达柏林,并立即与年仅20岁的王储腓特烈交上了朋友。

此时的腓特烈是非常需要朋友的。虽然腓特烈极其渴望像弗朗西斯一样游览欧洲各大宫廷,但他的父亲却禁止其旅行。相反,作为与奥地利缔结的新联盟的一部分,他被迫与奥地利皇后的那位亲戚结婚。这位不幸的新郎在1732年3月6日写给姐姐的一封信中描绘自己未来的妻子说:"她不美也不丑……教养很差……在礼仪和社交方面完全落伍。"弗朗西斯抵达时正赶上他们订婚。他作为最高级别显贵出席了仪式,与普鲁士王室成员一起见证了沮丧的腓特烈和他所看不上的未婚妻交换戒指,还参加了仪式后的盛大舞会。但他起到的真正作用是帮助王储渡过难关,向其表达了自己强烈的友谊、关爱和同情,以至于腓特烈在弗朗西斯离开后也一直与他保持着通信,甚至还曾送了他一份鲑鱼作为感谢之礼。

一切都进展得如此顺利。在奥地利国内,玛丽亚·特蕾莎听到弗朗西斯成功的消息后感到非常自豪。长期驻在维也纳的英国大使托马斯·鲁滨逊(Thomas Robinson)爵士直言不讳地向他的政府报告说:"她整夜因思念她的洛林公爵而叹息憔悴,入睡时只会梦见他,醒来后也会不断跟侍女讨论起他。"

但查理仍然忧心忡忡,因为一些重要的国家(包括法国)尚未承认《国事诏令》。就在这时,好运降临了。波兰国王去世,他的长子、萨克森的奥古斯特三世,即威廉明妮的女婿(娶了她那特别能生的大女儿),要求继承波兰王位。由于查理毫不掩饰自己确保玛丽亚·特蕾莎继承权的迫切想法,奥古斯特提出,如果皇帝愿意帮助他登上波兰王位,他便可以放弃其妻对帝国统治权的声索权利。

查理当然要赶紧抓住这个机会,让他大侄女的丈夫——这个对他女儿构成巨大威胁的人——承认《国事诏令》的有效性。他当即承诺将竭尽全力提供帮助,并立即向波兰边境派出了帝国军队,以此迫使当地居民接受奥古斯特为他们的新君主。

令人遗憾的是,路易十五娶了一位波兰公主,而她希望自己的父亲斯坦尼斯拉斯能够成为国王。路易与西班牙的伊丽莎白·法尔内塞结盟,后者对弗朗西斯的欧洲之行感到不满,抱怨说查理违背了当初要将玛丽亚·特蕾莎嫁给她的长子唐·卡洛斯的协议。1733年深秋,法国军队入侵并占领了洛林,而17岁的唐·卡洛斯率领的西班牙军队则蜂拥攻入那不勒斯,查理被这组二连击搞得晕头转向。

16岁的玛丽亚·特蕾莎还没有结婚,她急切地倾听着这些似乎攸关其性命的失败消息,从她的角度来看,这的确至关重要。虽然被故意排除在父亲的御前会议之外,但她还是公开表明了自己的态度,那就是无论如何都不会放弃弗朗西斯,尤其是不会嫁给唐·卡洛斯,无论西班牙施加多大的压力。托马斯爵士认为,这位女大公"是一位精神最为昂扬的公主,她已开始思考有关问题了,她父亲的损失就是她自己的损失。她钦佩父亲的美德,但却谴责他管理不善"。

查理历经各种阴谋诡计就是想要保住给女儿遗产，但他此时不得不再次将其中大块的领地拱手送出去。根据1735年10月5日签署的协议，西班牙得到了囊括靴子形的意大利整个南半部的那不勒斯王国，再加上西西里岛和托斯卡纳的所有港口。法国愿意将波兰让给奥古斯特，但条件是洛林（法国军队正巧占领了那里）必须为斯坦尼斯拉斯所有并忠于路易十五。作为对这笔巨额战利品的唯一补偿，查理得到的是，两个王国同意在他死后支持《国事诏令》。

皇帝没有勇气当面告诉弗朗西斯，自己在没有征得其同意的情况下，就把他家族世代相传的洛林公国拱手送给了别人。他派了一位大臣去干这件龌龊事。弗朗西斯不敢相信自己就这样被出卖了。他的母亲也怒不可遏，求他不要同意。若是同意了这项交易，她与弗朗西斯的幼弟和妹妹们将会失去一切：他们的财富、家园、朋友、和平繁荣的臣民、美丽的祖传宫殿、肥沃的乡村、雅致的花园。签署放弃文件意味着他的余生都将要背负着软弱窝囊、悔恨和内疚的重负。弗朗西斯并非一个心灵坚强的人，但即使是他，也不得不反抗这种严重的背叛。来人三次将羽毛笔放在他的手中，27岁的弗朗西斯三次掷笔于地。但那位皇室参赞依然坚持要他签字，并粗鲁地威胁道："不弃权就得不到女大公。"第四次，弗朗西斯终于签了字。

1736年2月12日，期待已久的婚礼终于在霍夫堡宫旁边的圣奥古斯丁修士教堂中举行了。在这一重要时刻，帝国的所有奢华都展现得淋漓尽致。弗朗西斯身着象牙色大衣和马裤，外罩一件银色斗篷，显得光彩照人。身着白色礼服的玛丽亚·特蕾莎也是一身珠光宝气，她在母亲和伯母威廉明妮的引领下走过红毯。"新娘的打扮让人过目难忘,除了头上和脖子上戴着的大量钻石外,礼服本身也可以说是绣满了钻石,"显然对此感到震惊的托马斯爵士评论道,并意味深长地补充说:"在像他们这样地位显赫的人们当中,很少有哪对夫妻能在婚前就进行如此长时间的私人交往,并做到了两情相悦,相知相爱。"婚礼仪式结束之后,按照惯例,王宫里又举行了盛大的宴会。

玛丽亚·特蕾莎如愿以偿,但付出的代价也太大了!她清楚地意识到弗朗西斯为了娶她放弃了什么,这就像是他为了她被人截了肢一样。世界上所有的钻石都无法掩盖双方家庭之间的裂痕。新郎的母亲拒绝出席婚礼,并且激烈抨击她的长子和查理竟接受了如此令人痛苦且不光彩的条件。玛丽亚·特蕾莎的婆婆没有按照惯例表达祝福,而是在信中写道:"我非常爱洛林和洛林人,他们也并不讨厌我,因此我要终生与他们待在一起。至于皇帝嘛,我宁愿立即死去,也不想受他的统治!"为了安抚她,查理被迫同意在将来某一天会将玛丽亚·特蕾莎的妹妹玛丽亚·安娜嫁给弗朗西斯的弟弟。* 虽然威廉明妮勉为其难地参加了婚礼,甚至还帮忙引交了新娘,但她的小女儿及其夫巴伐利亚选帝侯却并未出席婚礼,他们仍然拒绝接受《国事诏令》。

玛丽亚·特蕾莎是历史上少数几个为爱而结婚的公主之一,她为自己如愿以偿而兴高采烈,同时也因新婚丈夫所受的折磨感到悲伤,尤其是在他的母亲写了那封言辞激烈的信之后。虽然查理成功地说服西班牙人将托斯卡纳大公国(基本上是佛罗伦萨和周边的乡

---

* 弗朗西斯最终迫使法国宫廷同意,让他的母亲在位于南锡以西 33 英里处的康默尔西保留了一处小宅邸,终生居住,因为她坚决拒绝搬到查理在布鲁塞尔为她提供的住所。

村）给了他的女婿，以补偿他失去洛林的损失，但这种补偿与他的牺牲相比还相差甚远。弗朗西斯竭力向玛丽亚·特蕾莎掩饰他愧对家人和臣民的羞耻感，但玛丽亚·特蕾莎知道，这种羞耻感就在他的心中，啃噬着他的自尊。她将用余生来补偿他。

尽管失去了洛林，玛丽亚·特蕾莎结婚后的第一年似乎足以让她心满意足了。在经历了漫长的分离之后，她终于与自己深爱的弗朗西斯喜结连理，只要她愿意，每天都可以见到他（她确实想要天天见到他），而且晚上还可以和他同床共寝。令维也纳所有人感到高兴的是，这种令人愉悦的恩爱关系让女大公在婚后3个月内就怀了孕，而这让她感觉更满足了。玛丽亚·特蕾莎知道，她的职责就是要生下她的父母所没能生下的皇位继承人，而如此快便怀有身孕似乎是一个好兆头。

然而，这幸福的时光因她在1737年2月3日诞下一个女儿而终止了。伊丽莎白·克里斯蒂娜在生育方面的糟糕记录让人们不禁担心玛丽亚·特蕾莎也无法为丈夫生下儿子。此外，另一个让人忧虑的事件也在此时发生——她父亲决定与俄国联合发动一场对奥斯曼帝国的战争。

查理仍在为那不勒斯、西西里和洛林的丢失而耿耿于怀，他认为与土耳其人作战是恢复威望和扩大领土的一个好办法。俄国人已经攻入了克里米亚，因此敌人的兵力势必无法集中；查理可以从贝尔格莱德出兵进攻，开辟第二战场，迅速取得一两场胜利。在四处物色指挥官时，他看中了弗朗西斯，认为他是最合适的人选。考虑到女婿以前从未指挥过军队，他指派了一名经验更为丰富的战士辅助其指挥，以弥补其可能缺乏的作战知识。

这位新任托斯卡纳大公和他经验更丰富的下属于1738年春末启程前往贝尔格莱德。在抵达贝尔格莱德后不久，他们率领的部队就与敌人发生了小规模冲突。帝国一方取得了胜利，这令整个维也纳感到欣喜，再次怀孕的玛丽亚·特蕾莎尤其如此。此外，弗朗西斯还在这次交锋中为自己赢得了荣誉。托马斯爵士在1738年7月16日热情洋溢地向伦敦报告说："这次至关重要的胜利，让人民对我们这位大公评价甚高。一个参战者写信回来说：'殿下临危不惧，在发现敌人已经突破防线后仍能冷静而明智地下达命令，这对一个老兵来说都是难能可贵的。'"

不幸的是，帝国军队迎战的奥斯曼军队只是主力队伍之前的先头部队罢了，乘胜追击的弗朗西斯不久就发现了这一严峻现实，并一头撞上了敌军的全部兵力。虽然他在随后的战斗里仍然表现英勇，但那却是拼命撤退中的英勇了。他和他的士兵被迫退却到离原本防线很远的地方，扎营后又被疾病（包括鼠疫）侵袭。和大多数士兵一样，弗朗西斯也病倒了。他认为自己在家里能恢复得更快，于是便离开贝尔格莱德，返回了维也纳。* 与玛丽亚·特蕾莎重聚后，他的病情明显好转，很快又能起来打猎了，与军事行动相比，弗朗西斯更喜欢打猎这种娱乐活动，毕竟，向不会还击的东西射击可要舒心多了。

看到他这么快便恢复健康，玛丽亚·特蕾莎当然松了一口气。她在1738年10月6日又生下了一个女儿，而有他在身边，生下女儿的失望感也得到了缓解。这对夫妇为女儿取名玛丽亚·安娜，与

---

* 他麾下的许多士兵无疑也认为自己在家里能更快康复，不幸的是他们没有这种选择。

女大公的妹妹同名,不过大家都习惯叫她玛丽安娜。

与此同时,在贝尔格莱德,失败纷至沓来。奥地利民众对帝国军队的糟糕表现感到沮丧,将怒气对准弗朗西斯。人们认为,公爵贪图狩猎之乐而放弃了职守,甚至还可能故意搞了破坏,因为作为一个外国人,他更忠于洛林而非维也纳。他们夫妇未能诞下儿子,这当然让人们的情绪变得更糟糕了。人们起来闹事,还要求让玛丽亚·特蕾莎的妹妹来取代她的地位,成为第一继承人。情况后来变得非常糟糕,这迫使查理不得不在1738年12月17日把他的大女儿及丈夫遣走,让他们到弗朗西斯的新领地托斯卡纳大公国去避避风头。

于是,玛丽亚·特蕾莎不得不把女儿们(一个刚出生不久,另一个还不到两岁,显然都太小,不宜进行艰苦的旅行)托付给保姆照顾,和丈夫一起前往佛罗伦萨。二人于1739年1月20日抵达,发现弗朗西斯的新公国竟是一个风景优美的地方,这显然是他们没有料到的。一位英国游客在前往锡耶纳的路上与他们偶遇,记录下了这次令其印象深刻的邂逅。他热情洋溢地说:"整个托斯卡纳都让人赏心悦目,到处是美丽的山丘、果实累累的山谷、河流和喷泉,还有许多令人愉悦的景色,空气也清新而健康。如果现任大公能保持这里的平静祥和,它就能成为一个幸福的国度。"

但平静祥和转瞬即逝。在维也纳,来自前线的坏消息接连不断。奥地利民众惊慌失措,害怕土耳其士兵会击溃帝国军队,随时可能出现在首都城外。托马斯爵士直言不讳地记述道:"宫廷里陷入终极的混乱和崩溃状态。"皇帝沮丧无比,他担心如果自己死了,继承人又不在国内,继承权就会受到影响,所以他的女儿女婿几乎刚到达托斯卡纳便被他下令召回了维也纳。

1739年6月，再次怀孕的玛丽亚·特蕾莎回到家中，而她面对的情况对每个母亲来说都如同噩梦。小女儿玛丽安娜在她不在时变得体弱多病，并将终生如此。玛丽亚·特蕾莎自责不该在孩子这么小的时候就把她交给仆人照顾。此外，她的父亲也已乱了阵脚，他认为自己的军队将遭到毁灭，于是让法国人作为调解人来结束冲突，而法国人则狡猾地利用自身影响力来削弱帝国。1739年9月，法国人帮助斡旋的和约条款公布，查理颜面扫地，被迫交出贝尔格莱德、塞尔维亚北部和瓦拉几亚，这又激起了公众的愤怒。沉重的阴霾笼罩着首都。一位宫廷成员直截了当地说："我们最后的希望就是能诞生一位王子。"

这一年已经够糟的了，但第二年还要变本加厉。1740年1月，女大公最担心的事情发生了，她生下的第三个孩子仍然是个女孩。* "我就命中注定不能看到自己家族有个男性继承人了吗？"查理悲叹道。到了6月8日，玛丽亚·特蕾莎的大女儿，那个活泼可爱的3岁女孩，全家人的心肝宝贝，其祖父的开心果，因胃炎在剧痛中死去了。病来得如此突然，让整个宫廷都措手不及，陷入了震惊的悲痛之中。玛丽亚·特蕾莎更是悲痛欲绝。

那年秋天晚些时候，查理坚持按照习惯去匈牙利打猎。天气非常糟糕。几乎每天都大雨倾盆，还经常会变成雨雪交加或大雪，但皇帝需要分散注意力，还是硬着头皮出门行猎，结果不可避免地患上了重感冒。到了10月10日，他感觉好了一些，于是吃了一大碗油焖蘑菇，那些蘑菇都是当地出产，是他最喜欢的菜肴之一。可惜

---

* 这个婴儿只活了一年。

这道美味佳肴却让他感到极不舒服，以至于整晚都在呕吐。第二天早上，他被紧急送回维也纳，在那里，他的病情一天天恶化，直到医生明确表示他已无望康复。由于担心传染，医生们起初不允许第四次怀孕的玛丽亚·特蕾莎去看他。不过皇帝还是与弗朗西斯谈了很久，他对女婿说："知道我的女儿有你照顾，这是对我最大的安慰。"

1740年10月20日上午，查理六世在家人的环绕中去世。他享年55岁，当了近30年的皇帝。他所留下的是一支残破的军队、一个空虚的国库、一群心怀不满的民众、大幅缩减的领土，以及来自那些野心勃勃地渴望获得土地的君主们的一系列空头承诺，保证承认他那年仅23岁、未经历练且怀孕4个月的女儿的继承权，而她是有史以来第一位继承帝国的女性。

用伏尔泰的话来说："欧洲的命运被一盆蘑菇改变了。"

3

匈牙利女王
Queen of Hungary

> 我要豪赌一把,若是赢了,好处大家分享。
> ——腓特烈大帝致法国大使,1740年12月13日

> 我虽身为女流,却有着国王的雄心。
> ——玛丽亚·特蕾莎致众臣,1740年10月20日

皇帝的葬仪一切从简,因为当务之急是建立一个稳定的政府,进行有序的权力交接,让公众能够放心。因此就在查理逝世几小时后,玛丽亚·特蕾莎便在皇宫大殿接见了构成其父核心圈子的几位高级大臣。弗朗西斯和她在一起,但只有她一个人站在通往王座的台阶上。她身着丧服,因刚刚目睹了父亲临终的痛苦而脸色苍白、浑身颤抖。她的悲伤显而易见,但她知道自己的职责所在。她

强忍着泪水,感谢每一位官员过去的忠诚,并要求全体官员继续坚守岗位。然后,官员们一个接一个地走上台阶,亲吻她的手,向这位新君主鞠躬行礼。托马斯爵士在寄往伦敦的一份关于这些事件的报告中说:"这里的新王登基仪式一向并不十分隆重。所以这位匈牙利和波希米亚女王也一仍其旧,其登基仪式跟一位普通国王无甚差别。"*

但她所继承的却是一个糟糕的政府。那些她刚刚重新确认了其职权的官员们正是几十年来一直溜须拍马、鼓励她父亲施行一项又一项灾难性政策的那些人。除一人之外,他们都已年逾70(而当时的平均寿命还远不到50岁),尽皆年老体弱且目光短浅。托马斯爵士在谈到这些大臣时说:"在他们眼中,土耳其人已经进入匈牙利,匈牙利人自己也已揭竿而起,萨克森人到了波希米亚,巴伐利亚人就在维也纳的大门口,而法国则是这一切的幕后主使者。我觉得他们已经绝望了。"**

第二天,玛丽亚·特蕾莎召开了她的第一次御前会议,顾问们向她介绍了王国在财政和战备方面的真实情况,而这无疑让她深切感受到了父亲治下的政府运行得有多么糟糕。帝国的国库似乎只剩

---

* 匈牙利和波希米亚是她从父亲那里直接继承的领土。虽然按照惯例,统治这两国的人同时也是帝国的统治者,但玛丽亚·特蕾莎(更准确地说,应该是她的丈夫弗朗西斯,因为德意志人坚持认为统治者应是男性)仍然必须在德意志选侯们所召开的正式会议上被选为皇帝(她则因此而成为皇后)。在投票之前,玛丽亚·特蕾莎正式拥有的只是匈牙利和波希米亚女王的头衔。

** 想想看,当伊丽莎白一世登上王位时,她有不可多得的威廉·塞西尔(William Cecil)为她指点迷津;维多利亚女王同样有手段高明的墨尔本勋爵(Lord Melbourne)为她出谋划策;伊丽莎白二世有不屈不挠的温斯顿·丘吉尔(Winston Churchill)。相比之下,玛丽亚·特蕾莎所有的却只是18世纪的一帮庸碌之辈,他们就像老人院里在星期三晚上玩宾果游戏的一群老人。

下了最后的 10 万弗罗林，而一个未经考验、年轻且怀有身孕的君主的登基所带来的不确定性也严重影响了政府未来举债的能力。军队的情况更糟，紧急情况下能够有效召集的士兵只有 3 万人左右。雪上加霜的是，这一年年初天气寒冷，让本已贫困潦倒、人心惶惶的民众更加不堪其苦。威尼斯大使向他的政府报告说："已经有人在偷偷鼓动，说王国不应由一个女人统治，公共利益要求一个德意志男性君主获选为帝。"威廉明妮小女儿的丈夫、巴伐利亚选帝侯就如同接收到了讯号一样，立刻宣布他决心要将玛丽亚·特蕾莎赶下台，根据旧有之权利继承查理的土地。

但从踏入皇宫大殿的那一刻起，玛丽亚·特蕾莎就从未动摇过。她完全承担起了统治之责，亲自做出每一项决定。她始终注意不损及丈夫的自尊，想要让他觉得舍弃洛林是值得的，于是便任命弗朗西斯为共同执政，让他负责领土防务。大臣们向她指出，弗朗西斯仍然不为人民所喜，这一任命将有损她自己的声望，相当于帮了巴伐利亚选帝侯的忙。但她坚持己见。为了减轻臣民的苦难，她下令人们砍伐树木来用作燃料，减少帝国狩猎场中以前受保护的那些猎物，宽宥偷猎者，以帮助最贫困的人缓解饥饿。尽管如此，因为贫困问题过于严重，这些措施仍然不够，11 月初，首都发生了暴乱，政府不得不进行镇压。要真正应对这种状况就需要有钱来用于进口物资和改善经济，而玛丽亚·特蕾莎没有钱，而且在她被列强正式承认为其父亲的合法继承人之前，她也无法通过借贷来获得资金。

因此，在查理死后最紧要的事情就是，重新确认他煞费苦心所获得的各方对《国事诏令》的承认。因此，一份宣布皇帝突然去世、玛丽亚·特蕾莎将继承其领土和头衔的正式声明被起草出来，发送给了欧洲各国君主。托马斯爵士坦率地解释说，玛丽亚·特蕾莎那些年迈的大臣们希望，通过各国君主对这份声明的回应来"辨别谁是她的朋友，谁又是假装成朋友的敌人"。

第一批回复令人感到鼓舞，弗朗西斯曾经的敦睦之旅显然收获颇丰。普鲁士的老国王在皇帝驾崩前几个月刚刚去世，他的长子腓特烈，也就是弗朗西斯曾在其被迫订婚的艰难时期与其交好的那位年轻王子，已经登上了王位。现在，腓特烈国王慷慨地表达了他的感激之情，率先确认了《国事诏令》的有效性，并承诺普鲁士将会支持玛丽亚·特蕾莎对帝国的统治。腓特烈在给弗朗西斯的信中写道："您知道我对您怀着崇高敬意和深厚友谊。基于这样的情谊，我请求陛下能将我视为您怀着善意和温情的表亲。"事实上，腓特烈还更进一步，他利用自己对波兰国王（萨克森的奥古斯特三世，也就是威廉明妮的大女婿）的影响，争取到了后者的认可和支持，这让维也纳大大松了一口气，因为人们担心家族感情可能会导致波兰国王支持他的巴伐利亚妹夫对继承权的要求。"真的，国王（腓特烈）对我和女王提供了父亲般的支持，我们将永远无法报答他的恩德，"弗朗西斯感激地对普鲁士大使说。同样，英国国王乔治二世也对弗朗西斯怀着友善与钦佩之情，表示自己将完全"履行有关《国事诏令》的承诺"。其他王侯们——俄国、撒丁王国（萨伏依）、教皇国——虽都巧妙地回避了主要问题，但也表达了友好之意。托马斯爵士注意到，玛丽亚·特蕾莎那些年迈的大臣们高兴地放了心，因为"他们收到的每一封来自邻国或其他国家的信都称玛丽亚·特蕾莎为女王、姐妹或陛下。而我告诉他们，现在的目标不是让各国承认女王，而是让它们承认《国事诏令》的有效性和先帝财产的不可分割性。"大使无奈地说道。

他当然是对的。仿佛是为了证实他的担忧那样，强大的法国在有关《国事诏令》的问题上一直没有表态，而法国的承认对于玛丽亚·特蕾莎是否能获得无可争议的继承权是至关重要的。法国人在此时的沉默之所以特别令人失望，是因为就在皇帝去世前几个月，负责法国外交政策的枢机主教还重申了路易十五在这个问题上的承诺。枢机主教在1740年1月26日的信中写道："皇帝陛下（查理）可以放心，国王（路易十五）将以最严格且不容更改的忠诚态度遵守他所达成的协议。"面对催问，法国大使解释说，之所以迟迟不发来正式的承认，是因为法国政府需要斟酌信中的措辞。

整个11月，玛丽亚·特蕾莎都在等待法国人作出决定。在此期间，因为敏锐地意识到了威胁（如果法国决定支持巴伐利亚选帝侯，那就意味着可能要打仗了），她全身心地投入到工作中，事必躬亲，巨细无遗，几乎没有时间睡觉。托马斯爵士在报告中赞叹道："女王赢得了所有人的心。她在处理最重要的国事时有着非同一般的敏锐认识能力、不同凡响的理解力，以及异常决绝的行动力，而大公在处理事务时也是孜孜不倦。"此外，由于玛丽亚·特蕾莎表现出的精力和勤奋，奥地利人相信了她的善意，动乱也随之平息。到了11月底，维也纳人"已表现得极为平静，对新政府非常顺从，踊跃地想要为女王效劳"，英国大使得出结论说。

然而，普鲁士的腓特烈却在这时毫无征兆地发动了进攻。"他摘下了面具，"一位法国政治家敏锐地评论道。

★ ★ ★

腓特烈大帝——正是这一位——是历史上最著名的人物之一。几百年来,这位普鲁士国王因在战场上的成功而备受推崇,他成了德意志纪律、效率、战术才能和精英军国主义理想的化身。腓特烈同样因其对音乐和文学的鉴赏力而备受推崇,其最著名的事迹或许就是与不朽的伏尔泰——欧洲最杰出的才智之士、哲学家兼剧作家——之间的友谊了(至少在一段时期内维持着友谊),二人曾在通信中交流过诗句和尖刻的笑话。这是史书中的腓特烈大帝、一位战略大师,后来就是因为受到他的精神鼓舞,德意志才能奋起反抗,摆脱了数百年的外国统治,完成了统一。

但事实是,腓特烈大帝是一个虐待成性且酗酒无度的父亲的儿子,他在身体、精神和心灵上都受到了父亲的虐待,这是任何一个孩子都不应该承受的,而他们父子间的这种糟糕关系则对世界产生了持久性的影响。

腓特烈出生于1712年1月24日,比玛丽亚·特蕾莎只大5岁。他是父母的第二个孩子。(他的姐姐威廉明娜于1709年出生,腓特烈与姐姐的关系非常亲密。[*])整个王国因王储的出生而欢欣鼓舞,他的父亲普鲁士国王也对他期待甚高,甚至还请玛丽亚·特蕾莎的父亲查理做了王储的教父。

然而,早在腓特烈6岁时,当其个性开始发展并显露出来,他就成了父亲愤怒的对象。这位普鲁士国王在登基之初就体现出一种在王室中少见的严厉节俭(除了大量饮酒之外)的作风。他厌恶花钱,家庭的预算非常紧张,以至于家人经常会挨饿。他鄙视任何形

---

[*] 请不要将威廉明娜(Wilhelmina)与查理那位愤愤不平的嫂子威廉明妮(Wilhelmine)弄混了。好在腓特烈姐姐的名字以a结尾,所以读者应该不难分清二者。

式的文化、轻浮或炫耀，穿着更像一名士兵而非君主。同样非同寻常的是，普鲁士国王几乎是唯一一个没有情妇的君主。这倒并不是出于对妻子的爱，因为他对妻子的态度非常恶劣，而是因为他更喜欢与男人，尤其是与士兵为伴。事实上，腓特烈的父亲一心想组建一支由特别高大的战士组成的军队。他的姐姐威廉明娜在回忆录中写道："他的主要活动就是操练一群士兵……这些士兵都是身高6英尺的大个子。欧洲各国君主都争先恐后地为这支队伍提供新兵。该队伍被称为'获得国王青睐的捷径'，因为只要能为国王提供或招募高大的士兵，他就愿意满足你的一切要求。"*

腓特烈童年时期

---

* 国王并不局限于送出好处来换取身材特别高大的人，同时也积极派人到其他人的国土上为普鲁士"招募"——其实就是绑架——这样的士兵。他还命令身材高人的女人嫁给这些男人，以便生育未来的高大战士为他效力。如果有人想知道阿道夫·希特勒从哪里获得了德意志超级种族的想法，那看看他就够了。

腓特烈是不幸的，他原本生性快活，对色彩、美、音乐、诗歌、文学以及奢华服饰有着难以抗拒的狂热喜爱，可他的父亲却是一个残忍、刻板、酗酒之人。结果就是，他在各方面都不符合父亲的期望，而他想要的一切，父亲都极其鄙视，想要用恫吓、殴打来逼他放弃。普鲁士国王要求他的长子（他后来又有了三个儿子和五个女儿）把空闲时间花在打猎和军事训练上，并在他只有9岁时就要求他拿起武器，指挥他那个由300名贵族子弟组成的军团，而腓特烈却宁愿待在家里吹笛子。威廉明娜悲伤地写道："我弟弟让他感到厌恶，每次出现都会受到虐待。这让王储对父亲害怕至极，他就是在这种恐惧中长大成人的，甚至到了成年之时依旧如此。"

为了改变儿子的性情，除了言语羞辱、身体虐待和拒绝给予关爱之外，国王还为这个孩子制定了艰苦的学习计划。腓特烈每天早上6点就被叫醒，只有15分钟的时间用来洗手并穿上那套必须要穿的黄褐色紧身普鲁士军装（腓特烈称这种军装为他的"裹尸布或尸衣"）。他一天中的每个小时都被安排得满满当当，重点学习宗教、地理、地图（为了能指挥打仗）、道德和德语。"可怜的王子没有一刻放松时间，"威廉明娜写道，"音乐、阅读、科学和艺术都像犯罪一样被禁止了。"

但他的一位老师曾在幼时被迫逃往法国，他违背国王的意愿，向他的学生灌输了对法国文化的热爱，以至于腓特烈在16岁时就留起了长发，还偷偷买了一件深红色的长袍，上面按照巴黎的流行式样镶上了金边。有一天，他正穿着这身行头与另一个年轻人偷偷演奏音乐，却被临时到来的父亲突然撞见了。国王勃然大怒。那件美丽的长袍被扔进了火堆，腓特烈的头发也被当场剪掉。然后国王又用藤条狠狠地抽打儿子，还试图用绑窗帘的绳子勒死他。一个仆人听到了腓特烈的惨叫声，及时出手阻挡，这才救下了他。"你性情乖张，不爱你父亲——因为如果一个人……真的爱自己的父亲，就会按照父亲的要求去做，不只在父亲在场时听话，父亲不在时也依旧如此。另外，你也很清楚，我是不能容忍女里女气的家伙的……这样的人让自己蒙羞，不会骑马也不会射击……像个蠢货一样留着卷发不剪掉。"国王在回复腓特烈请求原谅的信时冷冷地写道。这件事发生后，腓特烈在1729年12月写给母亲的信中说："我陷入了极度的绝望之中，我一直担心的事情终于还是发生了。国王已完全不把我当成他的儿子，像对待最卑贱的人一样对待我……我已走投无路，荣誉感让我不能屈从于这样的待遇，我决定要想办法结束这一切。"*

腓特烈这么说并不意味着他想要自杀，他只是想要逃出王国，摆脱父亲的控制。王储与他最亲密的心腹卡特中尉一起，精心制定了一个在午夜骑马秘密越境逃跑的计划。1730年8月5日凌晨，腓特烈在一片漆黑中醒来，按照计划悄悄穿好衣服，以免吵醒熟睡的侍从。值得注意的是，由于这是他的解放时刻，他丢下了讨厌的普鲁士制服，换上了法国贵族的服装。然后，他悄悄溜出家门，来到事先安排好的马匹停放处。

---

* 我们有理由相信，腓特烈的父亲是个自我压抑的同性恋者。萨克森选帝侯曾在普鲁士国王造访德累斯顿时，用一个"比画家笔下的维纳斯和美惠三女神更美"的裸体女人来诱惑他，但让选帝侯和他的客人们感到好笑的是，国王竟惊慌失措地逃开了。如果情况确实如此的话，国王不包养情妇、迷恋男人（尤其是士兵）、虐待家人、酗酒以及对儿子极端残酷的表现似乎就可以得到解释了。他可能觉得有必要与腓特烈的同性恋倾向保持距离，因为他担心自己会受到影响，害怕其他人会识破他的秘密。

不幸的是，几天前就有人将腓特烈的计划告知了他的父亲，他的男仆只是在装睡。他的逃离立即被告知当局，然后俩人便都被跟踪、逮捕并投入了监狱。随后发生的事情是一个父亲对孩子所能施加的最可怕的报复行为之一。11月1日，军事法庭宣判腓特烈和卡特都犯了叛国罪，二人一同被判处死刑。11月6日，18岁的腓特烈被告知，他们中的一个即将被处死。他被带出牢房，以为自己在劫难逃，结果却是被迫眼睁睁地看着他最亲爱的伙伴、也很可能是其爱人的卡特被拖上了刑场。腓特烈竭尽全力想要救他。他疯狂地乞求着，说自己可以声明放弃王位，他愿意代替朋友去死，让他做什么都行。"我是多么可悲，亲爱的卡特！你竟因我而死，但愿上天让我代替你！"腓特烈喊叫着。"啊！"卡特回应说，"就算我有一千条命，我也愿意为殿下全部舍弃。"斧头落下，卡特血淋淋的头颅滚向腓特烈，王子当场昏了过去。

但这绝不是腓特烈痛苦的终点，他的父亲坚决要求执行军事法庭对其长子的死刑判决。普鲁士国王看到了摆脱这个令人失望的子嗣的机会，他觉得腓特烈的弟弟的行为更符合自己的心意，可以让他来代替腓特烈成为王位继承人。腓特烈最后能够幸免于难，完全是因为其教父查理的干预，皇帝同情这位年轻的王子，严厉地提醒普鲁士国王说，王储是帝国的臣民，未经帝国允许是不能被处死的。查理甚至还好心给腓特烈送去了一笔钱，因为他的父亲拒绝再供养他。

没有人能经历这样的磨难而安然无恙。腓特烈的父亲将其长子关在监狱里整整一年，而后才肯再与他相见。他在1731年8月15日所见到的腓特烈已经大大变了样，成了服从的典范。这个腓特烈完美地扮演着一个后悔莫及且俯首听命的儿子，跪在父亲脚下乞求着宽恕。这个腓特烈向普鲁士国王保证，只要能被放出牢房，他今后一定会毫不犹豫地做任何要求他做的事。腓特烈获释后的第一件事就是自愿去打猎，以示对父亲意愿的完全服从。

这就是弗朗西斯在其敦睦之旅中遇到的腓特烈——戴着面具的腓特烈。这位怯懦的王子尽职尽责地娶了一个他厌恶的女人（"感谢上帝，一切都结束了！"他在新婚之夜后写信给威廉明娜说），对（当时的）洛林公爵表达出的友情感激涕零。腓特烈再也没有穿过色彩鲜艳的法式华服，而是穿着那沉闷的普鲁士军装，全身心地投入到军事训练和军团生活之中，并因此而赢得了父亲的认可，被从上校提升成为少将。谨慎的腓特烈并没有表现出对统治的任何兴趣和野心（以免引起父亲的猜忌），而是安静地生活在柏林以北的乡间，私下里欣赏音乐和文学，并作为崇拜者给伏尔泰写信，以这种方式来娱乐自己。如今他已经结了婚，而且对父亲俯首听命，这样的活动已经不再被禁止了。

然而，在这温顺的外表下隐藏着另一个腓特烈。这个腓特烈受过伤害，因此一心想要伤害别人。这个腓特烈在弱小之时曾遭掠夺，因而认为掠夺弱者是力量的表现。这个腓特烈已学得蔑视爱、荣誉、真理和忠诚这些历史悠久的骑士价值观，认为它们都是空话，并用冷嘲热讽、投机取巧和背信弃义取而代之。这个腓特烈曾被父亲欺凌和虐待，如今想方设法要报仇雪恨，而这样一来他就成了父亲那样的人，只不过其后果更为严重且危险。

1740 年 5 月 31 日，在其父去世后继承王位的正是这样一个腓特烈。具有讽刺意味的是，查理深爱且珍视自己的女儿，曾想尽一切办法保护她，但在死后给她留下的却是一支残破的军队和空空的府库；而腓特烈的父亲鄙视自己的儿子，曾竭尽全力想要摧毁他的精神，结果留给他的却是欧洲最大的军事力量——8万名训练有素的士兵，比西班牙、英国或法国所能召集到的都要多——而且因为几十年来吝惜钱财，还给他留下了维持这支军队所需的财力。父亲只满足于囤积资源，而腓特烈却从接手的那一刻起就打算利用它们。现在只需要找到一个合适的软弱目标就可以了。

皇帝曾在腓特烈的父亲想要杀死他时出手相救，如今他这位教父死了，把所有财产都留给了一个未经历练、地位岌岌可危的年轻女人。

腓特烈的计划很简单。他要入侵且吞并属于玛丽亚·特蕾莎的邻近领地西里西亚，扩大自己的王国，声称自己拥有占据该地的古老权利，尽管连腓特烈自己也知道，这只是一个借口。他在写给普鲁士驻维也纳宫廷大使的指示中轻描淡写地解释道："如果一个人占据了有利地位，他该不该对此加以利用呢？我的军队和我自己都已经做好了一切准备，假如我不趁着这个好时机有所行动，那就是浪费了手中现成的资源。"*然后他又说，等到占领了该省，如果玛丽亚·特蕾莎为此大吵大闹的话，他可以让这位大使出面，向她提供"几百万"的赔偿。

这一行动要成功实施就需要速度和欺骗，让维也纳宫廷没有时

---

* 伏尔泰声称，腓特烈在后来撰写的记录这些事件的手稿中说得更明白。普鲁士国王曾在出版前将手稿寄给了他的文友征求意见，他在其中夸耀道："随时准备行动的军队、充实的国库和我自己好动的性格——这些就是我向玛丽亚·特蕾莎发动战争的理由。"即使在伏尔泰看来，这一说法也过于露骨，所以他劝腓特烈把这段话删掉了。

间准备足够的防御。查理六世于1740年10月20日逝世，信使在26日便将消息传达给了腓特烈，而到了10月29日，腓特烈的主要大臣们便已经制定出了详细的进攻方案。普鲁士最有经验的将军在11月被召回，等到了11月底，普鲁士王国显然已进入了战争状态，在南部边境集结了大量火炮和弹药，以及大约2万名士兵。也就是说，在腓特烈热情地向弗朗西斯保证说自己会给予支持的时候，他实际上正在调集军队准备入侵。

然而，即便是在那个没有电子通信的时代，想要调动那么多人和大炮却不被人察觉也是很难的，到了12月初，维也纳已收到报告，表明在与普鲁士交界的边境地区出现了不同寻常的军事活动。玛丽亚·特蕾莎询问她的那些白发顾问们，腓特烈集结军队是否有什么不轨意图，虽然他们告诉她说"不要怕，他会像他父亲一样，一辈子都让火炮上膛，但从不开炮"，但她还是在12月的第一周就派出了一名使节，去质问那位普鲁士国王意欲何为。这位特使不得不艰难地穿过被腓特烈的部队和军火堵塞的道路才能到达首都，他一眼就看出西里西亚就是要被攻击的目标。他的怀疑在12月10日的私下觐见中得到了证实，当时的腓特烈显然得意洋洋且口是心非，他承认了自己有意用兵，但坚称自己是出于最善意的动机才动用军队的。"我的确要进军西里西亚，但你要明白，我是以一个好朋友的身份前去的，不是为了占有任何东西，而是为了捍卫女王的世袭权利，对抗她的一切敌人。"这位自封的救星宣称。

帝国使节将这次令人不安的对话通过信使尽快报告给了维也纳，报告于12月20日到达。但此时腓特烈已与他的部队会合，越过边境进入了西里西亚。玛丽亚·特蕾莎刚刚来得及了解威胁的程度，普鲁士大使就来要求接见。她拒绝亲自见他，派她的丈夫代表政府去见他。大使摆出腓特烈在柏林时的那种高尚姿态，在见到弗朗西斯时装腔作势地宣布："我要提供的是对奥地利王室的救赎，还要帮助殿下您拿到帝国皇冠。我的主公普鲁士国王将以国家府库为女王服务，他还将确保女王可以得到他的盟友英格兰、荷兰和俄国的援助。"然后，他突然原形毕露，用一种更具威胁性的语气继续说："作为对这些帮助的回报，以及对他给予这些帮助所招致的危险的补偿，他要求得到整个西里西亚，一寸地也不能少。国王的决心是不可动摇的，他想要也有能力拿下西里西亚，如果不将西里西亚乖乖交出，他就会带着他的军队和金钱投向萨克森和巴伐利亚一边。"但玛丽亚·特蕾莎早已拟定了她的答复，她的丈夫一字不差地传达给了对方。弗朗西斯坚定地回应说："女王还没有绝望到必须向侵入其领土的王侯投降的地步……回到你的主人那里去吧，告诉他，只要他还有一个人留在西里西亚，我们就与他势不两立，宁可灭亡也绝不妥协。"

玛丽亚·特蕾莎决心一战，她召来了父亲的一位资深指挥官，并在接下来的3个月里想方设法组建起了一支约2万人的部队。这些人主要是从邻近的摩拉维亚招募的（摩拉维亚与西里西亚接壤，完全有理由坚守阵地抵御入侵者），此外还有一个经验丰富的奥地利骑兵团。

不过，在她的军队进入西里西亚之前，玛丽亚·特蕾莎就已经取得了一次帝国在近半个世纪的历史中从未取得过的重大胜利。1741年3月13日，她生下了第四个孩子——这次是个男孩。

这一事件的重要性怎么强调都不为过。玛丽亚·特蕾莎是一个虔诚的教徒，毫无疑问，她把儿子的出生视为上帝对其统治合法性的昭示。她给孩子取名为约瑟夫，这是她在分娩时向其祈祷的那位圣人的名字，她深信是这位圣人保佑了她。她后来写道："我没有印象自己有哪次是向这位圣人（圣约瑟夫）祈求却没能如愿的。"在这种连续生出女儿的诅咒被解除后，维也纳市民同样欣喜若狂，洗礼后的公共庆祝活动持续了整整一周。当地的一份报纸说："女王陛下臣民们的未来安全现在有了一种珍贵的保障和希望。"

在此时生出王子可是再幸运不过了。之后不到一个月，就传来帝国军队在莫尔维茨战败的消息。

战斗发生地莫尔维茨是西里西亚的一个小村庄，位于首府布雷斯劳以南约40英里处。被派来驱赶普鲁士军队的奥地利将军虽然知道敌人就在附近，却没有想到他们会以如此快的速度进军，因此被打了个措手不及。不过，这位帝国指挥官还是很快恢复了镇定，立即派出了他最有经验的部队，也就是骑兵，发动了第一波冲锋。4500名龙骑兵拔出马刀，在大炮的掩护下，以迅雷不及掩耳之势跃马冲向敌军，冲散了对方的骑兵，冲垮了普鲁士的前沿防线。

这是腓特烈参加的第一场战斗。当然，他在父亲的要求下开展过多年训练，但与手下的那位将军（是其指挥副手）不同，腓特烈从未经历过实战。必须承认，他在受到攻击后的反应可并不怎么鼓舞人心。他刚目睹奥地利骑兵的猛烈冲锋就掉头逃跑了。由于他的马是普鲁士骑兵中公认最快的，于是他回头冲着那些受他指挥的人们喊道："再见了，朋友们，我骑得可比你们快！"在属下正需要他的时候，他却溜之大吉。

按理说，这应该就是普鲁士国王未来荣耀梦想的终结之时了，但幸运的是，腓特烈的士兵们没有逃跑的选择。他的将军非常清楚，如果他像他的君主一样放弃自己的岗位，最后必定会因叛国罪而被处死。此外，他对自己的步兵很有信心。普鲁士军队开创了一种新的战术。因此，帝国军队在取得初步成功后的几分钟内，就发现自己面对着一排又一排纪律严明的普鲁士步兵，他们装备着高性能的火枪，每个人都接受过协同射击训练。普鲁士步兵们不屈不挠、有条不紊地齐射着，用了不到一个小时就让玛丽亚·特蕾莎的将军明白，该是下令撤退的时候了。"勇敢"的普鲁士国王直到第二天早上才发现自己打赢了这场战役，当时派去报捷的信使发现他正躲在30英里外的一个磨坊里，于是把他带回到部下们身边。正如一位同时代人的戏称，他"身披荣耀和面粉"。

他虽然逃跑了，但那无关紧要，重要的是他赢了。在战场上取得胜利的能力在18世纪是相当诱人的。在胜利的召唤下，欧洲各地的使节蜂拥来到腓特烈位于西里西亚的指挥部，提出要与他结盟。

玛丽亚·特蕾莎面临着巨大的求和压力。在这场战役中幸存下来的超过1.5万名帝国士兵正在全线撤退，而她也债台高筑。她唯一的希望就是英国能够出面干预，乔治二世曾答应会派兵援助奥地利。然而，当腓特烈威胁说如果乔治插手这场冲突，他就会率军攻击乔治的家乡汉诺威，英国国王就被吓住了。因此，乔治二世没有履行承诺，反倒指示托马斯爵士，要他去说服玛丽亚·特蕾莎答应普鲁士的要求，将西里西亚让给腓特烈。一位曾参与谈判的英国驻海牙外交官承认："汉诺威的安全……始终是被摆在第一位的。"

但是，无论英国向她施加了多大的压力，无论她那些颤抖的顾问们报告的形势有多么严峻，玛丽亚·特蕾莎始终都没有屈服。她在得知托马斯爵士提出的屈辱性条件时激烈地表示："不光是出于政治考虑，还有良心和荣誉的原因，我拒绝放弃西里西亚的大片领土。如果我向一个敌人妥协，另一个敌人马上就会出现；接连不断的敌人都会有要求，而牺牲的却总是我。"

玛丽亚·特蕾莎决心抵抗，她知道自己需要迅速采取行动重建军队。如果不能从英国获得援军，她就必须在自己的国内招募。她在没有征求大臣们意见的情况下宣布，她将于6月前往匈牙利举行匈牙利女王加冕仪式，之后则会亲自向匈牙利臣民们发出请求，募集士兵以对抗腓特烈。

她那些年长的顾问们都大吃一惊，纷纷劝说她不要采取这种冒险且可能致命的行动。他们解释说，匈牙利人是出了名的恶毒且不可信任，总是发动叛乱，过去甚至还曾与土耳其人结盟对抗奥地利。要他们来出兵相助实在是太危险了！*

但玛丽亚·特蕾莎没有理会他们，而是继续准备着启程。匈牙利王的加冕仪式包含各种象征意义，相当累人，尤其是对一个刚刚生过孩子的女人来说。作为仪式的一部分，即将登基的君主（过去都是男性）需要穿上圣斯蒂芬（11世纪匈牙利国王，后被封为圣徒）的传统长袍——一件年代久远、磨损严重的衣服——骑上一匹大马，冲上高坡，挥舞重剑（也是这位圣人的遗物）指向四方，以示新君主抵御一切来犯之敌的决心。面对这项艰巨的体能考验，一

---

* 玛丽亚·特蕾莎后来评价这些胆怯的年迈官员说："幸亏上帝让他们一个个地死掉了，否则我可永远成不了事。"

向不怎么爱运动的玛丽亚·特蕾莎明智地选择了进行额外的骑术训练。

但她在宣读誓言方面可根本不需要任何帮助，毕竟她精通匈牙利政府的官方语言拉丁语。更重要的是，她深知这个动荡的王国对在她之前那些身为领主的皇帝们都怀着深深的不信任感。匈牙利人一向被奥地利人视为下等人，而玛丽亚·特蕾莎却决心要费尽心思地向他们表达自己的敬意与尊重，让他们知道自己是与众不同的。

1741年6月19日，这位处境艰难的女王在包括其丈夫和托马斯爵士在内的大批随行人员的陪同下，离开维也纳前往匈牙利首府普雷斯堡。载着王室一行人的河船上悬挂着印有匈牙利王室盾徽的大小旗帜；船员，甚至是桨手，都身着红、白、绿三色的匈牙利民族服饰；玛丽亚·特蕾莎本人则穿着专门设计的、媲美匈牙利传统华服的礼袍。

他们在第二天傍晚抵达普雷斯堡，迎接他们的是欢呼的人群和威严的礼炮。这座城市已经很久没有举办过加冕典礼了，人们的兴奋之情溢于言表。仪式定于6月25日在古老的圣马丁大教堂举行，该教堂始建于15世纪，是匈牙利国王的传统加冕地。30年前，玛丽亚·特蕾莎的父亲也是在这座教堂加冕的。

她知道人们期待的是什么，于是她如其所愿地送上。在加冕日的早晨，成群结队的观众在街道两旁翘首以盼，希望能一睹她的风采，而他们看到的是这位新君主乘坐马车，在长长的、足够堂皇的加冕队伍的末尾抵达大教堂。她华丽的加冕礼袍上缀满了黄金和珍贵珠宝，在阳光下熠熠生辉，尽显这一场合的庄严隆重。她在进入教堂之后严格遵循传统做法，跪在地上接受王冠，宣誓保护"这片土地上古老的法律、权利和自由"。起身后,她将圣斯蒂芬的破旧袍子套在加冕礼服外,将递给她的铁剑拔出剑鞘,并高高举起,划了个十字。随后,她坐在王座之上,手持金球和权杖,接受贵族们宣誓效忠。

宗教仪式结束后就是最后的考验了。一辆马车将这位匈牙利新女王载到河边的一个小山丘上,她在臣民们的注视下骑上了为她挑选的黑色骏马。她握住圣斯蒂芬的重剑,再次高高举起,骑马冲上山坡,"她那飘逸的金色长发如同金缕"在其身后飘扬。为政府记录这些事件的托马斯爵士被她的表现深深震撼了。"女王浑身散发着魅力;她雄赳赳气昂昂地骑上王室的坐骑,用拔出的剑指向四方,那气度已表明她不会(也不需要)用这剑来征服目睹这一切的人们了。"他激动地写道。

她做到了。"女王陛下万岁!"聚集在一起的人群发出呼喊。

四天后传来消息,法国的路易十五已与普鲁士的腓特烈大帝签署了一份秘密军事协议,他将提供人员和武器,将巴伐利亚选帝侯推上帝国宝座,并按照他们认为合适的方式瓜分奥地利领土。玛丽亚·特蕾莎现在面临着两线作战。

4

波希米亚女王
Queen of Bohemia

> 我们只需要摊开一张地图,用铅笔标出他(路易十五)想要的领土……他将如愿以偿。
> ——腓特烈大帝致法国大使,1741 年 3 月 18 日

> 我虽身为女子,却并不缺少勇气……我的众多臣民也将决心维护我的权利。为了不让我受到侮辱,他们甘愿冒一切风险。
> ——玛丽亚·特蕾莎致法国执政大臣、枢机主教弗勒里,1741 年 9 月 27 日

信奉新教的普鲁士与信奉天主教的法国于 1741 年 6 月 5 日秘密结盟,这真是大大出乎人们的预料。自路易十四在上个世纪登基以来,普鲁士一直与英国、荷兰和神圣罗马帝国结成坚定的联盟,

致力于抵抗法国在欧洲的扩张。此外，由于乔治二世是腓特烈的叔叔，两人信仰相同的宗教，人们或多或少都认为普鲁士和英国会保持友好关系，而这也就意味着要共同对抗法国。英国人一直对法国人心存疑虑。

但腓特烈只想为自己争取最大的利益，而路易十五的大使（同时也是法国军队的指挥官）则渴望重现过去的军事辉煌，尤其是如今面对的是玛丽亚·特蕾莎这样一个弱小对手。腓特烈士兵的规模和素质给大使留下了深刻的印象——"普鲁士军队的优秀和纪律性简直无与伦比"，他在观察了普鲁士军队的作战行动后如此感叹，于是立即答应了普鲁士国王的所有要求。为了向匈牙利女王发动进攻，法国派出了两支，而非一支军队。第一支军队由约4万名战士组成，该军将于8月渡过莱茵河，与巴伐利亚选帝侯（他也加入了进来）调集的一支类似规模的部队会合，目的是入侵奥地利。与此同时，另外4万名法国士兵将被派往汉诺威，以恐吓乔治二世（进而恐吓英国），阻止他派兵帮助玛丽亚·特蕾莎。腓特烈自己计划在9月之前调集超过10万的普鲁士军队，以确保拿下西里西亚全境。这种战略部署显然意在凭借速度和压倒性的武力从匈牙利女王手中夺取尽可能多的领土。腓特烈在1741年7月18日给法军指挥官写信，无耻地怂恿说："您当然知道应该毫不拖延地按计划行事。这正是法国取得最辉煌胜利的时刻，不需要一点一点地谋求进取，而是迈开大步，一战成功。而您将会获得任何一个法国将军都未曾获得的无上荣耀。"于是，计划开始实施。

密谋者们对胜利充满信心，甚至都没有太费心保守协议的秘密，结果就是英国很快便得知了该计划的大体情况，虽然并不包括全部细节。于是托马斯爵士再次向玛丽亚·特蕾莎在维也纳的高级顾问们传达了坏消息。他报告说:"当听闻普鲁士、法国和巴伐利亚已联合起来的消息后,所有……顾问们都如同死人一般瘫倒在了椅子上。"

面对如此严峻的困境,这位英国使节再次向玛丽亚·特蕾莎施加压力,要她承认失败,至少接受普鲁士对部分西里西亚领土的占有,并尝试通过贿赂来使腓特烈脱离联盟,满足于他已获得的战利品,用这种方式来挽救她剩余的领土。匈牙利女王起初极力反对,但托马斯爵士一再施压,最后她才勉强同意向腓特烈提供200万荷兰盾(约20万英镑,由英国提供),以及她在奥属尼德兰的相当一部分领土,作为对腓特烈停止敌对行动的报偿。但她对此感到非常难过。8月3日,当大使出发去向腓特烈提出这些条件时,她直截了当地对他说:"我非常希望您不会成功。"大使刚骑马离开,她就通过私人信使向巴伐利亚选帝侯发去了同样的提议。事实上,她是在拖延时间。"我瞒着手下的大臣们,"她写道,"我决定不放弃西里西亚的任何一块土地,更不会放弃低地各省。"

她压根不需要担心腓特烈会接受妥协条件。普鲁士国王占尽优势(甚至事先已经得知了具体的求和许诺),他根本不打算接受玛丽亚·特蕾莎的条件。相反,腓特烈决定利用调停过程要弄一番英国人,以确保法国有足够的时间集结军队并按计划开始入侵。"这个提议是一个陷阱,想要扰乱我们的联盟,"他在1741年7月28日,也就是托马斯爵士抵达前一周,写信给法国大使解释说,"但我会假装需要时间考虑,为国王(路易十五)争取充分的行动时间,然后我就会提出他们无法接受的苛刻条件……他们如此愚蠢,难道是我的错吗？"他感到很得意。

事情的发展正是如此。7月31日，巴伐利亚选帝侯率领3万大军入侵奥地利，占领了位于维也纳以西约175英里处的帕绍城，并宣布要强行夺取玛丽亚·特蕾莎的全部领土，认为自己因妻子的继承权而理应享有这一切。随后，在接下来的一周里，两支各由约4万名士兵组成的军队分别离开法国，一支被派去威胁汉诺威，另一支则在帕绍与巴伐利亚人会合。到了8月9日，腓特烈终于撕下伪装，当着惊愕的托马斯爵士的面，拒绝了一切调停的可能。他傲慢地威胁说："我如今率领的是一支不可战胜的军队，这片土地已是我的囊中之物，对此我唾手可得且势在必得。带着这个答复回到维也纳吧，告诉他们，若是想要和平，就必须答应我的要求。"他所要求的就是割让整个西里西亚。

当托马斯爵士带着这一令人沮丧的结果返回时，玛丽亚·特蕾莎和她的政府已得知了巴伐利亚人入侵奥地利并攻占帕绍的消息。她向乔治二世求助，但英国国王面对另一支法国军队对汉诺威的威胁，其反应与腓特烈的预料如出一辙，他不愿冒险失去深爱的家乡，选择了置身于即将到来的战争之外。这反过来又使巴伐利亚选帝侯得以继续进攻，不必担心可能会遭到英国雇佣或招募的士兵从背后袭击。承诺派给他的4万名法军已于8月底抵达，于是他在1741年9月10日轻而易举地攻占了不设防的林茨，并公开宣布自己成为奥地利大公。

位于林茨以东仅115英里的首都维也纳，突然陷入可能被7万敌军进攻的危境，顿时陷入一片恐慌。贵族家庭纷纷收拾行李，逃往他们认为安全的乡间别墅；人们开始囤积物资，为遭受围攻做准备；那些不能离开的居民担心毁灭和死亡每时每刻都可能降临，何况连玛丽亚·特蕾莎都已离开，显然是已经放弃了这座城市。

她确实离开了她的维也纳臣民，但并未抛弃他们。从加冕为匈牙利女王那天起，她就已经做好了计划。9月11日上午11点，也就是敌军攻占林茨的第二天，她便在普雷斯堡向匈牙利议会发表了讲话。议会代表全是男人，她站在他们面前，身着黑衣，头戴王冠，佩戴着国王之剑。"如今处境危险，这使得我有责任向荣耀的匈牙利王国之内忠实的各邦通报情况，报告我的世袭王国奥地利正遭受武装入侵，而匈牙利王国也面临着危险，并在此提出为应对危机而需采取的措施。"她说的是拉丁语，以便他们都能听懂。"我的两个王国、性命、孩子和王冠都岌岌可危。所有人都抛弃了我，除了光辉的匈牙利各邦的忠诚及其人民那闻名遐迩的英勇之外，我已无所倚靠。我在此恳切地请求各忠实邦国的所有阶层民众，不要耽误片刻，制定并执行因这一极端危险情况而必须采取的举措……至于我需要做的事情，忠实的各邦大可放心，王室将勤勉行事，尽一切可能确保王国的存续、完整、福利与荣耀。"她最后热切地承诺道。

玛丽亚·特蕾莎使用他们的语言，带着溢于言表的尊敬与真诚之情，滔滔不绝地表达着她的请求，这显然让代表们深受触动。她刚刚说完，议会就一致投票决定向她提供一支由3万名步兵组成的军队，并将立即调集。此外，许多代表承诺将招募并亲自率领另外2万5000名骑兵，还会号召他们在克罗地亚和特兰西瓦尼亚的盟友加入这场抵抗侵略者的斗争。加上在莫尔维茨战役中幸存下来的奥地利军队，这就意味着匈牙利女王现在拥有一支可能多达10万人的军队了。

十天后，即 9 月 21 日，议会提出让身为女王丈夫的弗朗西斯成为王国的共同执政，以此进一步表达匈牙利对女王的忠诚。玛丽亚·特蕾莎知道，不会说拉丁语的弗朗西斯在匈牙利臣民心中是个傲慢之人，并不受欢迎，代表们这么做纯粹是为了向她示好。因此，她也投桃报李。就在前一天，她让人把不到 6 个月大的儿子约瑟夫带到了普雷斯堡，这时她命人把婴儿抱进觐见厅，自己将他高高举起，让所有人都能看到这高度戏剧性的一幕。这个婴儿是她的继承人，是她对臣民的信任和承诺的明确标志；他代表着延续的承诺，是他们未来的国王。在场的托马斯爵士报告说："在看到他之后，议员们欢声如雷。"

她获得了她的士兵，确保了匈牙利人的忠诚。现在她要有所行动了。

玛丽亚·特蕾莎在普雷斯堡采取的行动以及她的请求获得响应的消息立即对其对手们的战略产生了影响。巴伐利亚选帝侯原本兴高采烈地制定着计划，想要一举夺取无人防守的维也纳，但当他发现这座城市如今将处于 3 万名体格健壮、嗜血成性（这是出了名的）的匈牙利人的保卫之下时，其进攻热情就远没有那么高了。如果真打起来，他可能会被俘或受伤，甚至会被杀（想想就害怕），他来参战可不是为了这个，更何况玛丽亚·特蕾莎治下领土广阔，还有其他许多诱人且容易得手的目标供其夺取。于是他选中了波希米亚首府布拉格。布拉格仅有大约 3000 名常备守军，而且距离普雷斯堡只有 200 多英里，只要他快速行动，就可以在不遇到任何匈牙利人的情况下到达那里。法军指挥官也赞同他的策略，于是，巴伐利亚选帝侯便在 10 月将 2 万人留在林茨保卫他在奥地利的征服成果，而后率领一支约 5 万人的军队勇敢地出发，向布拉格进军了。维也纳避免了被武力占领的命运。

但布拉格却陷入了危险之中，更糟糕的是，萨克森的奥古斯特三世（玛丽亚·特蕾莎的父亲曾帮助他成为波兰国王）担心他的连襟会攻城略地，声名远播，把他比下去，于是突然改变阵营，投靠了法国和巴伐利亚一方。作为提供 2 万人攻占布拉格的交换条件，奥古斯特的新盟友许诺可以让他占有奥地利领土摩拉维亚。

玛丽亚·特蕾莎明白，即使得到匈牙利人的全力支持，她也不可能在西里西亚、波希米亚和奥地利三个方向同时抵御侵略。如果不想办法瓦解敌方联盟，她的大部分领土就会被人瓜分。她需要哄骗对方联盟中的至少一方背叛联盟，与她单独媾和。

于是，她暗中尝试着收买对方的一个个王侯，想要让对方停止与自己敌对。她向法国提出可以割让卢森堡，向巴伐利亚提出可以割让米兰或尼德兰，而对普鲁士，她则提出让出下西里西亚。这就好比在尝试攻击一道不很坚固的篱笆的各个地方，想要看看是否有哪块木板是松动的。

法国和巴伐利亚立即生硬地拒绝了她的提议，并且很快就向其他盟友通报了这种妄图瓦解联盟的秘密行动。腓特烈也通知了他的盟友们，说玛丽亚·特蕾莎曾通过一个英国的斡旋者向他提出过类似的和解条件，而他轻蔑地拒绝了。"他们要么认为我是个背信弃义之徒，要么就是认为我是个大笨蛋，"腓特烈不屑地对一位法国使节说，而这位法国使节当然把他的态度报告给了上头。1741 年

10月2日，法军统帅在给腓特烈的信中说："英国人的斡旋努力无果而终，而陛下您拨冗将这一内情透露给我，这体恤之情真让我无比感动。"巴伐利亚选帝侯也从腓特烈那里得到了消息，他同样感到欣慰。"亲爱的元帅，我们必须为普鲁士国王说句公道话。世上真的没有行事比他更直率诚恳的人了，"选帝侯在10月9日给法军指挥官写信说。

然而这一次，腓特烈却并未拒绝媾和。10月9日，就在巴伐利亚选帝侯为他唱赞歌的当天，普鲁士国王悄悄离开营地，秘密会见了他最近还在莫尔维茨交战的那位奥地利将军。腓特烈在会见中承诺停止敌对行动以换取西里西亚。不过，因为他想要瞒着盟友媾和，所以不得不精心策划一场骗局来掩盖背叛行为。腓特烈最喜欢演戏了，他兴高采烈地建议，说他可以假装围攻下西里西亚的重镇尼斯，而奥地利人则假装守城。"我们想停战，但不想让别人发现，"负责向维也纳传达这一不寻常安排的普鲁士大使后来这样解释道。

双方就此达成一致。腓特烈如愿以偿，心情也随之舒畅起来。"他（腓特烈）感到极为满意，因为他一直爱戴的女王和大公（弗朗西斯）终于不再顽固不化……现在的他非常同情他们的不幸，想要尽可能地帮他们的忙。女王缺钱吗？他可以拿出5万克朗，帮助她撑过寒冬。"谈判的一位见证者冷冷地记录道。

腓特烈放弃先前同盟的动机有三。首先，他对巴伐利亚选帝侯没有按原计划向维也纳推进感到愤怒。法国人和巴伐利亚人转而攻击布拉格，这使得玛丽亚·特蕾莎可以腾出手来，派匈牙利士兵保卫西里西亚，从而让腓特烈对那里的征服变得更加困难。现在他通过媾和可以不经战斗便得到西里西亚。其次，他对盟友们将摩拉维亚送给奥古斯特也极为不满——如果他们能这么容易将土地拱手相让，为什么得到奖励的是萨克森（毕竟萨克森很晚才加入联盟）而不是普鲁士呢？最后，腓特烈确信，他可以秘密同玛丽亚·特蕾莎单独媾和而不用冒任何风险，因为他大可矢口否认，他在10月9日的谈判中已经一反常态地将这种立场表达得清清楚楚了。他对奥地利指挥官说："如果你们（在战斗中）运气好，我就站在你们这边，但如果你们被打败了，那我只能为自己考虑（回到与法国和巴伐利亚的联盟中）。"玛丽亚·特蕾莎一方的所有人都明白这一点。弗朗西斯鄙视地说："他今天跟你结盟，明天就可能投靠法国；今天跟法国结盟，明天就可以来投靠我们。"然而，如今布拉格岌岌可危，他们别无选择。

玛丽亚·特蕾莎暂时摆脱了普鲁士的进攻，终于可以全力部署兵力来抵御法国和巴伐利亚的攻势了。她留下约1万2000人给最有经验的骑兵军官克芬许勒元帅指挥，以此确保奥地利并非全无防卫，然后便调动了其他所有部队——曾在莫尔维茨与腓特烈作战的残余部队和驻扎在维也纳的大部分卫队，再加上2万名新征召的匈牙利人，总兵力约为6万人——交给她的丈夫指挥，要他赶快去拯救布拉格。

然而，弗朗西斯的军事能力并没有随着年龄的增长而提高。他难以适应领兵作战的艰苦条件，行动迟缓，休息频繁，经常在发回的报告中抱怨各种艰难困苦。因此，他率领的部队直到1741年11月26日才抵达布拉格郊区。他到达后才发现，这座城市已在前一天落入敌手，守军在敌人的一次偷袭中被打了个措手不及。巴伐利亚选帝侯已进入这座首府，他和他指挥下的胜利之师如今安全地躲在城墙后面。选帝侯信心满满，在12月19日便加冕成了波希米亚国王，随后立即前往帝国议会所在地法兰克福，想要在那里称帝。

在已经付出了种种努力，甚至自愿将西里西亚拱手让给腓特烈（这无异于将自己的一个孩子送给敌人）后，布拉格还是被攻占了，这对玛丽亚·特蕾莎来说无疑是一个沉重的打击。她的事业似乎注定要失败了，但她没有放弃希望，也不会允许其他人屈服。"布拉格失守了，后果不堪设想，"她在写给随同弗朗西斯出征的波希米亚大臣的信中说，"现在……正是鼓起勇气保卫国土与王位的时刻，因为若是没有了这些，我将一无所有。我已下定决心，为了保住波希米亚甘冒所有风险，不惜一切代价，而你的全部工作都要以此为前提……我必须保住国土，想要让我放弃，必须先消灭所有奥地利和匈牙利军队。总之，现在正是关键时刻……你或许会说我很残忍，的确如此。但我很明白，如今为保护国家而做出的所有残酷决定，我以后都有机会成百上千倍地加以弥补，而且我一定会去弥补，但此时此刻，我绝没有什么妇人之仁。"她满怀激情。为了表明她对成功的坚定决心，她把弗朗西斯召回了维也纳（她宣称自己离不开他，想要以此避免让他蒙受耻辱，但这种借口骗不了任何人），并让他的弟弟洛林的查理取而代之，成为军队的指挥官，因为后者表现得更为积极进取。

查理听从了更有经验的军官们的意见，聚集兵力于一处，撤退到布拉格以南，以便与维也纳方面协调一致，制定一个大胆发动两线攻击的计划，而在玛丽亚·特蕾莎的敦促之下，该计划被实施得迅猛异常。1741年12月22日，当巴伐利亚选帝侯和法国军队的统帅都在法兰克福为皇帝选举进行游说时，留守首都的1万2000名龙骑兵会同另外4000名匈牙利人从维也纳出发，在玛丽亚·特蕾莎最得力的将领克芬许勒元帅的指挥下向林茨进军。与此同时，查理率奥地利主力军在布拉格周围展开包围圈，使得敌人无法派来援军保卫先前战果。1742年1月24日，聚集在法兰克福的代表们在法军统帅的压力和贿赂之下，一致投票支持巴伐利亚选帝侯成为新的神圣罗马帝国皇帝，但在此时的林茨，因疾病侵袭和临阵脱逃而只剩下大约1万人的法国守备部队已向克芬许勒的优势部队投降，该城被玛丽亚·特蕾莎重新夺回。她因这次胜利而兴奋不已，在写给克芬许勒的信中许下承诺说，"她将向其提供所有兵力和资源，也就是她的国家拥有或可以动用的一切……祝其好运并作战得胜"，另外，她还提供了1万名增援士兵，用以向西推进。1742年2月12日，就在新皇帝在法兰克福举行华丽加冕仪式的同一天，传来了玛丽亚·特蕾莎的军队大捷的消息，她的军队不仅收复了奥地利的全部领土，还入侵并攻取了新皇帝的家乡巴伐利亚公国（他的军队都被牵制在布拉格，所以本土防卫兵力不足），占领了首府慕尼黑。

这真是绝妙的一击。没有什么比丢了老巢更能彰显一位皇帝的虚假和无能的了。这使得巴伐利亚选帝侯和他的法国盟友显得荒唐可笑，随之而来的则是攻守易势。

正如在莫尔维茨得胜后的腓特烈那样，玛丽亚·特蕾莎在战争中的成功也给她带来了盟友，其中最重要的就是英国。她的反抗劲头给英国人留下了深刻印象，而且英国也总是乐于看到其可恶宿敌法国的野心受到遏制，于是英国政府立刻宣布准备放弃以前的中立立场，站在勇敢的奥地利一边参战。很快，英国便送出了（奥地利急需的）30万英镑，并派遣了一支1万6000人的部队前往德国。

不幸的是，英国并不是唯一一个在玛丽亚·特蕾莎获胜之后重估立场的国家。腓特烈原本表示若她获胜便与她结盟，这时显然反悔了，他以玛丽亚·特蕾莎新的征服行动为借口，改弦更张，重返战场。这种转变不会让任何人感到意外。腓特烈对摩拉维亚没有被送给普鲁士仍耿耿于怀，为了确保自己能够获得这一战利品，他像是从未背叛过盟友那样，忽然自告奋勇要趁着奥地利军队忙于巴伐利亚和波希米亚的战事之时，率军进攻摩拉维亚。法国人此时已知道他不可信任，而且非常希望他能为布拉格提供援助，因此拒绝了这一提议，但他设法说服了（有些不情愿的）奥古斯特三世支持这一计划。*就这样，玛丽亚·特蕾莎刚刚得到她的军队攻占慕尼黑的消息，就又得知腓特烈已将一支先头部队开进摩拉维亚，轻而易举地攻克了差不多正处于维也纳和布拉格之间的不设防城市伊赫拉瓦。

匈牙利女王此时正怀着她的第五个孩子，已有6个月身孕，她的军队刚刚在巴伐利亚大获全胜，现在又得到了英国会提供资金和军队的承诺，所以根本不想再与腓特烈虚与委蛇。她毫不犹豫地派出一支匈牙利部队快速越过边境，将普鲁士国王和他的萨克森战

---

* 法国人在攻占布拉格之前就已知道，腓特烈为了确保对西里西亚的占有，已经与玛丽亚·特蕾莎达成秘密协议。法国大使在1741年11月11日的一次会议上用这一情报质问普鲁士国王，而腓特烈对此矢口否认。"我能怎么办呢？我能阻止捣乱分子散布谎言，阻止傻瓜们相信这些吗？"普鲁士国王带着委屈的语气申辩道。"但是，陛下，这些情报可都是从内佩尔格元帅（奥地利将军）那里得到的。"大使坚称。关于腓特烈的为人，法国军队的指挥官很快就得出了与弗朗西斯相同的结论。他无奈地说："他只会在我们不再需要时来帮忙。"

士赶出了伊赫拉瓦，就像赶走一群强占土地的流浪汉。到了3月8日，腓特烈不仅放弃了该城，也放弃了对摩拉维亚的企图，匆忙退回到他的主力军驻地。这支主力军是从西里西亚调来的，正驻扎在波希米亚的赫鲁迪姆，就在布拉格以东约80英里。

这是腓特烈对玛丽亚·特蕾莎发动进攻以来的第一次失败，这个失败对战争进程产生了深远的影响。法国大使紧张地注意到，普鲁士国王从摩拉维亚返回时脾气特别暴躁。腓特烈似乎终于意识到，如果继续这样逼迫玛丽亚·特蕾莎，他最终有可能会失去西里西亚这块他已经到手且至关重要的领土。他在两年前开始执政时国库充盈，而现在钱快用完了，更糟糕的是，他那一无是处的巴伐利亚盟友——新上台的皇帝——还不断向他索要贷款和其他援助。他的萨克森伙伴同样一无是处，奥古斯特三世提供的军队训练不足，这让腓特烈明白，普鲁士士兵将在以后的任何一场联合作战中承担主要战斗任务，因此会死伤惨重。他完全不信任法国，怀疑路易十五只要有机会就会背叛他（正如他自己早就背叛了法国人）。他把所有这些想法都记在了一份文件之中，其中有两部分分别题为《我继续与法国结盟的理由》和《我与匈牙利女王媾和的理由》，里面的内容尽显其狡诈，以致后来的一位历史学家干脆断言："如果这份文件出自他人之手……人们恐怕会认为这是一份良心上的检讨。"

腓特烈就这样在内心痛苦地权衡着这回出卖哪个盟友最有利，两周后他就有了答案。1742年3月22日，腓特烈秘密联系英国人，请求他们帮助缔结一项长期和约。和往常一样，他的最初要求非常过分。作为退出战争的交换条件，普鲁士国王不仅想得到整个西里西亚，还觊觎波希米亚的领土（目前正被他的盟友法国和巴伐利亚占领），他要求玛丽亚·特蕾莎在没有他参与的情况下重新夺回这些领土，并将它们转送给他。托马斯爵士很不情愿地成了向匈牙利女王提交这些条件的使者，他一直等到4月底才传达了腓特烈的停战提议。玛丽亚·特蕾莎此时已快要生产，她拒绝讨论和平协议，除非普鲁士正式承诺叛离昔日阵营，与奥地利和英国并肩作战，对抗法国人和巴伐利亚人。她知道，腓特烈是绝对做不到的。弗朗西斯比她更愿意保持外交渠道畅通，当他提出直接与腓特烈交涉时，她亲切地回答道："亲爱的，如果你愿意，你大可以写信；但他根本不配，而且他会利用你的信。还是不要自贬身价了吧。"然后她指示弗朗西斯的弟弟、仍在波希米亚指挥军队的洛林的查理向腓特烈在赫鲁迪姆的驻地进军，以更明确的方式表明了她对腓特烈和平提议的态度。

1742年5月10日，女王的立场被转达给了腓特烈，同时他还得知一部分奥地利军队正离开驻地、准备向他发动进攻的消息。普鲁士国王心里清楚，一旦他被赶走，那只会鼓励她尝试夺回西里西亚，所以他决定采取主动，发动突然攻击，希望能像在莫尔维茨那样将对方打个措手不及。"我要向奥地利人进军，不会让他们和那些从匈牙利来的乌合之众再前进一步，"他装腔作势地向颇为震惊的法国大使宣布（当然，大使并不知道腓特烈在过去两个月里一直与匈牙利女王秘密接触），"我希望我能单独打败他们，并享受羞辱他们的乐趣。"

于是，5月13日，就在玛丽亚·特蕾莎生下第四个女儿（她和弗朗西斯取名为玛丽亚·克里斯蒂娜）之时，腓特烈调集军队出营,打算占据有利地形,打奥地利军队一个措手不及。4天后,这两支敌对军队在赫鲁迪姆以西约20英里处的乔图西茨村相遇,并互相冲杀起来。

随后的战斗时间很短,从早上8点到中午,只持续了4个小时,但异常激烈。总的来说,两支军队旗鼓相当。这一次,腓特烈没有在第一次冲锋时便飞奔而逃,而是留在部队中指挥作战。奥地利骑兵再次表现出色,而普鲁士步兵也又一次承担起守住防线的职责。尽管遭受了极大损失,他们最终还是成功了,并让奥地利人不得不撤退。这让腓特烈大为满意,他还在战场时就匆匆发给路易十五一封得意洋洋的简报:"陛下,查理殿下向我发动进攻,而我打败了他。"

他是赢了这场战斗,但代价也很惨重。虽然后来他为了显示战绩辉煌而夸大了奥军损失并隐瞒了自己的伤亡人数,但事实上,腓特烈在一个上午就目睹了近5000名士兵的伤亡。奥地利损失了6000多人,其中大部分是被俘的。不仅如此,洛林的查理在波希米亚还有其他部队可以调用,而且他也成功地挽救了残余军队,足够用来在将来更有利的形势下再次出击。因此,普鲁士国王虽然表面上自鸣得意,私下里却赶紧在接下来的那一周与英国人接触,再次试图与奥地利单独达成长久和平协议。

军队在其他地方取得胜利之后,却在乔图西茨表现不佳,这让玛丽亚·特蕾莎非常失望。她本以为自己可以对腓特烈穷追猛打,这次战斗将是最终夺回西里西亚的第一步。现在托马斯爵士却建议她同意与普鲁士单独媾和,理由是这将使占领波希米亚的法国军队失去唯一有效的援助力量,从而为她提供解放布拉格的最好机会。她虽然承认他说得有道理，却仍然不愿采取这种权宜之计，直到大使向她保证说，和约将来随时都可以废除，因为大家都知道，"这些让步是用暴力和双重的背信弃义从她那里榨取出来的"，所以"如果今后奥地利王室发起报复，一有机会就用武力夺回今天被人夺走的东西，那天底下没有任何人能加以指责"。但即便如此，她也完全拒绝将波希米亚的任何领土让给腓特烈，她的强硬态度表明了其痛苦程度。"哪怕是英国国王率领他的议会向我提出要求，我也绝不会让出波希米亚的一寸领土。为此我宁愿与维也纳一同毁灭。"她激烈而愤怒地声称。

在这些谈判进行的同时，她在波希米亚的指挥官忙于补赎其战败之过。洛林的查理获知普鲁士国王正在谈判单独媾和，不会出兵援助其盟友，因此迅速地行动起来，率领此时总数已达惊人的6万人的奥军全军向驻扎在布拉格以南约60英里的皮塞克的法军前锋部队（约2万5000人）发动了进攻。法军大吃一惊，寡不敌众，匆忙放弃前哨阵地，向布拉格撤退，而皮塞克则落入奥军之手。

法军的这次溃败极大地鼓舞了奥地利人的士气，同时也对奥地利与普鲁士之间进行的谈判产生了明显的影响。腓特烈担心这场胜利会使玛丽亚·特蕾莎声势大振，完全退出和平谈判，于是他在6月11日突然宣布接受最初的双方媾和条件（确保了他对西里西亚的占有）。1742年7月28日，双方签署了一份正式和约，即《柏林和约》。

随着和约的宣布，普鲁士令人震惊地公开退出了战争。在不到两个月的时间里，萨克森的奥古斯特感到自己已无多大胜算，同时又受到来自英国的压力，于是便明智地效法普鲁士与奥地利媾和，背弃了他的盟友们。这样一来，因为由无能的皇帝所代表的巴伐利亚实际上是一个负担，而非什么助力，驻扎在波希米亚的法军残部就突然陷入了孤立无援的境地。

普鲁士退出战争的消息像从柏林发射的一枚铁炮弹，砸在了法国政府的头上。路易十五和他的大臣们虽然早就知道腓特烈并不可靠，但还是低估了他全然背信弃义的程度。他们一直指望普鲁士能为他们解布拉格之围，或者至少对波希米亚的奥地利军队施加压力，以免玛丽亚·特蕾莎的军队联合起来对付他们。当这一切幻想全都破灭之时，布拉格法军已因伤亡、叛逃和疾病而只剩下大约3万人，而且被洛林的查理麾下的6万大军包围着。粮食和其他补给都即将耗尽，若是没有其他军队的援助，士兵们恐怕坚持不了多久。为威胁乔治二世而驻扎在汉诺威的法国部队被紧急派去解围，但面对奥地利军队的阻挠却无力开战。更糟糕的是，这支军队的重新部署使得驻扎在佛兰德斯的英国军队能够不受阻挡地进军德国，到了此时，所有人都看得清楚明白，法国人已输掉了战争。

法国方面这时要面对的问题是如何拯救剩下的法国军队。被围困在布拉格的法军统帅提出，如果允许他带着他的士兵和大炮离开布拉格，他将放弃战斗。德高望重的弗勒里枢机主教已有90岁高龄，仍是路易十五的执政大臣，他低声下气地写信给奥地利军队里的一位中间人，请求他代表法国与玛丽亚·特蕾莎接触，想办法让法军体面地撤退。

但是，匈牙利女王受制于人的日子早已一去不复返了。她是不会让法国士兵和法国大炮从她的手中溜走的，这些在将来都可能会再次被拿来对付她。为了清楚地表明立场,她召集所有大臣,庄严地向他们宣讲了自己对法国求和意愿的态度。"我是不会允许法国军队就这样投降的,"她态度坚定地说,"我完全不在意枢机主教提什么建议或计划,他去找我的盟友们谈吧。他用金钱和承诺煽动起所有的德意志王侯,妄图将我毁灭,如今竟还有脸来跟我谈条件!我已经对法国王室够客气的了。"她激动地说着。"我曾迫于现实,自降身份给这位枢机主教写信,信中言辞足以软化最坚硬的石头,而他却无礼地拒绝了我的请求……我手中掌握有证据,能证明法国人试图在我治下领土的核心煽动叛乱,无视帝国的基本法律,在德意志各处煽风点火。我将把这些证据留给后人,警戒帝国要小心法国。"她在最后激烈地宣称。要么法军战败被俘,要么他们无条件投降,她不会接受除此之外的任何方案。

然而这次她的愿望落空了。这一年的冬天来得很早,冰冷的气温、成堆的积雪和猛烈的狂风使布拉格城内的情况更加恶化,在城外的奥地利士兵看来,被困的敌人除了投降别无选择。他们每天就这样坐等着(自己也挨着冻),因而放松了警惕。由于奥军没能保持警惕,法军将领抓住机会采取了一次大胆的行动。1742年12月16日,他撤下那些因体弱或受伤而无法行动的士兵,带领1万1000名步兵和3000名骑兵,拖着法军所有的火炮,在夜幕降临前悄悄离开了布拉格。在12天的时间里,一度强大的法军残余兵力在可怕的条件下艰难地强行军逃离。他们不能休息,无法取暖,冒着暴风雪前进;结果就是其行军道路两旁散落着成堆的尸体,让人一眼就看出他们的逃亡路线。他们就这样到达了100多英里外相对安全的波希米亚西部边境地带,所有大炮都完好无损,但沿途却有

1200人因低温、冻伤和发烧而死去。在成功逃走的士兵中，有近三分之一的人得了重病，因此最终只有8000多人回到了法国。将军本人能够逃出生天也只是因为全程都有人用担架抬着他。在听说法军已摆脱围困并逃走的消息后，玛丽亚·特蕾莎懊恼不已，普鲁士大使向腓特烈报告说，她甚至威胁说要"亲自指挥她的军队"。

没有了法军战俘，她却得到了布拉格。为了防止法国人蓄意破坏这座首府来进行报复，被留在城里的约4000名法国伤员被允许安全撤离，奥地利正式收回了波希米亚王国。

维也纳一片欢腾。1743年1月2日，为了庆祝胜利，王室安排举行了一场盛大的表演，也就是所谓的"骑士比武"（carousel），身着华丽服饰的骑手们为争夺奖品而进行赛马或战车竞技。不过，为了着重表现女性君主的优越性，这次的所有参赛者都是女人。玛丽亚·特蕾莎和她的妹妹玛丽亚·安娜都积极地参与了比赛。王后身着红色天鹅绒华服，骑着一匹白色骏马奔驰，还和妹妹一起参加了四轮战车比赛。比赛并不公开，是在皇家马厩跑马场举行的，但玛丽亚·特蕾莎一改往日成规，在赛后带领所有人来到了城市的街道上，为的是让维也纳的普通市民也能分享这盛大的场面。她的父亲从未以这种方式亲近过民众，而她的这一举动得到了人们的热情欢呼。

然而，女王虽因布拉格的收复而高兴，心中却也不乏愤恨之情，因为她觉得波希米亚王国的人民太轻易就接受了巴伐利亚选帝侯的统治。为了不留后患，她必须让波希米亚人像惧怕巴伐利亚人和法国人一样惧怕她。因此，她下令调查那些她怀疑曾帮助过篡位者的人。她显然意图公正行事，平民百姓基本上得到了保护，毕竟他们在面对武装入侵时是脆弱无助的，故而可以免于受到惩罚。（唯一的例外是犹太人，他们起初因曾借钱给巴伐利亚选帝侯而遭到驱逐，后来不得不支付了大笔献金才被允许留下来。玛丽亚·特蕾莎虔信天主教，是个公开的反犹主义者）。那些被认定有罪的贵族将受到惩罚，或是被没收财产，或是遭到监禁。甚至还有人被判处死刑，不过后来被她以过于严厉为由否决了。惩罚和施暴之间是有区别的，而玛丽亚·特蕾莎无论如何都不想逾越二者之间的界限。

这一系列措施想来是奏效了，因为就在那年春天，当再次怀有5个月身孕的玛丽亚·特蕾莎正式进入布拉格时，民众欢呼雀跃，他们挤在道路两旁，熙熙攘攘，显然对她充满了感激之情。1743年5月12日，玛丽亚·特蕾莎在传统加冕地圣维特大教堂正式加冕为波希米亚女王。据见证了加冕仪式的威尼斯大使报道："在加冕仪式举行之前，一些人被允许进入女王的住所，花园中涌入了一大群放声欢呼的民众。"[*]庆祝活动异常热烈，自然而然地便持续到了第二天，也就是5月13日，玛丽亚·特蕾莎的生日。

当时她26岁。

---

[*] 尽管如此，她还是谨慎地将通常放在布拉格大教堂中的王冠带回了维也纳。毕竟，有备无患嘛。

5

神圣罗马帝国女皇
Holy Roman Empress

如果你想要逮到老鼠,那就不要合上老鼠夹子,而要打开。

——腓特烈大帝致法国大使

普鲁士国王只是想让我放松警惕,沉沉睡去,然后在我最意想不到的时候来攻击我。

——玛丽亚·特蕾莎致威尼斯大使

26岁还不算老。尽管在父亲去世后不到三年的时间里,玛丽亚·特蕾莎经历了很多事情,但她既没有失去玩乐的兴致,也没有失去年轻的活力。她胖了一些——五次孕育肯定会让人变胖的——但她仍然是一个充满活力的年轻女人,她喜欢音乐、派对和骑马,她可以兴致勃勃地与她爱慕的丈夫整夜跳舞。"她貌美如花……气色康健……她的举止活泼欢快,她的问候总是温暖亲切;不可否认,玛丽亚·特蕾莎是一位最迷人而可爱的女性。"就连普鲁士驻维也纳大使在给腓特烈的报告中也不得不如此说。

但她也非常认真地履行着自己作为统治者的职责,而且也认识到自己还有很多需要学习的地方。在加冕成为波希米亚女王之时,她从父亲那里继承来的年老顾问中已有二人辞世,剩下的显然也都坚持不了太久。为了填补他们的空缺,她开始物色和提拔那些她认为有智慧和能力的新官员和顾问。

正是在这第一次尝试重组政府的时期,玛丽亚·特蕾莎推陈出新,采取了一项对处于任何年龄段的君主来说都是极不寻常的措施,而这也使得她在同时代君主中独树一帜。这位匈牙利和波希米亚女王对其父陷入的困境记忆犹新,下定决心绝不蹈其覆辙,因此她出乎所有人意料地任命了一位官员,他唯一的任务就是直率无情地批评她的行为和治理表现。她自述理由说:"这对一个统治者来说是极有必要的,因为人们通常由于害怕或自利而很少或几乎不会这么做。"

获此任命的官员是埃马努埃尔·达席尔瓦-塔罗卡伯爵(Count Emanuel da Silva-Tarouca)。玛丽亚·特蕾莎从小就认识他,他是一位葡萄牙贵族,年龄几乎是她的两倍,在年轻时便迁居来到了她父亲治下的维也纳。可以想见,塔罗卡伯爵对于自己被选中担任这一职务并不感到十分高兴。在任何情况下,不管态度多么温和,要告知威严的君主其行为不佳,或是受了人误导,都不能被视为获得宫廷晋升的最佳方法。事实上,这样做通常会适得其反。

但玛丽亚·特蕾莎坚持要这样做。她甚至为此发下一道正式的敕令，概述了他的职责，并在提到自己时使用第三人称。这份有趣的文件宣布："从现在起，你要时时指出她的错处，还要完全坦诚地说明她性格中的缺陷。"

于是他只好照做。塔罗卡伯爵提出了诸多批评，包括指出她对人太缺乏耐心，建议她说话要谨慎温和。他写道："所有人都不是完美的，都有弱点和渺小之处。如果一个人不能容忍别人的这些缺点，他又怎能期待别人容忍他自己的类似缺点呢？"伯爵委婉地劝说道，"女王不应称大臣为'傻瓜'，骂将军为'懦夫'，要想表达强烈的不满情绪，或许可以采用其他更为有效的办法。"此外，伯爵指出，她有时在做决定时过于草率，爱冲动行事，缺少斟酌思考。伯爵还注意到，她的冲动反应往往是因疲劳而产生或加重的。他直率地告诫说，她参加了太多的派对，熬夜到太晚，导致睡眠不足。

为了让玛丽亚·特蕾莎改掉这些习惯，塔罗卡伯爵制定了一个严格的时间表，规定了玛丽亚·特蕾莎一天中每一个小时应该做的事情。普鲁士大使曾怀着不情愿的赞许之情向腓特烈（腓特烈本人就极其自律）汇报匈牙利和波希米亚女王坚决的行事作风，其证词突显出这位女王是怎样严于律己地遵循着这套条理清晰的时间管理制度的。据他观察，玛丽亚·特蕾莎"喜欢享乐，但从不允许享乐对她的工作有一丝一毫的影响。以前她最热衷于跳舞，非常喜欢参加假面舞会，但现在她很少跳舞，参加的舞会也不多⋯⋯冬天她 6 点起床，夏天则是 4 点，或至少不会晚于 5 点，用整个上午的时间读公文、签署文件并参加大臣们的会议。她在中午 1 点吃午饭，午饭后休息，但一般不超过半小时⋯⋯无论夏天还是冬天，她经常都是独自一人用餐，餐后匆匆散一会儿步，同时还总要不停地翻阅重要文件和公文。晚上 7 点到 8 点半是她的娱乐时间，而后则会吃一顿清淡的晚餐——通常只是一碗汤——再散一会儿步，之后就上床睡觉了。"*随着孩子们渐渐长大，她不得不为他们腾出更多的时间，然而，玛丽亚·特蕾莎在统治期间虽多次怀孕生子，却几乎从未因此而疏忽自身的职责。普鲁士大使惊叹道："有时，她在生孩子前几个小时还在歌剧院里，而且人们几乎还未听说她生产的消息，女王就已经坐着马车在街上穿行或坐在办公桌前处理政务了。"

玛丽亚·特蕾莎迫切希望提升自己，掌握治国的艺术，以便能够处理军事、政治、外交、经济、文化和社会各方面的复杂问题，这一切都源自腓特烈带给她的惨痛教训（就像腓特烈不惜一切代价彰显自我的渴望是他父亲施加在他身上的情感创伤的结果那样）。她认定普鲁士国王是她的死敌，并敏锐地意识到，一旦她犯错、丧失警惕或命运不济，他便会抓住机会，再次发动进攻。她决心要挫败他，夺回西里西亚。

但在此之前，她要先打另一场仗。

到了 1743 年，腓特烈那种极具吸引力的军事机会主义新哲学——本质上就是指，行动迅速且足够强大的君主可以无视国际条约、法律先例和基本道德，从弱者那里攫取任何他们想要的东西——已深入人心，并有了起而效尤之人。玛丽亚·特蕾莎要保护

---

* 我们可以将玛丽亚·特蕾莎的这种做派与当时 33 岁的法国国王路易十五作个对比。路易十五手下的一位大臣在 1743 年绝望地写道："他（路易十五）在会议中对一切都漠然处之，似乎毫无兴趣……他对呈交上来的任何文件看都不看就直接签字。国王的无动于衷和沉默无语让人毫无办法。"

的领土太多，其中许多领土互不邻接，于是就再次成为那些企图征服者觊觎的目标。这位匈牙利和波希米亚女王刚刚出兵收复一省，就会有新的入侵者在完全不同的方向出现，利用其兵力调动造成的空虚，对她的领土构成威胁。这种18世纪"猫儿不在，老鼠成精"的游戏最新参与者就是西班牙。西班牙表面上仍处在愈发不靠谱的腓力五世统治之下，但其政府实际上是受他那位更有进取心的第二任妻子伊丽莎白·法尔内塞控制的。

伊丽莎白·法尔内塞饶有兴致地关注着奥地利和波希米亚的战事，她觉得自己大可以在维也纳全力收复布拉格之时发起进攻。毕竟，如果像普鲁士国王这样的小角色都可以成功侵占富饶的西里西亚，那么强大的西班牙，一个真正的世界强国，必定也能从玛丽亚·特蕾莎继承的其他产业中分一杯羹。她已经从玛丽亚·特蕾莎的父亲那里为她的长子唐·卡洛斯抢来了那不勒斯王国，而她还有一个次子唐·腓力，刚刚在其安排下与路易十五的一个女儿成婚。唐·腓力没有独属于自己的领地，西班牙王后爱子心切，想通过入侵玛丽亚·特蕾莎在意大利的剩余领土来为其提供一份产业。那里差不多是无人防守的，因为大部分士兵都已被派往巴伐利亚作战了。

伊丽莎白·法尔内塞就是这么做的。当玛丽亚·特蕾莎忙于处理波希米亚的战事时，约有2万5000名西班牙士兵在意大利登陆，而那不勒斯国王唐·卡洛斯也奉母亲之命提供了1万2000名士兵参战。玛丽亚·特蕾莎刚刚在布拉格加冕，法国就加入了意大利的战事，路易十五许下承诺，要帮助女婿唐·腓力获得帕尔马公国。于是，匈牙利和波希米亚女王忽然间便两面受敌，南北两个方向的敌对联盟都同样强大。

而她的盟友也不比敌人省心多少。1743年6月27日，英国终于派出军队，在位于法兰克福东南约23英里的代廷根与法国人开战并取得了一场胜利。乔治二世亲自随军出征，差点被俘。（此后他再也没上过战场）这次胜利，加上议会向维也纳提供的巨额现金支持，使得英国人在与奥地利的交涉中处于非常有利的地位，而他们的政策是要遏制法国，不让法国得到帕尔马，并尽快结束在意大利的战争。为此，英国人需要撒丁王国的援助，后者控制着位于阿尔卑斯山脚下且临近法国的重要领地皮埃蒙特。

问题是，撒丁王国的国王表示，除非能够获得领土报偿，否则不愿与法国人作战。由于皮埃蒙特附近的一切土地都归奥地利所有，这就意味着，玛丽亚·特蕾莎必须贿赂撒丁国王，自愿割让领土给他，以此确保他会在即将到来的帕尔马争夺战中提供帮助。英国人是非常乐意牺牲玛丽亚·特蕾莎的利益来达成这一目标的，于是托马斯爵士便奉命去督促女王接受撒丁王国的最终条件。

玛丽亚·特蕾莎在8月13日生下第五个女儿玛丽亚·伊丽莎白，这时刚刚重新开始政务工作，她认为撒丁国王的要求简直就是敲诈（的确如此）。她反对说："敌人和朋友都要来抢劫我，同样是被抢，我宁愿跟敌手谈条件，也不想被自己的护卫者勒索。"然而，她离不开英国人的财政援助，于是奥地利还是在一个月后（1743年9月13日）签署了《沃尔姆斯条约》，玛丽亚·特蕾莎将皮亚琴察、帕维亚和波城送给撒丁国王，以换取他加入同盟，对抗西班牙和法国。匈牙利和波希米亚女王在这次交易中所能得到的最大好处只不过是，作为协议签署方之一的乔治二世私下里承诺，为了补偿她对撒丁王国做出的让步,英国将竭尽全力帮助她从西班牙手中夺回那不勒斯王国。

但玛丽亚·特蕾莎不会注意不到,一旦涉及领土的分配,她似乎总是被要求立即放弃一些东西,而换来的只是模糊的保证,说将来某个时候会给她相应的收益。此时乔治二世已提出了进一步的要求,建议她将巴伐利亚归还给无助的皇帝,以换取他不再制造麻烦的承诺。她转而建议说,可以将巴伐利亚交给她的丈夫,并以遥远的托斯卡纳公国作为对皇帝的补偿(巧妙地模仿了法国人在她婚前强加给弗朗西斯的条件,那时法国入侵并兼并了洛林)。英国人拒绝支持这种解决方案,但他们无法迫使玛丽亚·特蕾莎交出巴伐利亚,因为她的士兵占据着慕尼黑,而这也给玛丽亚·特蕾莎上了宝贵的一课,让她知道要先占领,后谈判。

然而,不可否认的是,尽管面临这些挑战,匈牙利和波希米亚女王面临的局势要比她在位之初时好得多了,这值得庆贺。因此,1744年新年伊始,她举行了一场盛大的、长达数周的庆典,其核心内容就是她的妹妹玛丽亚·安娜与弗朗西斯的弟弟洛林的查理于1月7日举行的婚礼,之前由于资金短缺、继承权受到威胁以及新郎不断被召去指挥军队,这场婚礼一直拖延到此时。

这是一场美妙的表演,既是献给臣民的礼物,也是献给她珍爱的妹妹的礼物。在经历了如此多的忧患恐惧之后,它标志着恢复正常和君主制的持久稳定,向整个维也纳展示着哈布斯堡家族的辉煌与巧妙手腕。婚礼在奥古斯丁修士教堂举行,场面奢华。一位旁观者赞叹道:"身着正式衣装的女王姐妹宛如女神下凡。"随后又举行了一系列华丽的庆典,包括一场化装舞会(玛丽亚·特蕾莎和弗朗西斯装扮成了旅馆老板夫妇），还有音乐晚会和演奏会（这是维也纳人最喜欢的娱乐活动）。欢乐的气氛持续了很长时间，以致不敢当面表示反对的塔罗卡伯爵不得不给玛丽亚·特蕾莎写信，批评她不注意睡觉休息且耽误了国事。玛丽亚·特蕾莎在回信中欢快地写道："等到大斋节开始时再提醒我吧。"

为了确保这对新婚夫妇有足够的地位和收入，玛丽亚·特蕾莎任命查理和玛丽亚·安娜为驻布鲁塞尔的奥属尼德兰总督。由于大部分行政职责将不可避免地落在妹妹身上（查理继续担任军队总司令一职，因此可能无法履行职责），女王指派她手下最有才华的新晋官员之一、33 岁的文策尔·考尼茨伯爵（Count Wenzel Kaunitz）辅佐玛丽亚·安娜，担任执政官。

然后，她在 2 月底含泪向妹妹道别，将她送往比利时，同时分配给查理一支由 7 万士兵组成的军队，让他率军越过莱茵河进入阿尔萨斯，从斯坦尼斯拉斯和法国人手中夺回她丈夫心爱的洛林公国。与此同时，她还向意大利派遣了一支 2 万 5000 人的军队，并命令负责指挥的将军进攻那不勒斯的唐·卡洛斯，为奥地利征服这个被西班牙占据的王国。

玛丽亚·特蕾莎并非唯一一个在 1744 年一开头便发动战争的君主。那年春天，路易十五在最初从海上入侵英国失败后，转而将野心转向了北方，派一支约 8 万 7000 人的军队开进了佛兰德斯。他的现任情妇希望他能够模仿路易十四，为法国（进而也为她自己）争光。在她的鼓动下，路易竟然摆脱了惯常的怠惰，随军出征。"国王带上了他的礼仪总管、侍从和大小厨子。除了情妇，什么都带上了。"一位法国编年史家在1744年5月3日如此说道。由于路易的部队在人数上远超守军，法军在几周内就占领了佛兰德斯的大部分地区，对北面的荷兰和南面的布鲁塞尔构成了威胁。

但玛丽亚·特蕾莎这一次却抢在了对手前面。6月30日，当路易和他的军队忙着向北进军时，新婚的查理所率部队已渡过了莱茵河，到了7月3日，他的7万士兵在几乎没遇到抵抗的情况下抵达洛林的边境。"我们终于到阿尔萨斯了，"查理在给他的哥哥弗朗西斯的报告中欢呼着，而后又自信满满地说，"你就等着我抵达巴黎的消息吧。"

路易匆忙分兵两路，留下大约一半的士兵来保护他在佛兰德斯的征服成果，率剩下的法军向东南进发去抵御新的威胁。但这次交好运的却是玛丽亚·特蕾莎。8月4日，路易和他的部下抵达洛林首府南锡以北约30英里的梅斯。由于有一段时间没见到自己的情妇了，国王安排她在那里与他会面，并举办了一场盛大的宴会来庆祝他们的重聚。路易显然是在宴会上作乐过度，第二天醒来后就发起了高烧，严重得让人担心他可能会死掉。这使得大部分法军无法动弹，只剩下少量军队抵御奥地利的入侵。查理知道，如果他迅速行动，就可以完成使命，为家人夺回洛林。* 玛丽亚·特蕾莎就要得手了。

此时的玛丽亚·特蕾莎即将取得军事胜利，即将获得那因胜利而激发的恐惧和尊重，从而确保她的地位并让别人接受她所提出

---

* 斯坦尼斯拉斯当然也是这么想的，他和他的整个宫廷都丢脸地收拾东西逃走了。仆人们和驮着行李的马匹慌乱狂奔，跑在了贵族主子的前面，主子们的东西散落一路，包括他们的假发。这些全都落到了查理手下士兵们的手里，查理必定对此感到很满意。

的条件，但就在这个关键时刻，腓特烈突然加入战团。8月15日，普鲁士国王正式向奥地利宣战，并向波希米亚派遣了一支由约8万名士兵组成的入侵部队，意图占领布拉格。

腓特烈在1744年8月主动做出了违背和约、进攻波希米亚的决定，没有什么比这件事情更能彰显玛丽亚·特蕾莎作为欧洲主要大国君主不断上升的威信了。4年前，普鲁士国王认为奥地利女大公软弱无能，因此才会对她发起进攻，抢占了西里西亚。但这一次，他突然对她发动攻击却是因为担心她变得过于强大。

腓特烈一直在柏林大本营观察着玛丽亚·特蕾莎在战争中所取得的进展，越是观察就越是惊恐。他懊恼地注意到，英国在前一年作为她的盟友加入了欧洲战场，英国人给她提供了大量资金，使她能够为军队提供粮食和补给，而且英国人还在外交上帮了她的忙。尤其令他恼火的是，他那极具竞争性的叔叔乔治二世竟亲自率军出征，还在代廷根击败了法军。他后来在回忆录中对此酸溜溜地写道："对于代廷根的胜利，普鲁士国王可不会像英国国王那样兴高采烈。"

但他最关心的还是如何保住西里西亚。他知道，尽管玛丽亚·特蕾莎接受了割让该地的和约，但她不会甘心，一旦她觉得自己有能力夺回，便会立即付诸行动。普鲁士驻维也纳宫廷的大使直截了当地告诉腓特烈："她憎恨陛下。她无法忘怀西里西亚的丢失，也无法忘记在与您进行的战争中损兵折将所带来的悲痛。"

于是，为了防止匈牙利和波希米亚女王的军队征服更多的领土，以至于变得不可阻挡，他再次对她背信弃义。他假装在柏林无所事事，接待伏尔泰，写一些矫揉造作的诗，还安排他的一个妹妹与瑞典国王成婚，但与此同时，他又在悄悄地集结军队，充实国库，并与法国和被赶出了老家巴伐利亚的皇帝进行秘密谈判，试图恢复以前的军事同盟关系。1744年6月5日，三方终于协商一致，昔日的密谋者们达成了一份秘密协定。法国同意再次合作，因为普鲁士在东部的推进将分散奥地利对尼德兰和洛林的注意力；皇帝之所以同意加入，是因为腓特烈承诺为他夺下首府布拉格；而腓特烈加入则是因为他将得到大部分的波希米亚来作为对其主动出兵的报偿。一切一如从前！

然而，玛丽亚·特蕾莎如今已拥有了足够的经验，她懂得要密切关注普鲁士国王的动向。这么多人和武器的调动是很难保密的，她在8月初就已经获得了有关柏林的军事活动报告。这一次，她没有派遣特使去询问对手的意图，而是立即采取了行动。8月8日，在腓特烈正式宣战前整整一周，查理就接到了命令，要他率领手下的7万人回师来应对腓特烈的威胁。*这意味着她要放弃夺回丈夫故土的机会，不过，普鲁士的毁约又给了她夺回西里西亚的机会，两相比较下，她当然会毫不犹豫地选择西里西亚了。弗朗西斯对此表示赞同，他宣称："我们必须打垮这个恶魔（腓特烈），让他不再构成威胁。"

当然，腓特烈的8万大军占得先机，轻而易举就击溃了玛丽亚·特蕾莎留下来保卫波希米亚的军队。1744年9月16日，布拉

---

* 腓特烈自然不能公开宣称自己参战是为了吞并波希米亚，所以他在公开声明中扯起了大旗。"国王一无所求，完全不图谋个人利益，"他在宣战声明中轻描淡写地说，"陛下诉诸武力只为了还帝国以自由，恢复皇帝的权威，重建欧洲的和平。"

格落入腓特烈之手。他从那里继续向南推进，一以贯之地行动迅速、出其不意，派遣部队驻守其征服所得并扩大占领范围。通过这种方式，到10月初之时，他已一路侵占攻伐，到达了距维也纳仅100英里左右的契斯凯布达札维镇。

但这个时候，玛丽亚·特蕾莎已再次来到普雷斯堡的匈牙利议会，在等待查理率领大部军队归来的同时，请求议会能帮助她对抗腓特烈。匈牙利人对普鲁士没有一点儿好感，同时也对已经取得的胜利感到兴奋不已，他们热情地响应了她的号召，马上承诺将再派出7万名战士参战，其中约4万人立即征召。查理也干得不错，腓特烈本来指望法国军队在玛丽亚·特蕾莎的士兵重渡莱茵河时进行攻击，结果法军却毫无作为地任他们全身而退。"我还能指望法国做些什么呢？还是说我什么都不该指望？"发现自己遭到背叛后，腓特烈在写给路易十五的信中怒斥道（绝口不提两年前当他的法国盟友在布拉格急需他的帮助时，他也是这么对他们的）。到了10月的第二个星期，查理和大约5万5000名部下已到达波希米亚的西部边境。很快，一支由约2万名撒克森人组成的部队与他们会和，这些撒克森人也都渴望与腓特烈作战，要报复普鲁士国王在其灾难性的摩拉维亚争夺战中对他们造成的伤害。

对腓特烈怀恨在心的可不只是奥地利人、萨克森人和匈牙利人。波希米亚人也不太喜欢他。他在攻占布拉格后做的第一件事就是向当地居民收税，还曾强制波希米亚人加入普鲁士军队。此外，在上一次的经历之后，包括贵族在内的国民们都明白，玛丽亚·特蕾莎是会回来的。因此，绝大多数人仍旧忠于女王。结果，当腓特烈的军队逼近时，波希米亚人都将食物掩埋了起来，人则躲到树林里，还向四处游荡的匈牙利非正规军通报普军的动向。普鲁士人承受着日甚一日的饥寒，还不断遭到匈牙利人的袭击，简直苦不堪言。

到了11月，面对强大的联合敌对力量以及严寒的天气，腓特烈不得不宣布撤退，结果撤退又很快变成了溃逃。查理甚至不必与腓特烈的士兵交战——事实上，他的副将建议他不要交战，因为他知道，寒冷、饥饿和疾病定会将普鲁士人赶出波希米亚，比直接的军事冲突要可靠有效得多。他是对的，腓特烈那备受赞誉的军队大批大批地放弃阵地，据说仅在十天的时间里就有9000名普鲁士人向奥地利投降。11月26日，不得不接受现实的腓特烈放弃了布拉格，留在那里守城的1万7000名普鲁士士兵接到指示，要他们尽可能撤退。于是普军凄惨地重演了两年前法军的那次丢人的撤退，全部守军中只有2000人成功回到了柏林。据估计，到了12月中旬，普鲁士国王麾下的军队已因死亡或叛逃而损失了3万人，剩下的则被迫退回了西里西亚。毫无疑问，玛丽亚·特蕾莎已迫使他落荒而逃。她决心给予腓特烈决定性的一击，于是命令查理追赶败逃的普鲁士军队，进攻并收复西里西亚，虽然在冬天发动攻击是很不寻常的，因为条件实在艰苦。

对于能如此迅速地拯救波希米亚，她感到极为兴奋，但这种兴奋之情很快就被家庭悲剧冲淡了。她那仍在布鲁塞尔的妹妹玛丽亚·安娜在10月经历了一次极其艰难的分娩（异常艰难，让人担心她会因难产而死），生下了一个死胎。她虽然挺了过来，但两周后又病倒了。一位专家被从莱顿召来为诊治，而且玛丽亚·特蕾莎也不顾自己再次怀孕，派去了她自己的医生。然而，玛丽亚·安娜的病很可能是细菌感染，两位医生都无法阻止病情恶化。1744年12月27日，消息传到了维也纳，26岁的玛丽亚·安娜——她与玛丽亚·特蕾莎一起长大，几乎形影不离——于当月16日去世。玛丽亚·安娜在担任奥属尼德兰总督之前从未离开过熟悉的家，除非是与姐姐和维也纳宫廷的其他成员一起外出旅行。可是，她最终却一个人孤零零地死在了他乡，丈夫和其他亲人都不在身边。她甚至都没来得及庆祝成婚一周年。1745年1月初，玛丽亚·特蕾莎在一封信中哀悼说："对我而言，上帝从未降下过比这更大的磨难，人们说时间可以治愈这类悲伤，但它却只会让我的丧亲之痛愈加强烈。"

查理也很伤心。他远在波希米亚作战，忽然间就同时失去了妻子和孩子。虽然他此后继续担任统帅职务，却已与从前判若两人。

尽管如此，在整个12月和新的一年里，他都在追击逃往西里西亚的普鲁士士兵。腓特烈已不在西里西亚了——这位勇敢的普鲁士国王，这场灾难的始作俑者，已经逃回了舒适安全的柏林。他让手下的将军负责重整那狼狈不堪、士气低落的军队，并在严严冬日中守卫西里西亚。虽然大规模进攻要等到春天才能发动，但这次玛丽亚·特蕾莎面对的是前所未有的好形势，收复西里西亚大有希望。

这时忽然又有新消息传来，那位处境凄凉、陷入悔恨和屈辱之中的皇帝于1745年1月20日驾崩了，帝位再次空悬，继位危机将再次上演。腓特烈黯然评说道："欧洲各国间的政治关系已经够混乱和纠结的了，他这一死可真是雪上加霜。"

★ ★ ★

混乱固然有害，但也会创造机会。身处维也纳宫殿中的玛丽亚·特蕾莎立刻意识到，皇帝的死提供了一个机会，她可以重新夺回父亲的剩余遗产，那都是在她登位之时被人抢走的。就在她于1745年2月1日生下第七个孩子（是个男孩，取名查理，这令人振奋，也证明了她生下约瑟夫可并非侥幸）之前，玛丽亚·特蕾莎提出可以将巴伐利亚归还给已故皇帝的17岁儿子及继承人马克西米利安·约瑟夫，条件是他不再挑战她的合法性，并放弃对帝国的一切权利要求。这些条件非常慷慨。实际上，只要儿子能对她保持忠诚，玛丽亚·特蕾莎是愿意忽略其父亲的背叛行为的。她的宽宏大量并不仅仅源于公正，也是因为双方出自同一家族，正如她孜孜不倦地告诉对方的："一切灾祸都源自我们两家的分裂，也只有我们团结在一起才能让一切恢复正常。"她在阐明其提议的那封信中如此劝说道。

当然，任何事情都不会一帆风顺。法国和普鲁士派驻在帝国宫廷中的使节仍然具有支配性的影响力，他们劝说马克西米利安·约瑟夫拒绝这一诱人的建议。因此，玛丽亚·特蕾莎不得不从驻扎在西里西亚的查理那里抽调军队，向巴伐利亚派兵。她表明了自己的立场，而马克西米利安·约瑟夫认识到，与其继续追逐父亲失败的事业，还不如守住现有的一切，于是他迅速归顺并寻求和平。1745年4月22日，他签署了《菲森条约》，在该条约中，他放弃了对帝国或玛丽亚·特蕾莎其他土地的所有权利，以换取他的家族能够和平地重获巴伐利亚。现在，弗朗西斯赢得皇帝选举的道路已畅通无阻。

让丈夫加冕为帝，以及收复西里西亚，都是玛丽亚·特蕾莎最渴望实现的愿望。她自己并不想获得帝位，毕竟传统和政治现实都决定了只有男人才能成为皇帝。皇后只是一种礼仪上的称号，是对在位君主妻子的称呼。但她的父亲曾经是皇帝，因此帝位要由弗朗西斯来继承才对。他曾为了她放弃了自己的祖业，只有帝位才配得上他的牺牲。她无法为丈夫夺回洛林，这个梦想在腓特烈染指波希米亚的那一刻就已经破灭了，但她可以让他成为皇帝。

玛丽亚·特蕾莎知道她能够让弗朗西斯当选——她已经发动了外交攻势——但经验告诉她，在选举前的日子里，有必要提醒各位代表，他们先前承诺了什么。从历史上看，最好的办法就是在举行投票的法兰克福帝都之外部署一支庞大而威严的军队。这样便能确保选帝侯们的忠诚了。

因此，马克西米利安·约瑟夫刚刚签署条约放弃对帝国的一切权利，玛丽亚·特蕾莎便再次从查理在西里西亚的部队中抽调出士兵，为她的丈夫组建起了一支足够强大的军队，让他带领着前往法兰克福，准备随后在那里加冕称帝。虽然弗朗西斯是这支军队名义上的指挥官，但玛丽亚·特蕾莎知道自己的丈夫相当缺乏军事才能，因此为确保其安全（法国人很容易就能派一两支部队去扰乱选举），她还调走了查理那位明智的副手，让他成为其夫麾下驻法兰克福部队的实际指挥官。此人正是之前奥军大败普鲁士军队的主要功臣，而玛丽亚·特蕾莎在此时将其调走，就使得查理失去了有经验的佐助，无处寻求建议了。但这也是没办法的事，确保弗朗西斯当选才是当务之急。此外，她完全有理由相信，曾在波希米亚和洛林与法国人战斗并已证明了自己价值的查理是能够独自解决虚弱的腓特烈的。

此时，普鲁士国王已经回到了西里西亚。腓特烈利用在柏林的3个月时间，尽可能多地筹集现金。他搜刮国库，到处求着借贷，还变卖了银餐具。他甚至典当了自己家中的枝形吊灯，吊灯是在夜里让人偷偷运出去的，为的是不惊动邻居。如此这般，他既带回了补给，也为他那熬过了冬天的波希米亚残余军团带来了急需的、身体康健的增援兵力。整个春天他都在毫不留情地操练这些部队。"我已下定决心，"他在1745年4月20日写信回柏林说，"如果我们必须战斗，就要像被逼入绝境一样战斗。我现在所处的困境真是无以复加……这游戏代价太大，让人无法冷静以待。为我祈祷吧，愿好运归来。"

查理知道腓特烈回来了，但他并不担心，相反，他清楚奥地利人在人数和士气上都占优势，因此急于出战。他所了解的情报是敌营中一名与普军指挥中枢关系密切的间谍直接提供的。因此，查理不仅知道腓特烈在整个西里西亚部署了多少兵力，还清楚普军各营的驻扎地点。他收到了敌军行动的报告，并从这一情报中推断出对手最可能的攻击目标。因此，他能够选择时机和地点发动进攻，打普鲁士国王一个措手不及，他也很想赶快开打。他在1745年6月初向玛丽亚·特蕾莎保证："只要天堂里还有上帝，我们就必定会得胜。"

然而，这里有一个小问题：他的线人实际上是腓特烈安插的，就是为了提供虚假情报。在查理得到的消息中，普军在西里西亚只有4万人，但实际上却是8万5000人，而且这些士兵也不在查理判断的地方。因此，实际上是普鲁士人打了奥地利军队一个措手不及，普军在6月4日凌晨的黑暗中进行了一次大胆的突袭，而他们的对手那时正毫无防备地在开阔地扎营睡觉。查理的军队在上午8点前被击溃；更糟糕的是，虽然普奥双方各有约5万5000名士兵参战，实力相当，但查理遭受的损失却是腓特烈的三倍。这是一次决定性的耻辱失败。腓特烈在写给法国大使的信中言简意赅地指出："在战争中，计谋往往胜过力量。"

就这样，他反败为胜了。

再一次，腓特烈打的算盘是，利用这次胜利迫使玛丽亚·特蕾莎接受有利于普鲁士的和平条件，从而确保他对西里西亚的占有，而且他也再一次巧妙地利用了她的盟友英国来对付她。他知道英国最关心的是如何牵制法国，而这一目标正面临着失败的风险。法国有了一位杰出的新指挥官，就在一个月前，他在布鲁塞尔以西约60英里的丰特努瓦取得了决定性的胜利，大败英国、荷兰和奥地利联军。法国一时间仿佛在佛兰德斯和尼德兰所向披靡，而如果普鲁士也开始取胜，那么联军的事业眼看就将要失败了。腓特烈利用了他叔叔的忧惧，秘密与乔治二世进行外交沟通，提出如果英国能够帮他的忙，让奥地利与他签订和约，允许他保留西里西亚，他就放弃与法国的军事同盟。

对乔治二世来说，玛丽亚·特蕾莎收复失地的雄心是英国所无力支持的次要之事。她入侵那不勒斯的战役以失败告终，她的军队在意大利和荷兰节节败退，现在她的将军又在西里西亚战败了。乔治二世压根没有通知奥地利人就接受了腓特烈的提议，同意了他的所有条件。直到1745年8月3日托马斯爵士面见玛丽亚·特蕾莎时，她才被告知盟友的立场。托马斯爵士严厉地对她说："英国今年已（向维也纳）提供了接近108万英镑，更何况我们还要向科隆和巴伐利亚选帝侯支付一大笔钱，相当于此数额的四分之三。"*大使还坚定地表态："我的国家已无法做到……在最重要的方面保持必要的优势，如果硬要拿出钱来做这么多事，就会面临所有方面的失败。因此必须削弱敌人的力量。既然法国不愿背弃普鲁士，那就必须让普鲁士背弃法国。这样英国为奥地利所做的一切努力才算是得到了回报。"此外，他还威胁说，如果不把西里西亚割让给腓特烈，英国就不会再支持弗朗西斯当选。

然而，对玛丽亚·特蕾莎来说，普鲁士的挑衅可不是小事。让腓特烈占据西里西亚就相当于给了他一个稳固的军事基地，他将来可以从那里出发，对波希米亚甚至维也纳发动进攻，和约的签订根本无法阻止他这样做，毕竟他最擅长的就是背信弃义。在她看来，将西里西亚拱手让给像腓特烈这样一个肆无忌惮的敌人是极其危险的，相当于英国人让法国吞并了苏格兰。在这种威胁面前，就连弗朗西斯登基的目标也显得苍白无力。她大叫道："上帝啊！西里西亚被夺走的后果将是灾难性的，帝国将颜面无存！"她相信真诚地与这个盟友打交道的办法就是提醒对方，她的军队不会总是战败，而是也可以取胜的，所以她采取了拖延时间的策略。"等我到10月，"她对托马斯爵士说。"至少那时我的境况会有所改善。"

但乔治二世的行动却毫无真诚善意可言，英国在不到一个月之后（8月26日）便与普鲁士单独签订了和约，承认了腓特烈对西里西亚的占有，这让玛丽亚·特蕾莎认清了现实。此后不久，她的

---

* 这位大使所说的要向科隆和巴伐利亚支付的款项是英国人为帮助弗朗西斯当选要付的贿赂金。

军队突袭了普军军营，腓特烈仓皇逃走，连私人文件都落到了奥军手中。这些文件让她进一步认清了英国人的秘密算计。据说，在看到腓特烈与英国政府的秘密通信，知道自己被盟友出卖之后，她怒不可遏，气得大叫。或许正是从那时开始，她不再信任英国，并且下定决心要寻找新的盟友。

然而，在目前情势下，她只能无视背叛，集中精力完成手头的任务，即确保她的丈夫登上帝位。至少在这方面，她取得了政治上的辉煌成功。借助于一系列操作——包括外交上的努力、按传统做法给出大批金钱贿赂和种种好处，以及派出由5万名士兵组成的一支威严大军驻在邻近的海德堡——在1745年9月13日于法兰克福举行的选举中，弗朗西斯以多数票当选神圣罗马帝国皇帝。选举中只有普鲁士国王和另外一位选帝侯为表示对弗朗西斯获得候选人资格的不满而投了弃权票。

加冕典礼定于10月初举行。弗朗西斯本以为玛丽亚·特蕾莎会和他一起加冕，但出乎他的意料，她拒绝了。她已在匈牙利和波希米亚两地被正式加冕为女王，彼时她的丈夫都只是作为深情的见证者参与其中。这一次该她来充当兴奋的旁观者了。

在如此这般确定了自己的角色之后，已怀孕4个月的玛丽亚·特蕾莎出发前往法兰克福。她经陆路到达阿沙芬堡，又从那里按照事先的安排坐船走完余下的路程，于9月24日抵达。德意志著名作家约翰·沃尔夫冈·冯·歌德（Johann Wolfgang von Goethe）记录道："弗朗西斯从海德堡出发，本想在阿沙芬堡与妻子会合，但却到得太晚了。"歌德是从年迈的邻居们口中得知这件事的，他们当时都在加冕典礼现场，而且这对皇室夫妇显然给他们留下了深刻的印象。"不知什么时候，他跳上一艘小船，匆匆追上她，登上她的船，这对恩爱夫妻惊喜地重逢了……所有人都支持这对温柔相爱的夫妇，他们子嗣众多，自成婚之日起便难舍难分。"歌德这样写道。

他们在次日抵达法兰克福，"受到热情欢迎"的玛丽亚·特蕾莎立即前往当地的一家旅馆（名为"罗马皇帝旅馆"，可谓恰如其分），在那里观看弗朗西斯在庄严的入城仪式中首次进入这座帝都。加冕典礼于一周之后的10月4日举行，应邀嘉宾尽皆到场出席，仪式盛大而庄严。在大教堂中，弗朗西斯穿上了传统的皇袍（有些陈旧和破损，就像玛丽亚·特蕾莎在匈牙利和波希米亚所穿的袍子那样），按照古老的宗教仪式加冕；他的妻子特意脱下手套，为的是让丈夫听清她鼓掌的声音。之后，皇帝的仪仗队在各条拥挤的街道上穿行，歌德报道说："在场的老人都说玛丽亚·特蕾莎美得无与伦比，她透过阳台窗户看着这庄严的场景……她丈夫穿着那奇特的皇袍从大教堂出来，在她看来就像是查理曼大帝附体，他像在开玩笑一般举起双手，向她展示帝王宝球、权杖和那双奇特的手套，她见了不禁大笑起来，这让围观人群感到异常欢乐振奋，因为他们见证了这对基督世界最尊贵的夫妇之间那美好而自然的婚姻关系。当皇后挥舞着手帕向她的丈夫致意，甚至高呼'万岁'之时，人们的热情和欢悦达到了高潮，欢呼声绵延不绝。"

这是一个温馨的场面，展现的是一对夫妇在公众面前共度轻松愉悦的时光，以及一个女子为其夫婿的事业感到无比自豪。然而，尽管玛丽亚·特蕾莎采取了一切措施确保聚光灯只落在弗朗西斯一个人身上，但那天在法兰克福的所有人，甚至是全欧洲的所有人都知道，实际上掌握和代表着帝国权力的是玛丽亚·特蕾莎，而不是她的丈夫。*弗朗西斯本人只是个小人物而已，若是没有她，他不可能被加冕为皇帝，正如他不可能成为英国国王那样。玛丽亚·特蕾莎才是统治者，那些战斗、纳税、服从命令的人都是她的臣民。在帝国千年的历史上，第一次有一个女人得到了承认，可以将她所选择的人推上皇帝的宝座，这一成就的意义不容低估。

一切都很好，玛丽亚·特蕾莎享受了一段欢乐的时光，确信自己已克服了种种不利因素，成功地迫使欧洲各国君主们接受并承认了她和她的丈夫同他们一样有权进行统治，因此获得了安乐满足。然而，虽然玛丽亚·特蕾莎获得了这场政治上的胜利，但在至关重要的西里西亚争夺战中，最终获胜的却是腓特烈。

在战争中，真正重要的不是皇冠和权杖，不是庄严的游行，甚至也不是面对逆境时永不言败的英勇决心，而是战斗的输赢。想要赢得战斗，不仅需要士兵和补给，还需要具备难以把握的军事领导素质的将领。所谓军事领导素质，即对作战之基本要领的本能掌握，在面对不断变化的状况或突然袭击时闪电般的反应能力，以及最重要的，能够激励麾下士兵奋勇作战、忍受艰难困苦、不惜以命相搏的能力。

奥地利军队中没有人符合这些要求。玛丽亚·特蕾莎在意大利的指挥官根本无望取胜。在弗朗西斯加冕为帝时，她的军队已经将大量领土拱手让给了西班牙人和法国人，伊丽莎白·法尔内塞的次

---

* 在弗朗西斯第一次抵达法兰克福时，当地市民一见到他们未来的皇帝就大声喊道："快看！那就是匈牙利女王的丈夫！"

子唐·腓力也已经兴高采烈地宣布自己是伦巴第国王了。夺回那不勒斯的梦想已遥不可及，若是不采取任何措施来扭转战局的话，女皇在南方的领土将被侵占殆尽。玛丽亚·特蕾莎向威尼斯大使坦言："我在意大利的处境日益恶化，恐怕很快就会达到无法挽救的地步。"

真正的问题就是洛林的查理能力不足。尽管拥有许多作战经验，但查理始终不能胜任指挥官这一角色。在过去的一年里，他变得越发迟钝和谨慎，简直到了无能的地步。不管她给他多少兵力和武器——查理在出兵作战时经常是占据人数优势的——他就是无法赢得战争，获得领土。如果对手是像他自己一样的平庸之辈，他或许还能勉强应付，打得有输有赢，但现实并非如此。他的对手是腓特烈，与查理不同，腓特烈已经成长为一名优秀的指挥官。就连玛丽亚·特蕾莎也承认这一点。她向威尼斯大使坦承："没人能否认，他（腓特烈）是一个才智突出且能力卓绝的君主。我们必须承认，他全身心地投入于身为统治者的职责，除此之外，他在战场上还能够毫不懈怠地保持警觉，这正是领兵之人不可或缺的品质。"

尽管如此，由于没有更好的接替人选，玛丽亚·特蕾莎仍然让丈夫的弟弟担任着军队指挥官，同时为了能够取得胜利，她想出了一种她认为万无一失的战略。1745年深秋，她试图以其人之道反制其人之身，命令查理与萨克森军队一起发动一场秘密进攻，双管齐下偷袭柏林。但这无济于事，普鲁士国王通过间谍得知了即将到来的袭击，采取主动并入侵了萨克森。萨克森人被打得措手不及，一败涂地；查理如往常一样行动缓慢，未能及时赶到提供帮助，而后在单独面对普鲁士军队时也被击败了。12月18日，腓特烈狡猾地率军进攻德累斯顿，占领了这座萨克森的首府城市。"愿上帝保佑，今后不宜再让查理殿下指挥军队与普鲁士国王作战了，那位国王比他聪明太多了。"被派往德累斯顿收拾残局的奥地利大臣如此坦率地建议道。

这时的玛丽亚·特蕾莎不得不承认，在经受了如此多的损失之后，继续拿人命和资源去冒险是徒劳无益的，于是她做出妥协，同意议和。1745年12月25日，普鲁士和奥地利签订了《德累斯顿和约》。在该和约中，玛丽亚·特蕾莎确认将西里西亚割让给普鲁士，而腓特烈则承认弗朗西斯是合法的皇帝。奥地利和普鲁士之间的战争就这样结束了。玛丽亚·特蕾莎声明说："无论我多不情愿签署这样一份灾难性的协议，无论我在战争之初多么难以想象事情会发展到这一步，我还是决心按照我一贯的做法，遵守该协议，将其视为我神圣的义务。"

在和约内容公布之后，腓特烈骑在马上，在热烈的欢呼声中回到了柏林。他发动了一场世界性的大战，从女皇那里抢得西里西亚，让普鲁士这个小邦变成了一个地区强国。他取得这样的成就靠的是对友好邻邦发动野蛮而无端的侵略，和肆无忌惮地破坏由来已久的国际条约，以及毫无顾忌地背叛他曾经拥有的每一个盟友。但没有人记得这些，也没有人在意这些。他赢了，这才是最重要的。从此以后，他将被人们称为腓特烈大帝。

《德累斯顿和约》的签订只为腓特烈带来了和平。其他各方——包括最初被他拉入战争的，以及后来为分一杯羹而加入进来的——仍然在战斗。*对玛丽亚·特蕾莎来说，她将继续在意大利和奥属

---

* 此时战争已经蔓延到欧洲以外的新大陆，在那里，忠诚且进取的英国殖民者自发夺取了路易斯堡，那是位于加拿大海岸边布雷顿角岛上的重要的法国要塞。

尼德兰作战两年，抵御西班牙或法国的进犯（有时是同时抵御这两者）。

但情况也并非一团糟；在此期间，女皇设法取得了一些重大胜利。她不必再与普鲁士作战，这意味着至少现在可以派遣更多的军队去帮忙保卫她在意大利的领土了。她在1746年2月26日生下第八个孩子玛丽亚·阿马利娅（Maria Amalia），不久后便召回了那位无能的南方部队指挥官，换上了一个稍好的人选，同时又向意大利增派了3万名士兵，希望他们能在与西班牙人的作战中表现得更好一些。这一次，奥军果然干得不错，这让她非常高兴。她的军队在4月收复了帕尔马，在6月又夺回了皮亚琴察，唐·腓力被打得节节败退。"我希望这场胜利能让敌人们打消把我赶出意大利的念头。"她直言不讳地对威尼斯大使说。

同样是在1746年6月，她取得了外交上的重大胜利，与俄国的伊丽莎白女皇结成了针对普鲁士的防御同盟。玛丽亚·特蕾莎多年来一直试图通过引诱俄国站在自己一边来孤立腓特烈，但都没有成功。直到普鲁士国王占领了德累斯顿，伊丽莎白才意识到普鲁士国王对波兰，进而也对她的领土构成了威胁。她告诉奥地利驻俄国大使，她已经做好了立即对腓特烈开战的准备。（如果女沙皇能在前一年，也就是查理正与普鲁士军队作战时这么说就好了！战争的结果会大不一样。）但玛丽亚·特蕾莎已经签署了《德累斯顿和约》，她不想成为那个破坏和平的人。此外，她很清楚，腓特烈将来会再次挑起战争的，他根本忍不住，一定会再次对她发起攻击。两位女皇于1746年6月2日签署的条约就是针对将来这一天的，双方在条约中承诺，一旦普鲁士发动进攻，奥地利与俄国将并肩作战。

但玛丽亚·特蕾莎在奥属尼德兰的损失抵消了这些成果，法军占领了布鲁塞尔和佛兰德斯，迫使她的代理总督、最有才能的大臣考尼茨伯爵逃往安特卫普。次年春天，1747年5月5日，玛丽亚·特蕾莎生下了第九个孩子，也是她的第三个儿子利奥波德。她在那时已经急于结束战争了，只要她能保留足够多的意大利领土以弥补失去西里西亚所造成的损失。她向手下一位大臣坦白说："愿全能的上帝让战争早日结束，局势在两个月内不会有什么好转，甚至可能会变得更糟。"

她并不是唯一一个这么想的君主。战争已持续了七年，没有明显的胜利者。参战的每一方都备尝匮乏与死亡之苦，每一国的政府都负债累累，濒临经济崩溃的边缘。即使是路易十五，当他在1747年7月视察一处法军取得险胜的战场后，也对屠杀的惨烈感到震惊。他一改平日里漠不关心的态度，向手下的将军问道："认真考虑一下和平问题，难道不比让这么多勇士赴死更可取吗？"

到了1747年秋天，局势已经很明朗了，冲突显然将通过谈判而非攻伐来解决，于是交战各方选定了位于德国和比利时交界处的艾克斯拉沙佩勒作为明年春季全面外交谈判的地点。当然，没有人会等到正式会议召开再采取行动。相反，他们立即派出了秘密使者，让他们根据指示进行讨价还价，争取有利条件。玛丽亚·特蕾莎怀疑乔治二世会像与腓特烈的谈判那样再次出卖她，于是派出考尼茨伯爵为代表，要他从法国人那里争取到最好的条件。她在给他的指令中说："英国人的策略显而易见，他们会牺牲我们的利益，来壮大普鲁士和撒丁王国……必须要让法国明白，英国和普鲁士正努力削弱伟大的天主教国家，而共同利益要求我们采取措施来挫败他们的计划。"

她说得没错：这正是英国人正在做的事情。平心而论，英国人认为自己是别无选择。虽然英国在海上取得了胜利，但法国却无疑在陆上更胜一筹。如果再不停止敌对行动，荷兰必将落入法国人之手。在 1747 年 8 月 14 日的一封信中，英国首相承认说："现在后悔已经来不及了。我们在去年本可获得比今年更好的和平条件，而明年则会更糟。我们该打的仗都打了，该花的钱也都花了，但我们被打败了，再打下去就要破产了。"

由于最近在荷兰取得的胜利，法国在所有参战国中占据着最有利的谈判地位，但它付出的代价也是非常高昂的。英国差不多摧毁了全部法国海军，而债务、通货膨胀和物资匮乏已经让这个国家一贫如洗了，军队的死亡人数和伤亡率也高得吓人。路易十五厌倦了这一切，希望立即实现和平，为此他愿意做出重大让步。

毫无疑问，法国和英国这两个交战中的最强大国的利益将决定和谈的最终条款。英国人希望将比利时和佛兰德斯归还给奥地利，以便再次在荷兰周围建立一个缓冲区。只要英国人将加拿大的路易堡要塞归还，同时能让法国的盟友唐·腓力在意大利某处拥有一块自己的领地（这一点就难办了），法国人是可以接受这样的条件的。这就意味着，玛丽亚·特蕾莎或撒丁国王中有一个要将自己的部分领土划给西班牙王子。英国人在没有征询女皇意见的情况下便主动秘密表示，说可以将奥属帕尔马公国（最近奥地利才将其收回）让给唐·腓力。法国也秘密表示同意，于是和平就这样达成了。直到 1748 年 5 月 1 日，也就是在这些协议条款确定之后很久，托马斯爵士才正式将要割让领土的消息告知玛丽亚·特蕾莎。

她勃然大怒。她立刻就搞清楚了状况，乔治二世再一次选择了背叛她，将撒丁国王的利益置于她的利益之上。玛丽亚·特蕾莎怒气冲冲地对可怜的、领命劝说奥地利的托马斯爵士说："先生，在割让西里西亚一事上您就负有责任，在向撒丁国王让出土地一事中您又扮演了关键角色，现在您还想来劝我？不，我既不是孩童，也不是傻瓜！……如果你们想立即实现和平，那就尽管去做；我能接受，也能为我自己去谈判。为什么别人总要越俎代庖地想替我做决定？"她愤愤不平地继续说："我的敌人会比朋友给出更好的条件……你们想让撒丁国王得到一切，却毫不在意我的利益！《沃尔姆斯条约》只对他有好处，我却完全没有！哦老天，我被英国王室利用了！……说真的，考虑到种种这些事，现在真的是旧伤未愈，又添新伤。"

但最终她还是无能为力。她不能单独继续打下去，更重要的是，她也不想再打了——她的臣民们正在遭受苦难，她与英国人和法国人一样渴望和平。1748年10月，考尼茨伯爵代表女皇接受了条件，同意签署《艾克斯拉沙佩勒条约》。战争结束了，这场历时七年的冲突后来被称为奥地利王位继承战。

很难说玛丽亚·特蕾莎会因和平而感到欣慰，但无论如何她绝不是唯一一个对议和条件感到不满的人。当得知路易十五选择交出在佛兰德斯和比利时获得的所有被征服领土来换取一个加拿大要塞和让唐·腓力成为帕尔马公爵时，法国人简直惊诧莫名。他们许多人的丈夫、父亲和儿子牺牲生命换来的就是这样的结果吗？率领法军在荷兰取得胜利的那位将军忍不住对此表示质疑。他写信给巴黎，直言不讳地抗议归还佛兰德斯："为了得到这样一个省份是值得费一番周折的，这里有宏伟的港口、数百万居民，还是一道坚不可摧的屏障。我不懂你们那些令人厌恶的政治，我只知道普鲁士国王夺取西里西亚并保住了它，我们应该效仿他。"当条约内容公布时，腓特烈本人也尖刻地指出："统治法国的是一帮蠢货和白痴，他们完全不知道怎么利用局势为本国谋利。"

因此，《艾克斯拉沙佩勒条约》虽然让战事停歇，却丝毫没有解决冲突。事实上，各国还因条约而结怨了，其几乎必然的结果就是，一旦各国军队恢复元气，府库有所充实，战斗就会再次爆发。腓特烈对此一清二楚，他后来在回忆录中写道："这种和平更像是一次休战，各方都在休养生息，寻找新的联盟，以便在更好的条件下再次开战。"

对于玛丽亚·特蕾莎而言，尽管结果苦涩，但战争的正式结束还是让她感到了极大的欣慰。她自即位之日起便要为自己的生存而战，殚精竭虑于种种作战计划和调兵遣将的事宜，费心于组建军队所需的巨额资金和大量士兵，如今终得解脱。现在她可以专注于改善臣民们的生活了，这是她认为身为君主最紧要和重大的责任。"我立即将心力用在了另一方面，"她写道，"全心致力于国内事务。"

但她也意识到未来的战争不可避免，而且她很清楚，到时发动战争的必定是腓特烈。玛丽亚·特蕾莎没有预测未来的水晶球，她不知道腓特烈会在多久之后再次寻衅开战。但不管是什么时候，下次她一定会做好准备。

6

帝国事务
Imperial Affairs

> 双方就这样在和平时期备战,就像两个角斗士磨着利剑,急不可耐地想要斗在一起。
>
> ——腓特烈大帝

> 即使在遥远的将来,人们也必须承认,玛丽亚·特蕾莎是历史上最杰出的女性统治者之一,在哈布斯堡家族中更是独一无二。
>
> ——驻维也纳宫廷的一个普鲁士使节

失败是最好的老师。

1748年冬天,在《艾克斯拉沙佩勒条约》签订之后,玛丽亚·特蕾莎清楚明白地总结了过去八年的经验教训。她认识到,她之所以失去西里西亚,是因为她在被迫保卫自己的土地和臣民时"没有军队,没有金钱,没有借贷能力,没有属于自己的经验和知识,甚至都没有顾问,因为每个大臣最关注的都是事态会对自己造成何种影响"。她沮丧地承认,并补充说:"我相信,没人会否认,在历史上很难找到处境与我类似的人,或是处境比我更糟糕的某位新君主。"

她也明白,虽然她很幸运,能在战争的大部分时间里得到英国的巨额援助,但代价却是令人痛苦地失去了威望,以及在和平谈判中讨价还价的能力。这种情况不能再发生了。在条约签订后,她决绝地对一位大臣说:"最好只依靠我们自己的力量,不要再乞求外国的援助了。"因此她的当务之急便是充盈国库。但如何才能筹集到自给自足所需的巨额资金呢?这时,有一个人出现了。她后来曾言简意赅地说:"上帝降下非凡的恩典,让我结识了豪格维茨伯爵,他可谓帝国的救星。"

弗雷德里克·威廉·豪格维茨伯爵(Count Frederick William Haugwitz)看起来似乎不太像是救世主。他是西里西亚的一个小贵族,在腓特烈的军队攻入西里西亚时逃到了维也纳。他不但贫困潦倒,无家可归,而且缺乏贵族风度,相貌也极为丑陋,毫无魅力可言。除此之外,他还不幸地患上了面部抽搐的毛病,这让他的整体形象显得更为糟糕。一位同僚曾风趣地形容他是"一个看起来极像傻瓜的智者"。

不过,弗朗西斯和塔罗卡伯爵却都推荐他,说他在财政方面有着极佳的判断力,因此玛丽亚·特蕾莎接见了他,并像询问其他顾问们一样,请他就如何取得足够多的财政收入来供养一支常备军提供建议。不同于其他人的踌躇摇摆,豪格维茨的表现让她大吃一惊，他提供了一份详细的备忘录，辅以大量的研究和确凿的数据，概述了她目前的经济状况和她在十年内的预计需求，以及为弥补两者之间差距所需的改革措施。于是她便当场聘用了他。*

豪格维茨本人就是普鲁士机会主义行径的受害者，他完全同意玛丽亚·特蕾莎的判断，即一旦腓特烈觉得自己有能力得逞，他便会再次向玛丽亚·特蕾莎发动进攻。身为内政大臣（这是女皇专为他设立的职位）的豪格维茨估算，她将需要一支由超过10万名训练有素的士兵组成的常备军，才能应对不可避免会到来的对其领土的威胁，而要供养这样一支军队就需要巨额的收入，比她当前从臣民们那里获得的要多出数百万。幸运的是，他提出了一个富有远见的新计划，即向贵族和教会征税，从而在无需借贷也无需依靠外国援助的情况下筹集到必要的资金。

豪格维茨的建议可谓激进至极。因为，在所有人的记忆中，土地贵族和神职人员是免于纳税的，至少在过去的五六百年里一直如此。农民虽然是人口中最不富裕的阶层，但他们却一直是皇室税收收入的主要来源。做农民就要纳税，这似乎天经地义。

不难想象，在豪格维茨的新计划宣布后，抗议的呼声和抵制情绪有多么强烈。威尼斯大使报告说：“所有大臣都异常激烈地反对这一计划。”但玛丽亚·特蕾莎认为，本就应该在臣民中更公平地分摊税负，因此她坚持己见。政务顾问们（还有很多其他人）指责她辜负了上帝赋予她的维护"贵族和教士有益且古老特权"的责

---

* 她从父亲那里继承下来的顾问中除了一人外都已去世，总的来说，被提拔上来接替他们位置的那些地位稳固的高等贵族们都表现平平。玛丽亚·特蕾莎并没有简单地接受现状，而是明智地听取了像豪格维茨这样的局外人的意见。

任,而她尖刻地回击说:"在我看来,有益的特权安全无虞,但免税不但无益,而且全然有害。"尽管舆论哗然,地方当局采取拖延战术,甚至有些地方还发生了民乱,但到了1749年5月,她和豪格维茨已经开始在奥地利和波希米亚全境实施新税制了。*

在采取措施有力改善帝国的财政状况之后,玛丽亚·特蕾莎便将注意力转移到她最关心的国土防卫问题上来。考虑到军队最近的糟糕表现,继续以过去那种杂乱无章的方式任用军官和招募士兵显然是行不通了。她后来感叹道:"谁会相信呢,在我的军队中竟毫无章法可言。每个部队在行军和训练上都各有一套自己的方法……调整队形也是有的部队快,有的部队慢。同样的口令在不同部队那里有不同的解释。难怪在我即位前的十年里,皇帝老是吃败仗!"奥地利需要一支一流的军队,这就意味着要采用最先进的现代化训练方式。在这方面,女皇无需远求他法,只需效法腓特烈就够了。

军队的结构、运作和征兵方式经历了自下而上的彻底改革,在制服、薪金和训练方面都尽可能实现了整合和统一。武备和重型火炮都得到了升级,炮兵还得到培训,学习了机械和装备维护方面的课程。军官们接受了地理、历史、防守和战术方面的教育,地区营地得以建立,以便按照普鲁士的模式训练步兵。玛丽亚·特蕾莎特意亲自前往这些营地鼓励士兵。

改革还不止于此,她还致力于教育改革。曾经在她父亲的统治下,教育事业停滞不前,这在很大程度上是由于耶稣会教义的盛行导致的。虽然玛丽亚·特蕾莎本人是一个虔诚的天主教徒,但她对

---

* 她也试图对匈牙利的贵族征税,但这一次匈牙利人没有辜负他们顽固好斗的名声。尽管她又一次亲自向议会发出呼吁,但匈牙利人完全拒绝讨论新税制,只愿给出她所要求的税款的一半。

耶稣会教学方法的整体失败心知肚明，毕竟她曾亲身体验，知道父亲的顾问们怎样缺乏实际知识。维也纳大学——她曾不屑地说"那些课程真是毫无价值"——和布拉格大学都采取了新的管理方式，来自欧洲各地的知名教授被高薪请来担任教职。医学院经历的重组尤其彻底。玛丽亚·特蕾莎甚至让她的私人宫廷医生去担任院长，因为他曾提请她注意，那些在维也纳医院分娩的不幸母亲们所生下的婴儿死亡率高得可怕，在每年出生的600名婴儿中只有20人能存活下来。最后，为了确保能有源源不断的合格学生进入大学，女皇于1749年开办了一所寄宿学校，这是国内第一所不仅接纳富裕的显贵阶层子弟，也面向地位较低的绅士阶层子弟招生的学校。她宣称："没有什么比我为贵族们提供的东西更能造福于我治下的这片国土了……我让他们的儿子能够接受这样的教育……使他们能够为全体人民，为我和我的继任者提供有益的服务。"

这种对财政、教育和军事系统的全面改革是史无前例的，而且很快就开始显现出切实的效果，就连她的敌人也不得不承认她的这些成就。她的年收入增加到了3600万弗罗林，比她父亲的收入高出了许多，尽管她已无法像父亲那样从富裕的西里西亚和那不勒斯获得税收收入。更重要的是，这笔钱得到了更为有效的运用，可以改善民生，尤其是巩固国防。腓特烈后来还赞许道："通过这种种改善措施，奥地利军队在皇室统治下达到了前所未有的完善程度；一个女人竟施行了这般的天才计划，真可谓巾帼不让须眉。"

然而，尽管这些都是高瞻远瞩、公正无私且极为大胆的政策——请相信，它们确实如此；如果法国也施行类似的改革，革命就不会发生了——但必须承认，玛丽亚·特蕾莎不是一个完美的统治者。多年的斗争和失望让她身心俱疲，饱受焦虑和抑郁的困扰。她对治理国事了解得越多，就越发感受到责任的重担。这份工作消耗着她。

即便如此，她还是像十年前更年轻时那样频繁地生育着儿女。1748年9月18日，悲剧发生了，她生下了第十个孩子，而这个女儿出生不到一小时就夭折了。她的第十一个孩子玛丽亚·约翰娜（Maria Johanna）出生于1750年2月4日，随后玛丽亚·约瑟法（Maria Josepha）于1751年3月19日出生，玛丽亚·卡罗琳娜（Maria Carolina）于1752年8月13日出生。不到两年之后，1754年6月1日，女皇生下了她的第四个儿子费迪南，紧随费迪南而来的是玛丽亚·安东尼娅（Maria Antonia），她于1755年11月2日出生。最后，她又在1756年12月8日生下第五个儿子，取名为马克西米利安·弗朗西斯（Maximilian Francis）。

玛丽亚·特蕾莎在20年间怀孕生子16次，为此付出了沉重的身体代价。她体态臃肿，臣民们相当伤人地公开称她为"胖子"。沉重的身体加上繁忙的工作使她很难像从前那样锻炼身体，因此也更容易感受到疲倦。她喜欢骑马，但就连这个运动也很少参加了，最后则干脆放弃。这是一个不健康的循环，而产后抑郁又使其变本加厉。到了1752年秋天，她的精神状态已大不如前，以至于塔罗卡伯爵不得不出面干预，劝她要注意休闲娱乐，去参加她过去十分喜欢的那些活动。她的回答则令人心忧。"我不再是过去的我了，"她告诉他说，"对我来说，已没有什么娱乐可言。我不该再去想它们。"那年她35岁。

她最大的苦恼是与丈夫之间复杂的关系。她一如既往地深爱着弗朗西斯，同时也早已断定，弗朗西斯并不具备治理国家所需要的专注和性情。他只是名义上的皇帝，只负责履行众多乏味的礼仪性职责（他并不喜欢干这个），而帝国的真正事务则要交由玛丽亚·特蕾莎及其顾问们来处理。* 她会例行公事地征求他的意见，却很少会听取。普鲁士大使在给柏林的一份报告中曾颇有兴致地讲了一件事，说女皇"有一次在激烈地捍卫自己的观点，反驳大臣们的意见之时，曾严厉地要求他（弗朗西斯）不作表态，暗示他不应该掺和自己一无所知之事"。好在她的丈夫实在更喜欢狩猎和社交的乐趣，而无意长时间阅看文件或参与政策争论，因此并没有公然反对这种削弱传统男性角色的做法。尽管如此，他多少还是会感觉有些难受的。"不用在意我，"他曾对一位宫廷访客说，"我只是个做丈夫的。"

　　因此，弗朗西斯另寻新欢也就不足为奇了。他本就喜欢和漂亮女人打交道，虽然他妻子的频繁怀孕证明他仍会与其同床，但很明显他也会出入其他女人的卧房。普鲁士大使在谈到弗朗西斯那些不正当的情人时笑言道："他过去常常与她们秘密地共进晚餐。但女皇的嫉妒心迫使他有所收敛……据说他还是会偶尔逃开，借口是到几英里外打猎。"

　　知道丈夫喜欢更年轻、更苗条、更活泼的美人，加上自己的魅力正在快速衰退，这让玛丽亚·特蕾莎备受煎熬。由于事务繁忙，她每天只有半个小时用来晨间梳洗，据说她的侍女们最害怕的

---

* 唯一的例外是财政事务。弗朗西斯很了解投资和信贷，玛丽亚·特蕾莎在这方面一般都会听从他的意见。

就是这半个小时，因为她们的女主人对这么短的时间能达成的效果期望甚高，而照镜子时却总是失望。她的头发尤其是个问题。玛丽亚·特蕾莎有一头令人羡慕的金色卷发，她希望自己的发型能够完美无瑕——据说，如果早上的发型不能令她满意，那她在整个一天里心情都会很糟。*负责为女皇打理头发的可怜的年轻侍女，必须在黎明前就起床完成任务，还要在接下来的一天里随时待命。她后来形容说自己在宫廷的工作是一种"风光的奴役"。

当然，让皇帝不再移情别恋是另一场她无法赢得的战争。作为一个受委屈的妻子，玛丽亚·特蕾莎除了掉眼泪、引人内疚的指责和冰冷的沉默等通常做法（弗朗西斯并不想伤害她，因而这些至少会暂时起到一些作用）之外，几乎没有其他办法，但作为君主，她还可以做些别的。为了减少皇帝（以及其他同样误入歧途的奥地利丈夫）陷入不忠的诱惑，她决定对臣民的道德进行立法，并成立了一支由卧底特工组成的特别部队，打击普通民众的偷情和放荡行为。这些被戏称为"贞洁委员会"的人穿梭于维也纳的大街小巷，逮捕通奸的妻子，驱逐那些不幸被误认为妓女的无人陪伴的妇女；跟踪并告发那些经常出入声名狼藉之所的军官，被告发者会失去晋升的机会；还会对私人住宅中的聚会进行突袭，以确保晚宴上的客人们没有从事违禁的暧昧活动。（在实施这些新规定时，卡萨诺瓦正巧途经维也纳，他对这些做法感到非常不快，于是缩短了访问时间）。尽管公众强烈抗议这种侵犯隐私的行为，使得这种做法只维持了6个月便被取消，但玛丽亚·特蕾莎仍然坚信其有效性，并在后来将这些人重新组织起来，成立了一个新的执法部门，即通常所

---

* 这一点完全能够理解。

说的秘密警察。

但她最为过分之处还是其可怕的宗教偏执。她的臣民的信仰受到严格审查和管制，只有信奉天主教的人才能在玛丽亚·特蕾莎的政府中任职。女皇视新教为异端邪说，认为持异见的教派成员应该被迫悔改，这对他们有好处，有助于其灵魂得救。面对这一现实，大多数新教徒都自愿或被迫地改宗天主教。*不过，玛丽亚·特蕾莎狂热的天主教信仰对国家造成的真正伤害表现在她的反犹政策上（她从小就厌恶且害怕犹太人）。她曾试图将犹太人彻底驱逐出波希米亚、摩拉维亚和奥地利，这一做法对经济造成了严重影响，以至于地方当局提出抗议，她不得不让步。不过，在让步之前，她向整个犹太社区勒索了30万弗罗林的"自愿献金"。虽然从未纵容针对犹太人的暴力行为，但她在整个统治时期一直顽固地施行反犹政策，就连最亲密的顾问们也无法改变这一态度。

虽然玛丽亚·特蕾莎一直忙于错误地干涉臣民的私生活（更不用说实施大刀阔斧的行政改革和看顾其日益扩大的家庭了），但她对腓特烈的关注却从未放松。她知道，她的帝国未来受到的任何威胁都将来自于他，而她个人所能做的实在有限。她需要强大的盟友，这些盟友也要认识到好战的普鲁士国王构成的危险，并愿意与她一起挫败其图谋。她再次向顾问们征求建议，询问可以采取什么

---

* 虽然玛丽亚·特蕾莎在宗教方面的不宽容趋于极端，但她的政策却与其他国家并无二致。例如，在宗教同一性方面，英国几乎与奥地利如出一辙；在那里，只有圣公会教徒才有资格获得正式工作，而天主教徒和其他持异见的教派则被贬为二等公民。曾在伦敦生活过三年的伏尔泰指出："无论是在英格兰还是爱尔兰，除了那些在宗教上被认为是虔诚者，也就是信奉英国国教的人之外，没有人能找到工作。出于这个原因……很多人都改宗了……不信国教者在全国人口中所占比例不到二十分之一。"

措施，而大多数人仍然支支吾吾。这时同样有一个人站了出来，其言谈卓然不凡，对玛丽亚·特蕾莎而言，听此人说话就像是在听了一辈子卖艺风琴师的歌声之后，忽然听到了世界著名歌剧演唱家那清晰、真实而响亮的声音。

此人便是文策尔·安东·冯·考尼茨伯爵，即女皇在她妹妹玛丽亚·安娜英年早逝之前派往布鲁塞尔去帮助她的那位年轻贵族，也是被玛丽亚·特蕾莎指定去代表她就《艾克斯拉沙佩勒条约》的内容进行谈判的那位官员。和豪格维茨一样，考尼茨伯爵给人的第一印象并没有多么精明能干，除非谈论主题是高档男装的最新款式。他爱打扮出了名，据说每天都要对着四面镜子穿衣服，以确保浑身上下毫无纰漏，从任何角度都看不到不雅的褶皱或挂线。"我本以为他更关心自己的头发、衣着和肤色，而不是国家利益，"曾有一位与其相熟的人评论说，不过他也承认，"所有人都知道，这么想是错的。"考尼茨的另一个显著特点是经常身体不适且总是怀疑自己患病，他不遗余力地呵护着自己的身体，躺在床上直到中午，然后才会起来工作，而且总是拒绝别人的吃饭邀请，除非准许他的仆人从家里给他带食物。他非常害怕吹风，如果房间里有开着的窗户，他就拒绝进入，这种怪癖让他与玛丽亚·特蕾莎之间产生了直接的冲突。玛丽亚·特蕾莎因为怀孕而总是感到闷热，即使在最寒冷的天气里也坚持要在室内呼吸新鲜空气。但是，女皇对伯爵十分钦佩，因而容忍了他的怪癖，还特别为此弄了一种提醒宫里人的警报机制，告诉大家考尼茨来了，需要赶紧关上窗户。只要他的马车一停在宫殿外，她就会大喊："他来了！他来了！"

考尼茨伯爵

在一份冗长的备忘录中，考尼茨以一种严谨的、循序渐进的、近乎数学的逻辑，阐述了应该彻底改变帝国长期以来的联盟政策和外交目标的理由。他认为，腓特烈大帝那种不道德的军国冒险主义已经"改变了欧洲的旧体系"。几个世纪以来，法国一直是奥地利安全的最大威胁，与英格兰和荷兰联合起来遏制路易十四的可怕野心是合理的。但现在，腓特烈成了帝国的主要敌人。由于西里西亚的得手，普鲁士国王尝到了征服的甜头，很显然，他不会就此停手，而是会进一步扩张，侵夺女皇的领土。玛丽亚·特蕾莎现在必须将全部精力用来削弱腓特烈的力量，挫败他的军队，夺回本属于她的领土，否则她将永无宁日。与俄国的伊丽莎白女皇结盟是实现这一目标的第一步，但这还不够。玛丽亚·特蕾莎必须吸引另一个欧洲大国加入她的阵营。从上次战争可以看出，英国显然不会给予配合，那么，就只剩下法国了。

考尼茨建议维也纳寻求与巴黎结盟，这一外交方案的激进程度不亚于豪格维茨建议女皇向贵族征税。女皇的其他顾问们想尽一切办法来反对这种危险的战略。但考尼茨无疑更为聪明——他一直都是那个房间里最聪明的人——玛丽亚·特蕾莎不禁被他的言论打动了。不只是腓特烈能刺探到对手的情报，女皇也有自己的间谍，这些间谍向她提出预警，说普鲁士正在囤积武器和物资，而且还对火炮进行了升级。在欧洲各国中，只有腓特烈在和平时期就在征兵，他的臣民每三十人中就会有一个被征召入伍。她知道这些士兵不是用来防御，而是用来对付她的。1750年10月，她派考尼茨作为大使前往法国，并授权他向路易十五提出结成防御联盟的请求。

派遣一位对时尚和奢华生活如此感兴趣的特使前往巴黎，这实在是一个妙招。他并没有在官方的同行那里取得多大进展——这些人对他视而不见。但他非常适合影响法国的非官方权力核心，即路易十五的新情妇蓬巴杜夫人。

蓬巴杜夫人出生于1721年12月29日，本名叫让娜·安托瓦内特·普瓦松（Jeanne Antoinette Poisson）。她的母亲非常漂亮，曾背着丈夫偷情，她的养父则是一家银行的中层职员，因贪了银行的钱而不得不潜逃在外。* 这对母女被让娜的亲生父亲——一位富有的金融家——从贫困和无人照应中解救出来。他支付二人开销，还

---

* 他最终被赦免，并获准在离开15年后重返家园。一个法国诙谐家说："这全都要归功于他那无人能拒绝的女儿的泪与笑，以及他那位来者不拒的夫人。"

让私生女接受了一流的教育,在让娜20岁时安排她嫁给了他呆头呆脑的侄子,那时她已出落得比母亲更漂亮了。据一个认识她的仰慕者说:"她个头儿中等偏上,身材纤细柔美,婀娜多姿。她的头发很浓密,颜色是极为好看的淡栗色,那双漂亮眼睛上面的眉毛也是这个颜色。她有着完美的鼻子,迷人的笑容,还有人们所能见到的最细腻的皮肤,这使得她的相貌臻于完美。"

蓬巴杜夫人

在野心勃勃的父母的怂恿下,她从一开始就盯上了路易十五。她靠着丈夫的钱风风光光地进入了巴黎上流社会,伏尔泰和孟德斯鸠等社会名流都参加过她的聚会,而她的乡间别墅就在国王最喜欢的那座位于舒瓦西的狩猎行宫旁边。与国王相遇是必然的,而在路易十五的前任情妇于1744年12月去世之后,让娜便自然而然地接替了她的位置。国王的情人可不能是个默默无闻的资产阶级，于是让娜·安托瓦内特·普瓦松很快就晋升为贵族，成为蓬巴杜夫人。

做国王的情妇可不容易，尤其路易十五是一个容易感到厌倦的国王。光有身体上的吸引力是不够的，激情会随着熟悉而减少。她必须通过其他方式让自己变得不可或缺。很快她就搞清楚了状况，知道稳住地位的最可靠办法就是让国王一直开心。

没有比蓬巴杜夫人更称得上是用心和卖力的社交活动组织者了，她既是宫廷小丑，又是舞台经理、女歌手、耍蛇人和导游。为了娱乐国王，她还开办了自己的小剧场，上演轻喜剧和音乐剧（对于出了名的难以集中注意力的法国国王来说，严肃戏剧看着太累了），而她经常在剧中扮演主角。上台演出成了一种风尚，贵族们争相参与其中。国王和王后通常都会出席，在前排就座，这就更便于路易进行比较了。蓬巴杜夫人会确保自己的服装和表演能将她的丰满身材展现得淋漓尽致。这显然很奏效，"您是法国最迷人的女人，"国王在一次戏剧之夜后如是说。

她不仅要用娱乐充实他的夜晚，也要填满他的白天。只要路易感到无聊，他就需要娱乐，而几乎所有的事情都会让他感到无聊。因此，她积极安排他去最好的猎场打猎；不让大臣们靠近他（没有什么比听会议报告或做政策决定更让路易心烦气躁的了）；动用国库中的400万里弗尔来举办精彩纷呈的庆典，让他能够乐在其中；又花了350万里弗尔请来专业厨师、糕点师和选酒师，以及其他厨房人员，为路易烹饪出足以满足其挑剔味蕾的美味佳肴。尽管做了这么多的努力，她仍然深知自己的地位是不稳定的，很容易被取代。她曾坦率地承认："我的生活就是一场永恒的竞赛。如果国王能找到另一个人来谈论狩猎和政事，那么只需要等上三天，我在或不在对他而言也就无所谓了。"

考尼茨伯爵很快就发现，接近法国国王的最佳方式就是讨好蓬巴杜夫人。"我对这个宫廷和王国的内部事务看得越多，就越能看出它的缺陷。"他在1752年给玛丽亚·特蕾莎写信说，"这里的大多数事务都充满了诡诈和权谋。"因此，考尼茨也举办奢华的宴会来取悦国王的情妇，并逐渐打入她的圈子。一旦进入她的圈子，他就对她极尽奉承之能事，让她觉得自己是欧洲势力平衡不可或缺的一部分。虽然他在1753年4月离开了巴黎，当时还未曾正式说服法国国王及其大臣们退出与腓特烈的联盟，转而与奥地利结盟，但他已成功地将这种想法植入了他们的心中，而且也为未来的交流建立了秘密渠道。

考尼茨的提议在第二年突然就获得了极大的声势，那时，在约4000英里之外的大西洋彼岸，在那片名为"俄亥俄"的荒野上，一名年仅22岁的殖民地民兵公然越权行动，重新点燃了欧洲的战火。

尽管根据《艾克斯拉沙佩勒条约》的规定，英国同意将在加拿大征服所得归还给法国人，但这并没有解决英法两国为争夺美洲控制权而日益加剧的竞争问题。双方都有太多的财富可以获取，谁也不愿就此退出，让对方得偿所愿，而且这种相互争抢的情况又因边界争端而变得更趋复杂。例如，法国人有着令人信服的理由，可以主张自己拥有俄亥俄河。当初正是一位法国人发现了这条河；他们在俄亥俄河沿岸长期设有贸易站；自法国人首次登陆北美以来，俄亥俄河一直被持续不间断地使用着，被认为是连通法属路易斯安那的枢纽。尽管如此，英国人却仍会向该地区派遣商人，试图在商业上削弱法国人的地位并建立起自己的立足点。因此，法国人在1753年春从加拿大派遣了一支约2000人的军队，在伊利湖以东修建了几个要塞，以阻止进一步的非法入侵。

英国的弗吉尼亚总督对这种升级冲突的行为感到很不满意，因为他刚刚在一家土地开发公司投资了一大笔钱，该公司开展业务的区域就是英国人所说的俄亥俄领地，而他们声称伊利湖以东的土地就是该领地的一部分。* 总督当然不想让自己的投资付诸东流，于是他便派出了一支约有50人的队伍，让他们也到那里去修建一座堡垒。他们于1754年2月抵达该地（那时天气寒冷，大雪纷飞，狂风呼啸，条件极为恶劣，根本不是建造堡垒的最佳时节），设法圈出了一小块地。

他们刚一抵达，对方就通过间谍和侦察行动得到了消息。因此，在天气好转之后，法军指挥官派出了600名士兵，还带着大炮，去包围他们的建筑。法军在1754年4月16日抵达，因为敌我兵力相差悬殊，英军几乎立刻就投降了。没有发生流血事件，事实上，胜利者的态度好得不能再好了。他们把所有英国人都放了回去，还给他们发了食物和补给，只是收缴了他们建造临时堡垒的工具。法军指挥官甚至还在放走他们之前邀请了英军指挥官共进晚餐。

---

* 这块土地虽然被称为俄亥俄领地，但实际上所有争端都发生在今天的宾夕法尼亚州境内，这使得混淆更容易发生了。

不幸的是，弗吉尼亚总督并不知道简易要塞已被攻占，他又派出了一支大约180名殖民者组成的新部队，由一位名叫乔治·华盛顿的年轻军官指挥。华盛顿得到的命令非常明确，他要带领部下"前往俄亥俄河岔口，（到那里）建造完成那座……俄亥俄公司已经开建的堡垒"。

5月23日，法国人得知该地区又出现了一支英国部队。因为入侵者的人数同样不多，法军在该地区的指挥官甚至懒得采取军事应对手段，而是派出了一支约35人的小分队去寻找入侵者，建议他们赶紧撤退回去。这支队伍找了4天也没找到华盛顿的部队，等到第四天夜幕降临，他们只好停下来安营扎寨。由于当晚下着大雨，他们在睡觉前把滑膛枪收了起来，以保持干燥。他们甚至都没有安排人放哨，毕竟他们只是被派来传递消息的。

他们没有找到华盛顿，但华盛顿却找到了他们。虽然他无权发动进攻，而且这样做也违反了《艾克斯拉沙佩勒条约》（更不用说他得到的命令了），但他还是无法抵挡轻松战胜法国人的诱惑。在易洛魁战士的协助下，他冒雨连夜行军，包围了法军营地，并在黎明时分开始射击。一些受惊的士兵想办法取回武器，打了几发子弹之后就被迫投降了，只有一个早起到树林里解手的士兵侥幸逃脱。那天早上有十名士兵被打死，其余全部被俘。华盛顿显然认为他自己及其部下朝熟睡的法国人射击是种英勇行为，还为此激动不已，他在发回弗吉尼亚州的报告中诗兴大发，兴奋地说："我听到了子弹的呼啸，相信我，那真是妙不可言。"

这次考虑不周的突袭导致双方的敌对行动迅速升级。法国人愤恨地指责华盛顿的行为是"暗箭伤人"，地区指挥官在6月28日派出一个 500 人的团去堵截肇事者。华盛顿被派去修建的那个堡垒早已落入敌手,于是他只好后退了约 60 英里,自己另建了一座名为"内塞西蒂堡"的防御工事,其实就是圈起来一小块地,美其名曰"堡垒"。7 月 3 日,他和手下被发现并遭到包围。他们遭受了一整天的炮火袭击,最终同意投降。法国人再次表现出克制,放走了所有人,甚至还同意为他们保管财物,直到他们找到合适的运输方式把那些东西运回去为止。他们提出的唯一条件就是,华盛顿要签署一份承认犯了谋杀罪的供词。由于不懂法语,华盛顿签了字,这种屈辱的认罪让他得以活命,最终也让美国得以诞生。

但损失已经造成。乔治二世担心如果不迅速采取行动的话,整个俄亥俄领地都会丢失,于是他以内塞西蒂堡的丢失为借口,向美洲派遣了一支新的军队,并辅以海军力量。路易十五当然也采取了行动,到了 1755 年,欧洲的所有人都已看得分明,一个缺乏经验、过于急躁的殖民地军官的鲁莽行为即将引发英法之间的又一场大战。由于所有人都认为这并非一场新的战争,而只是之前那场战争的延续,所以他们也都知道,战火不会局限于美洲,而是会在欧洲大陆上再次燃起。这反过来又意味着,任何对上一次冲突结果不满的人都将获得重新来过的机会。其他欧洲各国就像到操场上参加游戏的儿童那样,全都开始按规矩选边站队。那么问题来了,普鲁士这次会选哪一边呢?

1755 年夏天的腓特烈大可以为自己早先的远见卓识和高超手段而沾沾自喜,他有效地利用了和平时光,振兴了普鲁士的经济,鼓励了工业和农业的发展,还成功将非法得来的土地纳入了自己的管理之下。(国王曾在 1752 年云淡风轻地说:"我们获得西里西亚,这招致了全欧洲的嫉妒。")为了庆祝胜利,他在柏林为自己建造了一座崭新的宫殿和一幢宏伟的大歌剧院,并以优厚的待遇吸引来一些意大利歌手和法国女演员。*在写了无数封吹捧和催促的信件之后,他甚至还把著名的伏尔泰请到了他的宫廷,不过后来却跟他闹翻了。这位法国哲学家最终设法从这位不友善的主子那里逃走了,腓特烈还派人追捕,将他抓了回来,关进了法兰克福的监狱。

但最重要的是,腓特烈通过强制征兵(基本上涵盖了王国内所有健康男性),成功组建起了一支超过 15 万名士兵的常备军,为他们准备了足够维持两年作战之需的枪支、子弹、刺刀和火炮,还有一年半的给养。而且,为了应付不时之需,他的国库已经积攒了 1600 多万塔勒的资金。

此外,在这段和平时期,腓特烈还养成了一个习惯,那就是与碰巧访问柏林的任何一位重要人物一起悠闲地共进晚餐,其间他会嬉笑怒骂地对欧洲各国君主及其伴侣们施以抨击嘲讽。玛丽亚·特蕾莎和她的盟友、俄国的伊丽莎白女皇,以及他所特别鄙视的蓬巴杜夫人都是他乐于进行下流攻击的目标。**他将这三人鄙称为"三条裙子"。玛丽亚·特蕾莎是"裙子女皇一号",蓬巴杜夫人是"裙

---

* 那些接受邀请前来的大师们事后才发现,若是没有国王的允准,他们是不能离开的,而国王又很少允准人离开,所以他们就只能老老实实待在那里。

** 腓特烈看不起所有女性。有一次,在庆祝他妻子生日的晚宴上(那是他一年中见妻子的唯一一面),他抱怨说他宫廷中的女人都很丑,"而且你在十英里外都能闻到这些可怕的母牛们身上的那股味儿"。

子王后二号"。为了羞辱"裙子女皇一号",他津津乐道于弗朗西斯那些可耻的不忠行为,还嘲笑她那愚蠢的贞洁委员会。关于路易十五的情妇,他假惺惺地装天真说:"我的狗弄坏了我的椅子,但我能怎么办呢?如果我今天把椅子修好,明天它们又会坏掉……而且,毕竟蓬巴杜侯爵夫人给我造成的麻烦更多,却不会像狗那样爱我,对我那么忠诚。"至于女沙皇,尽管腓特烈知道她掌握着巨大的资源——他曾说过:"我怕俄国甚于怕上帝。"——但还是忍不住嘲笑她纵酒过度,个人卫生有问题,尤其是喜欢找年轻英俊的情人,还向他们送出大量礼物和恩惠。(他倒是只会说别人。众所周知,腓特烈手下有许多特别的——极其年轻英俊的——男子,他会邀请他们进入自己的卧室,随后会给予他们宫廷高位、头衔、地产、大笔银行存款、镶珠宝的鼻烟盒,以及其他表现君宠的东西)。

这种恶意的流言蜚语当然不是改变对外政策的理由,但它们却使得法国、俄国和奥地利的宫廷对普鲁士国王感到厌恶。"国王(路易十五)不喜欢普鲁士国王,因为他知道这位国王经常嘲笑他的情妇和他的生活方式。"蓬巴杜夫人的贴身女仆在她的回忆录中坦承,"是腓特烈自己犯了错……使得国王不想成为他最坚定的盟友和朋友……腓特烈的嘲笑激怒了他。"

然后法英两国就在美洲爆发了争端,而这正是腓特烈一直在寻找的可以吞并更多领土的机会。早在1752年,他就已经决定了下一个征服目标并制定出详细的计划。"萨克森是最好的……最有助于这种征服行动的就是……一个进军萨克森、解除其军队武装并武力占领该地的借口。"他在一份为继任者准备的文件中如此说。*英国需要他帮助抵御法国对德意志的入侵，法国则需要他帮忙遏制奥地利的野心，因此他认为，这次就像上次一样，双方都不会介意他就近取得一块领土的。事实上，他还希望英法两国，尤其是法国，能够阻止玛丽亚·特蕾莎利用这场新冲突再次企图夺回西里西亚。"法国……是不会让奥地利夺回西里西亚的，"他自鸣得意地说，"因为这会极大地削弱一个盟友（普鲁士），而这个盟友在北方事务和帝国事务中对法国是很有用的。"

因此，在欧洲的战火显然即将重燃之际，腓特烈使出了他一贯的伎俩：做好准备，出卖盟友。为了给自己争取到最大的利益，他这次与英国进行了秘密谈判，同时又假装坚定不移地与法国站在一起。

玛丽亚·特蕾莎早就料到事情会如此发展，她知道自己的机会来了。1755 年 8 月 31 日，奥地利新任驻法大使奉考尼茨伯爵（现已在维也纳升任为国务大臣）之命，向蓬巴杜夫人提出了一个请求，询问她是否愿意作为中间人，代女皇向路易十五提出一个秘密提议。

这是在多年的准备铺垫之后提出的请求，它甚得蓬巴杜夫人之心，令其无法拒绝。蓬巴杜夫人出身低微，不过是一个资产阶级无名小卒（而且还声名不佳）的颇为可疑的女儿，如今却能够借此机会一跃而成为在欧洲举足轻重的人物之一。对于一个尽管拥有头衔

---

* 请注意，腓特烈的首要征服目标已不是玛丽亚·特蕾莎的领地。这并不是因为他不想要——他显然仍觊觎波希米亚——而是因为她的军事力量已经足够强大，他再也不能指望轻易取胜了。腓特烈的整个征服策略都建立在攻击弱小对手的基础上。因此，他才会对萨克森感兴趣，他知道自己可以得手。

和门路却仍经常被法国的大臣和贵族们鄙视的女人来说，这的确可以算是畅快的报复。她很快就表示同意，并在 9 月派她手下一个值得信赖的顾问在位于默东的乡间别墅里悄悄与奥地利大使见了面。大使解释说，玛丽亚·特蕾莎仍然希望能与法国结盟，共同对抗普鲁士。女皇希望可以避开常规的沟通渠道，直接与路易十五商谈。为了表示诚意，玛丽亚·特蕾莎愿意提醒国王，她的间谍已经掌握了证据，证明腓特烈正秘密地与英国谈判结盟，即将背叛法国。

蓬巴杜夫人赶紧借由其顾问将这一情报告知了国王。路易十五向手下大臣们询问了法国与普鲁士的结盟情况，但并未提及奥地利提议结盟一事。他被告知，两国之间的长期盟约随时可以续订，但无论如何，签署文件只是一种形式，因为腓特烈已经向他们保证了自己的忠诚。路易十五虽有许多缺点，却一向是个言出必行的人，因此他拒绝了玛丽亚·特蕾莎的提议，理由是他已向普鲁士做出了承诺。

然后，1756 年 1 月 16 日，腓特烈忽然签署了《威斯敏斯特条约》，让他的法国盟友大跌眼镜，根据这份防御协议，普鲁士和英国同意在任何一方受到攻击时互相援助。虽然这一变化并不意味着腓特烈将主动与法国为敌，但条约的目的显然是限制法国的战略选择，使其因害怕普鲁士参战而不敢对乔治二世在汉诺威的领土发动攻击。考尼茨说："法国国王如今肯定会放弃再次背叛他的不忠盟友，转而寻求与玛丽亚·特蕾莎建立友谊了。"

他说对了，事情就是这么发展的。1756 年 5 月 1 日，法国和奥地利签署了《凡尔赛条约》，路易十五和女皇彻底改变了之前的政策，承诺在未来任何一方受到攻击时，另一方都会提供实质性的援助。"我自即位以来就从未怀着如此愉快的心情签署过一份条约！"玛丽亚·特蕾莎高兴地说。

战争很快到来。1756年5月17日，英国正式向法国宣战。6月16日，法国以牙还牙，也向英国宣战。两个月后，腓特烈开始进攻萨克森。

然而，这一次玛丽亚·特蕾莎已做好了准备。这一次是她在门内设了陷阱，而普鲁士国王则落入了陷阱之中。

7

裙子三姐妹
The Sisterhood of the Three Petticoats

我并未改弦更张,但英国背叛了我……英国与普鲁士缔结盟约,我在得知此事后深受打击。

——玛丽亚·特蕾莎

我要经过很长时间才能下定决心,但一旦决定了怎么做,我就会坚持不懈。我决心要持续打下去……即便这让我不得不卖掉自己所有的钻石和一半的衣服。

——俄国的伊丽莎白

我痛恨普鲁士国王。此刻我更恨他了……让我们打败这个北方来的阿提拉吧,到时我就能高兴起来了。

——蓬巴杜夫人

玛丽亚·特蕾莎制定的计划非常复杂。就像一位国际象棋大师所要使出的一系列精妙的棋招那样，计划的实施需要细心专注的协同行动，不仅需要法国的合作，也需要俄国的合作。甚至说，奥地利要想成功，伊丽莎白女沙皇的参与比路易十五的加入更为重要。俄国军队没有参加之前的战争。女沙皇的士兵确实不如普鲁士的士兵那样纪律严明，但他们在数量和耐力上的优势足以弥补其作战能力上的缺陷。因此，伊丽莎白加入这场重新爆发的冲突意味着一个全新的联盟得以建立，这很可能将改变游戏的结局。

俄国伊丽莎白女沙皇

玛丽亚·特蕾莎绝非唯一一个看明白这一点的君主，正因如此，所有大国都对女沙皇极尽讨好之能事。腓特烈明白，因为他在餐桌上说了很多伊丽莎白的坏话，她的宫廷对他可没什么好感，所以他怂恿新盟友英国来为他打圆场。英国人的想法是，可以通过提供高额报偿来将女沙皇收买到自己这边来，或至少让她保持中立。由于这种方法在过去一直有效，他们向腓特烈保证说，俄国在即将到来的战争中不会构成什么威胁。但英国使节们不知道的是，玛丽亚·特蕾莎自上次战争结束后就一直与伊丽莎白进行着秘密谈判，如今已得到了女沙皇的承诺，说她将拒绝英国的贿赂，还会派遣一支8万人的军队来帮助奥地利收复西里西亚。

玛丽亚·特蕾莎要想谋划得逞，与俄国的这项协议就必须保密。她与腓特烈在上次战争结束时曾签署了条约，写明一方不可主动进攻另一方，她打算遵守这一承诺。而要想合情合理地动用女沙皇承诺给她的俄国军队，她就必须诱使普鲁士率先对她发动进攻。好在长期与腓特烈打交道的经验表明，他是随时准备发动进攻的，所以，她只需对其稍加刺激便可达成目的。

她采取的第一个行动就是在英国驻维也纳大使（大使已换人，不再是托马斯爵士）面前装出一副头脑简单、口无遮拦的样子，以引起普鲁士国王的怀疑，因为她知道，她说的任何话都将被立即传达给腓特烈。英国人想当然地认为，在他们与法国人的任何争斗中，奥地利无疑会站在他们这一边，但玛丽亚·特蕾莎却与路易十五签订了防御条约并将其公之于众，这让他们大吃一惊。大使在一次紧急觐见中对奥地利外交政策的这个意外变化提出了强烈抗议。玛丽亚·特蕾莎的利益过去经常遭到英国这个盟友的践踏，如今她当然很高兴自己可以反戈一击了。她耐心地听着对方说完，而后高高兴兴地反驳说："我只不过是效仿你们的做法，你们与普鲁士缔结条约，我就和法国结盟，这有什么奇怪的呢？"

她先是给了对方一段时间来消化这一新情况,而后又故意将自己与俄国达成密约的消息透露给了腓特烈在圣彼得堡的间谍。最后,她又在1756年5月底将大批奥地利军队调去了波希米亚。

腓特烈吓得够呛,不到一个月的时间就上了钩。6月23日,腓特烈给他的将军写信说:"你知道……因为我成功地与英国结盟,奥地利皇室转而与法国结盟。俄国人的确与英国达成了财政援助协定,但我完全有理由相信他们是不会信守诺言的,女沙皇已经加入了奥地利一方,跟奥地利女皇一起谋划了威胁我的计划。"于是他开始召集军队,准备发动突然袭击。英国驻普鲁士宫廷大使在发回伦敦的报告中向英国政府保证说:"两周内他将准备行动。"

在此期间,玛丽亚·特蕾莎继续扮演着自己在这场游戏中的角色。当普鲁士大使根据腓特烈的指示要求她接见,并询问奥地利集结军队意欲何为时,她巧妙地避开了问题,只是宣读了一份事先准备好的声明——她过去从不会用拟好的文件来表达看法——这份声明措辞谨慎,相当于什么都没说。她语调平缓地说:"危急的事态使我不得不采取这些措施,我只为了保卫自己的安全和我盟国的利益,除此以外别无所求,我无意伤害任何人。"*然而,普鲁士国王才不会让别人用他那种言辞闪烁的办法来应付他自己。他怒气冲冲地对他的使节说:"我必须知道我们是不是要打仗了!"

正如玛丽亚·特蕾莎预料的那样,腓特烈很快就发动了进攻。8月29日,在一次闪电般的偷袭行动中,他率领7万大军攻入萨克森(他一直以来都想进攻富有的萨克森,这个目标实在是太诱人了),在两周内就占领了首府德累斯顿。这种轻而易举的胜利让他

---

* 你可以想象。她说这些话时,内心是多么高兴。

变得更为大胆，于是他继续快速进军，命令普鲁士军队兵分数路攻入波希米亚，想要尽可能多地吞并玛丽亚·特蕾莎的领土。他信心满满，势在必得，以至于不再谨慎地装模作样，干脆在1756年9月13日大胆地向奥地利宣战。

他的进攻使得女皇摆脱了条约义务的束缚。由于普鲁士国王已向全世界暴露出自己是侵略者，她现在可以名正言顺地向她的法国和俄国新盟友求助，意图在他们的帮助下夺回西里西亚，一劳永逸地打败她的仇敌了。

腓特烈已主动跳入了玛丽亚·特蕾莎设下的陷阱，现在她只需"呼"的一声关上他身后的门。

战争开始了，自玛丽亚·特蕾莎被迫将西里西亚割让给普鲁士以来，她已经为这场战争准备了11年之久。虽然这场战争的表面目的是收复西里西亚，但实际上它涉及的是更深层次的问题。处于冲突之中的是两种截然不同的统治哲学。腓特烈那种赤裸裸的领土野心和凌驾于一切之上的军国主义——有个聪明人曾调侃说，普鲁士"并非一个有军队的国家，而是一支有国家的军队"——与玛丽亚·特蕾莎的财产守护信念及对臣民的莫大责任感形成了鲜明的对比。和平的年月让她明白，她还有许多事情必须完成，才能实现自己的治国目标。如果腓特烈不能被彻底击败，如果不能让他的机会主义名誉扫地，那么最好的情况也只能是，她将在自己余下的统治岁月里跟他进行持续的军备竞赛，将越来越多的政府收入用于国防。而且，还有一种危险会始终如影随形，那就是无论她如何英勇斗争，她都将一点点地失去领土，从而最终失去一切。不管结果如何,她都不会有足够的钱用于促进农业和商业的发展,也不会有足够的钱来改善人民急需的教育和健康状况了。尽管普鲁士国王也渴望壮大本国经济,但这种愿望只会刺激他开展更多的征服,毕竟他征服越多,占有就越多,占有越多,国家也就越富裕。对腓特烈来说,这场战争是一场涉及荣誉、财富和技能的游戏,而对玛丽亚·特蕾莎来说,这就是个十字路口。

由于事关重大,她密切关注着战争的方方面面。她会阅看无数来自前线的报告,还会在会议备忘录的空白处做大量笔记,提出问题,设想潜在困难,给出解决方案。任何问题,无论多小,都逃不过她的眼睛。如果征用的马匹不足,她会立刻将自己马厩中的马贡献出来,并鼓励其他贵族们效法她的行为。她关心士兵们是否有足够的毯子来御寒,斥责大臣们没有将作战装备迅速运送到最需要的地方,还会仔细研究地图以确保运送补给的路线是最安全的。

但也有很多事情是她无法控制的。例如,伊丽莎白女皇就恼怒地发现,她承诺给玛丽亚·特蕾莎的军队竟然要到第二年才能做好战斗准备。"正是你,在我们宣战之前夸大了我的军队规模。"她对那个瑟瑟发抖、负责军事准备的大臣咆哮道,"你竟如此欺骗我,难道不惧怕上帝的惩罚吗?"同样的,已经与英国开战的路易十五也需要时间来筹集他所承诺的资金和士兵。这就意味着,至少在可预见的未来一段时间里,玛丽亚·特蕾莎将不得不独自迎战腓特烈。

普鲁士国王首先攻占了萨克森,大大加强了他的战略地位。他不仅攫取了公国的所有黄金和其他贵重物品,将这些财富转变成了自己的战争资金,还坚持要求萨克森军队全体将士必须为普鲁士而战斗终生。他的意图很明显,他要让这些军队在未来的战斗中打头阵,从而减少他自己同胞的伤亡。"天哪,世上从没有过这样的投降条件!"前去谈判投降条件的可怜的萨克森特使说。"我想未必没有这种先例,"腓特烈谦逊地承认,"你要知道,我是很自豪自己能成为开创者的。"*

但玛丽亚·特蕾莎还是对自己一直努力改善的奥地利部队充满了信心,而奥军也在与普军的首次交锋中证明了这一点。腓特烈在占领德累斯顿后不久便开始继续向着波希米亚推进,而玛丽亚·特蕾莎的部队正在那里准备迎击,部队由她手下最优秀的新任战地指挥官之一率领,装备着现代化的火炮。战斗于1756年10月1日正式打响。尽管腓特烈口头上对女皇在过去几年进行的军事改革取得的进步表示赞赏,但他仍不太瞧得起奥军的战力。因此,他在一个大雾弥漫的清晨发动了进攻,甚至事先都没有试图搞清楚对方的兵力,而结果让他大吃一惊。他手下最厉害的部队——普鲁士骑兵——被敌方高精度的炮火打得向后奔逃(他认为他们懦弱怯战,下令向他们开枪);步兵的表现也没好到哪里去。腓特烈在雾气散去之后才发现自己寡不敌众,于是选择了人生中的第二次掉头逃跑,把战斗留给了手下的将军,那位将军则明智地选择了撤退。

尽管她的军队在这个冬天把腓特烈赶出了波希米亚,但玛丽亚·特蕾莎知道,他在春天还会回来的,她下定决心,要做好迎战

---

* 普鲁士的占领政策极为残酷。"他(腓特烈)对待萨克森人的方式……几乎没有任何道理可言。"一位震惊的历史学家如是说,"数百名萨克森年轻女性被从父母家中强迫带走,送到普鲁士王国最偏远的省份,在那里与国家为她们选择的丈夫成亲……许多萨克森青年要么被俘,要么被从自己劳作的农地上抓来,在强迫之下加入普鲁士军队,去毁灭自己的家乡。"没有人想要被腓特烈征服。

准备。她已经将一切安排妥当，但洛林的查理这时却忽然来到维也纳，乞求再给他一次领兵作战的机会（因为他当初作为军队统帅的表现很糟糕，她本来已经让他到布鲁塞尔养老去了）。

她不想这么做，但又觉得别无选择。弗朗西斯代表他的弟弟直接向她提出了要求，她不能断然拒绝。丈夫越来越疏远她，这让她悲伤不已，她知道有部分原因是她造成的。弗朗西斯憎恨路易十五侵占了洛林，曾公开反对与法国结盟。由于对即将到来的战争感到焦虑，她大发脾气，激烈地否决了他的意见，当着所有大臣们的面羞辱了他。他还警告说她已经让财政不堪重负，而她对此也置若罔闻。无休止的会议（他在其中没有发言权）让他感到厌烦，于是他就转移精力去打猎和结交友人，这些友人中有一位年轻迷人的女子尤其引人注目，她容貌出众，与他的大女儿年龄相仿，人们都称她为"漂亮公主"（la belle princesse）。

由于害怕彻底失去丈夫，玛丽亚·特蕾莎做了一个不明智的决断。查理被任命为总司令，派往波希米亚准备春季战役，这一结果可想而知。1757年5月6日，腓特烈率领大约11万6000名士兵组成的庞大军队，如往常般快速进击，打了奥军一个措手不及。查理只是看了一眼庞大的敌军部队就因心悸而昏死过去，他不得不被人用轿子抬下了战场。指挥官的这番表现绝非什么好兆头，因此他的部队只能匆忙撤回布拉格，躲到这座首府坚固的城墙里面去了。现在，玛丽亚·特蕾莎不仅要设法挡住腓特烈，还必须想办法营救她的小叔子，以及被普鲁士人围困在布拉格城内的大约4万8000名奥地利军人。

她一刻也没有犹豫，立即下令再召集 5 万 4000 名士兵，由另一位精力充沛的新任高级军官道恩元帅指挥。与此同时，为了鼓舞士气（并防止查理过早地向围城军队投降），她想方设法将一封激励人心的亲笔信偷偷送进波希米亚。"这么大的一支部队被困布拉格，这让我很是担心……但我对结果感到乐观，"她在信的开头这样说，"整个国家和帝国军队的荣誉……波希米亚和我的其他世袭领地的安全，以及德意志帝国本身的安全，都要仰仗你们英勇的防御和布拉格的保全。道恩元帅指挥的兵力每天都在加强，很快就能为你们解围……不久之后，在上天的眷顾下，局势便会好转。"她冷静地安抚着军心。

道恩元帅在 6 月率军前往布拉格，尽管玛丽亚·特蕾莎表面上信心十足，私下里却是在战战兢兢地等待着消息。终于，一位信使带来了消息。元帅在布拉格以东 45 英里的科林与敌人遭遇，他大胆采取行动，趁普鲁士对手熟睡之际包抄其侧翼，占据了有利的战术位置。战斗于第二天早晨打响，敌人一败涂地。腓特烈损失了 1 万 4000 人，占其兵力的三分之一，另外还损失了 45 门重炮。被迫为腓特烈服务的萨克森骑兵中的三支部队临阵倒戈，向普鲁士步兵开了火，这导致普军阵脚大乱，伤亡人数飙升。这是一场彻底的胜利，形势好得让查理都鼓起了勇气，率部冲出了布拉格，参与追击匆忙撤退的普鲁士士兵，这让女皇误以为他也对战胜做出了贡献。

胜利的消息在早上 7 点送到，玛丽亚·特蕾莎高兴得几乎要晕过去了。她甚至等不及坐下来整理好头发，就跑去拥抱她的各位侍女。她下令敲响钟声，然后 24 个号角齐鸣，这一喜讯被正式公布出来。人们匆忙组织起一场感恩弥撒，政府还下令举行一场包括宴会和焰火表演的盛大庆祝活动。当天下午，女皇驱车离开皇宫，拜访了道恩元帅的家人，对他取得的成就表示由衷的感谢。她还热情洋溢地写信给道恩本人，对他说："帝国要感谢您的守护，我要感谢您的保全。我祈求上帝保佑您能长期为国家、军队和我本人效力，您是我最优秀和最真诚的挚友。"玛丽亚·特蕾莎在余下的一生中都会纪念这场胜利，将6月18日这一天称作是"国家重生之日"。

她做到了——她为盟友们赢得了足够长的时间，让他们可以赶来参战。因为科林战役的胜利恰逢第二个《凡尔赛条约》的签署，该条约更加积极地致力于打败普鲁士，而且也是在蓬巴杜夫人的斡旋下签署的。在这份协议中，路易十五承诺立即提供10万人和每年1200万荷兰盾的资金，来帮助玛丽亚·特蕾莎收复西里西亚。*伊丽莎白女皇同样很好地履行了承诺。法国和俄国终于都做好了出兵的准备。

当这一强大联盟成立的详细情况被公开时，腓特烈摆出一副受委屈的样子说道："还有比这更夸张的事情吗？欧洲排名前三的婊子们竟联合起来，挑战这个世界上对她们最不感兴趣的人，是可忍孰不可忍！"

一个月后，6万法军开辟了西线战场，碾压了远比他们弱小的英国军队，在1757年9月初控制了近100英里的德意志领土，包

---

* 玛丽亚·特蕾莎对这第二份条约的内容感到欣喜若狂，她赠送给蓬巴杜夫人一张精致的漆面写字台，还有一枚四周镶满宝石的她本人的微型肖像。光是制作肖像的相框就花了8万里弗尔。

括乔治二世的故乡汉诺威公国。令腓特烈怒不可遏的是，英国国王赶紧放弃了与普鲁士的联盟，并且同意在余下的时间里保持中立，以换取法国答应归还其领土。这样一来，法国军队便可以毫无后顾之忧地进攻普鲁士了。普鲁士国王得知此事后怒火中烧，他叫嚷道："这种中立真是无耻……汉诺威的无赖们竟会这么干！"

几乎与此同时，普鲁士的东面也受到了威胁。女沙皇许诺的俄国军队到来了，他们开始坚定地向着波罗的海沿岸具有重要战略意义的加里宁格勒港进发。腓特烈不得不将这场发生在 8 月 30 日的战役交给一名部下去指挥（他仍然与主力部队待在一起，在波希米亚躲避着奥地利人的追击），而这场战役最终带来了惨重的伤亡。虽然俄军步兵肯定不像普鲁士步兵瞄得那么准，但他们有更多的人来打枪和拼刺刀，而且他们似乎有无限的承受苦痛的能力。最后，进攻方控制了战场局势，虽然战场上到处都是他们同伴的尸体，而士气低落的残存普鲁士军队不得不撤退，任由加里宁格勒被敌人占领。腓特烈在得知这一最新的战败消息后咆哮道："我简直就是那个受尽折磨的约伯！"

玛丽亚·特蕾莎感到，自己终于可以报仇雪恨了。1757 年 9 月 7 日，她的军队又赢得了一次交战，迫使普鲁士人为防守西里西亚完全放弃了波希米亚，而这正是她想要的结果。普鲁士国王将全部兵力都调到了前线，柏林处在了无人防守的境地，这使得玛丽亚·特蕾莎手下的一名上尉竟在 10 月的一天率领一支小突击队突袭了这座首都。她不断地下达命令，敦促仍是总司令的查理要抓紧时间，解决掉疲弱的普鲁士军队，解放西里西亚。

她已经让腓特烈落荒而逃了，解放西里西亚不过是迟早的事。

第 II 部

三位帝国公主
Three Imperial Princesses
玛丽亚·克里斯蒂娜、玛丽亚·卡罗琳娜
和玛丽·安托瓦内特
Maria Christina, Maria Carolina, and Maria Antoinette

1762 年，6 岁的莫扎特来到美泉宫，为女皇演奏小步舞曲

玛丽亚·克里斯蒂娜
Maria Christina

"咪咪"

"Mimi"

8岁的玛丽亚·克里斯蒂娜

8

最受宠爱的公主
The Favorite

> 爱分很多种,为了给爱下定义,我们真不知该从何说起。
>
> ——伏尔泰《哲学辞典》

玛丽亚·克里斯蒂娜出生在她母亲25岁生日(1742年5月13日)那天,当时正值玛丽亚·特蕾莎首次与腓特烈交战,她已加冕为匈牙利女王,但还没成为波希米亚女王。虽然玛丽亚·克里斯蒂娜是父母的第四个女儿,也是第五个孩子,但五个孩子中已有两个夭折,因此在出生时,她只有一个姐姐,即3岁的玛丽安娜,以及刚刚1岁多的哥哥约瑟夫(就是那个人们长期翘首企盼的男性继承人)。这个时候,家庭成员还较少,家庭事务也易于管理。然而,这样的日子很是短暂。当玛丽亚·克里斯蒂娜(大家都叫她"咪咪")6岁时,她已经又多出了四个兄弟姐妹——小她1岁的玛丽亚·伊丽莎白,1743年8月13日出生;弟弟查理·约瑟夫,1745年2月1日出生;小她3岁的玛丽亚·阿马利娅,1746年2月26日出生;最后是另一个弟弟利奥波德,1747年5月5日出生。再后来,玛丽亚·特蕾莎又生了六个孩子,但他们出生得太晚,不能成为咪咪的童年玩伴。最终,正是以上提及的这三个兄弟(约瑟夫、查理和利奥波德)和三个姐妹(玛丽安娜、玛丽亚·伊丽莎白和玛丽亚·阿马利娅)组成了她幼年和青年时期世界的核心。

咪咪是个讨人喜欢的小女孩,性格开朗,性情温和。她也许没有妹妹玛丽亚·伊丽莎白(家族中公认的美人)那样漂亮,但她有着和母亲一样的金色卷发、修长脖颈和优美的身材,无疑也是一个非常迷人的孩子。她也很聪明,课业都很优秀,尤其具有语言天赋(这一点也很像她的母亲)。她在十几岁时,就能说一口流利的法语和意大利语,甚至也能讲英语。*由于音乐在宫廷文化生活中扮演着重要角色——据托马斯爵士观察:"如果说女王(玛丽亚·特蕾莎)在生活中有任何乐趣,那就是音乐。"——咪咪像女皇的所有孩子一样被鼓励学习唱歌和演奏乐器,她学的乐器是键琴和维奥尔琴。不过,她真正喜欢的是绘画,而且已表现出了明显的天赋。咪咪很早就开始画素描了,不久又开始学习正式的绘画。

那时的维也纳正进入音乐的黄金时代,诞生了克里斯托夫·维利巴尔德·格鲁克(Christoph Willibald Gluck)、约瑟夫·海顿(Joseph Haydn)和沃尔夫冈·阿马多伊斯·莫扎特(Wolfgang Amadeus Mozart)等无与伦比的作曲家(这些天才都曾为咪咪及其皇室家庭

---

* 由于弗朗西斯从未能说好德语,他们一家人主要用法语交流。玛丽亚·特蕾莎给孩子们的信都是用法语写的,他们兄弟姐妹之间在成年后通信时用的也是法语。

演奏过音乐），但因为女皇更喜欢传统的保守派艺术，因此整个宫廷的艺术偏好趋向于此。*她的宫廷画师是马丁·范迈腾斯（Martin van Meytens），出生于瑞典，父亲是一位荷兰艺术家。为了学习艺术，范迈腾斯曾游历巴黎和意大利，最后才在维也纳定居。他在描绘细节丰富的大型集体场景以及室内密闭空间方面都极有造诣，但到了奥地利之后，他立即找到了新的定位，开始以洛可可风格绘制令人印象深刻的华丽贵族肖像（他尤其擅长画奢华的舞会礼服）。他非常受欢迎，不到两年就成了玛丽亚·特蕾莎的宫廷画师。女皇还委托他为家人画像，并在1759年任命他为维也纳美术学院院长。

为了教导她才华横溢的女儿，女皇挑选了弗里德里希·奥古斯特·布兰德（Friedrich August Brand）担任宫廷绘画教师。布兰德毕业于维也纳学院，擅长风景画，另外还以精通蚀刻等复杂技法闻名。在他的指导下，咪咪学会了使用粉彩和树胶水彩（一种类似于水彩的颜料，只是更厚一些）作画，这些颜料因其产生的丰富色调而在法国和维也纳备受推崇。这个时期最流行的教学方法是让学生临摹著名艺术家的画作，而我们从她后来的素描和绘画作品中可以清楚地看出，咪咪因这种临摹训练而受到了荷兰、法国和意大利绘画的影响。

和她母亲一样，咪咪每天的日程安排也是满满的。所有孩子都

---

* 事实上，玛丽亚·特蕾莎的音乐品味也不是很前卫，但因为她身边的天才实在太多，其品味当然也就随之有了进步。和许多人一样，她最喜欢的是她年轻时代的流行歌曲。"至于歌剧音乐，"她曾写道，"说实话，我宁愿随便看点意大利歌剧，也不想欣赏我国那些歌剧作曲家们——比如盖斯曼、格鲁克等人——的作品。在器乐方面，我们有一位很有想法的海顿，但他才刚刚有了些名声。"青年海顿曾作为学校唱诗班的一员为女皇演唱过，但并没有给她留下什么好印象。她在演出结束后曾对唱诗班指挥说："约瑟夫·海顿唱得像只乌鸦一样。"

要在早上7点半起床，起床后首先要做的就是虔诚和顺服。"早上起来第一件事就是祈祷，"玛丽亚·特蕾莎坚定地吩咐那位负责教导约瑟夫的贵族说，"这么做的首要目的……就是让他学会敬畏和热爱自己的父母，这一点要让他始终铭记在心，并作为一项愉快且不可推卸的责任摆在他面前。"祈祷结束后，咪咪和她的姐妹们要在8点半到10点之间学习书写和语法，在10点参加弥撒，然后，在午饭之前一直学习法语。午饭之后，她们会和母亲待上一小时左右，宗教学习从2点开始，然后是刺绣、音乐或美术课。她们要在5点钟回到教堂做祷告，然后到户外散步锻炼身体。只有晚上才有未被规定的自由活动时间，而她们通常会在这段时间为父母、来访贵宾和亲朋好友弹奏音乐、演出歌剧或音乐喜剧。"当时在场的一位大人物后来告诉我，她们（咪咪和她的姐妹们）都非常漂亮，作为公主来说，唱功和演技都很不错，而利奥波德大公还会扮成丘比特跳舞。"在一场这样的皇室家庭表演之后，一位著名的音乐评论家曾如此说。

尽管战争之音无时无刻不在背景中嗡鸣，如同舞台下的管弦乐队在热身演奏一首特别沉闷的曲子，但咪咪的童年和青年时代还是很快乐的。她每天都能见到父母，知道父母是爱自己的，因此也爱着他们。她经常能享受不必学习的假日，下雪时可以出去滑雪橇，夏日里则会出去野餐。玛丽亚·特蕾莎认为孩子们应该呼吸新鲜空气，所以天气暖和的时候，他们就会从冬日居所霍夫堡宫搬到她母亲宏伟的乡村庄园美泉宫去。另外，还有一些隆重的场合，比如有一次，12岁的咪咪以及玛丽安娜和查理就曾与他们的父母一起被邀请到一位十分富有的匈牙利贵族家中（这位匈牙利贵族成功抵制了纳税义务），在那里度过了一连几天的欢乐时光，欣赏戏剧表演、歌剧、焰火和其他类似的精彩娱乐活动。而且，虽然每日有安排好的课业，但她的学习并不繁重。遗憾的是，玛丽亚·特蕾莎已经有几个儿子了，因此她没理由去培养女儿们的治国才能。相反，她让她们接受的是自己当初所受的那种教育，那就是努力变得讨人喜欢，成为装饰性的角色，好取悦她们未来的丈夫。数学、哲学和科学这些都是给男孩们学的。*

不过，学习相对轻松并不是玛丽亚·克里斯蒂娜感到满足的主要原因。在这些年岁较长的皇室子嗣中有一种虽非明文规定，但却极其严格的等级差异。约瑟夫作为其母诸多王位和领土的继承人，自然在这一群体中地位最高，而咪咪作为女儿们的头头无疑位居第二。她的姐姐玛丽安娜体弱多病，经常卧床不起，与其说她是父母的骄傲，不如说是他们同情的对象。玛丽亚·伊丽莎白虽然更漂亮，但女皇却认为她爱慕虚荣，不讨人喜欢。"不管向她投来倾慕目光的是一位王子还是一名瑞士卫兵，只要有人看重她的美貌，伊丽莎白就心满意足了。"女皇轻蔑地指出。玛丽亚·阿马利娅虽然也非常漂亮，但不如玛丽亚·克里斯蒂娜那般举止优雅，也没有她那种可爱而温柔的性情。咪咪轻而易举就做到了课业优异、热心助人且顺从教导，总之，与儿时的玛丽亚·特蕾莎极为相似。

而女皇的其他孩子，尤其是约瑟夫，就不是这样。约瑟夫很难管教。他自出生以来便被人们看作是上帝的恩赐，长大后也（理所当然地）自视如此。他既刻薄又傲慢，常常对自己的兄弟姐妹、成年的仆人，甚至是政府高官颐指气使。如果有什么事情不顺他的

----

* 写下这些真让我感觉浑身难受。

意,他就会大发脾气,宁愿受罚也不肯认错。约瑟夫虽然聪明,却从不用心学习。玛丽亚·特蕾莎希望孩子们能够像手下的士兵们一样,对她感恩戴德、顺服听命,因而面对这样一个不听话的儿子竟不知如何是好。在约瑟夫10岁、咪咪9岁时,玛丽亚·特蕾莎曾遗憾地指出:"我的儿子从小就受到无微不至的关爱呵护,在很多事情上都能为所欲为,而且……他的随从们不仅公开奉承他,还几次三番不合时宜地夸耀他的尊贵身份,这让他受到了误导,总想让别人服从和尊敬他,无法接受和容忍反对意见,自己想做什么就做什么,对待他人却总是轻率、生硬而且粗鲁。"她叹息道:"他身上最需要纠正和努力去除的一点就是,他总是……挑剔别人外在甚至是内在的缺陷,然后揪住不放,加以嘲笑,这不但让他无法爱自己的身边人,也让他不能拥有健全的判断力。"

随着年龄的增长,约瑟夫变得越来越难对付。等长到十几岁,开始旁听政务会议时,他竟然公开批评起女皇的政策。在讨论与路易十五结盟的事宜时,他当着大臣们的面质疑女皇,问她说:"法国欺骗了你那么多次,还值得相信吗?"更糟糕的是,约瑟夫像俄国女皇伊丽莎白的继承人彼得那样,非常膜拜腓特烈大帝,虽然他努力掩饰自己,不像彼得那样表现明显。后者曾公开声称腓特烈大帝为"我的主人普鲁士国王"。[*]

约瑟夫的任性不仅仅是简单的青春期叛逆,也不仅仅是想要脱离强势父母从而实现独立的自然愿望(虽然这些冲动对他的行为也有影响)。在他的内心深处有一些更深层次的东西在起着作用,那

---

[*] 腓特烈极力将自己打造成一个开明、爱讽刺的武士政治家,而年轻人似乎特别容易被这种形象吸引。

是一种在激动人心的新思潮影响下所确立的决心。玛丽亚·特蕾莎无比看重的这个长子从青春期后期向青年时代过渡之时，这种新思潮正值其影响力的巅峰。现实是，18世纪中叶的英雄并不是那些在战场上为荣誉而战的英勇元帅和将军们，而是一小群饱受折磨、穷困潦倒、在巴黎的阁楼里艰难度日的作家们。这群人就是启蒙运动的发起者，而启蒙运动是历史上最强有力的思想文化运动之一，横扫了整个欧洲。他们的领袖名叫德尼·狄德罗（Denis Diderot），正是他将那些虽衣衫破旧却大胆无畏的学者和哲学家们组织了起来，辛苦铸造出了一种新颖、具有煽动性且危险的颠覆性武器，这个武器被称作《百科全书》。

乍看起来，百科全书派不过是邀人书写了一系列学术文章，然后按照字母顺序将这些文章结集出版，试图用这种方式来传播有关自然世界的一般知识，这似乎并不是什么了不得的威胁，在种种需要用心防范以避免公众受其危害的劣迹恶行之中还排不上号。然而，狄德罗及其同道们受到物理学、数学和化学等领域中的发现浪潮，以及主要来自伦敦皇家学会、关于人之本质的新理论的影响，采取了一种创新的方法来处理材料。他们坚持将世俗理性应用于自然、历史和政府事务等诸领域，尤其重要的是神学领域。这使得他们与天主教会，特别是耶稣会之间发生了直接的冲突，而耶稣会在教育领域和法国王室中有着根深蒂固的强大影响力。结果就是，《百科全书》的各卷一旦出版——从1752年到1757年出版了七卷，但刚刚排到字母G——几乎立刻就被禁止了。

可惜耶稣会士们并不了解图书出版业。从古至今，推广一本书最有效的方法莫过于试图压制它。《百科全书》的销量立即大增。

百科全书派的思想包括：知识应是世俗的，知识来自观察而非《圣经》启示；人类境况可以通过科学工具获得改善，固守无知与迷信毫无用处；最重要的是，神学教条和教派分歧应通过理性和宽容来加以克制。这些思想迅速在法国传播开来，并且影响了德意志和奥地利。狄德罗沮丧地写道："对宗教而言，最不正派和有害的事情就是神学家们对理性含糊其辞的攻击了……听了他们的话，人们会以为，人只能像牛群进入牛棚那样进入基督教的怀抱；我们只有抛弃常识才能皈依或坚守我们的宗教……这样的说法……是用来吓唬精神贫弱之人的；他们害怕所有东西……一切他们所不熟悉的论辩都让他们胆战心惊；他们在真理和偏见之间任意徘徊，从不加以区分，而是给予二者同样的确信，一辈子都在大喊大叫，不是喊神迹，就是骂别人不虔诚。"伏尔泰从来不对同侪作家大加赞美，但他立刻就看出了狄德罗试图通过《百科全书》达成的目的。他曾言简意赅地对狄德罗说："人类正处在一场伟大思想革命的前夜，而造就这场革命的最大功臣就是你。"

玛丽亚·特蕾莎本人笃信宗教，她也认为启蒙作家们的作品（她从未读过这些书）对天主教会和整个社会都构成了威胁，因此下令在全国查禁此类书籍，而结果也是一样的。百科全书派的思想很快就传播到了帝国宫廷内部，约瑟夫此时正处在最易受这种思想影响的年纪。他指出："很明显，尽管查禁的力度很大，但每部禁书都可以在维也纳买到。每个因查禁而反生好奇、想要弄到一本的人，都可以用两倍的价钱买到。"约瑟夫接受了这种新思想，包括宗教宽容观念，这让他的母亲非常苦恼。

但咪咪和她的哥哥迥然不同，她从一开始就很听玛丽亚·特蕾莎的话，她虽然和约瑟夫一样聪慧且有才华，却从不质疑权威。她不读禁书，她做礼拜时很虔诚，她憎恨腓特烈大帝。随着年龄的增长，她越来越了解宫廷外的世界，越来越意识到战争的临近和国家面临的威胁，同时也敏锐地感受到了女皇所承受的压力，因此会尽己所能地支持和安慰她。玛丽亚·特蕾莎不得不应付尖酸刻薄的长子的叛逆行为，以及因丈夫对一个年轻女人日益明显的迷恋而造成的伤心和羞辱（更不用说那让人头疼的十个喋喋不休、活泼好动、相互争斗、要求不断且哭闹不止的年幼孩子了），逐渐越来越依赖玛丽亚·克里斯蒂娜的陪伴。咪咪不仅是她的女儿，还成了她的知己、挚友和避难所。其他孩子都嫉妒地认识到，母亲最宠爱她。

奥军在科林打了胜仗时，玛丽亚·克里斯蒂娜只有15岁。对她来说，这一年的开局并不顺利。1757年春天，当她叔叔洛林的查理以及女皇的一大批军队还被困在布拉格时，约瑟夫和她先后感染了天花。天花的出现让宫廷陷入一片恐慌，这种疾病是无情的杀手，可以将一整个家庭毁灭。即使是那些幸存下来的人也该受到同情，他们很多人因疤痕而毁容。英国人正提倡一种名为"接种"的预防治疗方法，但由于当时的医生还没有学会用毒性较弱的牛痘菌株来接种，人们常常因此而丧命。所以，这种治疗方法仍显得不很靠谱，她母亲也不敢让他们轻易尝试。

咪咪很幸运，她的病没有哥哥那么严重，留下的疤痕似乎也很少。约瑟夫用了很长时间才得以恢复，但他也完全好了。最幸运的是，疾病没有传染给家里的其他人。玛丽亚·特蕾莎将孩子们的幸存归功于上帝的恩典以及宫廷医生的"关怀照料、奉献精神和医术",她在信中向这位尽职尽责的医生表达了由衷的感谢。"我长时间以来都受惠于您,"她恭敬地写道,"这新的恩惠更是让我对您感恩戴德、无以言表,我如今满心都是喜悦。"这仿佛是一个征兆,孩子们康复之后,奥军在科林取得全面胜利的消息也随即传来。

然而,就在仅仅6个月之后,维也纳对于彻底击溃腓特烈的欣喜盼望就骤然消失了。事情的发展不会让任何人感到诧异,查理的表现一如既往。他再次占据了兵力上的优势——统率约5万5000人,而普鲁士国王只有4万人——结果却被对手玩弄于股掌之间,于1757年12月5日彻底战败,死伤约9000名士兵,另有1万2000人被俘——损失超过三分之一。更糟糕的是,就在这场惨败发生前一个月,法军在萨克森也进行了一场同样令人沮丧的交战(法军统帅更为无能,相形之下连查理都算是优秀将领了),腓特烈的2万2000名士兵击溃了路易十五的5万士兵,战斗呈一边倒之势,只持续了不到一个小时。这两场普军以少胜多的战役就像连发炮弹一样接踵而至,不仅巩固了腓特烈作为难得一见之领袖的声誉,更重要的是,还让他占据了战争中的优势地位。

就这样,一场本应在1757年结束的战争拖延了下去,让人看不到终点。玛丽亚·特蕾莎明白,是她让查理占据了他不能胜任的职位,她只能怪自己。这次她迅速采取了行动,不再感情用事。她的小叔子于1758年再次退出战争,回到布鲁塞尔,道恩元帅接替其职。同年,道恩在萨克森小镇霍赫基希大败普军,让她对战争取胜仍抱有希望。

但她无法控制盟友们的行为,这让她很担心。法军表现糟糕,在德意志不敌腓特烈，在美洲又不敌英国人。*面对一场场的战败以及相应的巨大伤亡和庞大花费，路易十五的国务大臣强烈建议他与腓特烈单独议和。但路易对战争管理和资金筹措的问题感到厌烦，他把这些琐事都交给蓬巴杜夫人处理，而蓬巴杜夫人坚定地要与奥地利结盟。那位沮丧的法国大臣评价国王说："从未有人像在牌局里那样，在赌注这么高的游戏中如此心不在焉！"

结果就是，法国和奥地利在1759年3月签订了第三份《凡尔赛条约》。由于蓬巴杜夫人赶走了前任国务大臣，起用了一个新人（由考尼茨伯爵亲自挑选，那张华丽的小写字台确实起到了作用），这份新条约比上一份对维也纳更为有利。在这份条约中，路易十五同意再派出10万名士兵参加对腓特烈的战争。作为回报，法国国王只要求女皇的继承人约瑟夫能迎娶他的孙女，唐·腓力（伊丽莎白·法尔内塞的小儿子）之女，帕尔马的伊莎贝拉。通过这种联姻，玛丽亚·特蕾莎无需放弃任何领土便可确保法奥联盟的延续，同时还能让她的家族距离收回帕尔马（那是在上次战争中英国人强迫她交出来的）的目标更近一步，因此，她完全赞同这种安排。考尼茨伯爵相当轻描淡写地向玛丽亚·特蕾莎保证说："这个条约明显对我们有利，我们理应对此感到满意。"

就像所有维也纳人一样，玛丽亚·克里斯蒂娜对约瑟夫即将到来的婚礼感到兴奋不已。首都已经有三年没有什么值得庆祝的事情

---

* 俄国人也未能将最初的胜利延续下去，腓特烈在1758年8月成功地将他们击败。然而，伊丽莎白女皇就像玛丽亚·特蕾莎一样拒绝退让。结果，战争就像网球锦标赛决赛中一场永无休止的拉锯那样，一方刚刚取得优势，另一方就会奋起直追，将比分扳成平局。

了，她母亲在位期间取得的许多成就都因战争而发生了逆转。没有人曾预料到冲突会持续如此之久，即便扩大了税基，王室的收入也不足以满足军队需求，这迫使宫廷不得不借贷。由于国家经济再次面临沉重的债务负担，政府必须实行节俭政策。为了以身作则，玛丽亚·特蕾莎典当了自己的珠宝。

然而，约瑟夫要继承多个头衔，其婚姻事关统治权的延续，意义重大，不容吝啬。婚礼的准备可谓不惜成本。皇室从维也纳首屈一指的金匠那里订购了一套华丽的纯金餐具，供婚宴主桌上的贵宾使用；负责到帕尔马接亲的队伍规模庞大，光是马就用了300匹；范迈腾斯受命用一系列超大尺寸的画作记录下一系列庆祝活动，表现婚礼场面的辉煌。维也纳唯一没有翘首企盼这一喜事的人就是准新郎约瑟夫了。他虽然愿意履行自己的职责，却并不为此感到高兴（尽管他在看到伊莎贝拉的肖像后确实有点儿兴奋）。"我会尽一切努力赢得她的尊重和信任。至于爱情嘛，你知道，我是不可能像个情人那样行事的。这有违我的本性。"他曾沮丧地对一位朋友说。

玛丽亚·克里斯蒂娜对哥哥婚事的兴趣并不仅限于对迎接新嫂子进门和享受一系列庆祝活动的简单期待。咪咪已经17岁了，很快就要轮到她出嫁。作为如此理想和尊贵的一对父母的迷人女儿，已经有人表示想要迎娶她了：家在斯图加特附近、符腾堡公爵的英俊小儿子渴望得到她的芳心。她很想与他结成连理，但弗朗西斯却希望她嫁给他的外甥，也就是撒丁国王的独子。咪咪知道，父亲选择的亲家地位更加显赫，因为他这个外甥将继承撒丁王位，而咪咪也将因此成为这个面积虽小，但却有着重要战略地位的王国的王后。此外，弗朗西斯的妹妹在生产时不幸死去，皇帝希望用这种方式纪念妹妹并保持家族之间的联系。咪咪甚至不能恳求女皇出面干预，因为在任何与统治没有直接关联的事情上，母亲几乎总是顺从父亲的意愿。玛丽亚·克里斯蒂娜只能寄希望于父亲改变主意，一想到符腾堡那位潇洒的王子就叹息，正如玛丽亚·特蕾莎当初对洛林的弗朗西斯朝思暮想那样。

然而，身处这样一个喧闹的大家庭之中，活泼的咪咪几乎没有时间因情事而忧郁。"尽管战事不断，但宫廷和贵族府邸中的应酬和娱乐活动依然频繁。"一位在此时造访维也纳的堂亲高兴地说，"皇帝喜欢社交之乐，女皇则想要取悦丈夫，家里的年轻人也天然喜欢娱乐活动，所有这一切都让维也纳的宫廷显得生机勃勃。"

这位堂亲名叫阿尔伯特，他对这个大家族很熟悉。他是萨克森的奥古斯特三世11个在世子女中的第四子（也就是说，他的母亲就是威廉明妮那个生育力极强的大女儿）。就在不久前，由于腓特烈的军队开进了他的家乡德累斯顿，阿尔伯特和他的三个姐妹一直被困在父母的宫殿里。直到道恩将军于1759年9月从普鲁士手中夺回德累斯顿之后，21岁的阿尔伯特才得以摆脱这场与众多未婚女性困在一处的噩梦。（他后来抱怨自己当时就像生活在闺阁里。在绝望中，他甚至向父亲宣布自己打算献身教会）。不过他在获得自由后做的第一件事并不是宣读宗教誓言，而是加入奥地利军队，继续与腓特烈作战，这一举动让女皇非常高兴。因此，1760年1月，当阿尔伯特于春季战役之前抵达维也纳时，他受邀参加了宫廷的所有庆典活动。

这位堂亲逃离女人堆的渴望似乎只针对他自己的姐妹们，因为在与皇室家庭相处期间，阿尔伯特对玛丽亚·克里斯蒂娜的种种魅力留下了令人难忘的描述。他承认:"所有公主都很漂亮,但二公主的身材尤其婀娜多姿,面容尤其高贵聪慧,以至于我一见面就爱上了她。在我们访问维也纳期间(阿尔伯特由弟弟陪同),下了场很大的雪。王室成员有一天乘坐雪橇去美泉宫。各位女士和先生们抽签决定与谁同乘,我幸运地抽到了这位迷人气质早已给我留下深刻印象的女大公。因此,我得以与她共处了几个小时。她的谈吐和外表一样令人愉悦,但我不敢告诉她我的感受。像她这样高贵的公主比我这个没有地位的幼子可强多了。"可怜的阿尔伯特只是第四顺位继承人,而他的家园目前正被敌军占领着,因此他才会写下如此悲伤的话。(不过他倒是赶紧告诉了父亲,说他不再想做神职人员了。)

但咪咪对他还没有很深的感情。阿尔伯特当然是个不错的年轻人,但她已有了自己的心上人。女皇要比玛丽亚·克里斯蒂娜更喜欢阿尔伯特。虽然阿尔伯特与她的女儿并不般配——他没有钱,没有头衔,没有领地,将来也不可能有,因此自然不在考虑之列——但他确实举止优雅,风度翩翩。而且他还提醒女皇,若是没有女皇和她的军队,这位可敬的年轻堂亲可能还在腓特烈的魔掌之中。因此,女皇尤其对他礼遇有加,任命他为奥军上尉,甚至还盛情邀请他在夏末再来维也纳,与皇室其他成员共度一个短暂的假期。

阿尔伯特欣然接受了女皇的邀请,和他的堂亲们一起度过了愉快的一周。他迷恋着咪咪,和她的兄弟们成了朋友,还跟皇帝一起打猎,总之就是和所有人都友好相处。虽然这没有增加他与公主们结亲的可能性,但至少大家都喜欢上了他。就连平时喜欢独处和冷嘲热讽且厌恶交际的约瑟夫也对阿尔伯特产生了好感。约瑟夫很尊重军人，他自己也曾想要投身军旅，但女皇不同意。随着婚期的临近，这位被迫结婚的皇室继承人在那个夏天显得格外忧郁。"我害怕结婚甚于害怕打仗，"约瑟夫在假日结束时抱怨说。这时阿尔伯特正要返回军中，而约瑟夫、咪咪和家中其他人则要回到维也纳迎接新娘了。

帕尔马的伊莎贝拉进入维也纳

1760年10月1日的维也纳，一支由大约200辆马车组成的庞大队伍辚辚驶入帝国首都，蜿蜒穿过城市街道，抵达霍夫堡宫。帕尔马的伊莎贝拉来了。

伊莎贝拉富有异国情调，苗条而迷人。她活泼而聪慧，有着一双热情的眼睛，这让她在皇室家庭中格外显眼，如同一朵鲜艳的野玫瑰绽放在雏菊花圃之中。她是在母亲（路易十五的长女）的教育下长大的，从小就熟悉凡尔赛和马德里的宫廷习俗，其行为举止堪称完美无瑕。除此之外，伊莎贝拉还博览群书，精通文学、历史和哲学。奥地利驻帕尔马大使曾赞许道："即便是一个能力不凡的年轻男子，若是能有这样的学识，那也可算是出众的了。"

高傲的约瑟夫以前似乎没怎么与感情复杂炽烈的女人打过交道，因此马上就被她迷住了。他爱上了伊莎贝拉，就像一个饥肠辘辘的人突然看到了一块美味的进口巧克力蛋奶酥。他们的婚礼在10月6日举行，应有的豪华排场一样不缺。女皇注意到了约瑟夫的热情，因此抑制不住内心的喜悦。"我们的这位儿媳在各方面都很迷人，我真是高兴极了，"玛丽亚·特蕾莎兴奋地说，"天气晴好，庆祝活动也很精彩，一切都尽如人意。我在身为人母的喜悦之中简直忘记了自己是一国之君。"

家里多出这么一个迷人的新成员，这让咪咪也很高兴。伊莎贝拉和她同岁——两人都是18岁——所以与其说她有了个嫂子，不如说是多了个有趣的朋友。两人都热爱音乐和艺术，所以自然而然地会互相吸引。伊莎贝拉当然比玛丽亚·克里斯蒂娜更好内省，更喜欢思考严肃的问题，而这与咪咪无忧无虑的欢快性格可谓相得益彰。

对于一桩包办婚姻来说，简直没有比这更好的结果了。全家人都松了一口气：刻薄又难以取悦的约瑟夫居然真的爱上了自己的妻子！与此同时，伊莎贝拉也萌生了强烈的爱意，只不过她爱的不是自己的丈夫，而是他的妹妹咪咪。

一般而言，我们很难弄清楚婚外情在何时开始以及如何进展，因为情人们都知道要谨慎行事。伊莎贝拉也很谨慎。从表面上看，她自始至终都是一个完美的妻子和儿媳。约瑟夫从未察觉到，他每晚抱在怀中的女人对他并非全心全意，事实上甚至很可能难以忍受他的爱抚。他的母亲也从没有什么可抱怨的：伊莎贝拉以令人满意的顺服态度履行着她的公私职责。无论是在宗教节日陪婆婆到教堂里待上几个小时，还是与家人一起参加即兴的音乐晚会，她都能按要求做得很好。她的确会在闲暇时尽可能地与玛丽亚·克里斯蒂娜待在一起，但这在他人看来也没有什么奇怪的，毕竟伊莎贝拉初入宫廷，可能还有些思乡；她找与自己年龄相仿的姐妹做伴，寻求对方的指引，那也是顺理成章的事。玛丽亚·特蕾莎根本想不到两人之间有产生爱情或发生不正当性事的危险，因此她才会笑称自己的新儿媳是咪咪"亲爱的另一半"。

然而，伊莎贝拉的热情不容压抑，需要宣泄出来。所以，尽管她和玛丽亚·克里斯蒂娜同处在一座宫殿之中，几乎每天都能见面，但她却还要给她写信，那是一封封热情洋溢的信，总共有数十封之多，她在信中详细描述了她心灵最深处的想法、情感和欲望。在1760年10月她新婚后的最初几天，她所写下的只是普通的问候，如"你好，亲爱的妹妹"。但在接下来的几个月里，这样的问候就迅速变成了暧昧的"你好，可爱的妹妹""狠心的妹妹"，以及"太过狠心的妹妹"，最后则变成了赤裸裸的爱情宣言："我爱你，而且每时每刻都在变得更加爱你。"

至少一开始，玛丽亚·克里斯蒂娜似乎并没有完全理解这种澎湃的感情到底意味着什么。对咪咪来说，1761年的开头真是糟糕透顶。她的弟弟查理（排在约瑟夫之后的第二皇位继承人）得了天花，而这次上帝和家庭医生都无能为力。他于1月18日去世，离

16 岁生日只差两周，宫廷陷入一片恐慌之中。虽然他们很幸运，其他孩子并未被传染，但这是第一次有直系皇室成员死于天花。就在这个悲剧发生后不久，咪咪自己也遇到了麻烦：2 月，她的母亲为了推动与撒丁王国的联盟，坚决要求玛丽亚·克里斯蒂娜断绝与符腾堡那位英俊亲王的联系。浪漫梦想破灭的咪咪悲伤不已，显然曾向她的嫂子倾诉过苦闷，并且征求了她的意见。*"亲爱的妹妹，你说你想要知道我真实的想法，"伊莎贝拉在信中温柔地说，这封长信道尽了她自己和咪咪的共同处境，"我将毫不犹豫地向我最温柔、最亲爱的朋友敞开心扉……一个大国君主的女儿还能指望什么呢？"她镇定地指出："她注定了要放弃一切，要离开她的家庭和她的国家，而这是为了谁呢？为了一个她不了解其性情的陌生人……为了一个可能对她产生猜忌的家庭……她离开家，放弃她所珍爱的一切，甚至不知道能否取悦她要嫁的那个人……但她能一辈子不嫁人吗？"勇敢的伊莎贝拉提醒着咪咪，然后又坚定地鼓励她从容面对这种失望。"难道她就不能期望比如今能够得到的更好的东西吗？……你无法自主，而没有什么比服从更容易的了……尤其是，还有一个人会终生爱你，陪伴你。"伊莎贝拉在信的最后如此满怀温情地说，而她所说的那个人正是她自己。

然而，到了 1761 年夏天，咪咪已经意识到，她的新朋友对女人之间亲密关系的理解与她过去所经历的大为不同。她的嫂子狂热地对她说："你将给我安慰，你将给我生命，我们都会重生，走向更美好的明天。我爱你，对你满怀热情。"到了 8 月，伊莎贝拉忧

---

* 玛丽亚·克里斯蒂娜写给伊莎贝拉的信只有一封得以留存。不过，我们往往可以从伊莎贝拉的信中推断对方的信里都说起了哪些事，这里的情况就是如此。

郁地发现自己怀孕了（她当然不会在丈夫和婆婆面前表现出这种忧郁）。她急切地写信给咪咪："我想要亲吻你，这是让我高兴起来的最好办法。"她又赶紧补上一句："不过，是那种明智的亲吻，因为你知道我的爱是纯洁的。"显然，伊莎贝拉已经进行过若干次不明智的亲吻了。

虽然无法弄清她们在交往初期的几个月里在情事上到底走到了哪一步，但我们可以有把握地说，从她们之间的大量通信可以看出，咪咪并没有断然拒绝嫂子的爱情。信中所表达的感情越来越强烈，伊莎贝拉对玛丽亚·克里斯蒂娜的依恋几乎成了她对抗绝望的救命稻草。"失去你的陪伴是一种殉难，我几乎无法忍受，"她在1761年秋天黯然倾诉道，"我已没了半点儿快乐和欢愉，一切都变得单调乏味，让我内心丧失了一切希望，充满了悲伤和痛苦。"

咪咪与符腾堡那位亲王的恋情不久前才在玛丽亚·特蕾莎的断然要求下被终结，她的希望受挫，又对未来自己与撒丁国王之子（她似乎对这位王子抱着决然的厌恶之情）的婚事充满了恐惧，因此在这段时间里同样感情脆弱。来自聪明而有才华的伊莎贝拉的这种毫无保留的爱慕之情无疑会让她感到高兴和安慰。她嫂子的说辞，即应该表面上做到符合社会和家庭的期待，同时尽可能地自主寻求快乐，很可能打动了她，或者至少鼓励了她进行尝试。不管出于什么原因，总之，她向包括母亲在内的所有人隐瞒了这些信件的内容以及她与伊莎贝拉之间的关系。这是一个只有她们两人分享的秘密，一种因禁忌之吻而战栗激动的私密生活。

即使她们没有如此小心翼翼地保守秘密，玛丽亚·特蕾莎也是不大可能发现的。伊莎贝拉的怀孕理所当然地让女皇欣喜不已，因为这意味着王位能持续继承。但即便是这件事,在那个秋天里也并非最重要的。因为正是在那时,在经历了五年骇人听闻的残酷流血之后,她和伊丽莎白女皇终于联手将腓特烈逼入了绝境。她终于要夺回西里西亚了。

在过去的两场战役中,奥军和普军基本上是在萨克森和西里西亚之间来回追逐着,无论哪一方夺得领土,随后又会在不几个月之内丢掉,不是被击退就是因缺乏补给自动撤退。然而,虽然表面上看起来僵持不下,但奥地利实际上是在缓慢而稳步地走向胜利。玛丽亚·特蕾莎的政府的确再次背上了沉重的债务,但她和她的盟友仍拥有比普鲁士多得多的士兵。尽管腓特烈和他的部下付出了艰巨的努力——他胯下的战马曾在一场战役中两度被击倒——但他已经开始明白,即便是他,也不可能同时在所有地方作战。到了1760年10月,随着军备资源逐渐减少,胜利的前景越发渺茫,他的情绪已经极坏,徘徊于忧郁自怜和阴沉愤恨之间。"我过的是一种有毒的日子,无论早晚都让人厌恶,"他在1760年10月痛苦地说,"我是不会活到被迫进行可耻的媾和(其实就是投降)那一刻的。任何劝诱和雄辩之辞都无法让我签字画押,承受耻辱。我宁愿让自己埋葬在祖国的废墟之下,或者,如果那追逐着我的厄运不容许我得到这样的安慰,我就会亲自动手,终结自己的一切苦难。"他从那时起就随身携带一小袋鸦片,为的是到时能拒不投降,服毒自尽。

玛丽亚·特蕾莎也处在灰心失望中。臣民们正在受苦,她不知道自己还能坚持多久,这场战争已经耗尽了她所有的财富。然而,

1761年初的情势变化却让她一下子信心大增。前一年病重的伊丽莎白女皇这时康复了，她对军方在她病重期间采取的保守策略感到不满，于是采取措施让俄军对腓特烈的进攻骤然升级。"我们的盟友已显出疲态；只有在一场终结战争的战役中取得胜利才能激励皇后女王（玛丽亚·特蕾莎）集结起她最后的资源。"女沙皇告诉她的政府说。这一次，在派兵援助奥地利之时，她严令俄军要将战火引到腓特烈自己的土地上去。她给负责指挥新军的将军写信严厉地说："不要再多费唇舌，我们命令你直接向柏林进军……占领那里……你要立刻发动进攻，不要再开会讨论，不要再犹豫不决……在这场仗里开的会已经够多了，我现在一听到'战争会议'这个词就感到厌恶。今后如果有人胆敢说我们的军队不适合进攻要塞，你就立刻逮捕他，用铁链锁住送到我这里来。"

她们成功了。1761年10月1日，一营奥地利士兵在俄国步兵的配合下发动了一次大胆的凌晨突袭，攻克了西里西亚防守最严密的要塞，该要塞自战争开始以来就一直被普鲁士人占据着。他们翻越城墙，用刺刀进行肉搏战，攻克了防御工事；俄国部队勇气超人，据说，当部队意外地被河水拦住时，他们竟用人踩人的方式搭起了一座桥，那些英勇地站在下面的士兵不惜溺水而死。到日出时，留守那里的普鲁士指挥官（腓特烈到萨克森去监督那里的军事行动了）已经投降，要塞连同所有大炮均被夺取。这场胜利使奥地利在西里西亚拥有了自玛丽亚·特蕾莎登基以来最有利的形势，而紧接着俄国人（经过两个月在严寒中的残酷战斗）又在圣诞节攻占了东普鲁士的科尔贝格要塞。腓特烈手下的军队已耗尽了装备，而且士气低落，他不但被赶出了西里西亚，还目睹自己的国土被占领,柏林受到威胁,而且奥地利军队正准备把他彻底赶出萨克森。

这时他挺不住了。他不再夸夸其谈,也不再谈论自杀或战斗到最后一人。1762年1月6日,他无可奈何地授权手下大臣开启投降谈判。"我想我们现在应该考虑的是如何……对付敌人的贪婪,通过谈判来保全我的财产,能保住一点是一点。"腓特烈指示谈判大臣,"请相信,就算要冒最大的风险,假如我还能看到一丝一毫让形势恢复从前的希望,我都不会说出这样的话。但此时我已确信,无论就道义还是实际情况来说,这都是不可能的。"这一次,他的话终于没了故弄玄虚和夸张作假,毕竟所有人都能看出,他已经输了。"我写信安慰普鲁士国王,这让我享受到了报复的乐趣,心情非常愉悦。"仍然为腓特烈从前的态度而耿耿于怀的伏尔泰高兴地写信给一个朋友说。在信的末尾,他直截了当地表示:"他去攻打别人,结果吃了败仗,要是没有什么新的奇迹出现,他这次就完蛋了。"这位著名的法国人只是说出了人所共知的事实,那就是,只有奇迹才能拯救腓特烈。

然后,令人难以置信的是,就在这个关键时刻,奇迹真的发生了。尽管普鲁士国王本人并不知晓,但就在1762年1月5日,也就是他下令大臣开始投降谈判的前一天,不久前病情复发且卧床不起的伊丽莎白女皇突然去世了,她的侄子,腓特烈最忠实的崇拜者彼得,登上了俄国王位。

9

恋爱中的女大公
An Archduchess in Love

永远不要嫁给一个无所事事的人。

——玛丽亚·特蕾莎

女沙皇驾崩的消息传来,维也纳宫廷顿时陷入了一片惶恐之中,这种惶恐是有充分理由的。1762年2月23日,彼得下达了他的第一道命令,要俄军立即从针对普鲁士的战争中撤出。这位新沙皇在几周内就与普鲁士签署了停战协定,不仅将战争中获得的所有领土和战俘归还给了腓特烈,还明确表示打算彻底改变政策,与普鲁士结盟对抗奥地利。彼得是如此渴望从他的英雄那里得到青睐,竟然表示想要在普鲁士军队中获得一个职位。腓特烈高兴地说:"俄国沙皇是个神圣的人,我应该为他建立祭坛。"他立即任命彼得为上校,还将自己的军装送给了他,让新沙皇可以穿着这套军装,自豪地在圣彼得堡的冬宫里走来走去。

玛丽亚·特蕾莎刚刚根据道恩将军的建议——将军认为，敌军别无选择，只能认输——让她的两万名士兵退役以便节省军费，结果形势忽然发生了天翻地覆的变化，让她陷入了绝望。她最担心的事情发生了。那年春天，彼得兑现了他对腓特烈的承诺，派遣了一支约1万8000人的军队来与普鲁士人并肩作战。她明白自己没有足够的实力与如此强大的联盟抗衡——法国的国库如同她自己的一样已经空空如也，路易十五的军队也显然不是腓特烈的对手。现在轮到她要通过求和来尽可能地保住领土了。腓特烈的一个朋友在听了来自维也纳的消息后嘲笑说："在过去一段时间里，女皇陛下不是向圣母祈祷，就是在哭泣。"

在这段艰难的日子里，弗朗西斯也帮不上任何忙。因为丈夫与情妇走得越来越近——"我敢打赌，他会在很多她不该插手的事情上询问其意见。"伊莎贝拉敏锐地指出——玛丽亚·特蕾莎只能转向最宠爱的女儿寻求感情支持。"你不知道这个女人（漂亮公主）对他（弗朗西斯）的影响有多大。"玛丽亚·克里斯蒂娜气愤地对嫂子说，"他对她绝对信任，什么都对她说。女皇为此非常嫉妒。"

伊莎贝拉也非常需要咪咪的爱。1762年3月20日，就在俄国宣布与腓特烈停战这个灾难性消息几天之后，她生下了自己的第一个孩子——一个女孩。她和约瑟夫立即为女儿取名玛丽亚·特蕾莎，以此向女皇表达敬意，但这于事无补，他们未能生出儿子，只会让人担忧那长期无法产生男性继承人的诅咒是否会卷土重来。这位敏感的新母亲没有从丈夫的陪伴中得到多少安慰，她萎靡地对玛丽亚·克里斯蒂娜说："他天性不善情感交流。"据说生产过程极其艰难，她在产后身体虚弱（而且她明白，自己的义务就是要尽快再次怀孕），闷闷不乐地卧床达六个星期之久。

经历了这次磨难之后，她对咪咪的感情变得更为强烈了。伊莎贝拉给小姑子的信中写道，她的脑子里装满了"哲学、道德、故事、深刻的思考、歌曲、历史、物理、逻辑、形而上学，以及对你的狂热"。在另一封信中，她对咪咪说："人们说，人的一天应该从敬拜上帝开始。然而，我的一天却以思恋爱人开始，也以思恋爱人结束。"此时的她们已经在策划秘密会面了。"如果大公（约瑟夫）出门的话，我就去你那里。"伊莎贝拉在信中说，"或者，假如我没有力气骑马，那就请你过来。我一直全心全意地想和你在一起。"

然而，这种外表顺从内心煎熬的双重生活并不容易，伊莎贝拉为此饱受抑郁折磨。"死亡是件好事，"她写信给玛丽亚·克里斯蒂娜说，"我向你发誓，我在一生之中从未像此时此刻这样认真地想到死亡。我长时间地详细考虑死亡的种种恐怖，可是这非但没有打消我想死的念头，反而使我比以往任何时候都更希望自己死掉……如果上帝允许人自杀，我会很想尝试的。"

天性开朗、性情平和且有责任心的咪咪对这番话感到震惊不已。"我告诉你，你对死亡的渴望是一种不折不扣的邪念。"她坚定地回答伊莎贝拉，"这不是自私，就是妄想表现自己很英勇，但这完全不符合你那可爱的性格。你应该为说出这样的话感到羞耻，这些话让与你关系密切、不可分割的人十分痛苦。"

玛丽亚·克里斯蒂娜知道宫廷正被阴郁的气氛所笼罩，她只能尽力分散母亲和嫂子的注意力，缓解她们的烦恼。"上帝赐予了你如此多的才能和迷人之处……在众多家人间选中了你，让你成为父母的欢乐和慰藉。"玛丽亚·特蕾莎后来感激地说。伊莎贝拉在那个夏天写信急切地说："如果你渴望和我在一起，就祈祷天气晴朗吧。我会亲吻你允许的每个地方。"

然而，面对动荡的局势，一向善良且富有同情心的20岁女大公所能做的实在有限。1762年6月，腓特烈在新沙皇的帮助下重新集结起军队，回到了西里西亚。他又刚好抓住了机会。因为彼得那种漫不经心地将新近获得的领土（那是他自己的军队牺牲了千万人的性命换来的）拱手送出的政策让军中的高级将领们感到极为不满，他们在7月9日帮助其妻叶卡捷琳娜夺了他的权。叶卡捷琳娜此后不久就获得了"叶卡捷琳娜大帝"的称号。她在成为女沙皇之后最先采取的一项行动就是废除与普鲁士之间的协议，召回士兵，尽管她并没有重新与玛丽亚·特蕾莎结盟。她选择完全置身于战争之外。腓特烈比奥地利人更早地得知了政变的消息，他贿赂俄军在那个地区的指挥官，让他在西里西亚待了足够长的时间，以便普鲁士军队能够取得一场胜利。在长时间的围攻之后，腓特烈于10月8日夺回了前一年失去的那座坚不可摧的要塞，而到了10月29日，他已经再次占领了德累斯顿。玛丽亚·特蕾莎哀叹道："战争前景是如此暗淡，我们要么立即实现和平，要么就永远地失去和平了。"几个月之前，她只差一步就可以将普鲁士彻底击败，但如今却又不得不放弃所有获胜的希望，转而进行结束战争的谈判，而且她知道，和平的条件会很苛刻。

9 恋爱中的女大公

维也纳的宫廷就是在这种惆怅的氛围中度过那一年的节日的。或许是为了让周围的人们高兴起来，咪咪选择在此时画了一幅群像《皇室庆祝圣尼古拉斯节》(*The Imperial Family Celebrating Saint Nicholas*)。与马丁·范迈腾斯用令人印象深刻的洛可可式风格画出的威严高贵的皇帝和女皇像不同，玛丽亚·克里斯蒂娜描绘的是父母和兄弟姐妹们聚在早餐桌旁的有趣而混乱的场景。弗朗西斯穿着长袍和拖鞋，裹着头巾保暖，坐在画面一端，一边在火炉旁烘脚，一边读着报纸。在他旁边坐着的是玛丽亚·特蕾莎，她穿着简单的蓝色衣衫，脖子上系着一条白色手帕，正在倒咖啡。母亲身旁是当时只有7岁的玛丽·安托瓦内特，她正得意洋洋地展示一个新的洋娃娃，而穿着粉红色便服、系着一条手帕的玛丽亚·克里斯蒂娜正在照看8岁的斐迪南，从画中父母的神情来看，斐迪南似乎正在惹出什么麻烦。6岁的小马克西米利安正趴在地板上（旁边还有一个迷你木马），趁着大家不注意开心地吃着从桌上偷来的蛋糕。

这幅画不免让人感到好笑！画中场景简直就像是当地的水果蔬菜商一家在闲时休息玩乐。然而，画面虽诙谐有趣，却毫无揶揄之意。它有趣却不含讽刺，展现的是亲密、和睦而温情的气氛。画家将自己也画了进去——她是这个好笑场景里的一员，她并未嘲笑任何人，而是与他们一同欢笑。这样的态度本身就是一种魅力。

悲剧几乎紧随这短暂的欢快时光而来。1762年12月15日，咪咪那个当时只有12岁的妹妹玛丽亚·约翰娜病倒了。约翰娜是个极其纯真可爱的姑娘，她母亲已经选中了她来促进奥地利的利益，要安排她与西班牙国王的长子联姻。她感染了天花，8天后便去世了。玛丽亚·特蕾莎哭着说："她从未让我难过，此刻我为她的死感到悲伤。"*

不到两年之前，玛丽亚·克里斯蒂娜的弟弟查理就死于天花，如今玛丽亚·约翰娜也被这同样的疾病带走了，这令人心痛的悲剧使得伊莎贝拉重燃对死亡的病态迷恋。她深信自己也会很快死于天花，于是她开始为小姑子撰写了一篇长文，就像是一个业余心理学家的临终遗言，她称为《给玛丽的建议》。文中满是对家庭和社会的坦率观察以及通常的生活经验，她写此文的目的显然是防备自己早逝，以此来帮助她深爱的咪咪应对未来。伊莎贝拉在一段话中以典型的语调指示："女皇的性情极其温柔、坚定且富有同情心。她对所爱的人爱得极为真挚，她愿意为任何一个家人甚至朋友牺牲自己……她历经种种苦难，学会了如何看待生活和世界。因此，她的建议会非常有用。如果你遇到任何困难，我建议你直接去找女皇，征求她的意见，并立刻向她表示谢意，说你相信她的意见是正确的，希望她为你保密。你放心，她不会告诉任何人。"

幸运的是，现在还不需要采取这种有远见的（虽然有点儿可怕）预防措施，瘟疫并没有感染更多的人。新的一年来临，每个人都保持着健康。伊莎贝拉不但没有死去，还再次怀了孕。此时不仅可能诞生男性继承人，连繁荣的生活也有望复苏了。因为维也纳——实际上是整个欧洲——在 1763 年 2 月迎来了那阔别 7 年之久的和平。

---

* 玛丽亚·约翰娜生于 1750 年 2 月 4 日，是女皇 6 个年幼子女中最大的一个。其他年幼子女还有 11 岁的玛丽亚·约瑟法、10 岁的玛丽亚·卡罗琳娜、斐迪南、玛丽·安托瓦内特和马克西米利安（就是画中在桌下吃蛋糕的那个）。

这次战争与上次不同。之前的那场奥地利王位继承战争基本是以僵局结束的，而这一次全球范围内的厮杀却产生了一个明显不折不扣的赢家，那就是英国。英国海军将对手法国和西班牙打得落花流水（西班牙是在最后一刻才在法国的劝诱之下参战的，后者为了避免彻底失败，不得不求助于家族关系），英国是否愿意结束战争都是很值得怀疑的，毕竟它可以在这样一边倒的战争中不断获利。不过战败者们运气不错，乔治二世在此时去世了，他的孙子乔治三世继承了王位。半个世纪以来，英国第一次有了一位不是在德意志出生和成长起来的君主，而这样一位君主当然也不认为自己有义务去保卫汉诺威。新国王也不太在乎他的表亲腓特烈，他曾轻蔑地称其为"那个野心太大的国王……那个骄傲自大、盛气凌人的君主"。英国海军的辉煌战绩无疑振奋了公众的精神，但不幸的是，它同时也造成了国王陛下的财政负担。延长战争意味着要借更多的钱，而且打下去能有什么好处呢？英国已经处在能够发号施令的优越地位了。因此，乔治三世切断了给普鲁士的财政援助，还为了更容易进行和平谈判而改组了政府。

于是，各国在1763年2月10日签署了《巴黎条约》。这个残酷无情的条约规定，法国人要将加拿大和他们在北美拥有的一切领土（除了路易斯安那和加勒比海的几个岛屿之外），以及在印度的所有殖民地——实际上就是他们的整个海外帝国——全都割让给英国。西班牙虽然参战不到一年时间，却也不得不将佛罗里达以及密西西比河以东的所有土地交出。路易十五对此深感内疚，主动提出要赔偿西班牙人的损失。他在给西班牙国王唐·卡洛斯（如今是查理三世）的信中激动地说："西班牙是因为陛下您对我怀有的深厚感情才参战的，我真诚地希望它不要因此而承受损失，假如新奥尔良或路易斯安那对西班牙还算有用的话……我是愿意把它们送给您的。"查理的确觉得它们是有用的，于是路易就将其送了出去。因此，法国连路易斯安那也割让了，割让给西班牙。

路易的臣民们当然会感到愤怒，他们经历了长达7年的匮乏和牺牲，忍受着飞涨的物价、沉重的赋税，还伤亡了那许多的人，换来的结果却是被剥夺了所有殖民地的财富。更糟的是，他们那曾令人畏惧的，称霸欧洲长达一个世纪的军队也受到了羞辱。事实上，法国国王寻求并真的实现了的唯一目标就是让他的孙女、帕尔马的伊莎贝拉嫁给了玛丽亚·特蕾莎的长子约瑟夫，而这在普通民众看来却无甚好处。大多数法国人本来就对路易与法国的传统敌人奥地利结盟的决定抱有疑虑，如今的惨败则让他们更添不安。战败的耻辱要求找出一个罪魁祸首来负责，而病重的蓬巴杜夫人（她将于次年死于肺结核）因其亲维也纳宫廷的倾向而成为现成的批判对象。

玛丽亚·特蕾莎也有自己需要忏悔的过失。她和腓特烈并没有参与《巴黎条约》的签署，而是在5天后的2月15日，于萨克森小城胡贝图斯堡签署了一份单独的和平协议。在这份协议中，腓特烈同意将萨克森归还给它的合法主人，而女皇付出的代价则是要将整个西里西亚让给普鲁士。所以，玛丽亚·特蕾莎的臣民们也是一样，他们经历了痛苦和流血的艰难岁月，背负着沉重的债务和赋税，结果却发现自己的处境与战争开始时完全一样，没有收回任何一寸领土。

对于曾一度面临毁灭的腓特烈来说，这个结果是一次胜利，他的表现也如一个胜利者那样。他的确交还了萨克森，却在交还之前将公国里一切可移动资产尽皆带走了。由于那里的城镇和村庄屡经战火,无论谁最终得到萨克森,重建的花费都会超过其本身价值;普鲁士现在也面临着财政亏空,萨克森只会是一个负担。因此,腓特烈是很愿意放弃该地的。

他虽然放弃了领土,却赢得了声誉。他将自己塑造成了胜利者,人们也普遍认为他就是胜利者。他在七年中经受着欧洲三大强国的联合进攻,最终还取得了胜利。经由这番斗争,他将普鲁士这个昔日无足轻重的小邦推上了国际舞台。腓特烈大帝凭着自己的坚持和军事才能,让他统治下的普鲁士成了公认的世界强权;"大帝"称号可谓实至名归。

更重要的是,他已经证明,那个虽早已去世但仍是他最在乎的人——那个虐待他的父亲——看错了他。腓特烈虽然已有51岁,成了一个饱受慢性痛风和痔疮折磨、心力交瘁、脾气暴躁的老兵,但显然仍在内心里与父亲对抗着。"我的父亲希望我成为一名军人,但他根本不会想到,我有一天会做出如此的成绩。"在战争即将结束时,他曾意味深长地对身边一位近臣如此说道,"如果看到我如今的样子,他会多么吃惊啊……看到我带领着这么一支颇有价值的军队,以及一支他根本不敢想的骑兵部队,他恐怕都不敢相信自己的眼睛。"他十分得意。

至于玛丽亚·特蕾莎,毫无疑问,她将《胡贝图斯堡和约》看作是一场彻头彻尾的惨败,并且为此而自责。她想要夺回西里西亚,因此让自己的国家遭受了巨大的贫穷和苦难,而如今,她经过回顾反省之后认识到,这个目标从一开始就无望实现。在条约谈判过程中,她从腓特烈那里争取到的唯一让步就是让他同意支持约瑟夫作为帝位继承人的资格，以此来确保她王国的稳定。她在给一位大臣的信中忧心忡忡地说："没有时间可以浪费了，我和皇帝年事已高，如果我们中有一个死了，到时会发生什么事情呢？毕竟普遍的安定才刚刚恢复而已。"除此之外，一切又回到了普鲁士入侵萨克森之前的状态。

结果，与地位大大提升的腓特烈不同，在七年战争结束之际，玛丽亚·特蕾莎的声望和地位都不如她在战争开始时那么高了。"我在这场战争中承受了太多的悲痛，决心以后要和平生活。"她谦卑地写道，"我太爱我的家人和人民了，绝不想让他们在另一场战争中牺牲。"后来她还说："成为一个拥有和平和幸福人民的二等强国，要好过一个永远处于战争中的一等强国。"

在她看来，她辜负了自己的人民，让自己的家族在世人眼中失了颜面。然而，陷于内疚与悔恨迷雾中的玛丽亚·特蕾莎并未想到，她实际上已经实现了一个至关重要的目标。她因曾有望收复失去的领土而忘记了自己参战的主要缘由。她之所以参战，是因为害怕如果不阻止腓特烈，他就会进一步侵占她的土地，就像吞并萨克森那样吞并一切他能够弄到手的东西。波希米亚将是他的下一个目标，甚至维也纳也可能难免遭其军队蹂躏。她将被迫陷入一场持久的军备竞赛中，枪对枪、兵对兵地与其斗争，根本没有希望攒下足够的钱来进行和平时代的建设，创造她热切想要为臣民创造的那种福利。

她已成功实现了这个目标，显然这是一个很大的目标。她像腓特烈一样铁了心，一样不屈不挠。她坚持到最后，让他停下了征服的脚步。他当然可以扮演大摇大摆的征服者，但在内心深处，他学会了尊重她，甚至可能是害怕她。

他后来再没有向她发动过攻击。

条约的内容或许令人沮丧，但维也纳人在签署和平协议之后那种如释重负的感觉却是真切的。看似无休止的战争终于结束了，宫廷可以恢复惯常的活动了。野餐、家庭音乐会和其他令人愉悦的娱乐活动接踵而至。擅长绘画有趣的中国人物嬉戏图的法国著名画家让-巴蒂斯特·皮耶芒（Jean-Baptiste Pillement）应邀来到了维也纳。玛丽亚·特蕾莎非常喜欢他创作的那些精致且充满东方风情的图画，这些图画被称为"中国风情画"（chinoiserie），通常用来装饰茶具和家居用品。女皇曾对朋友说："世上所有的钻石在我看来都算不得什么，只有来自印度群岛（她指的是亚洲）的那些东西，比如漆器和壁纸，才会让我感到高兴。"为了让母亲开心，咪咪，连同父亲和伊莎贝拉（偶尔还有家中的其他人参与进来），开始了一项宏伟的计划，要用中国式图样来装点玛丽亚·特蕾莎的私人办公室。那位著名的皮耶芒受托为这项工程设计了图样，但没有亲自参与绘制。每一幅装饰图都是由皇室成员辛苦描画出来的，虽然图画的尺寸各不相同，但用的都是一样的蓝墨水。每幅画完成后都会用相同的金色画框装裱起来，然后成列挂在小书房的墙上，一共213幅，整体效果相当惊人，其中颇具艺术才能的玛丽亚·克里斯蒂娜贡献最多。咪咪明白，长时间的临摹还有一个好处，那就是可以让弗朗西斯高兴地待在家里，远离他的情人，这也许比装饰画本身更让母亲高兴。她委婉地对伊莎贝拉说："皇帝是一位心地非常善良的父亲，我们总是可以把他当做朋友来信赖，因而也应竭尽所能帮助他克服自己的弱点。"

随着春天与和平的到来，维也纳迎来了一位熟悉的客人：咪咪的堂兄，萨克森的阿尔伯特。阿尔伯特之前与普鲁士作战，并幸存下来；根据《胡贝图斯堡和约》的规定，德累斯顿和他家族的其他财产已经得到归还，他可以自由地来皇室向恩人们表示敬意和感谢了。

这一次，当他参与家庭活动时，咪咪注意到了这位堂兄的优点。阿尔伯特身材修长，举止稳重，从军经历让他更为成熟而不是刚硬。他聪慧、敏锐、体贴，在与人相处时很有魅力，同时也不乏深度。而且他仍然爱着她。

玛丽亚·克里斯蒂娜已不再是抱着浪漫幻想谈情说爱的天真少女了。她曾经的追求者符腾堡王子非但没有在逆境中坚持到底，反而尽显善变的本性，在她母亲勒令他们断绝联系后不到一年就另娶了他人。她目睹了兄长的婚姻，见证了嫁给一个或许与她格格不入的陌生人可能导致的无助和绝望。她当然关心自己的嫂子，也可能与她有过性体验，但无论这些让她自责的幽会导致了怎样的快感，显然都无法与她在阿尔伯特那里感受到的吸引力相提并论。她就像小说中的人物一样，突然醒悟过来，觉察到真爱就在眼前，只是过去未曾留意到。

阿尔伯特敏锐地发现了这意外的变化，并且抓住了机会。他和咪咪在一起度过的时间更多了。由于她每天要花费大量时间实施那个大型绘画装饰计划，他也就自然而然地对艺术产生了兴趣，而她则主动帮助他学习，建议他去阅读一位著名德意志评论家的文章，还在作画时为他示范技巧。

一向有洞察力且对周围的人事异常敏感的伊莎贝拉立刻就发现了这种变化。她开始将阿尔伯特当成竞争对手。"这不是嫉妒……这种感觉对我来说太可恶了，"她写信言不由衷地说，"但我可以在你的情人不在场时与你见面吗？你丢下我不管，总是跟他见面，这样的事情发生了不止一次，而是有上百次了。"她恳求道："请相信，我今后的力量会变强的（指的是她已经怀孕了），但我永远不会动用这种力量，除非是为了对抗那些与我这颗永远爱你的心为敌的人们……请用你的吻来让我强大吧，否则我将毫无价值。"在阿尔伯特结束访问，返回德累斯顿后，伊莎贝拉想尽一切办法来增强与玛丽亚·克里斯蒂娜之间的感情。"真希望明天是晴天，否则我们就不能自由地见面了。"她在1763年7月15日热切地写信说，"在等待明天到来时，我千百次地全心全意拥抱你。"

可怜的伊莎贝拉，随着夏去秋来，她的产期越来越近，抑郁这旧日的魔鬼又回来了。这次她没有扬言要自杀，但却预感到自己将不久于人世。"也许我们会分离，也许死亡会终结我的生命，而我之所以珍爱自己的生命，只是因为要将它献给你。"她在10月底悲伤地写信给玛丽亚·克里斯蒂娜说。

11月19日，处在怀孕最后几周的伊莎贝拉病倒了。"不要怕，"她安慰咪咪说，"我的状况并不比之前更糟。我也许会找机会和女皇说说话，但除此之外，我想在剩下的时间里保持安静，为可能发生的事（指分娩）保存体力。如果见到你，我就不能这样做了，因为我太爱你了，不得不和你说话。再见，睡个好觉……明天我会用我所有的力气吻你。"

不幸的是，早产儿染上了母亲的病，只活了几个小时。伊莎贝拉只来得及给女儿取名叫玛丽亚·克里斯蒂娜，然后婴儿便死去了。

很快，人们就开始担忧起母亲的生命来。分娩后的伊莎贝拉身体虚弱，发起了高烧。可怕的天花病斑出现了。咪咪也病倒了，不能在她的病榻旁陪伴，从未得过天花的女皇也不能进入她的房间，因此在她生命的最后一周里，只有约瑟夫一个人照顾着她，绝望地盼望着她能够康复。妻子的最后一封信是写给他妹妹的。信很短，她虚弱地写道："上帝太仁慈，不会不让我享有再次亲吻你的快乐，但又太公正，不会允许你在我死前责骂我。别了，保重。"

1763 年 11 月 27 日，伊莎贝拉在丈夫的陪伴下去世了。她才21 岁。

约瑟夫悲痛欲绝。事实证明，他的妻子看错了；在他那精心伪装的玩世不恭外表下隐藏着深刻、动人，甚至是充满诗意的感情。伊莎贝拉死后几小时，他在写给岳父的信中哀痛地说："我失去了一切。我亲爱的妻子，我的爱人，我唯一的朋友走了……你也会为她的离去而悲伤，但请想想这对我意味着什么吧。我痛彻心扉，几乎不知道自己是否还活着。我能从这可怕的分离中挺过来吗？我想我一定可以，但我的生命中不会再有幸福了。"两周后，他又写了一封信到帕尔马，在信中生动地述说了自己的痛苦。他说："如今，唯一能让我感到安慰的事情就是一个人待在房间里，凝视我爱妻的肖像，摩挲她写下的文字和其他属于她的东西。有很多时候，我似乎能清楚地看见她，还能和她说话，因此而感觉没那么孤独了。当她再次离去，不为我所见时，我的绝望可想而知……我们曾坦诚分享彼此的苦乐，我们在一起的日子充满了光明。"他凄婉地倾诉道：

"没有人能取代她的位置……我得到了这件珍宝却又失去,而我只有 22 岁。"他将 20 个月大的玛丽亚·特蕾莎这个仅存的女儿视若珍宝,当成对逝去的欢乐时光的唯一纪念。

玛丽亚·克里斯蒂娜也深受这场令人震惊的丧亲之痛的影响,虽然她的悲伤还掺杂着内疚。她内疚于没能在伊莎贝拉生命垂危之际陪在她身边,给她只有自己才能给予的安慰。她也将自己的感情转移到伊莎贝拉的女儿(家里人都叫她小特蕾莎)身上。咪咪自动代替了嫂子的位置,承担起照顾亡友孩子的责任。宫廷里的人们都说,她极爱小特蕾莎,简直视如己出。

伊莎贝拉的死让约瑟夫再次陷入了自怨自艾和尖酸刻薄的情绪中,但对玛丽亚·克里斯蒂娜来说,此事却成了一个转折点。她这位杰出朋友的全部话语和洞见都因其死亡而变得愈加清晰分明了。咪咪的确是一个大国君主的女儿,但正如伊莎贝拉所说,她不必永远做一个力量孱弱的姑娘。她可以掌控自己的生活,在还有机会时努力寻求幸福。咪咪对战争或疾病这类灾祸无能为力,但她可以利用智慧和巧计来改变自己的命运,避免在一场无爱的婚姻中嫁到远方。当阿尔伯特在新年回到维也纳向她的家人表示慰问时,她偷偷答应嫁给他,但提醒他必须安心等待,把一切都交给她来处理。

1764 年春天的主要事件是约瑟夫在法兰克福被选为帝国继承人并加冕(他的正式称号是罗马人的国王,因为他的父亲仍然是神圣罗马帝国皇帝),玛丽亚·特蕾莎尽快组织了这个仪式,以便确立她儿子无可争议的继承权。弗朗西斯和约瑟夫带领着仪式队伍在 3 月离开维也纳,队伍中包括了"最华丽的国宾马车,连车后都装了带有整块玻璃的窗子,马车用画、漆、雕刻和金箔装饰,顶部和里面都覆盖着红色刺绣天鹅绒",歌德这位庆典记录者颇有些上气不接下气地写道。1764年4月3日,就像他父亲当年那样,约瑟夫在法兰克福大教堂加冕,之后又和弗朗西斯一起在首都的街道上游行,让沿途的人群可以一睹皇帝和储君的风采。帝国的继承人被要求自始至终都要穿着古老的加冕礼服,其形象显然并不怎么威严。本来震撼于宏大仪式的歌德也不得不承认:"年轻的国王……穿着奇怪的服饰,戴着查理曼大帝的镶珠宝的皇冠,像乔装做戏一样慢慢走着。他时不时地看向父亲,忍不住要大笑起来。那顶加了许多内衬的皇冠在他的头上高高耸起,就像是一个高悬的屋顶。"然而,约瑟夫滑稽的外表丝毫没有减少人们对他加冕的喜悦。歌德高兴地说:"集市上的欢闹声这时传遍了整个广场,成千上万的人发出了响亮的欢呼(国王万岁!),这种欢呼无疑是发自内心的。因为这盛大的庆典是持久和平的保证,德意志也的确在此后享受着这种和平。"

然而,虽然他未来的臣民们明显对他表达了真心的支持,这位新任罗马人的国王却仍无法摆脱内心深沉的悲伤。"今天是(3月)29日,是我公开进城(法兰克福)的日子,她离我而去已经4个月了。"约瑟夫在写给母亲(为避免抢走儿子和丈夫的风头,她选择待在维也纳)的信中阴郁地感慨道:"如果我的王后能出席典礼,那该多好啊!亲爱的母亲,如果我的话让您伤心,请您原谅我,原谅您这个濒临绝望的儿子吧。"

当然,如果约瑟夫能被容许像平常人那样悲伤哀悼一阵子,他或许是可以从他自认为无法承受的死别中恢复过来的。然而,在

18世纪，君王的儿子们就像女儿们一样，必须服从父母之命。约瑟夫的感情生活可不是自己能说了算的。通过约瑟夫的加冕，玛丽亚·特蕾莎确保了其家族继续保有皇位，接下来她需要的就是让约瑟夫尽责，生下一个合法的男性继承人。没有妻子就不能生孩子，因此，约瑟夫必须尽早娶妻。他刚从法兰克福回到维也纳，她就已经开始给他物色合适的各国公主了。

他每晚拥之入怀的那个天仙般的人竟要被这么轻易地取代，就像穿坏了的马靴被换掉一样，约瑟夫认为这实在太野蛮了，因此他竭力抗拒。他确实询问过能否娶伊莎贝拉的妹妹，但她已经名花有主了。况且，他的岳父母已在维也纳因天花失去了一个女儿，可能不想再让另一个女儿去冒险了。遭此拒绝后，约瑟夫毫不掩饰对再次结婚的厌恶。"我嘴上虽笑着，心里却在流泪。"他对玛丽亚·特蕾莎坦白说，"若不是出于对您的爱意……我宁愿一辈子做鳏夫，或是死后到天堂跟天使团聚。"

看着哥哥痛苦的样子，玛丽亚·克里斯蒂娜心如刀绞。她明白，约瑟夫有可能会危险地将伊莎贝拉和他心目中的夫妻感情理想化，以至于认为再也没有另一个女人能够让他幸福了。她知道自己手中掌握着的秘密可以让约瑟夫明白他真实的婚姻状况。既然约瑟夫必须为了家族王朝而结婚，而且要尽快结婚，那么让他知道真相，知道伊莎贝拉全心全意，倾注全部感情爱着的并不是他，而是玛丽亚·克里斯蒂娜，是不是更好一些呢？

但若是她错了呢？用这种残忍的方式让兄长知道真相，是不是太残酷了？她不知如何是好，于是只好求助于她已许下芳心的阿尔伯特。这是要冒风险的，因为揭露嫂子的私情不可避免会招来一些让人不快的质疑，比如咪咪自己是如何应对这种不正当感情的。然而，在看过建立在欺骗基础上的夫妻关系有何后果之后，她决心要从婚姻中获得更多，而且愿意真诚地去争取。"我们之间不该有任何秘密，"她对阿尔伯特说，"我们要分享所有的情感、忧虑和痛苦。"她把伊莎贝拉的信拿给他看，询问是否应该让她的兄长看看。

关于阿尔伯特在此事件中的反应，历史上并无记录。他似乎只是把这些信当成一个烦恼的年轻女子单相思的证据罢了。（毕竟信件有200多封，他可能并未费心读完。）但他显然认为有必要将这些信拿给约瑟夫看，因为他就是如此建议玛丽亚·克里斯蒂娜的。她依言而行。

可怜的约瑟夫。虽然咪咪的做法取得了预期的效果——他顺从母亲的意愿，勉强同意再婚——但看到这些信，读到这些信，肯定就像是在伤口未愈时又被捅了一刀。从他后来的行为可以看出，他也没有因这种虽然不怎么正确，但却是出于善意的震撼疗法而对妹妹抱持敌意。然而，对伊莎贝拉真实感情的了解还是加深了他的厌世倾向，这种倾向在他再婚前就已表现得十分明显了。他潜在的任何同情心、信任感和宽宏大量的精神都在那一天枯萎消亡了。

似乎这样还不够，他母亲选择的新娘又加重了那些信件造成的伤害。玛丽亚·特蕾莎急于让儿子再婚，好生下一个男性继承人，因此她在挑选儿媳时只看重实用性，完全不考虑年轻人在选择终身伴侣时通常都会在乎的那些特质，比如个人魅力、优雅举止，甚至是起码的吸引力。为了加强家族关系，女皇希望儿子的第二任妻子来自萨克森或巴伐利亚，这两个公国都有适龄的女儿。约瑟夫拒绝做选择，于是玛丽亚·特蕾莎亲自出马，在弗朗西斯的推荐下选择了巴伐利亚的玛丽亚·约瑟法（Maria Josepha）。当准新娘于1765年1月抵达维也纳时，显然连女皇自己都吃了一惊。"你将有一个嫂子，而我也将有一位儿媳。"她对玛丽亚·克里斯蒂娜说，"很不幸，她是约瑟法公主。我也不想在儿子不配合的情况下做此选择，但他就是不愿意表态，无论是对我，还是对皇帝或是考尼茨。最糟的是，我们必须假装幸福快乐。在这个问题上，我的头脑和内心起了冲突，我很难保持平静。"

就这样，约瑟夫在经历了第一段太过短暂的三年幸福婚姻后，迎来了第二段大概要终生麻木不仁的婚姻生活。他对新任妻子的描述简洁苛刻，令人难忘。他写信给昔日的岳父说："她26岁（约瑟夫那时23岁），身材矮胖，毫无年轻少女的魅力。她一脸雀斑和疙瘩，牙齿也很难看。"

这对不幸的夫妇于1765年1月25日在美泉宫举行了婚礼，距伊莎贝拉去世仅14个月。不出意外，他们的结合就是一场灾难。约瑟夫根本无法忍受他的新婚妻子，他冷冷地说："我陷入了非常悲惨的境地……爱情是不顾情理的，我也不善于伪装。"玛丽亚·约瑟法的不满不亚于她丈夫，她也将这一点表露无遗。只有促成这桩婚事的弗朗西斯对她还算友好，家中的其他人，包括玛丽亚·特蕾莎，都在避开她。"我相信她是善良的，"女皇这样评价她的新儿媳，"但她长得又不漂亮，性格也不讨人喜欢。"

玛丽亚·克里斯蒂娜向阿尔伯特坦言："如果我是他（约瑟夫）的妻子，在受到这样的对待之后，我是一定会逃走，并在美泉宫找一棵树上吊自杀的。"

★ ★ ★

　　长子的不幸婚姻并没有阻止玛丽亚·特蕾莎为其他子女积极寻求婚姻联盟。接下来，她开始关注幸存的第二个儿子利奥波德。咪咪的弟弟查理在五年前死于天花，当时13岁的利奥波德因而接替了这一顺位继承人位置。约瑟夫一直躲避着他的新娘，这样下去很可能导致他至死都无法生出男性继承人，因此女皇需要让利奥波德尽快成家立业。这一次她把目光放得更远，并且成功地让西班牙国王19岁的小女儿玛丽亚·路易莎（Maria Luisa）成为利奥波德的准新娘。婚礼定于1765年8月5日（也就是利奥波德18岁生日后3个月）举行，地点选在山区小城因斯布鲁克，那里的夏天比别处更为凉爽。

　　利奥波德的婚礼即将举行，这让玛丽亚·克里斯蒂娜也迎来了命运的关键时刻。她的母亲之前显然一直希望咪咪的姐姐能够嫁出去，但此时所有人都知道，患上脊柱弯曲症的玛丽安娜是注定要进修道院了。咪咪那个漂亮的妹妹玛丽亚·伊丽莎白已有人追求，但咪咪知道，她的父母希望她的婚姻能够先确定下来。弗朗西斯仍然坚持让咪咪嫁给他的侄子，而且还邀请了这位预定求婚者来参加因斯布鲁克的庆典活动，好与全家人见面，这几乎就是在暗示咪咪，该她出嫁了，她就是下一个。她明白，如果不在利奥波德的婚礼之前做些什么来改变处境，她就将面临严峻的选择，要么嫁给撒丁国王的儿子，要么就进修道院。

　　于是，她按照伊莎贝拉的遗言《给玛丽的建议》所说的那样去做了：她私下里去找母亲，告诉她自己爱阿尔伯特，两人已经私定终身，并恳求玛丽亚·特蕾莎不要为了结盟而将她嫁去撒丁王国。

9 恋爱中的女大公

这是一次巨大的冒险。此时阿尔伯特的条件甚至比他第一次来维也纳时更差了。他的家族因战争而受创，他的父亲奥古斯特三世于两年前去世后，他们连60年来一直为这个古老家族增光添彩的波兰王位也丢掉了。俄国的叶卡捷琳娜大帝不想让阿尔伯特的家族保留王位，而是想让她的一个旧日情人成为波兰国王，于是她向腓特烈伸出了橄榄枝，提出如果腓特烈支持她的计划，俄国可以与普鲁士结成防御性联盟。腓特烈很高兴能得到她的青睐，因此热情地支持她所提出的人选，措辞巧妙地称此人"与俄国女皇相识已久，其人也深得女皇欢心"。

玛丽亚·特蕾莎对此无能为力，这一切都是背着她达成谈判的。即便她想要再启战端（何况她根本不想），她也没有能力去帮萨克森的堂亲们打仗。因此，本就在走下坡路的阿尔伯特的家族因失去波兰而变得更加衰弱了，而阿尔伯特作为一个没有收入、土地、前途或影响力的小儿子，当然也跟着变得地位更低了。

这种努力本来应是徒劳的。事实上，母亲也无法给咪咪带来太多希望。如果弗朗西斯坚持要与撒丁王国联姻，玛丽亚·特蕾莎是根本不会反对的。然而，玛丽亚·约瑟法的到来改变了这一切。女皇开始意识到，与伊莎贝拉不同，她的这位新儿媳无法替代她心爱的咪咪。约瑟夫甚至都没有带新婚妻子来因斯布鲁克参加婚礼，他的母亲也没有干涉。她知道，大家只会因玛丽亚·约瑟法不在场而更开心。

女皇那年夏天情绪特别低落，正如她自己所说，"并非毫无缘由"。就在利奥波德大婚之前，她向一位朋友坦言："我觉得疲劳而沮丧，需要一点点安慰。"因此，她并不急于将玛丽亚·克里斯蒂娜嫁出去，毕竟在众多子女中，只有这个女儿能够随时让她高兴起来。于是她拖延起时间来。她让玛丽亚·克里斯蒂娜等一等，等到弗朗西斯在因斯布鲁克见到了他的侄子以后再说——或许这个年轻人不会给人留下好印象呢。另外，可能是为了给丈夫提供一个比较的对象，玛丽亚·特蕾莎还邀请了阿尔伯特参加庆典。但她能做的也只有这些了。她让咪咪明白，只有她的父亲才能决定她要嫁给谁。

因此，玛丽亚·克里斯蒂娜就是这样忐忑不安地跟着母亲、父亲、约瑟夫和利奥波德（年幼的孩子们都留在家里）在7月初去了因斯布鲁克。在他们抵达时，因恶劣天气而耽搁了的护送新娘的队伍还不见踪影，于是弗朗西斯和利奥波德便骑马向南去寻找他们。他们很快就找到了玛丽亚·路易莎和她的随从们，护送他们于7月30日抵达了因斯布鲁克。这次玛丽亚·特蕾莎可以为自己的联姻感到满意了。她高兴地说："公主（玛丽亚·路易莎）面容姣好，肤色迷人，有一双清澈的蓝眼睛以及我所见过的最漂亮的一头秀发。她的身材很不错，总之就是一个迷人的年轻人，为人坦率，充满活力又精神饱满。我很喜欢她。"她显然如释重负。

但欣慰很快又变成了惊恐。利奥波德在旅途中染上感冒，而且发起了烧。到了8月5日婚礼当天，他病得更重了，几乎无法站起身来宣读婚礼誓词。仪式结束后，他便立即瘫软下来，不得不被人扶回房间。他发着烧卧床不起达一星期之久。

好在利奥波德身上并没有出现可怕的疹子，在度过最严重期后就开始好转了。当然，在利奥波德彻底康复之前，人们是不会想把他送去其他地方的，而既然大家都不得不待在因斯布鲁克，舞会、宴席、戏剧表演以及其他计划中的婚礼庆祝活动自然也只能照常举行。

喜欢社交的弗朗西斯在利奥波德康复期间充当起了东道主，匆匆忙忙地穿梭于各种聚会之间。1765年8月18日，他预定要参加两场活动——观看在帝国剧院上演的戏剧，然后到邻近处参加一场晚宴。就在戏剧表演进行到一半时，弗朗西斯突然感到不适，于是决定在晚宴前回房休息一会儿。约瑟夫看到父亲有些站不稳，怕他病得严重，于是跟了出去。皇帝刚走出剧院几步就跟跟跄跄地瘫软了下去，约瑟夫赶紧上前搀扶才让他没有倒在地上。

虽然很快就有人被叫来帮忙，但已经无济于事了。56岁的神圣罗马帝国皇帝，托斯卡纳大公，匈牙利和波希米亚女王的爱侣弗朗西斯一世似乎是突发严重中风，很快就在他长子的怀抱中去世了。

消息震惊了宫廷。"我永远也忘不了那个晚上，"震惊的阿尔伯特不久后写信回萨克森说，"想想看吧，皇帝驾崩了，女皇被几乎和她一样深受打击的小叔子和小姑子（洛林的查理及弗朗西斯一个健在的妹妹）搀扶着回到自己的居室；大公病倒在床，女大公们悲痛欲绝，前来参加晚宴的宾客们泪流满面，整座宫殿似乎都回荡着呜咽和呻吟声。"玛丽亚·特蕾莎回到自己的房间，好几天都没有出来。她一边帮忙缝制丈夫的寿衣，一边不停地为他的灵魂祈祷，为丈夫没能在死前忏悔并获得赦免而担惊受怕。"他走了，我失去了最亲密的朋友，失去了30年婚姻生活中最亲爱的伴侣，失去了我生命中唯一的欢乐。"她悲痛地说，"在我执政的前20年这段动荡时期，他曾与我同甘共苦，抚慰了我的忧虑。"

走出房间后,她又展现出了优良的品德。政要们和其他朝臣都围在她身边,表示哀悼慰问,只有一个身着深色丧服的年轻女子独自站在角落里抽泣,无人和她说话。她就是那位"漂亮公主",弗朗西斯邀请她做伴来参加儿子的婚礼。玛丽亚·特蕾莎走到她的身边,以一种共同承受苦痛的姿态握住她的手,对她说:"亲爱的,我们的确痛失了一个重要的人。"*

但她在回到维也纳时已成了一个心碎的女人。她剪短了头发,从那之后只穿黑色衣服。她无法忍受独自睡在曾与丈夫共眠的床上,于是从霍夫堡宫一楼的居所搬到了三楼的房间中,给房里的所有家具都罩上了黑色天鹅绒。

秋去冬来,她的悲伤没有丝毫减轻。"我如今几乎认不出自己了,我就像是没有真正的生活,也没有思考能力的动物。"她绝望地写信给最年长的顾问、当时已70多岁的塔罗卡伯爵说,"我忘记了一切。我5点就起床,很晚才上床睡觉,一整天里似乎什么也没做。我甚至不去想任何事情。这状态真是太可怕了。"

在这样的痛苦状态下,能够给她带来安慰的只有一个人,那就是她亲爱的咪咪。在丈夫去世前,玛丽亚·特蕾莎只是不希望与女儿分离,而现在她却连想想这种可能性都不愿意。母亲的迫切需要给了玛丽亚·克里斯蒂娜机会。玛丽亚·特蕾莎一定也给了女儿必要的鼓励,因为在1765年11月,也就是因斯布鲁克悲剧发生仅仅3个月之后,阿尔伯特的长兄就以萨克森家族之长的身份,代表满怀希望的新郎正式提出要迎娶玛丽亚·克里斯蒂娜。

---

* 即便发现弗朗西斯在遗嘱中留给了情人20万弗罗林,女皇也保持着这种大度,并且毫无怨言地照做了。

但仅仅得到母亲的同意还不够,咪咪现在还需要得到长兄的应允才能嫁给阿尔伯特。多亏了玛丽亚·特蕾莎的先见之明,早早促成了约瑟夫在法兰克福加冕,这使他能够顺利继位,没有遭到抗议和入侵,也没有敌对王公来设法挑战他的继承权。相反,他很快就作为合理的帝位继承者而为各国接受,成了神圣罗马帝国皇帝约瑟夫二世。*更重要的是,作为家中最年长的男性,约瑟夫也继承了父亲作为家长的地位。而且,虽然玛丽亚·特蕾莎仍保留着自己的头衔、土地和权力,但她也决定任命儿子为共同执政者,以帮助他做好治理国家的准备,以防自己有一天也在毫无征兆的情况下离世。因此,约瑟夫有着双重的权威,可以干预作为国家联盟体现的玛丽亚·克里斯蒂娜的婚姻。

约瑟夫自己的婚姻痛苦而不幸,而且又很容易对别人怀恨在心,想要得到他的首肯可没有那么容易。玛丽亚·特蕾莎本人肯定也很担心,因为她是派考尼茨伯爵前去将萨克森方面求婚的消息通知长子的,她自己并没有出面。

让她感到欣慰的是,约瑟夫热情地同意了这桩婚事。"我儿子很快就来找我了,并且明确地表达了他的同意。"兴奋的玛丽亚·特蕾莎在1765年11月11日对她手下这位大臣说,"他迫不及待地要将这个好消息告诉他妹妹。我把她叫来了,那场面真是感人,看到我的儿子因促成二人的幸福结合而高兴,我激动的心情超过了安排这桩婚姻带来的快乐。"约瑟夫特意亲自向阿尔伯特传达了这个好消息。"他过了好半天才相信我是认真的,"这位新皇帝在

---

* 这也意味着,玛丽亚·特蕾莎如今已经不是皇后,这一头衔现在属于她的儿媳玛丽亚·约瑟法。

写给弟弟利奥波德（他继承了弗朗西斯在意大利的产业，与新婚妻子玛丽亚·路易莎一起，作为托斯卡纳大公夫妇住在佛罗伦萨）的信中笑言道，"当他最终相信这一切都是真的时，你可以想象他脸上的表情是怎样的，那是一种想到六年夙愿很快就能成真的兴奋之情。"然后，约瑟夫意味深长地向利奥波德解释了他同意这门婚事的缘由。他说："这确保了我这辈子都能有合得来的交往者，对我这个'哲学家'约瑟夫来说，没什么比这更好的了。我在自己家里得不到丝毫快乐，因此只能到别人家中去解闷了。我相信我是可以和自己的妹妹及妹夫一起度过一些轻松时光的。"

这对伴侣的好运还不止于此。由于阿尔伯特是个没有土地的小儿子，缺乏必要的收入来源，无法供养她的女儿过早已习惯了的生活（咪咪的正式婚约中提到了这一点），玛丽亚·特蕾莎"出于温柔的爱和身为人母的关切"，准备送出一份礼物以弥补这种缺失。和她所有的姐妹们一样，咪咪将得到10万荷兰盾的固定嫁妆；玛丽亚·特蕾莎还额外加上了珍贵的珠宝、一套银质餐具、匈牙利境内两处最富饶的地产，以及价值高达666821荷兰盾的银行证券。

约瑟夫则把极为重要的泰申公国（以及公国内的所有税赋、租金和其他收入）送给了他们，该公国本是波希米亚国王的财产，他在父亲去世后继承了它。除此之外，二人还得到承诺，等到现任奥属尼德兰总督洛林的查理去世之后，那里的总督职位，连同所有税款、租金及其他种种收入全都归他们所有。此外，为了表明阿尔伯特的地位已得到大大的提升，他还被授予了一枚通常只授予最高级别贵族的荣誉奖章、一套饰有珠宝的扣环和戒指、一把仪式用剑，以及一条镶满了钻石的腰带。

最后，为了确保女儿的丈夫每天都能从事有益的工作（从而防止因游手好闲而导致的婚外情），玛丽亚·特蕾莎还让二人负责管理匈牙利的事务，就在距离不远的普雷斯堡一座巍峨宫殿里履行职务，很方便她前去探望。

这笔嫁妆是母爱的体现，总价值高达 400 万荷兰盾。这笔数目惊人的赠礼无疑体现出女皇对玛丽亚·克里斯蒂娜的偏爱（还从未有哪个女大公获得过与此近似的巨额嫁妆；法国、西班牙和英国的公主们在订婚时可都得不到这样的巨额财富），以至于咪咪的婚约在多年中一直作为奥地利的国家机密不予公开。*

1766 年 4 月 8 日，玛丽亚·克里斯蒂娜和阿尔伯特在玛丽亚·特蕾莎的一处乡间庄园施洛斯霍夫宫的私人小教堂中举行了婚礼，二人甫一成婚就跻身于欧洲最富有者之列。因为宫廷仍在为新娘的父亲服丧，婚礼并未大肆操办。男士们——包括经过挑选的家族成员、高级宫廷官员和外国政要——态度恭敬，身着炭灰色礼服；女士们则在礼服上缀了黑色丝带。离 24 岁生日还差一个月的苗条新娘身着白色礼服，礼服上点缀着大量珍贵宝石和银线绣花，显得格外引人注目。"年轻的女大公有着超乎常人的美貌、活力和才智，言行迷人而亲切，她浑身缀满璀璨的钻石……让许多人羡慕起她的丈夫来。"一个来自威尼斯的高级宾客如是说。阿尔伯特的弟弟克莱门特主教——克莱门特别无选择，只能像他哥哥曾打算的那样进入教会，人们从他身上就能看出幸运的新郎本来预定的命运是怎样

---

* 至于新郎，他仿佛走进了一个我们耳熟能详的童话故事里，只不过在这个故事里男女角色颠倒了：玛丽亚·克里斯蒂娜扮演王子，阿尔伯特扮演灰姑娘，玛丽亚·特蕾莎则成了仙女教母。

的——主持了婚礼仪式。婚礼之后是传统的婚宴，再然后则是音乐表演、庆典赛会和舞会狂欢，直到五天后的 4 月 13 日，这对新婚夫妇才正式进入匈牙利，住进他们位于普雷斯堡的华丽府邸中。玛丽亚·特蕾莎和约瑟夫为了给这对新任总督夫妇增光添彩，出席了迎接他们的典礼。

虽然没有战斗、炮火和流血，但玛丽亚·克里斯蒂娜实际上是打了一场仗，而且取得了胜利。这个大国君主之女以顺服的态度为掩护，同时又能不失其本心——因为玛丽亚·克里斯蒂娜真诚地爱着她的母亲，希望能够让她高兴——她悄悄地战胜了困难，在一定程度上掌控了自己的命运。

玛丽亚·卡罗琳娜
Maria Carolina

"夏洛特"

"Charlotte"

16 岁的玛丽亚·卡罗琳娜

10

替 补
The Understudy

> 茂丘西奥:"你们这两个倒霉的人家。"
>
> ——《罗密欧与朱丽叶》第三幕第一场

玛丽亚·卡罗琳娜(大家都叫她夏洛特)出生于1752年8月13日,差不多正值奥地利王位继承战争和七年战争之间那段短暂和平时期的中间点。她是父母的第十三个孩子,也是第十个女儿,[*]属于玛丽亚·特蕾莎年纪较小的那群子女之一。他们几乎总是被认为因年纪太小而不适合参与哥哥姐姐们的活动,因此只能彼此为伴。除玛丽亚·卡罗琳娜之外,这群子女还包括她的两个姐姐,生于1750年2月4日的玛丽亚·约翰娜(Maria Johanna),和生

---

[*] 算上那个生于1748年,只活了1个小时的女儿。

于1751年3月19日,因而只比她大一岁玛丽亚·约瑟法(Maria Josepha),此外还有1754年6月1日出生的弟弟斐迪南、1755年11月2日出生的玛丽亚·安东尼娅(即玛丽·安托瓦内特)。另外,当然还有玛丽亚·特蕾莎的最后一个孩子,生于1756年12月8日的马克西米利安。

在16个孩子中排行十三,这几乎肯定意味着在某种程度上被父母忽视。即便是母亲无需忙于重建军队、向贵族征税、发动战争、安排联姻、缔结新的国家联盟、阅看堆积如山的文件、监督两个王国和一个大公国的日常事务,若是在生了十几个孩子之后稍有松懈,那也是情有可原。玛丽亚·特蕾莎并非没有努力尝试过,但她实在时间有限,很多事情必定无法兼顾。"每当她工作累了,想要放松一下的时候,她就会去看看孩子们。"一位廷臣在1754年(那时夏洛特两岁)说,"在维也纳,她每天都要去看孩子们三四次,没有一天例外。美泉宫和拉克森堡(玛丽亚·特蕾莎的另一处乡间住宅)太小,容纳不了全家人,她只得把最小的孩子们留在维也纳,每周回去看他们一次。"然而,对这些小大公和小女大公们来说,这样的会面也并不总是单独一对一的。玛丽亚·特蕾莎曾向一个朋友解释为什么她不能连贯地写完一封信,她说,她只能"分四次写完这封信,房间里还有6个孩子,而且皇帝也在"。

所以,造成的结果就是,玛丽亚·特蕾莎无法亲力亲为,只能依赖家庭教师们来管理和教育她的子女,尤其是那些年幼的子女。然而,虽然她的命令非常明确,目标也值得称赞,但许多为人父母者都能清楚,这么做是有一些难度的,而且她低估了这种难度。比如,在玛丽亚·卡罗琳娜大约6岁时,玛丽亚·特蕾莎指示家庭教师说:"我的要求是,孩子们要乖乖地吃掉给他们的食物。他们不能说喜欢吃这个,不喜欢吃那个,不能对食物挑三拣四。他们在每个周五、周六和斋戒日都要吃鱼……我的孩子们似乎都不喜欢吃鱼,但他们必须克服这个毛病,在这件事情上没得商量。"

与年长的哥哥姐姐们相比,夏洛特毫无出众之处。她不像咪咪那样精通绘画,也不像约瑟夫那样有音乐天赋。她不如玛丽亚·伊丽莎白漂亮,也不像另一个姐妹玛丽亚·约瑟法*那样迷人。她很聪明,可以轻松应付所有课业,但就是不爱用功,更喜欢和玛丽·安托瓦内特一起玩耍。事实上,夏洛特比她的家庭教师(她和妹妹共用一个家庭教师)更聪明也更有活力。玛丽亚·卡罗琳娜顽劣而不用功的态度对她的家庭教师而言是一种意志上的考验,而后者总是通不过这种考验,结果就是,这个学生的聪明才智被埋没了,无法彰显出来。正如通常大家庭中会发生的那样,有责任心的咪咪作为年龄第二大的女儿想要尽一份力,帮忙监督年轻弟弟妹妹们的行为,鼓励他们改善行为举止和学习成绩。因为她承担了这项不值得羡慕又没什么成效的权威监督工作,夏洛特和玛丽·安托瓦内特都非常讨厌她。

家庭教师不称职,父母为她设定的要求又不多(除了吃鱼这件事),因此夏洛特得到了自由成长,也就是说,她差不多有一个正常而快乐的童年。但这并不是说她没有经历过悲伤。在她10岁那年,12岁的姐姐玛丽亚·约翰娜死于天花。这种经历一定是很

---

* 要分清玛丽亚·特蕾莎的16个孩子已经很难了,结果他们当中还有一个与新任儿媳同名!为了避免混淆,我会在后文中称约瑟夫的第二任妻子为"皇后玛丽亚·约瑟法",而将他的妹妹简单地称为"玛丽亚·约瑟法",希望能帮到读者。

可怕的，因为自夏洛特出生时起，玛丽亚·约翰娜就是她日常生活的一部分，她们一起上课，一起吃饭，共同度过了童年时光。然而，玛丽亚·卡罗琳娜似乎并没有因此留下情感创伤，她母亲的人生哲学——直面人生的悲剧——可能在这方面对她有所帮助。玛丽亚·特蕾莎曾叮嘱女儿的随从们说："他们（指她那群年幼的孩子们）不应害怕疾病，你们可以随便跟他们聊聊这些疾病，包括天花。死亡也可以谈论，最好让他们能够熟悉死亡。"

但是，由于夏洛特几乎总是跟弟弟妹妹们待在一起，对她而言，家中大部分成员的喜怒哀乐似乎都发生在幕后，就像是在另一个空间。她可能知道奥地利与普鲁士之间的战争，但由于战争结束时她只有10岁，她并不理解战争的不幸结局到底意味着什么。同样的，由于她只能在宫廷成员相聚在一起的极少数时候才会见到伊莎贝拉，后者的死在她看来也许只是大人世界中一个遥远而转瞬即逝的事件罢了。夏洛特没有参加1765年利奥波德的婚礼，所以父亲去世时她也不在场；消息是在几天后由仆人告诉她的。1766年4月咪咪与阿尔伯特结婚时，夏洛特已经快14岁了，但令她失望的是，她仍然被认为太小而不允许参加庆祝活动。

也许正是因为人们一直拿她当孩子对待，她的表现也就正像个孩子，每天与总是跟在她后面的玛丽·安托瓦内特嬉戏，玩一些愚蠢的游戏，一边学习一边做着白日梦。14岁的她正处于小女孩和青春期少女之间那段懵懂模糊的时期，感觉到成人世界的动荡潮流在周围涌动，但却并不能完全理解。她就像是一个并不算出色的球员，待在更衣室里，等待有人喊她上场。

10 替补

★　　★　　★

咪咪结了婚，玛丽亚·特蕾莎确保了她最钟爱的孩子能够幸福，于是她在1766年秋季和冬季将注意力转移到了其他女儿身上，想要通过讨价还价也为她们安排好未来。正如人们所料，27岁的玛丽安娜戴上了面纱，准备进入布拉格一所著名的女修道院，该修道院出于对她王室身份（以及她母亲捐出的200万荷兰盾）的敬重，立即让她成了修道院院长。* 于是，在年长的子女之中，就只剩下22岁的玛丽亚·伊丽莎白和20岁的玛丽亚·阿马利娅的婚事需要解决了。她们两人都已有了公开的求婚者——叶卡捷琳娜大帝的前情人、新任波兰国王已提出想娶美丽的玛丽亚·伊丽莎白为妻，而玛丽亚·阿马利娅则爱上了远房表亲，茨韦布吕肯伯爵之子。

但玛丽亚·特蕾莎对这两位求婚者都不太满意，还在犹豫不决。拿玛丽亚·伊丽莎白的婚事来说吧，她不希望将女儿嫁入波兰的新王朝，从而认可对方不久前夺取波兰王位的行动。至于那位茨韦布吕肯伯爵之子嘛，如果巴伐利亚现任选帝侯死后没有留下男性继承人，他倒的确有可能继承巴伐利亚，但结果会不会真是这样还远不能确定，而且不管怎么说都是遥遥无期的事，所以根本无法为他增加什么筹码。如果不能继承巴伐利亚爵位，那他的地位和收入就都太低了，根本没有资格来跟帝国公主攀亲（阿尔伯特是个大大的例外，突破了这种门当户对的规则）。此外，撒丁国王之子，也

---

* 玛丽安娜手下的修女们不得不忍受没有上司的生活，因为她们的新院长担心自己会想家，拒绝跟她们一起住在修道院里。玛丽亚·特蕾莎无奈地对她的一个朋友说："玛丽安娜根本不想去布拉格了，而我也打算随她的意，你听到这个消息一定会感到惊讶吧。"因此，根据捐款协议的一个附加条款，玛丽安娜可以在不去修道院的情况下保留修女身份，并作为布拉格的女修道院院长留在维也纳，跟她的母亲待在一起。

就是咪咪的那个失败追求者,也是可以考虑的对象,玛丽亚·伊丽莎白或玛丽亚·阿马利娅中有一个跟他结婚也未尝不可。此外,还有一件事情让这种结亲联盟的游戏变得更加复杂了。伊莎贝拉的父亲帕尔马公爵已然去世,他的儿子此时已 17 岁,很快就要成年并继承公爵之位了。玛丽亚·特蕾莎很想让自己的一个女儿与她亲爱的伊莎贝拉的弟弟结成连理,因为这将有助于将帕尔马重新置于奥地利的影响之下。*

显然,所有这一切都有待分析、辩论和谈判,以便能够兼顾外交和国内的利益,而这当然需要时间;冬去春来,转眼到了 1767 年,还是没有任何关于这些求婚者的决定做出。相反,玛丽亚·特蕾莎全心关注的是另一桩更为重要的婚事,即她的第九个女儿、16 岁的玛丽亚·约瑟法(只比夏洛特大 17 个月)与那不勒斯国王斐迪南的结婚。两人的婚礼很快就将举行。

让战略要地那不勒斯(包括西西里岛)重回奥地利怀抱,即便只是通过联姻,在玛丽亚·特蕾莎和约瑟夫看来也属于头等大事。伊丽莎白·法尔内塞从帝国手中夺走了这一宝贵资产,给了她的长子唐·卡洛斯;结果,在奥地利王位继承战争期间,玛丽亚·特蕾莎的军队就被迫要与唐·卡洛斯的军队交战,而这也是帕尔马丢失的原因之一。但后来,就像施展了某种奇妙的政治炼金术一样,敌意忽然就变成了爱意,法国和西班牙被说服在七年战争中站在了奥地利一边,而她和唐·卡洛斯也化敌为友了。

到了 1767 年,唐·卡洛斯已不是那不勒斯国王,他在几年前

---

* 别忘了,伊莎贝拉的父亲是伊丽莎白·法尔内塞的小儿子唐·腓力,玛丽亚·特蕾莎在奥地利王位继承战结束之时将帕尔马给了他。

继承了西班牙王位，成了西班牙国王查理三世。*他把意大利南部的统治权移交给了三子斐迪南，而16岁的斐迪南正需要一个妻子，于是与奥地利联姻一事就这么定了。玛丽亚·特蕾莎因能缔结一桩如此有利的婚姻而颇为兴奋，她本打算将玛丽亚·约翰娜嫁给斐迪南，但可怜的玛丽亚·约翰娜后来却患天花而死，于是稍小于她的玛丽亚·约瑟法就只能代为出嫁了。

斐迪南的差事可不怎么令人羡慕。作为未来的君主，他显然还有诸多不足之处。他的父母在他年仅8岁时就离开那不勒斯，去了马德里，把他留给了一群年迈的顾问照顾，其处境与当初丧父的玛丽亚·特蕾莎不无相似之处。不同的是，斐迪南的辅佐者中有一个名叫贝尔纳多·塔努奇（Bernardo Tanucci）的野心勃勃的年轻大臣，他从其他人那里夺取了权力。他不想让年轻的君主将来与自己争权，于是便指使斐迪南的家庭教师，不但不好好教育这个孩子，反而用种种游戏和娱乐来诱其沉沦。

玛丽亚·特蕾莎通过目击者的叙述对未来女婿的行为有所了解，因而感到非常震惊。"除了打猎和看戏之外，年轻的国王对其他任何事情都不感兴趣；他异常幼稚，什么都不学，除了外省意大利的那些东西之外，其余一律不懂，而且还多次表现出残酷和专横的倾向。他习惯于我行我素，身边没人能够或愿意给他好的教育。"她担忧地说。"身为人母，我感到很不放心，"她对玛丽亚·约瑟法的家庭教师坦言，"我感觉自己让可怜的约瑟法成了政治的牺牲品。"不过，无辜的准新娘当然不会被告知她未来的命运。玛丽

---

* 正是唐·卡洛斯的女儿在那场因斯布鲁克的灾难性婚礼（弗朗西斯于其间去世）中嫁给了利奥波德。

亚·特蕾莎严厉地警告家庭教师："我所说的这一切必须保密，不可向他人透露。"

玛丽亚·约瑟法几乎已注定要度过婚姻不幸的一生，为了做出补偿，玛丽亚·特蕾莎想方设法满足她，让她感觉自己与众不同，以此作为地位提升的标志。妹妹夏洛特免不了会感到羡慕，因为她发现，因与那不勒斯国王订婚，姐姐的日常生活发生了巨大的变化。母亲还嘱咐姐姐的家庭教师说"早餐要按她（玛丽亚·约瑟法）的意愿每天更换。而且她还可以在早餐时吃面包，想吃多少就吃多少，固定的斋戒日除外。在斋戒日，她只能吃巧克力和四片面包，但不许吃羊角面包……平常的时候，中午和晚上可以给她足够的食物，她想吃什么就吃什么，想吃多少就吃多少，无须跟她计较。"（玛丽亚·约瑟法不用再吃鱼了！这表明，玛丽亚·特蕾莎一定对自己安排了这桩婚姻而感到非常愧疚。）她还指示说："她要尽可能多地外出，以增强体质，同时也要好好练习意大利语和西班牙语。"

此时已是1767年5月，这是一个重要的月份，5月13日是玛丽亚·特蕾莎的50岁生日和咪咪的25岁生日。不过，她们不会一起庆祝，因为玛丽亚·克里斯蒂娜婚后很快就怀上了孩子，预计就在那天左右生产。玛丽亚·特蕾莎在那一年中非常想念咪咪，其他孩子都无法取代其位置，她的孤独只有在想到女儿即将幸福地身为人母时才能得到缓解。"今天下午我就像个傻孩子一样，"她在给女儿的信中承认，"3点钟的时候，我听到你的姐妹们走过我的房间，有那么一瞬间，我还以为自己又可以见到我亲爱的咪咪了。但我很快就想了起来，你此刻正在忙于家里的事务，与深爱你的丈夫在一起。"

分娩当然是危险的，所以玛丽亚·特蕾莎焦急地等待着有关咪咪的最新消息。消息传来，情况不容乐观。玛丽亚·克里斯蒂娜于5月16日生下了一个女儿，她深情地为其取名为伊莎贝拉，但这个婴儿却染上了严重的并发症，第二天就夭折了。咪咪自己在分娩后也发起了高烧，可能是由感染导致的。情况十分危急，医生也不确定她是否能挺过来。

刚接到这份令人担忧的报告，玛丽亚·特蕾莎又得知，约瑟夫那不幸的第二任妻子玛丽亚·约瑟法皇后也感到身体不适，身为婆婆的她认为自己有责任去探望。玛丽亚·特蕾莎来到皇后的房间，一直陪着她，直到医生来给病人放血。在医生拉开病人的袖子时，她也一直待在那里，随后她和房间里的其他人就都看到了那种由天花导致的病斑。

玛丽亚·约瑟法皇后惊恐地低头看着自己的手臂，玛丽亚·特蕾莎似乎也在那一刻意识到，或许她对儿子的这第二任妻子不够友好和热情。为了安慰并给予皇后信心，她在放血过程中一直待在那里，离开时还特意吻了吻这个魂不守舍的女人。阿尔伯特后来写道："为了掩饰自己对儿媳的感情有多么淡薄，她（玛丽亚·特蕾莎）在分别时还特意拥抱了她（虽然心里并不情愿）。"

她能做的也只有这些了。天花发展得很快，约瑟夫的第二任妻子于1767年5月28日去世，离发病还不到两周时间。那时，玛丽亚·特蕾莎也感染了这种致命疾病，而且被判定命不久矣。于是，她接受了临终仪式。

阿尔伯特身处普雷斯堡，陪在玛丽亚·克里斯蒂娜床边，同时也密切关注着维也纳的事态发展。玛丽亚·特蕾莎从一开始就下了严令，不得将她得了天花一事告诉咪咪，以免女儿会因太过担心她而影响了自己的康复。她不希望咪咪从病榻上挣扎着起身，跑到她身边来。

不过，玛丽亚·克里斯蒂娜在5月底时虽然还很虚弱，却已脱离了危险。阿尔伯特知道，如果在她母亲去世之时，他们夫妻中没有一个人在场安慰她，向她表达他们的爱和感激之情，妻子是不会原谅他的。于是他在没有告诉咪咪真实原因的情况下，匆匆赶往了维也纳。

他发现岳母仍然清醒，但身体状况在迅速恶化。她已经到了生死关头。阿尔伯特进了病房，跟约瑟夫（他已经得过天花，有了免疫力）一起守在那里。两人共同守夜。所有人都认为玛丽亚·特蕾莎是活不过那一晚的。

她在天亮时仍有呼吸，但年迈的医生赫拉德·范斯维滕（Gerard van Swieten）仍然摇着头；所有人都认为她随时可能死去。但她却没有死。在50岁关头，已生养了16个孩子的玛丽亚·特蕾莎战胜了她那个时代最严重的疾病。她美丽的头发变白了，脸上也留下了可怕的疤痕，但她挺了过来。到了6月5日，她已好到可以给她心爱的咪咪写信了。她安慰女儿说："你不要因为得知我感染了天花而难过，就这样来表现你对我无限的爱和服从吧。不但不要难过，还要感谢上帝让我活了下来。"

玛丽亚·克里斯蒂娜这时的确很需要这个令人欣慰的消息，因为阿尔伯特并没有在原定计划的时间回到普雷斯堡。所谓传染病当然是会传染的。阿尔伯特在不到两周之后也得了天花。幸运的是，他的病情并不严重，很快就康复了，身上的斑痕也日渐消退。宫廷

10 替补

里的所有人都松了一口气。疫情过去了,新婚夫妇在6月底便又聚到了一起。

可后来咪咪一直没能再次怀孕,人们才最终意识到,当初那场看似后果不甚严重的天花很可能让阿尔伯特失去了生育能力。

到1767年8月,宫廷生活已恢复了常态。玛丽亚·约瑟法将在秋天启程前往那不勒斯,相关的准备工作已经开始进行了。新娘的华丽嫁妆——100多套绣花丝绸和天鹅绒礼服,许多还带有精致的手工蕾丝边——是花大价钱从巴黎订购的,已经运抵维也纳并进行了公开展示(这让当地的商贩们非常不满,因为外国的同行将这利润丰厚的生意抢走了)。约瑟夫很想游览意大利,因而自愿将妹妹送往夫家。玛丽亚·特蕾莎到普雷斯堡休养,与咪咪和阿尔伯特一起共度夏日,她可以自我宽慰说她已经尽了最大的努力,为玛丽亚·约瑟法安排了足够盛大的出嫁排场,足以配得上她作为一个显赫王国王后的身份了。现在,作为母亲的她该操办下一个女儿的婚事了。

就这样,玛丽亚·卡罗琳娜有生以来第一次得到了玛丽亚·特蕾莎的关注。由于夏洛特有着许多普通少女常见的特征,比如由荷尔蒙分泌导致的情绪波动、喜好八卦、故作神秘(更不用说常见的敏感爱生气了),这种新的关注可不一定对她的胃口。"我不想把你当成一个孩子来看待。"玛丽亚·特蕾莎在1767年8月19日写给这位第十个女儿的信中严厉地说,"你已经15岁了,如果你能够恰当利用上帝赋予你的诸多天赋,遵循任何年龄段的人都需要遵守的那些良好建议,你就会赢得家人和公众的赞许……我非常惊讶地听说……你在做祷告时漫不经心，既不敬畏也不专注，甚至是毫无热情。"她斥责道："如果你这样开始你的一天，那么接下来你什么都不会顺利……另外，你最近养成了坏习惯，对待身边的侍女态度不好……这是十分丢脸的事。你在穿衣服时还会闹脾气；这样做既不是出于疏忽，也没有任何借口……你说话的声音和方式也很令人不快。"玛丽亚·特蕾莎直言不讳地教训她说："你必须付出比别人更多的努力来改正……你必须勤奋地学习音乐、绘画、历史、地理、拉丁语和其他课程。千万不要游手好闲，游手好闲对谁都没有好处，对你来说更是如此。你必须时时有事可干可想，才不会跑去玩幼稚的小把戏，说各种不恰当的话，总想找一些既不合宜又不合理的乐子。我现在要把你当作一个成年人来对待，所以我告诉你，你将与你的妹妹（玛丽·安托瓦内特）完全分隔开。我不许你再跟她搞什么小秘密，或者一起胡扯；如果小家伙再来找你，你只需不予理睬或告诉侍女们就行了。所有恶作剧都要立即叫停，因为所有这些暗地里的闲聊无非就是在说你邻居、家人或侍女们的坏话。我警告你，你会受到严格的监管……你要多跟你的姐姐阿马莉在一起，不要再像孩子一样好打听了，那让每个人都很烦，管好你自己的事，少管别人的事……明年你就有你姐姐约瑟法现在这么大了……你跟在阿马莉之后。"她严厉地提醒夏洛特，还换掉了她以前的家庭教师，换成了教导玛丽亚·约瑟法的那位，用这种方式把夏洛特和玛丽·安托瓦内特分隔开来，玛丽·安托瓦内特仍然由以前的保姆照管。

从这封信的内容，特别是更换家庭教师的行动来看，玛丽亚·特蕾莎很可能已经决定要让夏洛特去做帕尔马公爵未来的新娘了。夏洛特的年龄与伊莎贝拉的弟弟相配，她的新家庭教师也会说意大利语和西班牙语，而这是做帕尔马公爵夫人必须要会的两种语言。此时的确该促成夏洛特和帕尔马公爵的结合了，毕竟她姐姐们的联姻事宜都差不多已经敲定。将玛丽亚·伊丽莎白嫁到撒丁王国的谈判正在进行（叶卡捷琳娜大帝在得知波兰国王的求婚后表示强烈反对，不想让她昔日的情人娶一位年轻貌美的女大公为妻，因此两人的结合已不再可能）。同时，对于16岁的帕尔马公爵来说，21岁的玛丽亚·阿马利娅显然年龄太大了，说实话也太成熟老练了。*

意大利中部地区对玛丽亚·特蕾莎来说之所以重要，只是因为它原本就属于她的家族。帕尔马本身只是一个微不足道的公国，既不富裕也不显赫。它是为西班牙王朝的一个庶系分支装门面的拼凑地盘，没有人愿意到那里去生活。因此，即便夏洛特不照母亲的嘱咐改善自己的举止言谈，也没有必要担心——在帕尔马这样的穷乡僻壤，这些根本不重要。

不知道年轻的收信人在读到这封充满责备的信后作何感想，不过夏洛特终究还是暂时逃脱了母亲的关注，因为玛丽亚·特蕾莎从普雷斯堡回来后就再次把注意力转到了与那不勒斯联盟的事情上。1767年9月8日，在霍夫堡宫举行的一个仪式上，那不勒斯使节们代表斐迪南国王正式表达了向玛丽亚·约瑟法求婚的意向。他们的请求被欣然应允，两位新人正式订婚，送亲队伍定在下个月启程前往那不勒斯。10月4日，为了准备出嫁，玛丽亚·特蕾莎决定让玛

---

* 玛丽亚·特蕾莎显然仍在考虑是否让玛丽亚·阿马利娅像咪咪那样选择自己所爱的人结婚：关于那位在政治和经济上都不太具有竞争力，但却很迷人的茨韦布吕肯伯爵之子，她还没有做出决定。

丽亚·约瑟法最后一次去往家族陵墓，在已故父亲的墓前祈祷。

皇家陵墓位于卡普钦教堂地下，离霍夫堡宫殿不远。鉴于其位置和功能，我们可以想见，周遭环境是极其阴冷昏暗的。"我曾不止一次地参观过这个地方，每次都感觉那里既庄严又阴郁。"一位在当时访问过维也纳的英国史家评论道，"这个陵墓，或者不如说是地下墓穴，面积相当大；光线可以照进去，但有些地方光线不足。一个多世纪以来的所有皇帝、皇后和他们的男女子嗣的棺椁都并排摆在那里。"

玛丽亚·特蕾莎每年都会去陵墓中为弗朗西斯的灵魂祈祷，但这次她坚持要玛丽亚·约瑟法一起去，好让她"最后一次在亲人的墓前祈祷"，英国史家是从众多宫廷成员和当地居民那里了解到事情原委的。玛丽亚·约瑟法"极不情愿参加这一凄凉的仪式，但女皇坚持要她去。那位公主徒劳地恳求着，说自己怕得要命，（但）玛丽亚·特蕾莎却态度强硬，毫不通融"。*在别无选择的情况下，这位16岁的那不勒斯未来王后还是屈服了，虽然"人们都说，她在登上去教堂的马车时泪流满面，而且一边在墓室中祈祷一边瑟瑟发抖。不管这些说法是否有所夸大，可以肯定的是，她回到皇宫后几乎立刻就病倒了。之后不久，天花的症状就开始显现……尽管得到了各种医治看护，她还是于1767年10月15日去世了，这一天正是她预定要动身前往那不勒斯的日子"。英国史家悲悯地写道。

令人震惊的是，这个故事的大体轮廓是真实的。玛丽亚·特蕾莎确实坚持让女儿到陵墓祈祷，而玛丽亚·约瑟法也确实在回来后几乎立刻就患上了天花，不到两周就去世了。所有维也纳人都确

---

* 不得不说，这很像玛丽亚·特蕾莎的作风。

信，她是因为接近了她的嫂子，也就是约瑟夫第二任妻子的腐烂遗体而感染天花的。那位史家写道："大家都想到，那时距离皇帝的第二任妻子玛丽亚·约瑟法皇后去世并葬入这同一墓地才4个月，而且还是一年中最热的4个月。众所周知，害死皇后的天花病毒极其恶劣，导致无法对尸体进行防腐处理。许多人坚持宣称，即便采取了所有预防措施，他们仍能闻到尸体的气味。"玛丽亚·特蕾莎当然也这么想，并且因女儿的死自责了一辈子。她在1771年10月4日悲哀地给咪咪写信说："就是在4年前的今天，约瑟法和我一起去了墓地，然后就感染了天花。"*

伤心事并没有到此结束。宫廷还未从玛丽亚·约瑟法去世带来的震惊中缓过来，24岁的玛丽亚·伊丽莎白又在参加完一场妹妹的安魂弥撒后病倒了。据说，当第一处狰狞的斑点出现，玛丽亚·伊丽莎白就明白自己将要面临什么了，她对着镜子看了最后一眼，"这是在向她那备受人们夸赞的美貌告别，她明白，等到下次再照镜子时，自己的相貌将发生极大的变化"。她很有先见之明。尽管玛丽亚·伊丽莎白最终侥幸逃过生死劫，但她却是带着极为严重的疤痕走出病房的。当她容貌受损的消息传出后，撒丁王国的宫廷突然就退出了婚姻谈判。

宫廷在这种双重打击下陷入了痛苦不安之中，但这并没有妨碍

---

* 玛丽亚·约瑟法不大可能真的是在墓室里染病的，因为天花的潜伏期通常至少为一周。她很可能在进入墓室时就已经患病了。（维也纳那年爆发了这种传染病，延续了整个夏天和初秋；这种疾病从未真正离开过这座城市）。这也就解释了她会在墓室里瑟瑟发抖的原因——当然，那里阴冷潮湿的空气对她没有任何好处。此外，据说墓室里散发着恶臭（难怪她恳求不要去！），这说明里面的卫生条件并不尽如人意，这也可能导致了病毒在普通民众中的传播。

政府，尤其是考尼茨伯爵，积极地想要通过联姻来促进奥地利在意大利的利益。玛丽亚·约瑟法的去世和玛丽亚·伊丽莎白的毁容只是突显了婚姻安排的紧迫性而已，毕竟曾经数量过剩的未婚女大公现在已经所剩不多了。人们必须尽快就作为替代的新娘人选达成一致，然后将她们送往那不勒斯和帕尔马，以免在定约完婚之前又有人生病。

因天花和年老而变得衰弱的玛丽亚·特蕾莎只能照此而行。玛丽亚·约瑟法刚去世没几天，她就指示驻西班牙大使向查理三世通报了预定的奥地利儿媳不幸逝世的消息，并且秘密询问查理三世是否接受让逝者的一个妹妹来代替其位置。她亲自给国王写信说："陛下惠表结亲之愿，而我自然同样渴求于此，因而我很愿意将剩下的其中一个女儿嫁出，以此弥补我们共同的遗憾。我现在有两个合适的女儿，一个是阿马莉女大公，她很漂亮，而且健康状况良好，有希望生下众多子嗣（玛丽亚·特蕾莎显然很想让对方选择阿马利娅，因为她认为成熟稳重的玛丽亚·阿马利娅远比笨拙的玛丽亚·卡罗琳娜更适合当那不勒斯这样显赫王国的王后）；另一个是夏洛特女大公，她的健康状况也很好，比那不勒斯国王小1岁又7个月左右。陛下可以在她们两人之间自由选择。"查理三世是无所谓的，但他的儿子却很在意；斐迪南发现玛丽亚·阿马利娅已经是一个22岁的老女人了，他拒绝娶一位比自己大这么多的公主，请求父亲将更年轻的女大公嫁给他。*

---

* 后来有人说，当玛丽亚·约瑟法的死讯传到那不勒斯时，斐迪南心情极差，不是因为他失去了新娘，而是因为宫廷因此要哀悼，导致当天他不能外出打猎。为了让国王心情好一点，仆人们组织了一场娱乐活动：一个长相英俊、身材纤细的年轻人用巧克力在脸上点了一些斑点（搞得像得了天花一样），穿上新娘礼服，躺在尸架上；其他人抬着他模仿下葬的队伍，在斐迪南最喜欢的波蒂奇宫周围巡行，而兴致勃勃的年轻国王则作为带头哀悼者在前面领路。

10 替补

夏洛特或许不懂事，但却并不愚蠢。虽然有100套华丽的礼服——没有必要浪费这套完美的妆奁——她却完全不想跟那不勒斯国王有什么瓜葛（虽然她还未听说他搞的那场丧葬表演）。"这位年仅15岁的小公主正因两个姐姐的新近去世而惶惶不安，对于嫁给这位奥地利极想结盟的君主一事表现得极为不情愿。"那位英国史家写道，显然他认为公主的抵制不无道理。然而，尽管夏洛特恳求说想要留在家中，但她却是完全无法做主的——一个大国君主的女儿还能指望什么呢？——她的命运已定。"母亲的坚决态度，以及考尼茨亲王的说辞和劝诫，迫使她不得不服从。"那位史家写道。

1768年4月17日，就在姐姐玛丽亚·约瑟法忽然去世6个月后，惊恐而无助的夏洛特由人代理与那不勒斯国王举行了婚礼，并在当天启程前往意大利。她甚至都未能得到哥哥约瑟夫的一路陪伴，虽然后者答应将在下一年去看望她。天花肆虐带来的一个好结果是，玛丽亚·特蕾莎终于允许家里人尝试接种预防了，约瑟夫也决定留在维也纳见证这一实验。一位荷兰医生作为该领域的专家应邀来到维也纳，夏洛特的弟弟斐迪南和马克西米利安，以及皇帝自己6岁的女儿小特蕾莎都将接受接种。约瑟夫不想在孩子安全接种之前离开她。*

于是，夏洛特在一队符合其身份的随从护送下，带着母亲写下的一封长长的劝导信和一个侍女上了路。15岁的夏洛特的苦恼是可以想见的。玛丽亚·卡罗琳娜从小就过着像修道院里那样严格而

---

* 事实证明，接种进行得极为成功，玛丽亚·特蕾莎变成了接种预防的坚决支持者。她让专家留下来培训当地医生，为了在市民中推广这种方法，她还出资为65名贫困家庭的孩子施行接种。小特蕾莎写信给外曾祖父路易十五说："亲爱的外曾祖父，我知道您是爱我的，因此我要告诉您，我的身体非常好。我只长了50个痘痘，这让我很高兴。"

贞洁的生活，认识的男孩只有自己的兄弟。她前一年还在和12岁的妹妹嬉闹玩耍，如今却不得不参与成年人之间令人困惑的亲密行为，以取悦自己从未谋面的丈夫。

玛丽亚·特蕾莎本人也曾坚持寻求爱情，如今竟然会允许这样的事情发生，这实在可惜可叹。这表明她的职责、她所经历的战争，甚至可能还包括她对自己婚姻的失望，一起促使她变得无情了。毫无疑问，她会告诉自己说，这样做是最好的，通过将夏洛特推上那不勒斯王后之位，她能够让女儿过上显赫的一生。但在某种程度上，她一定对自己将玛丽亚·卡罗琳娜托付给一个如此不可靠的丈夫而感到不安，因为她在女儿的婚约上加入了一项特别条款，该条款虽然无法确保女儿的周全，却为她提供了一根救命稻草。玛丽亚·特蕾莎要求在婚约中写明，如果夏洛特为那不勒斯国王生下一个男性继承人，她就能在国王的御前会议中占据一席之地。这样的一项条款是极不寻常的。

但这对当时她那垂泪的女儿来说肯定算不上什么安慰，她像依恋生命那样依恋着自己的家人，尤其是她的妹妹玛丽·安托瓦内特，可最终却不得不在拥抱后与他们分离，登上庄严的马车，走入维也纳狭窄的街巷，然后从那里被送往意大利。

11

那不勒斯王后
Queen of Naples

> 尽量跟你的丈夫待在一起。一开始你会觉得不自在或无聊,但却可以因此在余生中获得平静。
>
> ——玛丽亚·特蕾莎致玛丽亚·克里斯蒂娜

路途遥远,但送亲队伍走得很顺利。1768年4月29日,离开维也纳还不到两周,夏洛特就抵达了佛罗伦萨,来到了她的哥哥托斯卡纳大公利奥波德及其家人所在地。

此时的利奥波德已经是一个21岁的已婚成熟男子了。他和妻子玛丽亚·路易莎(她是玛丽亚·卡罗琳娜丈夫斐迪南的姐姐)结婚还不到三年,已经有了两个孩子,包括在2月12日出生的儿子,他们为他取名为弗朗西斯。小王子在佛罗伦萨出生的消息是在深夜传到维也纳的,玛丽亚·特蕾莎听闻孙子(家族中第一个)出生的消息后非常激动，穿着睡袍就跑出了卧室，来到宫廷剧院，打断了正在进行的演出，宣布了这一消息。"波德尔（利奥波德在家中的昵称）有儿子了！"她倚在皇室包厢的栏杆上向观众们喊道，"而且是在我的结婚纪念日这一天，就像是一种纪念，是不是很棒？"

离家这么多天后，看到熟悉的面孔，夏洛特感到非常欣慰。虽然他们在成长过程中关系并不特别亲密，但她很喜欢也很钦佩这位帅气的哥哥，他身上散发着自信的光芒。维也纳太远了，利奥波德从这时起已成为离她最近的亲人，二人相距约300英里。她需要他。

利奥波德很好地认识到了这一点，并将妹妹置于自己的保护之下。他和玛丽亚·路易莎留她在佛罗伦萨住了几天，带她四处参观，然后又亲自护送她去见她的丈夫。在此期间，利奥波德竭尽全力教导她，让她做好成为统治者的准备。他在给母亲的信中严厉地说："她还太年轻，恕我直言，她还没有接受过成为那不勒斯王后的教育。她从未想过会成为王后，从小到大受的教育也不是最好的。冯·布兰迪斯夫人（夏洛特的第一任家庭教师）……没有教导她必要的为人处事之道，她也不知道该如何教导。我可以向您保证，王后（夏洛特）自己也很清楚这些，只要她能在冯·勒肯菲尔德夫人（新任家庭教师）身边多待上一年，很快就会产生明显的变化。"

妹妹显然需要有人教导，于是利奥波德亲自承担起责任，将有关君王之道的一些细微知识传授给她。他们在一起的时间并不长，因此这只能是一种速成训练。托斯卡纳大公和他的哥哥约瑟夫一直保持着联系，而且和他一样接受了德尼·狄德罗和百科全书派所宣扬的那种新的开明哲学。他对玛丽亚·卡罗琳娜宣讲，君主应借助理性和科学来改善臣民的生活。他还向她推荐了一些书籍，并鼓励她写信给他和约瑟夫来寻求建议。

他们持续一生的书信往来就此开始。很久以后，夏洛特会证实这种指导的价值。"我学了很多种语言，包括希腊语和拉丁语；我与两位德意志哥哥约瑟夫和利奥波德一起学习了文学和哲学；我变得思想开放、性格坚强，而且和我的哥哥们一样渴望改革……以便增强王国的国力。"她简略地写道。

当然，在把这位年轻的新娘交给她的丈夫之前，利奥波德在这短暂的旅途中所能做的并不多。他们越是接近那不勒斯，夏洛特就越是焦虑。"她常常感到不安，几乎不知道自己在说什么。"利奥波德忧心忡忡地向维也纳汇报说，"她非常不耐烦，又爱发脾气，但很快就好了……她在公开场合表现还行，就是有点儿孩子气……一切要看她和谁打交道。"在写给如今正负责照管玛丽·安托瓦内特的冯·莱兴费尔德伯爵夫人的信中，夏洛特那日益增长的痛苦表现得非常明显。"我很好，但心里很难过，因为我离目的地已经很近了，"她绝望地说，"我们将在三天后到达泰拉奇纳，在那里（与随行人员）分别，再走19或20个小时就可以到达卡塞塔。我比以往任何时候都更渴望回到祖国，想要再见到我的家人和亲爱的同胞。请转告我妹妹（玛丽·安托瓦内特），我深爱着她。"在另一封写给这位家庭教师的信中，夏洛特说："请把我妹妹安托瓦内特生活中的一切细节都写信告诉我，她说了什么，做了什么，甚至是她想着什么。我恳求您一定要好好爱她，因为我非常在乎她。您对她好就是对我好。相信我，您的工作会给您带来光荣，并且会提高和扩大您已有的声誉。"

但时间不等人，它无情地流逝着。三天过去了，几乎处于歇斯底里状态的玛丽亚·卡罗琳娜不得不告别侍女和其他随从，因为他们不会跟随她进入那不勒斯。只有利奥波德（他担心她会崩溃）和玛丽亚·路易莎继续陪着她，跟她一起进入新王国。

三人在1768年5月12日抵达边境对面的波特利亚达，那不勒斯国王正在那里等着他们。斐迪南比夏洛特大了不到两岁，是个呆头呆脑的少年，身材瘦长；据约瑟夫（他在第二年年初如约来访）说，他身高约5英尺7英寸，鼻子很大，手脏兮兮的，头发又黑又乱。按照礼节，夏洛特必须在两人见面时行一个深深的屈膝礼，亲吻国王的手，然后再由国王把她扶起来。这一幕过后没多久，斐迪南就把她塞进了另一辆马车，然后跳上车坐在她身边，开始了去往宫廷正式驻地卡塞塔王宫的漫长旅程。托斯卡纳大公夫妇被邀请参加婚礼并短暂逗留，二人乘坐另一辆马车跟在后面。于是玛丽亚·卡罗琳娜得以有了一段不短的时间，在一个狭窄的封闭空间里熟悉她未来的主人。但这番熟悉似乎并未让她的心情放松下来。

约12小时后，迎亲队伍抵达卡塞塔，迎接他们的是一小群那不勒斯高级官员、朝臣和外国政要。斐迪南和玛丽亚·卡罗琳娜当晚就在宫廷小教堂的烛光下举行了一场午夜婚礼。新娘面色苍白，但举止镇定。她明白自己的责任。

二人显然当晚便同房了。夏洛特明显还太小，受不了这种行为，她感到自己遭受了羞辱和侵犯。"我明确地告诉你，我宁愿死，也不想再受当初那种罪。"这位那不勒斯的新王后后来在写给家庭教师的信中谈到她的新婚时光，"现在一切变得都还可以忍受了，因此我才会说出来，而且我的话毫无夸张的成分。如果不是我的宗教信仰要求我'心怀上帝'，我早就自杀了，那个星期我就像活在地狱里一样，我真想死。"

新郎对新婚之夜的反应就没那么强烈了。"她睡得像个死人，出汗出得像头母猪。"斐迪南在次日早上对家里人说。*

玛丽亚·卡罗琳娜在那不勒斯的新生活就这样开始了。

夏洛特嫁入的这个王国囊括了罗马以南的全部意大利土地，还包括西西里岛，因此也被称为两西西里王国，这是欧洲最令人垂涎的王国之一。作为王后，玛丽亚·卡罗琳娜如今统治着400多万臣民，占意大利总人口的四分之一。仅首都那不勒斯就有40多万市民，是欧洲第三大都市，仅次于伦敦和巴黎。相比之下，她的哥哥利奥波德所统治的托斯卡纳地区仅有100多万居民，而佛罗伦萨仅有8万人。

然而，让这个王国显得与众不同的并不是它的面积，而是它的异域风情和无可否认的繁荣。王国首都那不勒斯城附近有仍在活动的维苏威火山，还有古代废墟（更不用说阳光明媚的海滩和无处不在的冰淇淋店了），因此享有盛名，与巴黎和罗马一起成了大量富裕的欧洲文化观光客"壮游"行程的必去之地。就连见多识广的观察家，著名的歌德，也被这个南方国度的魅力所吸引。"初看起来，那不勒斯给人的感觉是自由、欢快且活泼。"他写道，"无数人在这里来来往往……人们尽可以谈论、记述和描画它，但真的来到这里的感觉超乎一切。海岸、溪流、海湾、维苏威火山、城市、郊区、

---

* 可怜的夏洛特。换成是我，我也会装睡。

城堡、天空……那不勒斯就是一个天堂，在这里，每个人都生活在一种陶醉的忘我状态中。我也是如此，几乎忘却了自我。"他充满敬畏。

如此显赫的王国自然需要有一座足够豪华的王宫，而且最好能够躲开维苏威火山的爆发和任何可能闯入首都港口的敌方军舰的炮火。因此，夏洛特结婚时仍在建设中的巨大卡塞塔宫才会被选为王室的驻地。卡塞塔位于离那不勒斯城16英里的内陆平原上。当斐迪南的父亲在十年前买下这块土地时，那里还几乎没什么建筑，但这并不妨碍国王派人到罗马去，找来了意大利最著名的建筑师，还为他提供了最好的建筑材料和一支由技工、木匠、手艺人和劳工组成的队伍，责成他修建一座新的王室园林。该建筑的总体美学构想就是：超越凡尔赛宫。

建筑师牢记国王的指示，设计出了这座宫殿式宅邸的蓝图，其规模在一切可能之处和各个方向上都超过了太阳王的那座宫殿。卡塞塔庄园拥有比凡尔赛宫更多的房间，其中的厅堂更大，建筑更高（五层），平均每平方英尺内拥有更多的圆柱、拱门和雕像，就连大理石楼梯也比法国那座宫殿里的楼梯更宽、更气派（这使得人们爬起来都有些费劲，除了那些最健壮的人之外）。这里的确没有镜厅——那不勒斯的绚烂阳光无须镜子来增强——但装饰却极尽奢华。"宫殿内部到处都是珍贵的大理石，装饰着由当时最著名的雕塑家和画家创作的雕像和绘画；有镶嵌木工装饰、灰泥造型、水晶饰品、湿壁画，以及大理石铺就的地面和马赛克镶嵌地板，此外还有各种珍贵的宝石。"当时的一位编年史家如是说，"它三面是广场或院子，第四面则面向一个巨大的花园，那里有着各种方尖碑、雕像、大理石台阶，以及许多饰有人物造型的喷泉。一条溪流从高处突然落下，然后逐渐流淌到一个湖中。"

这条光彩的溪流出现在这里绝非偶然。卡塞塔缺乏足够维持一个宫廷生活需要的自然水源，因此必须引水过来。建筑师最杰出的成就无疑是在高山上建造了一条以罗马水渠为蓝本的巨大石渠，横跨20多英里，将水从高处收集并输送到了低地。建筑耗时近12年，但在夏洛特抵达时已接近尾声，这项工程给周围土地带来的好处是毋庸置疑的。几年后，歌德来到此地，他对卡塞塔王宫周围郁郁葱葱的景象赞不绝口，他惊叹道："宫殿选址非常好，位于世界上最肥沃的一处平原上，花园则依山而建。一条水渠从山上引下整条河流，为宫殿和整个地区供水；有时，整条河流的水会被引到一些人工布置的岩石上，形成壮观的瀑布。花园布置得非常漂亮，与这个本就被认为是花园的地区相得益彰。"

夏洛特每天清晨醒来看到的就是这样的景色，她是这座宫殿的女主人。维也纳可没有这样的奢华之处。卡塞塔宫华丽的房间宽敞庄严，高耸的天花板被漆成绚丽的宝石色，地面铺着马赛克和拼成花格的大理石，许多超大的门敞开着透进光线。与这里相比，霍夫堡宫显得既阴暗又狭窄。即使是她最近避暑的美泉宫花园，也无法与这里壮丽的瀑布和迷人的风景相媲美。"这个国家处于意大利最南端气候宜人的地区，征服世界的罗马人曾在这里的海岸休憩，享受其他任何地方都无法企及的奢华，而且罗马的伟大和希腊的光荣仍然残留于此。在这里当国王的斐迪南享受着凡人难以企及的幸福。"一位到访的英国男爵夫人曾发自内心地评论道。如今，斐迪南所拥有的一切也都是夏洛特的了。

★　★　★

这位那不勒斯新王后没用多长时间就看出了丈夫在受教育和性格上的缺陷。"他长得很丑，但习惯就好了。"她在婚后不久写道，"最让我恼火的是，他竟认为自己既英俊又聪明，而实际上他哪样都不占。"

实际上他还是个孩子。他已17岁，却还在玩木偶和玩具兵。他把橘子酱放进客人的帽子里，等到客人戴上帽子，果酱从脸上流下来或粘在头发里，他就哈哈大笑。最让他开心的事莫过于和仆人们打闹，因为这些仆人们懂得假装，被他轻轻一碰就猛地倒下。他打猎时会把死鸟放在口袋里。他会把老鼠养在宫殿的笼子里，放它们出来给人添乱，只要看见女人就跑过去往她们身上丢这种啮齿动物。他随时需要娱乐，就连上厕所也是如此。约瑟夫曾在1769年春天来访，当时斐迪南18岁，他在写回维也纳的信中提到了这一令人难忘插曲："他坐在马桶上也要人陪着……我见到他时他就坐在这样的宝座之上，裤子已经褪下，身边围着五六个随从、内侍之类的人。我们聊了半个多小时，要不是一股难闻的臭味让我们相信一切该结束了，我相信他还会继续坐在那里的……他甚至还想给我们看看他拉出的那些东西；他能二话不说，裤子都没提上便拿着便桶追逐伺候他的两个人，那两人被他追得到处跑。我悄悄地走开了。"

他并不是智力有问题，而是发育受阻，原因是缺乏父母的监管并为宫廷中的谄媚所害。一个英国使节直言不讳地说："他现在就像英国的十岁学童那样。"夏洛特与其说是一个妻子，不如说是一个外国来的互惠生。

但问题远不只是幼稚。斐迪南不喜欢读书，也不想管事。他唯一的行政任务就是每周给父亲写一封信，耗时一般不超过 15 分钟，因为他通常只写几行字，吹嘘他在前一天的狩猎中打到了多少猎物。于是他的首席大臣塔努奇便成了政府的掌管者，表面上是按照马德里的查理三世的指示进行治理，实际上往往是自行其是。在极少数不得不参加政府会议的时候，这位那不勒斯国王也只会按照塔努奇的指点行事，同意他所主张的一切。夏洛特的丈夫甚至都不想在自己政府的公告上签字；塔努奇让人刻了一个国王签名的印章，放在自己的办公室里。这位大臣不仅掌管着公共事务，还控制着国王的私生活。就算夏洛特和斐迪南想要在花园里用餐，也必须事先征求塔努奇的同意。

夏洛特以前根本没见过这种事。她的哥哥们是不可能被允许像斐迪南这样行事的。至于她母亲的一位大臣在无人监督的情况下管理国家（更不用说干涉君主的私人生活，规定其在何处怎样用餐了），那简直是不可想象的。显然，一场彻底的改变势在必行。

玛丽亚·卡罗琳娜年纪虽小，却足够聪明，她明白不能操之过急，自己首先必须赢得丈夫的爱和信任，因为如果丈夫与她作对，她就什么都做不成。幸而这并不难办，宫廷里的每个人都知道，斐迪南特别爱听谄媚奉承的话。于是，夏洛特做了在她之前无数女人都做过的事：假装。"我必须向您和盘托出，我承认，我并不爱他，只是履行作为妻子的责任而已，但我会尽我所能地让他以为我深爱着他。"夏洛特在写给家庭教师的信中这样说。她在最开始显然过得很艰难，尤其是在房事方面。她坦率地承认："这简直是在受折磨，而且还因为总是要假装快乐而更糟。"

这种虚情假意不会随着天亮而结束。玛丽亚·特蕾莎在玛丽亚·卡罗琳娜离开维也纳时交给她的那封长信中嘱咐女儿,要她"盯紧他,只要他愿意让你跟着,你就跟着"。这意味着夏洛特几乎每天都要在外面坐上几个小时,无聊地欣赏那不勒斯国王打猎,就像一个尽职尽责的家长陪着孩子进行无休无止的足球训练,为其加油打气那样。(来访的约瑟夫曾难以置信地表示,鹿竟然被圈在那么小的区域里,狗很容易就能追上,而野猪等较大的猎物则被仆人用绳子捆住,带到斐迪南面前,然后再由他将它们射杀。"国王的枪开得相当随意,我觉得他就算射到了挡路的人也不会太在意的。"皇帝如是说。当时他小心地躲到了远处。)晚上,为了在丈夫睡觉前逗他开心,王后和其他宫廷成员会玩蒙眼摸人和躲猫猫的游戏。约瑟夫也应邀参加了这种最受欢迎的娱乐活动,他说:"在整个游戏过程中,国王随意打人,不加区分地拍打女士们的屁股……他时时都在跟女士们撕扯搂抱,女士们也已经习惯,不断被扯得躺倒在地。这样的游戏让国王兴高采烈,不住地哈哈大笑。他从来都是大喊大叫,而且声音刺耳,就像是在用尖锐的假声说话,人们很容易就可以从千百个人里辨识出他的声音来。"皇帝对此十分厌倦。

此外,斐迪南还会像个烦人的小弟弟那样,藏起夏洛特的某样东西——比如一件衣服——然后让她去找,找到后才发现已经被他给毁掉了。他讨厌礼貌规矩,如果被迫遵行,有时就会对身边的人拳打脚踢,甚至连外国使节和手下的大臣也不放过——他倒不是想伤人(虽然有时的确会伤到人),只是简单在发脾气而已。在看到他的这种行为之后,约瑟夫问夏洛特斐迪南是否打过她,她承认自己也挨过打,但并不严重。这时的她已经完全不害怕自己的夫婿了,她告诉哥哥说,国王既不残暴,也不邪恶,他只是不懂事而已。"他就是个大傻瓜。"这就是她对丈夫的评价。

事实上,她已经赢得了斐迪南的爱慕和钦佩,也懂得如何驾驭他了。约瑟夫说:"他会当着我的面非常温柔地爱抚她,甚至眼里充满色欲。"那不勒斯国王为娶到这样一位年轻貌美的妻子而感到自豪,这种自豪之情鲜明地表现在,他想要让她穿低胸的衣服,以便展示其胸部。他并不把夏洛特的智慧和力量看作一种威胁,因为她已成功地让他相信,这些优点完全是服务于他的。因此,他觉得夏洛特的聪慧机智、得体的举止和更好的教养都让他脸上有光。他会向宫廷中的人们夸耀说:"我的妻子无所不知。"

成问题的不是她的丈夫,而是手下的那位大臣。塔努奇惯于操纵斐迪南,威胁他如果不按照自己的政策行事就会向其父告状,他将玛丽亚·卡罗琳娜看作是自己潜在的竞争对手。"他就是个答尔丢夫*。"约瑟夫在跟这位大臣见面之后提醒她说,"他表面上似乎谦恭有礼,在可能引人非议的小事上谨言慎行,在其他时候却是个无赖……他会在父子之间搬弄是非,两边都奉承,把两人都蒙在鼓里,他自己则从中谋利。"

由于是远道而来,约瑟夫的访问可以说相当短暂——只有9天——但这位皇帝已经受够了,他迫不及待地想要从妹夫那里离开。玛丽亚·卡罗琳娜(她可没那么容易逃脱)在他离开时痛哭不止,斐迪南(从来都是个长不大的烦人货)则模仿她哭的样子来嘲笑她,因此约瑟夫在离开前做的最后一件事就是痛斥那不勒斯国王,告诫他应体谅妻子的感受。

尽管待的时间很短,皇帝的观察也足以让他看到,夏洛特已

---

* 答尔丢夫:莫里哀名著《伪君子》中的主人公,是个伪善的教会骗子。——编者注

适应了环境，从而找回了自己的力量和目标。在这不到一年的时间里，他的妹妹已经展现出了自己的机智，并且正在尽其所能掌控自己的命运。"国王……即使他过去没有被忽视，也不可能成为卓越之士……但我不认为他会变得更糟糕，而我妹妹也过得很满足。"约瑟夫在离开后不久，写信宽慰玛丽亚·特蕾莎说，"她（玛丽亚·卡罗琳娜）沉迷于宫廷的富丽堂皇、人们给予的尊荣、美丽的风景以及她能享有的自由，她会越来越习惯，我觉得她会过得很好的。"他自信地预言道。

事实证明，约瑟夫的预言是正确的。尽管她的丈夫有很多缺点，但夏洛特却在两年内从一个忧郁思乡的少女蜕变成了一个充满活力、自信满满的少妇，轻松地扮演起了这座华丽宫廷女主人的角色。

她的职责大多是礼仪性的，这至少在一开始对她帮助很大。那不勒斯是一个节庆之城。她的臣民们，从地位最高的贵族到鱼贩，都希望能定期观赏一番华丽壮观的场面，而王后年轻气盛，也想要体验她在维也纳时曾渴望观看却通常无法参与的夜生活和盛大庆典，因此很愿意满足人们的愿望。玛丽亚·卡罗琳娜的母亲当初认为她年纪太小，连哥哥姐姐们的婚礼都不许她参加，而作为王后的夏洛特如今却在举办持续到黎明的奢华假面舞会，经常出入所有那些最为时尚之处，以王室的荣光为音乐会和戏剧表演增光添彩，接待众多涌入这个意大利南部王国的外国学者、政治家和社交名流（仅英国游客每年就为那不勒斯带来约 5 万英镑的旅游收入），并让众人在此迷醉。有位来访者是一个英国妇女，她于 1771 年 1 月 25

日被介绍给当时 18 岁的王后。她后来在写给朋友的信中对王后进行了生动的描述，我们可以由此窥见夏洛特发生了多大的变化，与当初那个在婚后几周里痛苦啜泣、夸张地想要自杀的 15 岁少女相比已有了多么大的不同。"王后陛下是个美丽的女子，拥有我所见过的最美、最通透的肤色。"这位旅行者说，"她的头发是我极喜欢的那种有光泽的浅栗色……一双眼睛又大又明亮，是深蓝色的，眉毛很端正，比头发颜色更深，她的鼻子很挺，嘴很小，嘴唇非常红润……她的牙齿洁白整齐，笑的时候出现两个酒窝，这给她的整个面容增添了一丝甜美。她的身材非常完美。"她痴迷地说："我太喜欢这个美人儿了，我不能再多谈她了……免得占去太多篇幅。"这位英国女士对斐迪南的印象可就没么好了。"不要期待我向你描述国王的尊容，"她在信中说，"我只能说，他可没有王后那么好看。"

当晚的活动是在宫廷剧院中举行的盛装舞会，这位来访者欣喜地发现自己也在受邀之列。她在信中写道："除了王后认为适合接待和交谈的人……才能被允许进入；那不勒斯许多贵族，甚至包括公爵，都只能在上层包厢观看舞会。"夏洛特带头跳舞，随意挑选自己的舞伴。然后，"到了 12 点，王后摘下面具，所有人也都跟着摘下面具……所有的廷臣都围着她，她则以最亲切的方式伸出手，让所有人屈膝亲吻。"晚餐上来了，开始是"通心粉、奶酪和黄油……另外还有各种鱼类、烩肉、野味、煎肉和烤肉、佩里戈尔馅饼、野猪头等。甜食堆成了小山……包括各种蜜饯、饼干、冰巧克力，以及各种各样的冰镇水果、奶油之类。王后只吃了两样东西，那是由她的德国厨师专门为她准备的。"饭后，众人又来到宫殿的另一个大厅里喝餐后酒。这位来自英国的女士惊叹道:"这个厅堂布置得就像巴黎的咖啡馆,靠墙全是架子,上面摆放着各种甜酒和希腊葡萄酒。厅内还有几张桌子,桌后站着穿白色马甲、戴白色帽子的年轻人,他们负责上咖啡以及各种各样的其他茶点。"

欢乐的气氛并不仅限于卡塞塔王宫。所有那不勒斯人都可以参观壮观的马车游行,届时包括王后车驾在内的许多豪华马车将有秩序地驶过首都的主干道之一科尔索街。"那不勒斯人上演了令外来者惊叹的壮观场面。"英国妇人对友人说,"马车经过彩绘、镀金和上漆,装饰得非常精美,比巴黎最好的马车还要美得多:它们的内衬是天鹅绒或缎子,镶着金银边。那不勒斯马是我见过最漂亮的马……它们的马具光彩夺目,简直无与伦比。我只说其中的一套好了,你可以据此推断其他那些是怎样的:这整套马具是用蓝色丝绸和银制成的……(马)头上插着白色的鸵鸟羽毛和人造花……我不禁想到,给这么多马配备马具要付出多少的艰苦辛劳啊……我们往往能在科尔索街上看到400~600辆马车……我还需要补充一点,乘坐这些豪华马车的女士们身上都戴着珠宝,穿着最好的衣服。"

但那不勒斯最令人称道的毫无疑问是精湛的音乐制作。意大利的歌剧水平显然让整个欧洲都羡慕,查理三世明白这一点,因此才会在离开那不勒斯去做西班牙国王之前在首都的中心地带建造了一座巨大的新剧院,即圣卡洛剧院。这座剧院有着一流的内部设计,再加上大约90位音乐家组成的出色剧团,使其表演迅速跻身于一流行列。那位来访的英国女士在给朋友的信中对这里的演出赞不绝口,她写道:"剧院极其宽敞,有六排包厢……挂着符合主人口味的丝绸……每排包厢的前面都装饰着镜子……当所有镜子都露出来时，形成的效果让人恍惚觉得自己身处魔法世界中。灯光、演员和舞台全都映在一面面镜子当中，变成了好多个，让观众不知该看向哪里。"她激动地说："王室包厢极为漂亮，尤其是当王后在场时，宫廷女眷和其他人都盛装出席，珠宝纷呈，而王后胜过其他所有人，不仅是就衣着华丽而言……而且她有一种自己独有的美，一种优雅的气质……我有生以来第一次感觉到，众多音乐家可以配合无间，准确无误地奏出自己的音乐，使得整体效果近乎完美，就像唯一的灵魂或心灵在引导着所有人。这里的音乐是最最完美的。"她充满了激情。

这里有成群结队的廷臣向她鞠躬致敬，有富丽堂皇的服饰，有大量的珠宝（在她结婚时，斐迪南按照惯例赠送给她一个装满珍贵宝石的保险箱），有飞快的马车和迷人的戏剧之夜，因此，夏洛特对新王国生发热情也就不足为怪了！而且，在她的小心影响之下，斐迪南似乎也变得更好驾驭了。这时她在所有书信往来中都会习惯性地称他为"亲爱的丈夫"。玛丽亚·卡罗琳娜甚至有可能相信自己是爱他的，因为每当国王有不忠之举（经常如此），她都会表现出嫉妒。卡萨诺瓦是个不光彩的赌徒，专门引诱他人搞不正当关系，此时他恰好正在那不勒斯，因此，当他的朋友贡达尔爵士忽然因王室的命令而被驱逐出境时，他是在场的（贡达尔是个骗子，娶了一个年轻漂亮的爱尔兰女人，将这个曾经的酒吧女招待打扮成了贵妇人，使其混入了那不勒斯的上流社会）。* 卡萨诺瓦在回忆录中

---

* 贡达尔宣称他的妻子萨拉是个新教徒，然后又说她已被说服，要改宗天主教，用这种方式获得了玛丽亚·卡罗琳娜的好感。王后非常高兴，作为保护人出席了贡达尔夫人的改宗仪式。卡萨诺瓦写道："有趣的是，爱尔兰人萨拉本来就是个天主教徒，而且一辈子都是天主教徒。"

写道："这是王后下的命令，因为她发现国王与贡达尔夫人密会。她（夏洛特）看到她的国王丈夫对着一封信乐不可支，但却不愿给她看。王后因此而好奇心大起，国王最后还是妥协了，于是王后陛下就读到了如下内容：我将在同一时间、同一地点，像母牛渴盼公牛那样急切地等待您的到来。'真可耻！'王后叫道，然后她便直接通知了那头母牛的丈夫，命他必须在三天之内离开那不勒斯，到其他国家去寻找公牛。"

然而，那不勒斯的上流社会不只有聚会和骗子（虽然那里的骗子似乎尤其多）。那里还有一个规模不大但充满活力的知识分子群体，包括有成就的学者、科学家、经济学家和博物学家们，夏洛特喜欢与这些人为友，而这主要是因为受到了英国驻那不勒斯宫廷的大使威廉·汉密尔顿爵士的影响。

汉密尔顿身上体现出了许多令人钦佩的英国特性。他是英国皇家学会的成员，大英博物馆的理事，还热情资助各种艺术家、科学家和探险家，而且他本人也是一个颇具才能的考古学家和古物学家。他有着无穷的好奇心，会在闲暇时攀登维苏威火山，亲身进行大气和地质测量，有时甚至不惜冒生命危险。他还会发掘古代遗迹，撰写关于希腊和罗马陶器的论文，收藏精美的瓷器。他精力充沛，兴趣极其广泛，在宫廷外交圈里独树一帜。人们争相与他结交，王后就是其中之一。"汉密尔顿爵士是个天才。"卡萨诺瓦断言说。

约瑟夫和利奥波德都认识并赞赏威廉爵士，不过就算没有他们的影响，夏洛特大概也是会欣赏此人的——她天性中就有严肃的一面，使她对这位博学的大使产生好感。玛丽亚·卡罗琳娜以前强迫自己花大把时间观看斐迪南打猎，而如今18岁的她已能够从中脱身，把省下来的大部分空闲时间都投入到更具智性的活动中去了。为此，她让人把卡塞塔的宫廷藏书——规模很大，而她丈夫显然不会看——搬到了自己居室附近一个宽敞的房间里，并且亲自监督整理摆放的过程。她养成了每天阅读的习惯（生病或心情不好时除外），并且持续了一生。

威廉·汉密尔顿爵士仅凭个人魅力便成功地增强了英国的影响力，在这方面可谓出类拔萃，无人能及。他就是英国的活广告。玛丽亚·卡罗琳娜通过这位大使结识了许多他的同胞，对英国人产生了莫大的好感，而这是她母亲从未有过的。* 她开始举办沙龙，邀请汉密尔顿认识的来访贵宾和那不勒斯著名的法律学者、哲学家和诗人们参加，用这种方式促进了文化和思想的交流，鼓励了两方面的合作。她将汉密尔顿和英国当成了一种有效的平衡手段，用来对抗以塔努奇为代表的来自西班牙的窒息性影响，为了削弱那位大臣的权力，她向丈夫赞扬英国大使，鼓励他与其交往。所谓交往也就是一起去打猎，而汉密尔顿本来就酷爱打猎，很愿意一天到晚陪着斐迪南去开枪挥矛，因此他很快就在所有外国使节中脱颖而出，成了国王的最爱。一位到访的史家说："这里没有哪位外国使节，甚至包括来自法国和西班牙的同家族使节，能够让西西里国王陛下如此看重和喜欢。"

塔努奇对自己控制斐迪南的能力和他对马德里的价值充满信心，对玛丽亚·卡罗琳娜不屑一顾。他蔑视一切女性——"女人是

---

* 英国游客遍布这座都城，但并非所有人都对此感到高兴。"英国人就像是一群羊，"卡萨诺瓦发牢骚说，"他们成群结队地游荡，总是去一样的地方，从来都没有什么独创性。"

宫廷里的祸水，"他发表高论说，"善妒、暴躁又偏狭。"——他试图用甜言蜜语来解除玛丽亚·卡罗琳娜的武装，失败之后干脆直接无视她。在塔努奇看来，王后的建议和批评就像她本人一样无足轻重，而夏洛特迟迟不能怀孕这一事实又让他的这种态度变本加厉。一年过去了，然后是两年、三年，国王夫妇仍然没有孩子。斐迪南公开抱怨妻子令人费解的不孕，身在维也纳的玛丽亚·特蕾莎也同样忧心忡忡：她明白，若是女儿不能生下一个继承人，其合法性就会受到损害。塔努奇也明白这一点，他在整个这段时期里都沾沾自喜地掌控着权力。

一直等到将近19岁时，玛丽亚·卡罗琳娜才于1772年6月6日生下了她的第一个孩子——一个女儿，夫妇俩以王后母亲的名字为她取名为玛丽亚·特蕾莎（毕竟这时皇室中还没有那么多叫玛丽亚·特蕾莎的）。然后，仿佛是为了巩固这一胜利似的，就在仅仅13个月后的7月27日，又一个孩子出生了。虽然很可惜，第二个孩子仍是个女孩——玛丽亚·路易莎——但夏洛特已经连续生下了两个健康孩子，这至少让人无法再怀疑她是否有生育的能力了。

最后，在1775年1月6日，22岁的玛丽亚·卡罗琳娜终于喜得贵子，成功地诞下了王位继承人，她和丈夫以斐迪南父亲的名字为他取名为卡洛斯。那不勒斯王后抓紧时间采取行动，几乎刚能下床便要求列席国王的御前会议，兑现其列入婚约中的权利。

从此，一切都大为不同了。

玛丽·安托瓦内特
Marie Antoinette

12 岁的玛丽·安托瓦内特

12

小家伙
The Little One

> 你是你们姐妹中最幸运的一个,也是所有公主中最幸运的一个。
>
> ——玛丽亚·特蕾莎致玛丽·安托瓦内特

玛丽·安托瓦内特出生于1755年11月2日。就在她出生前一年,一个斗志过于高昂的美洲殖民者越权行事,下令向一支睡梦中的法国侦察部队开火射击,重新引燃了英法之间的冲突。这场危机促使玛丽亚·特蕾莎通过蓬巴杜夫人的秘密斡旋与路易十五签订了盟约。玛丽亚·特蕾莎的小女儿的出生与奥法同盟的建立差不多是在同一时期,因此我们可以说,正是乔治·华盛顿让玛丽·安托瓦内特成了法国的王后。

人们昵称她为托瓦内特(虽然很多时候也会简单地称她为"小

家伙"），她是母亲的第十五个孩子，也是最小的女儿。*她长得非常漂亮，有一双蓝色的大眼睛，还有金色的卷发，而且性格开朗，与年轻时的玛丽亚·特蕾莎不无相似之处。玛丽·安托瓦内特是父亲的最爱：弗朗西斯喜欢这个小女儿的甜美笑容和可爱的童言稚语，对她宠爱有加。在所有的孩子中，玛丽·安托瓦内特最像他，是天性而非长得相像——她非常愿意与人交往，在社交场合表现得最为出色（而且和他一样，课堂表现不那么突出）。曾有人写下过一段极有趣的记述，说是在1762年10月13日，也就是玛丽·安托瓦内特7岁生日的前三周，在美泉宫举行的一次宴会上，一位名叫沃尔夫冈·阿马多伊斯·莫扎特的小音乐天才应邀为皇室成员献艺。由于来访的音乐家本人只有6岁，玛丽亚·特蕾莎的所有孩子，甚至是那群年幼的孩子，也都被允许来观赏演出。莫扎特跳到女皇腿上亲吻了她，因此立刻赢得了女皇的欢心。弗朗西斯也同样被迷住了，他逗弄小莫扎特，给他出题，而莫扎特却轻松地完成了任务，演奏了一段音乐，用上了羽管键琴上所有的键，因此被皇帝称作"小魔术师"。不过，给这个日后成为史上最杰出作曲家之一的小天才留下最深刻印象的还是玛丽·安托瓦内特。由于不习惯宫殿的光滑地板，莫扎特在长达3小时的觐见过程中曾不慎滑倒。这时漂亮的小玛丽·安托瓦内特赶紧跑到他身边，将他拉了起来。小莫扎特带着感激和显然的爱慕之情喊道："你真好！我要娶你！"

她当时还太小，不知道这次轻松的会面是她母亲在那命运攸关

---

* 她受洗时的名字是玛丽亚·安东尼娅（Maria Antonia）。后来，她在去法国之后将名字改成了人们更为熟悉的"玛丽·安托瓦内特"，但我决定从一开始就叫她的法国名字，以免中途改称，引发混淆。

的一年里为数不多的轻松时刻之一。就在小小的莫扎特以音乐小把戏让玛丽·安托瓦内特和家人为他着迷之时，因俄国女沙皇伊丽莎白的突然去世而免于惨败的腓特烈大帝正忙于夺回西里西亚和德累斯顿，心力交瘁的玛丽亚·特蕾莎明白，这场她倾注了所有希望并为此让忠实的臣民们经受了6年痛苦折磨的战争已经无可挽回地失败了。这也就难怪皇帝夫妇会想要跟孩子们待在一起来转移注意力了，毕竟孩子们天真的滑稽言行与成人生活的烦恼形成了鲜明的对比，让人可以暂且忘却后者。就在莫扎特的独奏会后不久，玛丽亚·克里斯蒂娜画了那幅在节日早餐桌前的父母肖像，画中7岁的玛丽·安托瓦内特正骄傲地举着自己的新玩偶，她是几个小女儿里唯一在场的，由此可见，她是家中毋庸置疑的小宝贝。

在接下来的几年里，这个家庭经历了种种伤心事，包括她的姐姐玛丽亚·约翰娜在不到12岁（玛丽·安托瓦内特7岁）时死去，以及后来哥哥约瑟夫的第一任妻子伊莎贝拉去世，二人都是死于天花。在那些黑暗的日子里，玛丽·安托瓦内特那快乐的笑声、漂亮的小脸蛋和亲热的举止让父母颇感宽慰。她是一个可爱而单纯的孩子，喜怒哀乐都尽情表现出来，因而深受大人们的喜爱。

她的母亲确实让她感到畏惧——玛丽亚·特蕾莎是家中的规训者——但她随和的父亲缓和了女皇的严厉，而玛丽·安托瓦内特对他十分崇拜。在1765年7月那个炎热的早晨，她的双亲和哥哥姐姐们离开维也纳前往因斯布鲁克，准备参加哥哥利奥波德的婚礼——年幼的孩子们如往常一样不被允许前往——当所有人都坐上马车准备出发时，弗朗西斯却坚持要等待9岁的玛丽·安托瓦内特被带到他面前，要与她温情地拥抱一番再走，这让玛丽亚·特蕾莎很不高兴。弗朗西斯解释自己的拖延说："我想要亲吻那个孩子。"他的女儿未能与他再见面。她的母亲从那次不祥的旅途中归来后成了一个伤心欲绝的黑衣寡妇，但小家伙一辈子都会记得那最后的爱的拥抱。

在接下来的两年里，玛丽·安托瓦内特大部分时间都和年龄稍长的姐姐玛丽亚·卡罗琳娜在一起，像她一样游离在母亲的视线之外，因而拥有了一个相对无忧无虑的童年。这时管教她们的是那位懈怠的家庭教师，她可以轻松地规避指令。她与夏洛特一起欢快地过家家，在花园里野餐玩耍。然而，姐姐聪明伶俐，喜爱阅读，不喜欢上课学习只是因为那太过简单乏味，而玛丽·安托瓦内特不同，她既缺乏自制力，又完全不想学习知识。她很难集中注意力，也不喜欢阅读，甚至都不能专注地写好一封信。她的母亲要检查她所有的书面功课，这给她造成了不小的麻烦，直到家庭教师想出了一个方便法门：她先用铅笔为玛丽·安托瓦内特把功课写一遍，然后让这个不用心的学生仔细用羽毛笔描出来。

然后，1767年那个命运多舛的秋天到来了，玛丽亚·约瑟法去世，玛丽亚·卡罗琳娜不得不匆忙成为替代品，嫁给那不勒斯那位幼稚的国王。到了1768年夏天，玛丽安娜已做了修女，维也纳只剩下三位未婚女大公，即25岁的玛丽亚·伊丽莎白（曾追求她的那个撒丁王子因为听说她毁容而改了主意）、22岁的玛丽亚·阿马利娅（仍然深爱着茨韦布吕肯那个没钱的伯爵之子）和12岁的玛丽·安托瓦内特。玛丽亚·特蕾莎已下定决心，要将这三个预备新娘中的两个嫁入帕尔马（为的是让这个公国重回奥地利怀抱，从而恢复其在意大利的继承领地）和法国（从而巩固被她看作是伟大功业之一的奥法联盟，与帝国数个世纪以来的首要敌人保持长期的和平）。

然而，尽管她在约瑟夫，特别是首席大臣考尼茨伯爵（她原本就很依赖考尼茨伯爵，在弗朗西斯死后，这种依赖已变得无以复加）的恩惠之下，曾催促法国就王储与玛丽·安托瓦内特之间的婚姻安排做出肯定的许诺，但路易十五只是原则上不加反对，却并未积极促成。自从蓬巴杜夫人于1764年去世之后，法国国王变得更加懒散了，他更喜欢跟他的新情妇杜巴里夫人（一个原本是街头女郎的交际花）厮混，也不愿意处理政府或外交事务。

1768年6月24日，法国那位长期受苦的王后在与路易结婚43年之后去世了。她留下了4个成年女儿，而她们全都对杜巴里夫人深恶痛绝。几位公主从未有过婚约，都住在凡尔赛宫。她们不想让父亲那位庸俗不堪且出身低贱的情妇取代母亲在宫廷中的位置，于是想出了一个妙招，即让58岁的路易十五履行对奥地利的婚姻承诺，但不是让他的孙子、13岁的王储与玛丽·安托瓦内特成婚，而是自己再婚，娶玛丽·安托瓦内特的一个姐姐为妻。在路易表示同意这个方案（他唯一的要求是新娘必须年轻漂亮）后，她们便将玛丽亚·伊丽莎白作为候选人提了出来，显然，她们只是曾听闻其美貌，却不知她已因天花毁了容。

如果这勉强的最后一招能够成功，玛丽·安托瓦内特或许就有一线希望（尽管非常渺茫）改变命运，嫁到帕尔马去。她的年龄和性情都与帕尔马公爵极为相配，她可以随心所欲地生活在那里并获得幸福，这样一来，玛丽亚·阿马利娅也就可以像她的姐姐玛丽亚·克里斯蒂娜一样，嫁给自己喜欢的人了。然而，路易心怀疑虑，派了一位肖像画家前往维也纳，这位画家证实了玛丽亚·伊丽莎白已遭毁容的传言。杜巴里夫人显然获得了胜利，国王完全放弃了再婚的想法，转而正式同意了玛丽·安托瓦内特和王储之间的婚事。1769年6月4日，法国国王通过一封亲笔信向玛丽亚·特蕾莎确认了这一喜讯，他在信中和蔼地写道："夫人，我的表亲，我不想再耽搁下去了，我对女大公即将与我的孙子、法国王储联姻感到非常满意……这一新的纽带将使我们两个家族团结得更为紧密。如果陛下您同意，我想明年复活节后不久就可以在维也纳举行（代理人）婚礼了……在法国的我将竭尽所能，王储也会尽其所能，让安托瓦内特女大公获得幸福。"

玛丽亚·特蕾莎那两个更为年长却尚未许配出去的女儿的命运在此刻就已经注定了。由于没有合适的候选人——必须有人嫁给帕尔马公爵——玛丽亚·阿马利娅违背自己的意愿，主动同意了婚事。* 为了确保不出意外，约瑟夫亲自护送妹妹前往意大利，后者于1769年7月19日嫁给了帕尔马的伊莎贝拉那个18岁的弟弟。新郎在成熟方面与那不勒斯国王不相上下，而他这位新婚时闷闷不乐、心怀怨愤的妻子今后将在各个方面让他相形见绌。玛丽亚·伊丽莎白在被法国国王拒绝之后便注定了要沦为老处女，而且最终也要像玛丽安娜一样去做修女，她在得知这个消息后比玛丽亚·阿马利娅还要心烦意乱。"她哭了起来……（说）所有（其他）人都已

---

* 有人推测说，玛丽亚·特蕾莎强迫玛丽亚·阿马利娅嫁入帕尔马，因为她是最不受喜爱的女儿，但这毫无根据。与玛丽亚·卡罗琳娜一样，玛丽亚·阿马利娅的婚姻也只不过是为奥地利在意大利的利益服务的。可怜的玛丽亚·伊丽莎白不但满脸疤痕，而且年近26岁，她被认为年龄太大，已经不适合那位新郎了。

经有了婚约,只剩下她一个人无人可嫁,不得不孤零零地与皇帝(约瑟夫)为伴,她死也不想这样。"玛丽亚·特蕾莎惊慌失措地写信给一个朋友说,"我们很难让她安静下来。"

然而,玛丽亚·特蕾莎虽因两个年长女儿的痛苦而忧虑,却也因小女儿的好运气而感到欣慰。拥有约2000万国民的法兰西王国被认为是18世纪文明的顶峰。诚然,英国的海军令世人羡慕,伦敦在金融和贸易方面可能也很出色,但巴黎却是公认的欧洲文化和知识中心,凡尔赛宫也仍然是君主荣耀的典范。不管哪个女性成了法国的王后,她都有责任维护这个可以溯源至查理曼大帝的君主世系的崇高威望;她将成为羡慕的对象,国内外的人们都将效法她的行为举止。在夏洛特离开后,玛丽亚·特蕾莎辞掉了玛丽·安托瓦内特原先那个家庭教师,换成了更有能力的冯·莱兴费尔德伯爵夫人监管,结果很快就发现,这位13岁的未来太子妃不仅不能优雅地用法语交流,甚至连读写都很吃力,这让她感到极为震惊。

如今似乎已没有别的办法,只能让她在前往法国前的短暂日子里尽可能多地接受教育。为此,玛丽亚·特蕾莎让女儿和一群教师一起住进了美泉宫,其中包括维也纳的音乐和艺术专家,以及一位专门从巴黎请来的芭蕾舞大师,因为玛丽·安托瓦内特需要学习优雅的仪态、公共场合的礼仪规矩、厅堂中的美妙步伐以及第一流的屈膝礼。然而,对于未来的太子妃来说,光是这些还远远不够,因此凡尔赛宫派来了修道院院长韦尔蒙作为教导者,以确保女大公能够接受适当的法国历史、语言和文学教育。

任何一位中学教师都会对这位修道院院长所面临的困难抱持同情。他在抵达维也纳后不到两天就已意识到,这个学生虽然无疑很有魅力且态度端正，但其课业已落后太多，而且还有许多其他事情占用了时间，要让她自己去读点什么简直是不可能的；不管你想要让她获取什么知识，都必须一勺一勺地喂给她。"我已经给出了一些最初的指令，为的是了解殿下（玛丽·安托瓦内特）的思维方式和现有水平，然后，我定下了……我认为对女大公最有用的学习方法。"他在1769年6月21日从维也纳发往巴黎的最初报告中如此写道。"为了让学习显得不那么枯燥乏味，我尽可能地通过对话来教授。"他委婉地写道，"殿下的温良和善意是无可挑剔的，但她又很活泼，很容易走神，而这明显不利于学习。"

六周后，他仍在顽强地用同样的策略教导着这个学生，只是已略显绝望。他向上级报告说："女大公对每个人说话时都是客客气气的，她比人们一直以为的都要聪明。不幸的是，在12岁之前，她的聪明才智都未能得到正确指导。她有些懒散，过于轻佻好事，这让我的工作变得更加困难……我无法让她养成深究某一问题的习惯，虽然我认为她并不缺乏相关的能力。恐怕我只能通过逗她开心来吸引她的注意力。"到了1769年10月14日，也就是玛丽·安托瓦内特14岁生日的前两周，他明显感到欣慰地报告说，至少她的发音有了改善，现在她"能轻松地讲法语，而且讲得相当好了"。然而，因为他的学生根本无法集中注意力，他在其他方面就没法这么乐观了。"只要她用心，拼写就很少会出错。"在少数直言之时，他情不自禁地如此说。"最令人烦恼的是，部分由于懒惰和漫不经心……她习惯了用极慢的速度书写……我经常花心思改善她的这种状况……但我不得不说，成效甚微。"他叹息道。

当然，这一切的真正受害者是准新娘本人。玛丽·安托瓦内特过去从未反抗过父母的权威，她的举止和性情一直都是顺从且令人愉快的，她唯一的愿望就是取悦身边的成年人。然而，人们所要求于她的那种努力超出了她的能力（毕竟利他林药物要等到约 200 年后才会发明出来）。当然，即使在最好的情况下，玛丽·安托瓦内特也不大可能养成认真读书或批判性思考的习惯，但如果她能够继续在家里接受教育，直到年龄更大一些，她至少可以学着不再对这些东西避之唯恐不及。而现实却是，这长达数月的密集学习造成了一个主要后果，就是她将任何花在读书和智力活动上的时间都看作是一种惩罚。

当这位准新娘忙于学习时，人们在精心准备着她的婚礼和法国之行。1770 年 1 月 21 日，玛丽·安托瓦内特正式戴上了王太子作为订婚信物送来的镶着宝石的戒指。在这个里程碑事件之后 3 个月，4 月 16 日，即将代表新郎参加庆典的法国使团抵达。法国大使的随行人员和车马用具都给人留下了深刻的印象，其中有一辆装饰精美的华丽马车，该车外部装有许多玻璃，内部则衬着锦缎，是专门为迎接太子妃去往新家而打造的。

随后举行了为期三天的庄严仪式和盛大庆典。其中一个晚上表演戏剧，那位法国著名的芭蕾舞大师为庆祝学生的婚礼而创作编排了一部新的芭蕾舞剧。第二天，约瑟夫举办了宾客达 1500 人的国宴，餐桌上金银餐具一应俱全，之后还有华丽的假面舞会和焰火表演。法国大使也不甘示弱，主持了一场同样精彩的宴会，用更为炫目的彩色礼炮和烟花将夜空照得通亮。代理婚姻仪式于 1770 年 4 月 19 日晚在奥古斯丁修士教堂举行。玛丽·安托瓦内特身着银线绸礼服，裙裾飘飘，光彩照人，在母亲的引领下走过红毯；比她年长一岁（因而几乎与王太子同龄）的哥哥斐迪南代替新郎出场。玛丽亚·特蕾莎和约瑟夫并排坐在宝座上，以共同摄政者的身份坐镇大典。新娘及代表新郎的哥哥跪在他们面前，一位教皇使节主持仪式，人们高唱感恩赞美诗。就这样，最年轻的女大公出嫁了。

这一切都是如此荣耀且激动人心，以至于年仅14岁的玛丽·安托瓦内特因此而自以为完成了一件了不起的大事。作为太子妃，小家伙如今已成为众姐妹中地位最高者，不仅超过了未婚的女修道院院长玛丽安娜和（即将成为女修道院院长的）玛丽亚·伊丽莎白，也超过了有钱的玛丽亚·克里斯蒂娜和玛丽亚·阿马利娅（她们二人都只是公爵夫人而已）。就连同样身为王后的玛丽亚·卡罗琳娜也不如她身份显赫，因为阳光明媚、气候宜人的那不勒斯是无法与强大的法国相比的。因嫁给了法国的王位继承人，玛丽·安托瓦内特的社会地位飙升，在婚礼之后，家族中就身份地位而言真正能与她相匹的也只有约瑟夫和玛丽亚·特蕾莎本人了。她的母亲虽然明显很不情愿，但也认识到，夏洛特已经有了足够高的身份地位，玛丽·安托瓦内特若是想与这个关系最亲密的姐姐通信，她也并没有理由阻拦。"那不勒斯王后希望你给她写信，对此我不反对。"玛丽亚·特蕾莎勉强让步说。

年仅14岁便受人吹捧是很危险的。玛丽·安托瓦内特已经长大了，能够明白何为诱惑力，能够沉浸在兴奋之情中，但却还没有足够的经验来审时度势，或者（在目前这种情况下）看清事情的本质。她仍极易受影响，性情还远未定型。她那位威严母亲的训导，再加上以她为焦点举办的种种华丽庆典，让她觉得自己高人一等，是法国伟大荣耀的化身。毫无疑问，她以为走了婚礼的过场就已经算是完成了自己的任务,却根本不知道,她的任务才刚刚开始。

两天后,也就是4月21日,她离开了维也纳,在早上9点30分登上了那辆豪华的新马车。全城的人都出来为她送别。"那场面真是令人心碎。"一个目击者声称,"人们齐聚她要经过的那条路,起初他们的悲伤是无声的。她来了,人们看到她泪流满面……时不时地把头伸出车厢……向这些真正值得尊敬的人们表示遗憾和感谢,而他们则挤在一起向她告别。这时他们不再默默落泪了……维也纳的大街小巷都回荡着他们的哭泣声。直到队伍中最后一匹马离开了视线,他们才离开街头,回到家里。"他悲伤地写道。

女儿虽然不够聪明伶俐,做母亲的却以其政治技艺进行了补救。虽然玛丽亚·特蕾莎对玛丽·安托瓦内特在修道院院长韦尔蒙的指导下所取得的进步表示十分高兴,但她也深知,自己的女儿还远未做好准备来应付身为法国太子妃所要面对的压力和责任。此外,还有一件事让她很担忧:就像当初事先打探那不勒斯国王的情况那样,她也预先了解了一下玛丽·安托瓦内特那位新婚丈夫的性情,而情况并不乐观。她的线人从凡尔赛宫发来直截了当的报告,在其中向她匆忙汇报说:"自然似乎没有赋予这位王太子任何优点,根据其面部表情和言谈来判断,这位王子智力欠佳,行为粗鄙,从未表露出什么感情……我似乎应该向您汇报一些绝不会对他人提起的细节。"

因此,尽管她已在那天早上向女儿挥手告别,但玛丽亚·特蕾莎却无意真的让她自行其是。她要确保玛丽·安托瓦内特继续学习,并像身为母亲的她所希望的那样表现得端庄、得体、合乎常理。为达此目的,她只需要安排某种远距离的监控就可以了。

为此，她已经安插了她手下最年长、最忠诚的外交官之一梅西－阿尔让托伯爵（comte de Mercy-Argenteau）来做她在凡尔赛宫的代理人。作为考尼茨伯爵的门生，这位48岁的伯爵精通宫廷政治，曾经担任过奥地利驻撒丁王国和俄国的大使。他在玛丽·安托瓦内特抵达之前便被派到了巴黎，其职责是观察她的一举一动，并通过密使向其母亲汇报。有了梅西伯爵详尽的报告，玛丽亚·特蕾莎便可以随时了解法国宫廷发生的一切，也能够通过同样的秘密途径向他发出指示和建议。如果有问题需要立即解决，或者太子妃的日常行为需要改进或改变，伯爵还有权主动向她提出建议。如果玛丽·安托瓦内特拒不采纳他的建议，玛丽亚·特蕾莎就会在与女儿的私人通信中直接谈及此事，从而彻底解决问题。

这位太后知道自己太过匆忙地将女儿嫁了出去，也知道她还没有做好准备，而在做了这番安排之后，她可以略感宽慰了。她觉得如今太子妃将能够从母亲多年的经验中受益，跟在家中之时几乎没什么两样。通过书信和中间人来教导女儿或许并不理想，但玛丽·安托瓦内特显然是个听话的女儿，而且心地纯良。如今已经有如此多的智慧之士来一起帮助她出谋划策，她还能惹出什么麻烦呢？

13

法国太子妃
Dauphine of France

> 我无法理解他（法国王太子）对待妻子的态度，这是因为他本性不良吗？
>
> ——玛丽亚·特蕾莎致梅西伯爵

像她的姐姐玛丽亚·卡罗琳娜那样，婚姻双方商议决定，玛丽·安托瓦内特将在奥法边界上与奥地利随从作别，然后独自前往凡尔赛，开启新生活。路易十五的谈判代表们对仪式的这一部分说得非常清楚，他们着重指出，太子妃必须放弃全部旧有之物，然后才可以踏上法国的国土；也正是因此，他们才准备了那辆供其乘坐的马车。为了完成这一交接仪式，法国人在位于东部边境上的斯特拉斯堡匆忙建造了一座建筑，拥有一个门厅和两个小房间。这座临时建筑的内部装饰大多来自巴黎，因此引起了当地居民的兴趣。出于纯粹的巧合，在玛丽·安托瓦内特即将抵达的那段时间里，歌德正在斯特拉斯堡求学，他像其他许多人那样付钱参观了这座建筑，而且对其赞不绝口："如果能够建造得再坚固一些，它甚至可以拿来当做上流阶层的娱乐场所了。"他认为两间侧室非常迷人，并惊叹地表示："我在这里第一次看到了那些按照拉斐尔的设计制作的挂毯，这对我产生了决定性影响，因为我是第一次欣赏到真实而完美的大型艺术作品，虽然它们只是些复制品。"（此时的他还未开始那不勒斯等地的壮游之旅。）

然而，博学的歌德却对主厅的装饰主题感到震惊。那里的壁毯虽然"更大、更绚丽、更豪华"，呈现的却是伊阿宋和美狄亚的故事（"这或许是曾经缔结过的最糟糕的婚姻了吧"），这显然不是合适的装饰主题，因为其所呈现的生动画面之一就是新娘被人残忍杀死。歌德说："这就相当于，他们派了一个最可怕的幽灵到边境上来迎接这位美丽而又喜爱玩乐的女士！"他气急败坏，甚至大呼小叫起来，以至于朋友们不得不将他拉了出去。"他们后来向我保证说，没有人会认真观看这些画的内容，至少他们自己就不会看，而届时斯特拉斯堡和附近地区的全部居民都会蜂拥来到这里，所有人连同王后及其宫廷都不会在意（搞错了幻想故事）这种小事的。"他惊讶地写道。

在整个仪式中，对玛丽·安托瓦内特而言，厅堂的装饰简直就是最最微不足道的问题。虽然肯定已被提前告知了法国人的具体安排，但她在经历这场仪式之前并未表现出恐慌；她似乎未能完全理解自己将要遭受的屈辱。1770年5月7日中午，浩浩荡荡的迎亲队伍——护送太子妃的队伍包含数十辆马车，由数百匹马拉着——

进入了斯特拉斯堡,就像两周前她离开维也纳时的情形一样,全城的人都跑出来看热闹了。"我还清楚地记得这位年轻女士美丽而高贵的容貌,真是既欢乐又威严。"歌德兴高采烈地说,显然当时因目睹大人物而产生的痴迷之情已压倒了他在艺术方面的批评意见。"我们都能清楚地看到坐在玻璃车厢内的太子妃,她似乎正如往常一般和侍女们说笑着,谈论着蜂拥前来迎接她的人群。"

玛丽·安托瓦内特的豪华马车刚刚穿过人群到达指定的仪式地点,她就和随行人员一起被请下了车,匆匆进入那座临时中转站的一个小房间。这个房间代表着边界的奥地利一侧,而将陪同她前往凡尔赛宫的法国随行人员正在对面的房间里等待交接,在二者中间则是那个挂着可怕壁毯的大厅。

毫无疑问,玛丽·安托瓦内特在法国边境的遭遇要比她姐姐去往那不勒斯时的经历糟糕得多。当时担惊受怕的玛丽亚·卡罗琳娜曾不得不告别她的侍女和其他亲信,但至少她还能穿着整齐地告别。玛丽·安托瓦内特却被迫认真而缓慢地脱掉身上的每一件衣服,就像在跳一场令人羞辱的高档脱衣舞那样。等到完全脱光之后,她又要像之前脱衣服时一样,慢慢地穿上法国陪同人员所提供的服饰。

这是一种旨在通过伤害对方的感情来凌驾于他人之上的计谋,其效果出奇地成功。这番操作带来的羞耻感让玛丽·安托瓦内特不禁委屈落泪,就算是那些远比她成熟、远比她更少地信赖他人的新娘,遭遇这番折辱也难免会落得一样的下场。她的哭泣还未停歇,怀中的小狗就被人夺走,她也不得不与所有代表着家和爱的人们作别了。

交接顺利完成,她的法国随从进入大厅接管了工作。玛丽·安托瓦内特非但没有怨恨这些法国人让她遭受了如此屈辱,反而将他们看成了自己的救星。她扑到她的首席侍女诺瓦耶夫人怀里,就像在维也纳时向她的家庭教师寻求安慰那样。这位伯爵夫人的任务是把这个哭得一塌糊涂的孩子培养成未来的王后,她眯起了眼睛,立刻开始了工作。她将这个她负责照顾的人推开,正式行了个屈膝礼,态度冷漠地暗示,这种亲密行为不适合太子妃的身份。她的语气和行动着重地表达出这样一种意思,即成为法国王室的一员是一种异常高贵难得的荣耀(其实刚刚的换装已经将这一点表达得淋漓尽致了),为了获得这种荣耀,任何屈辱都是值得的。

当初玛丽亚·卡罗琳娜在离开维也纳时并未抱有幻想,她深知嫁给斐迪南是一种牺牲。夏洛特将丈夫视作母亲、约瑟夫和考尼茨伯爵强加给她的一个负担。她有强烈的自我意识,对自己的地位心知肚明,即将成为那不勒斯王后的她既不感到自卑,也未心怀盼望。她只是感到害怕而已。"他们还不如把我扔进海里。"她在去往那不勒斯的路上曾痛苦地说道。

但玛丽·安托瓦内特却相信了母亲告诉她的一切。她认为自己是与众不同的,她要去的是世界上最令人向往的地方,将在那里过上万分美妙的生活。在遭到诺瓦耶夫人阻止之后,她突然就想起了自己的好运气,这让她忍住了眼泪。她的答话表明,尽管在学习上遇到了很多困难,但她至少在这方面已经无须深造了。"请原谅,"她竭尽所能地为自己辩解说,"我的悲伤源自即将离开家乡和祖国。至于将来,我不会忘记我是个法国人的。"

她说到做到,她的努力也得到了回报,在她穿越法国时,街上的人群显然对她崇拜有加,争相要一睹其风采。在她所到之地,处处都有为她举行的庆典和焰火表演；可爱的孩子们会向她献上花环；还有人朗诵诗歌和表演戏剧来供她欣赏；街道上灯笼闪耀，甚至树木也用金银丝带装扮了起来，以便给人留下美好的印象。玛丽·安托瓦内特那甜美的笑容和可爱的举止处处受人称赞，而且她是真诚的，毕竟身处此情此景之中，谁不会心花怒放呢？一切都如人们所承诺的那样。"国王万岁！""太子妃万岁！"无论她走到哪儿，都能听到这样的欢呼。

5月14日，也就是她在斯特拉斯堡摇身一变，成为法国王室成员的一周之后，她抵达了贡比涅郊外的森林，王储和他的祖父路易十五正在那里等待，他们将护送她前往位于凡尔赛宫的新家。被法国著名芭蕾舞大师训练了几个月的成果立即令人满意地显现出来。玛丽·安托瓦内特尽显公主风范，昂首挺胸地走向法国国王，优雅地行了一个屈膝礼，完美得连挑剔的诺瓦耶伯爵夫人也看不出一丝瑕疵。长期热情追逐年轻貌美女性的路易十五赶紧高高兴兴地将她扶起，亲吻其双颊。

然后法国国王便转过身来，将她交到自己身为王储的孙子手中，玛丽·安托瓦内特就这样与她的丈夫见面了。

这个注定将在历史上最为复杂且重要的时期继承法国王位的年轻人出生于1754年8月23日，只比他的新娘大了14个月。他名为路易-奥古斯特（Louis-Auguste），是父母存活下来的第二个孩子。他的父亲通常被称为"胖子路易"，是路易十五唯一合法的男性继承人，因此在其子出生时是法国的王太子。路易-奥古斯特的母亲（当时的太子妃）是萨克森的玛丽亚·约瑟法，即咪咪的丈夫阿尔伯特的一个姐姐。玛丽亚·约瑟法后来又生育了三个孩子，两男一女，所有这些王室后裔都以其封号（而非姓名）为人所知。路易-奥古斯特的哥哥出生于1751年，被封为勃艮第公爵；比路易-奥古斯特小一岁，出生于1755年11月17日（因而几乎与玛丽·安托瓦内特同龄）的弟弟是普罗旺斯伯爵；第二个弟弟出生于1757年，获封阿图瓦伯爵；最小的女儿伊丽莎白出生于1764年5月3日，被称为公主殿下。路易-奥古斯特本人的封号是贝里公爵，在家中则被简单地称为贝里。

贝里刚出生时体弱多病，人们担心他活不了多久。凡尔赛的一位宫廷医生开出良方，其中之一就是将贝里送到乡下去，因为他可以在那里呼吸到足够的新鲜空气。这种疗法起了作用，等到长成幼童之时，他的身体已恢复了健康，可以重返宫廷了。然而，人们很快就发现，他的身体虽然保持着健康，但其他方面却发育不良，行为方式与兄弟们截然不同。

他不说话，不看任何人，也不表达情感，而且会尽可能地远离其他人。他甚至不和兄弟们一起玩耍，他们似乎让他感到害怕。他会一个人爬到屋顶上去，还会四处追逐流浪猫。他的一位姨妈不明白这孩子为何如此沉默寡言，好心地想要帮一帮他，于是把他单独带到了自己的房间。她鼓励他说："我可怜的贝里，你现在是在自己家里，说说话，闹一闹吧，大喊大叫吧，打碎一些东西吧，做什么都行！"但他却什么都没有做。

随着年龄的增长，他的情况越来越糟。他的学习速度非常慢，哥哥勃艮第和弟弟普罗旺斯在学习上都要快得多。即使是比他小3岁的阿图瓦，虽然被父亲说成"活泼"而非聪明，也显然比他更多才多艺。贝里体重超标，这本身并不是问题——普罗旺斯伯爵也很胖——但路易－奥古斯特却被人们普遍说成是极其粗鄙笨拙。他似乎无法判断自己的身体与外界的关系，此问题一直困扰着他，直到成年。"王储一向都很蠢笨，行为举止都缺乏教养。"在路易－奥古斯特20岁时，一位造访凡尔赛宫廷的英国客人惊讶地写道。

一个可悲的事实是，无论在哪个时代，被认为与众不同的孩子往往会受到同伴的欺负和羞辱，路易－奥古斯特也不例外。他的兄弟们以一种全然鄙视的态度来对待她。勃艮第是长子（因此也是排在父亲之后的王位继承人），他会让路易－奥古斯特站到自己面前，列举他的种种缺点。"拜托，这个问题我想我已经改正了。"不知所措的贝里会一边惭愧地落泪一边吞吞吐吐地说。路易－奥古斯特遭受的打击如此严重，以至于在13岁那年，他曾在练习本上写了一篇名为《有关我的缺陷》的短文。他在其中写道："我最大的缺陷就是思维迟钝，这使我觉得所有的脑力劳动都乏味且令人痛苦。我一定要克服这个缺点，一旦如愿做到，我将会不遗余力地根除其他所有被别人指出的缺陷。"

童年时期形成的倾向是不容易改变的，尤其是那些在家中形成的倾向。即使在其兄长勃艮第公爵于1761年突然去世，路易－奥古斯特成为父亲的继承人之后，他的其他兄们仍认为自己比他强。贝里本人也承认他们的聪明才智，他说："我一点儿也不聪明，聪明的是我的弟弟普罗旺斯。"

1765年12月20日，宫廷里发生了一场悲剧。胖子路易在咳血数月之后因肺结核而去世，享年36岁。作为存活下来的最年长的儿子，11岁的贝里公爵接替了父亲的位置，成为法国的王储。他的母亲在听到这个消息后昏了过去。

在接下来的两年里，阿尔伯特的姐姐在她自己也因那害死丈夫的疾病去世之前，一直全心全力地想要将路易-奥古斯特培养为一个统治者。她的努力并非毫无成效。这位新的王太子虽然思维缓慢，但并不算笨；事实上，尤其是在科学方面，情况恰恰相反。他喜欢地图，对地理学情有独钟。他还喜欢读历史，尤其是当时正时髦的英国史。但他学的都是事实，只会死记硬背，根本无法理解其中的细微之处。"该森林面积达 32000 英亩，其中有 5000 英亩是空旷地带，"这是他在 12 岁时在一份典型的课堂作业中写下的，"其中有林荫道、大的通路、大的道路、广场、坑、桥梁、环道、房室、栅栏、小块地皮、山丘、水池、鱼塘、护城河和船。"为了帮他整理思绪，也是为了记录下其经历（寄希望于这些信息将来能对他有用），他的母亲建议他写私人日志。在他的余生中，王太子一直尽职尽责地（虽然也是时断时续地）在这本奇特的日志中写下一条条内容，每年都能写下大概十几页。他的备忘录中绝大部分内容要么是开支清单，要么就是一天狩猎活动的速记摘要——在学会了打猎之后，他就将大部分时间都用在了这项运动上（日志中经常出现"没"，意思是"今天什么都没打到"）。他偶尔也会写上某种活动——"我今天去骑马了"（1766 年 8 月 21 日）——或者记录自己得了感冒或是什么别的病。日志内容涵盖了他在位期间某些最重要的事件，但其中没有一条不是在平铺直叙地陈述事实。它漏掉的信息反而是更值得注意的。

如果母亲没有去世的话，她可能会为他提供一些保护——可能不会让他那么早结婚，可能帮助他了解政府的运作。但在她去世之后，她 12 岁的儿子就只能靠自己了。（"晚上 8 点，我的母亲去世了。"王储在 1767 年 3 月 13 日的日志中如此写道。）他的家庭教师是个平庸之辈，只会让他在笔记本上抄写说教之辞，并把这个叫做学习，而路易十五从不介入儿子和孙子们的生活，而且他每日忙于与新情妇杜巴里夫人厮混，也根本不想管他。于是路易－奥古斯特就变得更加自我封闭了。他不是一个人在房间里做木工活，就是在户外骑马和射击，直到筋疲力尽为止。他经常暴饮暴食到生病的程度，结果就变得更加笨拙肥胖了。

18 世纪还没有治疗这类行为障碍的办法。*王储所面对的正是那些行为举止不符合文雅社会行为标准的人们经常会遭受的歧视。杜巴里夫人尖刻地称他为"没教养的胖子"。那不勒斯大使曾沮丧地报告说："他似乎是在森林里出生长大的。"就连路易十五的首席大臣也直言不讳地告诉国王说，他的孙子是"这个国家的祸患"。

当玛丽亚·特蕾莎敦促两国联姻时，法国宫廷显然正发着愁，不知道该如何是好，这时却忽然高兴地想到，或许解决之道就是让王储结婚成家。比起家庭教师和仆人，这位粗野的年轻人会不会更容易接受一位年轻妻子的温柔劝说呢？妻子可以照顾他，软化他的棱角，影响他的行为举止，在爱的指引下，他可能会成熟得更快

---

* 我这并非随便用词。如果路易－奥古斯特生活在今天，他是肯定会被诊断为自闭症谱系障碍（ASD）的。妙佑医疗国际界定的自闭症谱系障碍的症状包括：抗拒拥抱和牵手，似乎更喜欢独自玩耍，沉浸于自己的世界；眼神交流能力差，缺乏面部表情；不能发起一段对话或延续对话，或只在提出要求或标示物品时才发起对话；逐字重复单词和短语，但不理解如何使用这些单词和短语；不表达情绪或感受，似乎对他人感受浑然不知；形成某些固定习惯或仪式，稍有变化就会感到不安；协调性有问题或有奇怪的运动模式，如行动笨拙或用脚趾走路，并有奇怪、僵硬或夸张的肢体语言。为此我联系了耶鲁大学纽黑文医院拥有 30 年经验的著名儿童发育专家琳达·格雷博士，在没有说明病人是谁的情况下就路易的行为模式询问其意见，而她确认说："你所描述的这个孩子的表现完全符合自闭症谱系障碍的症状。"

一些。就算这个办法不管用，他也不会比之前更差的；无论管不管用，反正宫廷都是受益者，因为一旦结了婚，王太子就变成太子妃需要头疼的问题了。

青年路易十六

于是婚事就这样定了下来，等日子一到，路易－奥古斯特便和祖父一起，驱车前往贡比涅森林迎接他的新娘了。仆人们为他穿上精美的丝绸衣服，还竭尽全力地为他打理了头发。这个体态臃肿、圆脸、身高约 5 英尺 6 英寸的 15 岁少年静静地站在国王身边。在玛丽·安托瓦内特行过屈膝礼之后，他、他的祖父和太子妃一起登上了一辆马车。新娘坐在国王身边，她那身为王储的丈夫坐在对面。马车驶向当地的一座城堡，其他的家庭成员正在那里等待与新娘见面，一路上路易－奥古斯特一句话都没有说。不过，他在当晚还是将白日里发生的重大事件写进了日志。他写道："与太子妃见了面。"

即便玛丽·安托瓦内特对丈夫的外表不满意，或者认为其行为古怪（这当然是很自然的反应），她也明白最好不要表现出来。甚至情况很可能是，她热切地希望给法国宫廷留下一个好印象，专注于自己的仪态，想要避免犯下任何明显的错误，以至于几乎没有注意到王储的行为。毕竟她有太多的人需要认识和记住，要尽可能给他们留下好的印象，有太多的礼仪规则需要遵守，她恐怕是殚精竭虑、战战兢兢地度过接下来那几天的。第一天下午，在森林里与国王和王储见面之后，她就被带到了贡比涅城堡，她丈夫的姑妈们（路易十五的成年女儿们）以及奥尔良公爵等其他身份显赫的堂亲都在那里等着迎接她。她在贡比涅度过一夜，第二天（5月15日）一大早就动身前往圣德尼修道院，去会见另一位在那里做了加尔默罗会修女的姑妈；之后又前往位于布洛涅森林中的拉穆埃特王室宅邸，到那里与她丈夫的弟弟普罗旺斯伯爵、阿图瓦伯爵和其他一些人共进晚宴。国王的特殊朋友杜巴里夫人也是用餐者之一，显然，玛丽亚·特蕾莎并没有告诉女儿路易十五有包养情妇这样的不良癖好，因而玛丽·安托瓦内特才会天真地询问同桌之人，这个陌生女人是宫廷里的什么人。当人们几乎不加掩饰地窃笑着告诉她杜巴里夫人的职责是"让国王开心"之后，她显然还是没搞明白，因为她回答说："这样啊，那我要在这方面和她比一比了！"

不过，这次失态（如果可以称之为失态的话）是她唯一一次失误。年仅14岁的玛丽·安托瓦内特面对这样一个严苛的宫廷而表现出色，这可并非一个小的成就。"国王、公主们（即那几位姑妈），尤其是王储殿下，似乎都被她迷住了，他们一遍遍争先恐后地赞叹道：'她可真是无与伦比！'"一个在场目睹了这次圣德尼修道院聚会的修女后来说。眼光更为苛刻的梅西伯爵显然十分高兴，他在发回维也纳的报告中说："我们的女大公太子妃……表现完全超出了我的期望，其言谈合宜，举止端庄……我们太子妃的登场表现简直再好不过了。"

第二天，也就是1770年5月16日，在凡尔赛宫举行了第二次正式婚礼。当天下午，在兰斯大主教的主持下，第二次结婚仪式于王家小礼拜堂里举行，现场座无虚席。新娘再次身着华丽的镶钻银色婚纱走过红毯（由于礼服被剪裁得过小，不够合身，结果背部出现了一道让人感到难堪的开口，里面不那么好看的贴身内衣清晰可见，使得整体效果略有下降），而且不得不巨细无遗地应付构成法国宫廷基石的无数等级制礼仪细节。"她在廊道中一路走去，刚走了几步便开始观察两旁的人，包括那些她需要根据其不同等级以不同的方式打招呼的人们；那些应该点头致意的人们；还有那些她只需朝其笑一笑，让他们从她的眼神中看到善意的人们——这些人因身份不够尊贵而无缘于荣耀，而这种微笑正是为了安抚他们。"一位精通这些微妙礼仪的观者如此说。玛丽·安托瓦内特再一次表现得几乎完美无瑕，可谓成就非凡，她一定是非常紧张地度过这一切的，但其紧张情绪只是稍有表现，即不小心让一滴墨汁滴在了她的婚约签名上。但这与新郎那掩饰不了的紧张不安相比简直不值一提，据一位婚礼来宾说，在整个婚礼仪式过程中，他显然都在颤抖，而且"在为她戴戒指时，几乎是面无人色"。

婚礼结束后还有芭蕾舞和歌剧表演，在为举办婚宴而专门建造的全新剧院中上演，随后又举行了盛大的国宴，王室大家庭全部使用金制餐具用餐。和她姐姐玛丽亚·卡罗琳娜一样，玛丽·安托瓦内特也收到了一个镶有珠宝的保险箱，里面装满了钻石、翡翠和其他稀有宝石，其中包括一条用超大珍珠穿成的奢华项链，那是路易-奥古斯特母亲的遗物。当然，这些庆祝活动都只是前奏而已，当晚的圆房仪式（le coucher）才是最重要的，才是这一切的目的所在。

此时的玛丽·安托瓦内特年龄比新婚时的夏洛特还要小，所受教养同样天真单纯；虽然她勇敢地摆出法国太子妃的高贵姿态，但内心一定也像夏洛特当初那样惊恐万分。据说，在长达数小时的宴会上，她一直坐得笔直，而且吃得很少。王储也一反常态，没有在宴会上大吃大喝；他不知道接下来会发生什么，而且与其他人的近距离接触显然会让他感到不适，他很可能比她还要恐慌。

当然，与玛丽亚·卡罗琳娜当初所经历的一样，时间的无情流逝是无法阻挡的。等到人们吃喝庆祝完毕，玛丽·安托瓦内特便在一众尊贵的公爵夫人和伯爵夫人的陪同下来到她自己的居室，她们脱下了她那件过小的结婚礼服，给她换上了一件绣花睡衣。然后她便被领进婚房，而路易-奥古斯特也在那些夫人的丈夫们的帮助下经历了一番类似的操作，此刻正穿着睡衣在那里等着她。所有刚刚与玛丽·安托瓦内特共进晚餐的人们，包括路易十五和其他王室成员，以及他们所有最高级别的仆从和亲信，全都一股脑儿地挤进了房间。新娘衣衫寥寥地被展示在众目睽睽之下，显然非常不安，她不得不等待兰斯大主教为婚床祝福，然后才能钻进被子里。王储面无表情，行动木讷，也默默地上了床。最后，床帐被放下，那群吵吵闹闹的人离开，房内只剩下了夫妻二人。

这是玛丽亚·卡罗琳娜最为她妹妹担心的时刻。她知道玛丽·安托瓦内特会像她自己当初那样，对圆房毫无准备。"当我想到她的命运或许会像当初的我那样时，我真希望自己可以长篇大论地跟她好好谈谈这件事。"她在信中急切地对妹妹的家庭教师说，"我真希望在最开始能有一个像我这样的人陪着她，否则我觉得那就是灾难。"

然而事实证明，夏洛特对妹妹的真诚担忧是多余的。尽管经历了屈辱的铺垫，玛丽·安托瓦内特在那个初夜的经历要比那不勒斯王后轻松得多。因为在那个黑暗的卧室里，新郎连碰都没碰一下新娘。相反，两个年轻人并没有按大人们的预期行事，而是直接睡着了。

对于路易-奥古斯特这样一个连最普通的社交都难以应付的人来说，让他打破常规与一个陌生的年轻女子举行公开婚礼，然后与她同床共枕，结果肯定是不会好的。法国王室似乎已经认定，王储在一开始就表现得对新娘极其迷恋，其行为已经有了改变的迹象，但最终结果却让他们略感失望，因为他们发现在新婚之夜什么都没有发生（西班牙大使贿赂了王室仆从，从他们那里打听到了床单上有无性事的痕迹），而且一旦庆典结束，路易-奥古斯特似乎就对妻子丧失了进一步的兴趣。王储在次日早上醒来后便如往常一样出去打猎了，回来后就躲进自己的房间，恢复了以前的生活习惯，除了在公开用餐时会坐在玛丽·安托瓦内特身边，其他时间完全对她不理不睬。他当然没再试图与她同床共枕。在进入蜜月数日之后，当他被告诫要多关心一下太子妃时，他好不容易才走进了她的居室，但只说了简单几个字，询问她晚上是否睡着了。* 她回答说睡着了，然后他便转身离开了房间。他在那天没有再跟她说话，实

---

* 对于患有自闭症谱系障碍的人来说，即便是发起最简单的对话，也是一件压力很大的事。

际上在大多数日子里都不曾与她说话。梅西伯爵在5月26日发回维也纳的报告体现出他和玛丽·安托瓦内特的家人们因这种不幸的状况而感受到的沮丧。"就太子妃的表现而言，不可能有比她更具吸引力的人了。"他感叹道，"而她的魅力让她丈夫的行为显得令人震惊，应受谴责，他在婚礼时表现得似乎有所好转，可如今却又回到了原本那种让人难受的状态。自从他们见面以来，无论是公开还是私下，他都没有表现出任何喜欢太子妃或想努力讨好她的迹象。"他十分郁闷。

梅西伯爵对问题的本质一无所知，也不知道该如何补救，于是他请求诺瓦耶夫人向路易十五报告了他孙子的情况，或许是希望国王能够命令王储与他的妻子同床。但路易十五拒绝干预。"目前必须让他（王储）随自己的意愿行事，"法国国王告诉这位首席侍女，"他非常胆小害羞——总之，他和其他人不一样。"

令人欣慰的是，玛丽·安托瓦内特当时还处于需要别人提醒她刷牙的年龄，并不急于与一个完全陌生的人进行那种神秘的成人亲密活动。因此，她并没有因丈夫的冷淡而生气，也没有抱怨，而是顺应自己的本性，开始温柔地与他交朋友。为此，她尝试悄悄地进入他的世界。她在下午去他的房间，他经常会在那里专心致志地做一些木工活——路易-奥古斯特喜欢手艺活的细致精准，在他的书房里备有工作器具——她会请他展示锁床是如何工作的。她会亲切地与他说话，而且并不逼他回答。这一切对她而言并非装腔作势，因为玛丽·安托瓦内特本就是一个温柔体贴的姑娘。过去她的这些品质总会换来人们的良性回应，因此，她现在才会本能地依靠它们，试图与丈夫建立起情感联系。梅西伯爵在写给维也纳的信中如释重负地说:"幸运的是,他(路易-奥古斯特)的冷漠和粗野似乎并没有吓倒年轻的太子妃……她在行动中所体现出的经验和风度超出了她的年龄。"

虽然她并非自觉而为,但这的确是正确的应对之道。虽然需要好几年的时间,但王储还是缓慢地,非常缓慢地开始习惯了她的存在。1771年2月25日,在结婚9个月之后,他在妻子的劝诱下参加了诺瓦耶夫人举办的一场舞会,他与她携手出场,还向女主人说了一句感谢邀请的客气话(显然曾练习过),这让宫廷上下吃惊不小。"他的这番举动带来了希望,这是我们以前想都不敢想的。"梅西伯爵惊喜地向玛丽亚·特蕾莎报告说。1772年元旦,太子妃在路易十五的压力和母亲的远距离责令之下,终于公开地与国王的情妇打了招呼。她对一旁的杜巴里夫人说出了那句著名的话:"今天凡尔赛宫可来了不少人。"然后她将此事告知了梅西。"我已经按你说的做了!"玛丽·安托瓦内特说道,"王储可以为我作证!"伯爵则尽职地向玛丽亚·特蕾莎报告说:"我发现王储听懂了我说的话。他似乎是通过某些手势和头部动作表达了赞同,但却一句话也没说。"这位大使在一年后变得更为乐观了,他报告说:"我注意到王储在太子妃的影响下想法变得更有条理了,表达也更清楚了。他有时候甚至还会表现出一些聪明才智,比如上星期一就是如此。"不过,梅西也不得不承认:"不幸的是,他的言谈极其不连贯,我感觉很难与他谈论什么有意义的事。"

房事方面的进展甚至更慢。虽然到了1771年,路易-奥古斯特已经开始在晚上去找妻子——玛丽·安托瓦内特在6月21日写给玛丽亚·特蕾莎的信中说,王储生病了,但正在好转,"他向我保证说，他用不了多久就可以再到我的房间来了"——但他们夫妇依旧没有圆房。这位年轻的妻子在3个月后仍然保持着乐观。"我一直生活在希望中，而且王储对我越来越温柔，让我不能有所怀疑。"她再次安抚母亲，然后又不甚自在地说，"虽然假如一切都得到解决，我会更高兴。"*

然而，年轻姑娘一般都不会很有耐心，玛丽·安托瓦内特也不例外。她刚来凡尔赛时只有14岁，对周遭的环境感到陌生，那时她可以接受丈夫对待自己的方式，而且还试图尽量好地予以回应，可等到她16岁时，却开始对丈夫的态度感到沮丧了。到了17岁，她的怨恨之情已不加掩饰。平心而论，她并不比宫廷里的其他人更了解他如此行事的原因，因此也只能像那些人一样，将他的怪癖归结为愚钝和固执。她会一再要求，先是用甜言蜜语，之后则变得更加强硬，希望他的举止能符合公认的礼仪习惯，而他则会垂头丧气，或者用其他方式无言地表示同意，但接下来却一如既往，毫无改变。最后，她难免会对他大发雷霆。"太子妃教训了王储一番，说他用在打猎上的时间太多，这导致他养成了疏懒和粗鲁的习惯。"梅西伯爵在1771年7月告诉玛丽亚·特蕾莎说，那时的路易-奥古斯特差不多是17岁。"王储试图回到自己的房间里，躲开她的非难，但太子

---

* 关于为何路易-奥古斯特在婚后最初几年无法进行性生活的问题，主流解释是，他患有一种叫做包茎的疾病，需要进行手术治疗。这种说法解释了为什么王储会抱怨说，当他试图进行性生活时会感到疼。然而，我们找不到任何表明他曾做过这种手术的记录——如果他做过手术，一定会有记录留存下来——因此，同样合理的解释是，他的问题是恐惧、误解、沟通不畅等诸多因素一起导致的。路易-奥古斯特显然是那种身体稍有不适便会焦虑不安的人。例如，他在1773年8月经历了一次暂时的消化不良，梅西曾就此写道："王储只要身体有一点儿不舒服就会陷入忧惧和沮丧的状态。"他在后来的各种表现证明，他显然不太清楚自己应该怎么做。一种绝非不可能的情况是，每当他尝试性交时，其生殖器都会被玛丽-安托瓦内特的处女膜所阻挡，而他则会将这种冲撞视作痛苦，因而停下其尝试。

妃跟在他后面，继续言辞激烈地数说他的做法给她带来的烦恼。这让王储变得非常激动，竟然哭了起来。"大使不得不坦言相告。

她丈夫莫名其妙的愚钝只是宫廷生活让玛丽·安托瓦内特感到失望的诸多原因之一。自从进入宫廷，她的生活就被一种乏味单调的日程安排束缚住了，这种日程安排连账房里的会计都会感到厌倦。玛丽·安托瓦内特告诉母亲说："我每天大约9点或9点半起床，穿好衣服，做晨祷。吃过早餐之后，我会去看望那几位姑妈，并且经常会在那里碰到国王。这要持续到10点半左右，然后我会在11点时让人帮我做好发型，12点接见来客，所有非平民都可以来见我。我在他们面前化妆打扮、洗手，然后男士们离开，女士们则留下看着我打扮完毕。中午要去望弥撒；如果国王在凡尔赛，我就和他还有我的丈夫及姑妈们一起去；如果国王不在，那就只有我和王储两个人，但总是在同一时间。弥撒之后吃午饭，只有我们两个人，在所有其他人面前用餐，但一个半小时就结束了，因为我们都吃得很快。然后我会去王储那里，如果他有事，我就回到自己的房间……我在做活儿，为国王织一件坎肩，才刚刚开始，但我希望上帝保佑，让我能在几年后织完。3点钟时我要再次去拜访姑妈们……4点钟修道院院长（韦尔蒙）会来，音乐老师则在每天5点钟教我弹奏羽管键琴，或者我会练习歌唱，直到6点。如果不出去散步的话，我在6点半时几乎总是跟姑妈们待在一起。我们从7点开始玩（纸牌），一直玩到9点……9点用晚餐，如果国王不在，姑妈们就会陪我用餐，但如果国王在，我们就要去陪他吃晚饭，我们要等待国王到来，而他通常会在11点差一刻左右到来，我在等他时会躺在一张大长沙发上睡一会儿，睡到他来为止；不过，如果国王不在，我们就会在11点上床睡觉。"

这是一个停留在过去时代的宫廷，就像《远大前程》里哈维沙姆小姐的那栋古旧大宅，而玛丽·安托瓦内特则扮演着埃丝特拉的角色。路易十四在一个世纪前为彰显王权而推行的那种严格的行为准则仍然规范着宫廷里的一切交往互动、一切行为、一切着装细节，甚至精确到装几颗纽扣。然而，在太阳王时代被视为时髦的紧身胸衣和衬裙在18世纪已经显得过时且累赘，而且在太子妃看来，把时间花在早已失去效用的细致社交礼仪上十分枯燥乏味，老实说也是让人无法理解的。只要稍稍违反了这些规则的细枝末节，专横的诺瓦耶夫人便会对她纠缠不休，于是玛丽·安托瓦内特开始在背后称这位夫人为"规矩夫人"（Madame l'Étiquette）。

后来取代了这个吹毛求疵的夫人成为玛丽·安托瓦内特首席侍女的坎帕尼夫人曾感叹说："我不得不说，诺瓦耶夫人颇具美德。她的虔诚、仁慈和无可指责的道德让她备受称赞；但她将礼仪看得珍贵如空气，只要这神圣的秩序稍有差错，她就仿佛要窒息了，要失去生命（倒地而死）了。有一天，我无意中让这位可怜的女士陷入了极端的痛苦之中。我看到诺瓦耶夫人双眼紧紧盯着我……她的眉毛高高扬起，又低垂，再扬起……这位伯爵夫人（即诺瓦耶夫人）的激动情绪不断加剧……殿下（玛丽·安托瓦内特）……低声对我说：'把你的垂襞（蕾丝边）翻下来，否则伯爵夫人要没命了。'原来这一切都是由两枚倒霉的别针引起的，我用它们将我的垂襞别了上来，而着装礼仪规定'垂襞应该垂下来'！"

即使是在100年前，这种可笑而造作的规矩之所以行得通，也只是因为路易十四身边的人们知道，自己面对的是一位伟大人物。然而，他的继任者可绝非什么伟大人物。1773年时的路易十五已经63岁了，统治了58个年头，而这58年就是一个不间断的放荡、负债和失败的过程，或许是法国历史上最值得唾弃的可悲年月。即使是在壮年时期，这位国王也并非一个用心治理国家的人，他一度将治国任务交到大臣们手中，还会在他们的政策失败（这是经常会发生的）时幸灾乐祸。"是他们要这样做的，他们觉得这样最好。"他会自以为是地说，让自己摆脱一切相关责任。如今他年事已高，已显出衰颓之象。梅西伯爵写信给玛丽亚·特蕾莎说："陛下您要我报告国王是否酗酒，在这方面我缺乏可靠的凭据，但人们经常会看到这位国王处于一种茫然出神的状态之中，很像是醉酒后的表现。很明显，国王的精神状态在日益变差。"路易十五非但不去关心王国的发展和臣民们（其中许多人都在挨饿）的需求，反而像是一个退休的富翁，白天打猎，晚上和他那位爱突发奇想的情妇一起搞各种奢靡享受（另外还经常会在他那座方便地位于王宫左近，被称为"鹿苑"的私人专属嫖妓所里大搞一夜情）。

国王明显的无能使得宫廷中充斥腐败和阴谋，而处在这一切中心的就是杜巴里夫人，这个女人铁了心想要在衰老的爱慕者死去之前尽可能多地从他那里搜刮好处。* 当初，当丈夫的姑妈们怀着兴奋的恶意说出这个红人真正是什么货色之后，玛丽·安托瓦内特可真是吃惊不小，她已经习惯了母亲那个令人尊敬且管理有序的宫廷，于是听从了姑妈们的建议，拒绝和杜巴里夫人说话。作为报复，杜巴里夫人策划阴谋，将促成法奥两国结盟和玛丽·安托瓦内

---

* 路易十五的前任情妇蓬巴杜夫人聪慧过人，受过很好的教育，能够得出有见识的看法，制定国家的政策。杜巴里夫人显然缺乏前任的那种能力。曾经有一位波兰使者求见她，试图通过她来促使法国帮助波兰防卫国土，而这位杜巴里夫人在见面时和蔼地询问这位使者："波兰在哪儿？"

特婚事的那位大臣赶走了，用一个更合她意的官员取而代之，从而大大削弱了太子妃的地位。玛丽·安托瓦内特的母亲其实并不了解实际的状况，她害怕小女儿会被休弃并被送回奥地利（历史上，不能生下继承人的太子妃都会面临被宣布婚姻无效的危险），于是便一次次写信劝她，敦促她与那位红人搭话。最后，玛丽·安托瓦内特虽然知道自己的判断是对的——"如果您能站在我如今的位置上去判断，您就会发现，这个女人和她的小集团是绝不会仅仅满足于一句招呼的；他们会得寸进尺，不断要求更多。"她警告说——但她还是屈从于母亲的意愿，对她的敌人说出了那句著名的元旦问候。太子妃是对的：杜巴里夫人在满足了最初的愿望后并未止步，而是不断地制造着麻烦，她竭力想让自己家族的其他成员也进入宫廷，为达此目的竟试图用钻石来收买玛丽·安托瓦内特。玛丽·安托瓦内特冷淡而断然地回绝了这种侮辱性的要求。

杜巴里夫人

这就是太子妃婚后头三年的生活：她既没有兴趣也没有能力学习的乏味课程（"还从来没有一位王家女子对一切严肃的功课表现出如此明显的厌恶之情。"坎帕尼夫人说）；母亲无休止的责备；长时间与三个老处女（姑妈们）打牌；难看又不舒服的衣服（因为需要很多人帮忙，所以要花很长时间才能穿脱），背后的议论和虚假的友谊。*她要经过斗争才能从母亲和梅西伯爵那里获得允许，享受一些小小的乐趣，比如像宫廷里的其他人一样去骑马打猎，养宠物狗取乐，甚至是和别人的孩子玩上一小时左右——就像一个为生存而战的骑士。而在这一切的背后，她明白，自己在余生中都不得不与一个丑陋、肥胖又粗鲁的丈夫绑在一起，此人和她在一起时甚至都不能说出两句连贯的话，而且其在性事上的无能让她在整个宫廷面前丢尽了脸。

她的确与王储绑在了一起，尽管她的母亲担心她可能因未能生出孩子而遭摒弃——"这种情况简直让人无法理解，让我吃惊的是，人们竟然任由一切保持现状，没人插手干预。"就王储似乎不想让妻子怀孕一事，玛丽亚·特蕾莎沮丧地对梅西抱怨说——但玛丽·安托瓦内特知道，她的婚姻根本没有被废除的风险。具有讽刺意味的是，她最初的努力获得了回报。她的丈夫已经习惯了她，她已成了他日常生活的一部分。结果就是，她很好地实现了人们最初将她弄到这个宫廷来的目的：她的丈夫不仅对她产生了依赖，甚至已经离不开她了。1773年秋天，在国王外出狩猎时，一头雄鹿不小心撞死了一个农民，于是玛丽·安托瓦内特赶到那

---

* 那些姑妈中有一位是阿代拉伊德公主，她表面上对玛丽·安托瓦内特充满母性的关怀，背地里却恶狠狠地称她为"那个奥地利人"。

里，不但下了马车去安慰死者的妻子，安排人照看死者的尸身，还把身上所有的钱都分给了死者家属及其邻居。彼时王储一直默默站在旁边，后来才学着她拿出了自己的钱包。"太子妃殿下根据天性行事，王储殿下则模仿太子妃。"一个廷臣准确而尖刻地嘲讽道。

所以也就难怪梅西伯爵会在某一天惊讶地撞见他年轻的女主人坐在房间里哭泣了。她早年在凡尔赛宫的经历显然与人们当初向她描绘的那种世上最幸运的太子妃的生活大相径庭。

然后，在1773年6月初，她第一次来到了巴黎。

巴黎距离凡尔赛只有11英里，但在王室看来，它几乎是远在弗吉尼亚。王室视巴黎为敌，这种态度不无道理，毕竟路易十五在这个著名的大都市受到公开的蔑视。一位首都居民直言不讳地说："老路易……用那臭名昭著的重税榨干巴黎人，为的是供养他那个不知餍足的情妇。"这话说出了大多数人的心声。按照惯例，太子妃在结婚时便应以官方身份进入巴黎，向王国中这个最有影响力、人口也最多的城市展示自己。然而，凡尔赛宫似乎没有人急于搞这么一个仪式，因此她在三年后不得不采取主动，于1773年5月亲自向国王提出了请求。从来不拒绝漂亮女人要求的路易十五表示应允，于是在一个月后，也就是6月8日，玛丽·安托瓦内特终于得以与路易-奥古斯特一起成行，在短暂的旅程之后进入了这座欧洲最为著名的自治市，举行了她的正式入城典礼。

巴黎市民成群结队地前来迎接她。市长将城市钥匙放在银盘上献给她；一大群市场女商贩向她行礼，献上花束和果蔬篮子；士兵们摆出立正的姿势。王储夫妇经过的大道上装饰着拱门,地上撒满鲜花,到处都是欢呼雀跃的人群。梅西伯爵就像是一个见证了奇迹的人,激情澎湃地向玛丽亚·特蕾莎报告了这一切。"一切都完美无瑕,公众为太子妃而痴狂。"他在6月16日兴奋地写道,"有5万多人聚集在杜伊勒里宫的花园里,这可根本不是夸张……在人类的历史上还没有哪一场入城典礼曾造成如此大的轰动,取得过如此全面的成功……公众表现出的热情确实超乎寻常……可以肯定的是,巴黎人直到今天还在谈论这场入城仪式,所有人都热情不减,仍然像在第一天时那样,满脑子想的都是此事。"

玛丽·安托瓦内特惊呆了。她当然知道巴黎是世界上最伟大的城市之一,但这几乎无边无际的欢呼人潮却超出了她的所有想象。当她和王储站在俯瞰杜伊勒里宫的一个阳台上作最后告别时,她惊呼道:"天哪,人可真多!"6天后,她向母亲描述了当时的情景。"上周二的庆典让我终生难忘。"仍然感到目眩神迷的太子妃敬畏地说道,"我们进入了巴黎。我们获得了所有能想象到的荣耀,虽然这很好,但最打动我的还不是这些,而是可怜的巴黎人表现出来的感情和渴望,他们虽然被税收压得喘不过气来,但在看到我们时却满面欢喜……亲爱的妈妈,我无法向您描述人们在我们面前表现出来的那种快乐和深情。在去休息之前,我们向民众挥手致意,而这让他们极为高兴。能够以如此微小的代价获得整个国家的爱戴,我们是多么幸福啊!"然后,她转而谈起了在仪式之前显然曾担忧的事情。"在那个快乐的日子里,王储的表现也让我非常高兴:他对所有的冗长献辞(演说)都做出了不错的回应,而且看到人们为他所做的一切,尤其是人民所表现出的快乐和勤勉,他显然感觉很不错。"她带着明显的欣慰之情向母亲保证说。*

夫妇二人在当晚返回了凡尔赛，但第二天晚上又被邀请回巴黎观看歌剧演出，公众的崇拜和热情仍在继续。一位目击者说："一个最受欢迎的演员本已退休，却在这一晚重新登台。剧院里灯火通明，王储夫妇坐在一层的一个包厢里……有一首歌的歌词中有一句'国王万岁'（*Vive le Roi*!），因而在观众的要求下演唱了七八次。"演员即兴发挥，在最后的副歌中加入了"和他的孩子们"，观众们更是欢呼不止。

首都入城典礼对玛丽·安托瓦内特来说就像是一个神迹，她终于明白了自己因何而成为其他公主们羡慕的对象。征服像巴黎这样的城市让世界上其他任何事情都相形见绌。"我越来越理解我亲爱的母亲将我嫁入法国的良苦用心。"她在信中谦卑而感激地写道，"我是她最小的孩子，她却给了我长女的待遇。"

但太子妃搞错了。人们并不是在为她欢呼，而是在为她和她的丈夫所代表的法国欢呼，受人鄙视的路易十五不免一死，而后人们就可以从他那延续了半个多世纪的自私、无情且无能的统治中解脱出来了。路易-奥古斯特和玛丽·安托瓦内特都很年轻，人们对他们不甚了解，他们来到巴黎，展示了自己。因此，他们只不过是一块白板，人们在他们身上投射的是自身对美好未来的狂热希望。让

---

* 她当然会紧张于他的表现，因为她很清楚，王储在新的环境或人群中的表现并不好。事实上，她、路易-奥古斯特和路易-奥古斯特最小的弟弟阿图瓦伯爵在前一天晚上曾蒙着脸悄悄进入巴黎，一起去剧院看了场戏。一直以来，人们认为她这样做是想迫不及待地在这座城市里尽情玩乐，但她这么做也有可能是因为她的丈夫对正式入城仪式感到忧惧——值得注意的是，这似乎也是他第一次来到巴黎——所以她才会想要给他提供一次演练的机会，让他对巴黎有所了解。请注意，她没有提到王储了什么，只是说他向人群挥了手，而且"显然感觉很不错"。

玛丽·安托瓦内特如此感动的群众热情实际上也不像她对母亲天真述说的那般是白白得来的。一旦老国王驾崩，如果这对夫妇无法带来人民期望的那种变革，他们就会发现自己要面对一种截然不同的对待了。一个可悲的事实是，期望越高，失望的可能性就越大，愤怒和背叛感也会越强烈。就人群规模和他们疯狂的赞美来看，巴黎的市民们所抱的希望是真的够高的。

如果不是玛丽·安托瓦内特坚持要去巴黎，这个在她生命中如此重要的光辉事件可能根本就不会发生，因为首都那些杰出而冲动的市民们的愿望很快就实现了。10个月后，即1774年4月22日，与杜巴里夫人在一起的路易十五在他位于花园北面小特里亚农宫的私人居所中发烧病倒了。到了4月28日，他已病入膏肓，人们决定将他迁回凡尔赛宫主殿，以便离医生更近一些。尽管人们尽可能地瞒着病人，不让他知道自己的实际病况，但可怕的斑点在两天后就出现了。国王患上了天花。

这是一种特别恶性的病毒变种，很快就在宫廷中蔓延开来。"宫殿里的空气都被污染了，有50多人仅仅因为走过凡尔赛宫的走廊就患了病，其中10人因此而死亡。"康庞夫人报告说。路易的成年女儿们非常值得称赞，这几位姑妈在父亲患病期间一直在床边照顾他，结果她们也都接连患上了天花，幸运的是，她们的病情都比较轻，最终都痊愈了。

到了5月4日，就连路易也知道自己已命在旦夕。他叫来杜巴里夫人（杜巴里夫人明白，如果国王要求进行临终仪式，那就意味着她必须离开，因此她想尽一切办法要将神父们拒之门外），让她离开宫廷。"夫人，由于我正在考虑接受圣礼，您留在这里不合

玛丽亚·特蕾莎与她的皇冠

神圣罗马帝国皇帝弗朗西斯

腓特烈大帝

玛丽亚·特蕾莎骑马冲上高坡，挥舞手中的蒂芬宝剑，这是匈牙利加冕仪式的一部分。

1743年，维也纳宫廷妇女举行"骑士比武"游戏，以庆祝奥地利王位继承战争中从法国人手里夺回布拉格。画面前景中央，玛丽亚·特蕾莎骑着一匹白马。

年皇室全家像。前景中从左至右：神圣罗马帝国皇帝弗朗西斯、玛丽安娜、玛丽亚·克里斯蒂娜、（？）夫、玛丽亚·伊丽莎白、利奥波德、女皇玛丽亚·特蕾莎、查理。背景中：站着的玛丽亚·阿马利（亚？）坐在小桌旁的玛丽亚·约翰娜和玛丽亚·约瑟法、婴儿床里的斐迪南和旁边的玛丽亚·卡罗琳娜。（缺失）的是尚未出生的玛丽·安托瓦内特和马克西米利安。

约瑟夫和利奥波德在罗马,庞培奥尼绘于 1769 年,约瑟夫去那不勒斯探访夏洛特和斐迪南之后。

咪咪结婚前自画像

阿尔伯特

帕尔马的伊莎贝拉

画的群像《皇室庆祝圣尼古拉斯节》。从左至右：玛丽亚·克里斯蒂娜正在安抚哭闹的斐迪南；玛丽·安托瓦内特自豪地举起一个新的洋娃娃，对斐迪南的情绪毫无察觉；耐心的玛丽亚·特蕾莎正在倒咖啡；弗朗西斯还戴着睡帽，迷糊地看向吵闹的儿子；马克西米利安趁父母不注意，在桌子底下偷吃蛋糕。

玛丽亚·卡罗琳娜，维热·勒布伦绘

那不勒斯国王斐迪南

1783年那不勒斯王室全家福。从左至右：竖琴前的玛丽亚·特蕾莎（后嫁利奥波德的长子弗朗西斯二世，弗朗西斯二世继承了神圣罗马皇帝之位）；王储弗朗西斯科；国王斐迪南；王后玛丽亚·卡罗琳娜；玛丽亚·克里斯蒂娜（后嫁撒丁国王之弟）；真纳罗；玛丽亚·路易莎（后嫁利奥波德的次子、托斯卡纳大公斐迪南）；坐在玛丽亚·路易莎腿上的玛丽亚·阿马利亚（后嫁奥尔良公爵之子，因此成为未来的法国王后）。夏洛特后来又生了几个孩子，其中只有玛丽亚·安托瓦内塔和利奥波德活了下来。

威廉·汉密尔顿

海军上将纳尔逊

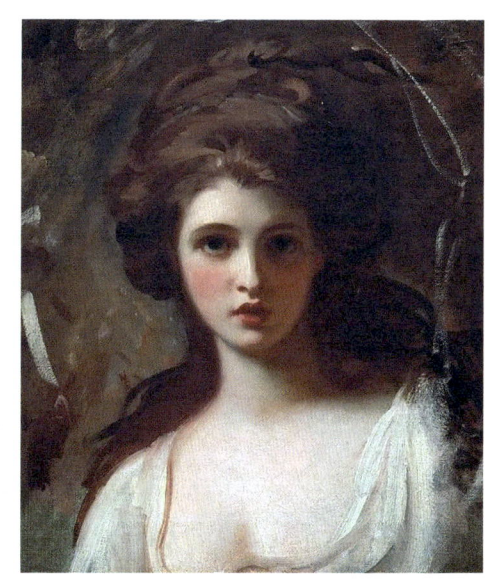

扮作喀尔刻的爱玛，罗姆尼绘

玛丽·安托瓦内特,维热·勒布伦绘

路易十六

阿克塞尔·费尔森伯爵

适。"国王当着众人的面这样说，尽管他显然舍不得让她走。"如果听说我的病好了，您可以再回来。"他在私下里低声嘱咐她说，让她就住在王宫附近。

但他的病情没有好转。两天后，路易十五忏悔并接受了圣礼。5月9日傍晚，关键时刻到来了，国王被正式宣布已无望康复。但他还是坚持了一夜。病情发展到非常可怕的程度：他全身肿胀，长满了发黑的脓疱，病房里臭气熏天。整个宫廷都做好了准备，一旦确认国王驾崩，就会立即逃离王宫，但他们很难得知他什么时候会驾崩，由于担心传染，也没有人愿意直接去询问在那间令人作呕的病室里守夜的人们。最后，大家决定在国王房间的窗台上放一根点燃的蜡烛。只要蜡烛亮着，就意味着国王还活着；一旦蜡烛熄灭，宫廷里的人们就都知道一切已经结束了。最后，在1774年5月10日下午3点左右，蜡烛熄灭了。

玛丽·安托瓦内特和她的丈夫待在一起。他们前一天晚上在王室礼拜堂为祖父的灵魂祈祷，然后整个上午都在等待他的死讯；他们已经精疲力竭了。"突然，外厅传来一阵可怕的声响，就像打雷一样。"康庞夫人回忆道，"那是廷臣们离开已故君主的接见室，跑去向新君路易十六鞠躬致敬时弄出的动静。这非同寻常的骚动让玛丽·安托瓦内特和她的丈夫知道，他们将要成为统治者了，于是他们不由自主地跪了下来……两人都痛哭流涕，喊道：'上帝啊，请指引我们，保护我们，我们太年轻了，难以治理国家。'"

他们的恐慌不是装出来的。他年仅19岁，而她只有18岁，两人都对政府的运作知之甚少。新国王从未参加过政府会议，从未阅读过公文，甚至连国库报告都没看过一眼，而他的妻子比他懂得的还要少。英国大使报告说："人们都承受着难以言表的痛苦，国王和王后更是如此，两人一直万分期盼祖父能够康复，并对因其去世而落到他们肩头的重担怀着极大的忧惧，他们既年轻又缺乏经验，很难担起这样的担子。王储说了这么一句话：'我觉得好像整个天都塌了。'"

或许天还没塌，但也快要塌了。路易十六和玛丽·安托瓦内特统治的时代开始了。

玛丽亚·克里斯蒂娜
Maria Christina

"咪咪"

"Mimi"

玛丽亚·克里斯蒂娜与阿尔伯特和其他家庭成员一起分享玛丽亚·特蕾莎在意大利的孙辈的肖像；咪咪未婚的姐姐玛丽安娜和玛丽亚·伊丽莎白，以及最小的弟弟马克西米利安被安排在背景中（就像他们在生活中一样）；约瑟夫毫无兴趣地靠在母亲的椅子上，露出一副不耐烦的表情。

14

皇室的分歧
An Imperial Divide

世上没有什么事比声名受损更让我痛心的了。遗憾的是,我必须承认,我们罪有应得。

——玛丽亚·特蕾莎致梅西伯爵

当两个妹妹在遥远的法国和意大利努力适应新环境并取得了不同程度的成功时,玛丽亚·克里斯蒂娜却与阿尔伯特安静地生活在离家很近的普雷斯堡,距维也纳只有一天的路程。1768年,也就是夏洛特嫁到那不勒斯的那一年,咪咪从夺走新生儿性命,也差点儿害死她的严重感染中恢复了过来,重新担当起她作为匈牙利总督之妻的责任。

她的职责范围很广。匈牙利是她母亲治下领地的重要组成部分。虽然太后和这个王国的关系在近几十年里时好时坏——比如,她始终无法向匈牙利的贵族征税——但玛丽亚·特蕾莎从未忘记，在她统治初期，似乎全世界都在反对她时，匈牙利人是如何仗义出手，帮助了她。因此，她努力熟悉匈牙利人的风俗习惯，尤其是首府。事实证明，这种简单有效的方法促进了她与这里常常暴躁易怒的人们和谐相处。在玛丽亚·特蕾莎的统治下，奥地利与匈牙利之间的关系比王朝历史上任何时期都更加和睦友善。结论就是，一点点礼貌和尊重就可以带来长治久安。

如今延续这种友好关系的责任落到了玛丽亚·克里斯蒂娜肩上，她母亲为此给她写了一封长信，详细阐述了她的职责。这封信相当于是写在纸上的外交学研究生课程。"在宗教节庆或国家庆典之日……你要在早晨去公共教堂，参加没有布道的庆祝活动。"太后教导她说，"你要经常去不同的教堂，让所有人都能高兴……在这些日子里，高级贵族女士们会在早晨穿着室内服装前来……男士们会在晚餐时到场，甚至阶层较低的人也会来。你要注意他们，对他们亲切和蔼，甚至跟他们说上一两句话……那些地位较低的贵族也需要照顾到。"母亲提醒她："因为匈牙利的情况与其他国家不同：在他们当中有许多重要人物，比在大贵族中还多，而且他们中的很多人更忠诚、更热心。你在一开始可以与所有的议员、侍从、律师及他们的妻子都见上一面，邀请他们共进晚餐，而卫队中只有卫队长可以享受这种殊荣。一般而言，你要邀请所有主教来用餐，还有所有的高级教士和教堂教士，只要是品行良好的都应邀请，此外还有去到那里的一切有名望的陌生来客……每周要抽出一天来接待来访者，如果有必要也可以抽出更多的时间，要随时接见来往之人，尽可能地给予他们礼遇，这是让他们对你产生好感的一个办法。"信中所写都是一条条这样的指导意见。

这种细致入微的教导非常有用。玛丽亚·克里斯蒂娜曾目睹母亲的治国方法并且见证了其成功,阿尔伯特也非常重视自己对皇室负有的责任,二人都对她言听计从。他们的到来为这座城市增添了魅力和声望,提升了它的吸引力。阿尔伯特对这个王国的状况有着切身的了解,他曾在1768年陪同约瑟夫进行过一次为期两个月的乡村实地考察,他们几乎走到了与奥斯曼帝国交界的边境,而这是奥地利王室成员第一次在并非赶往战场的情况下如此深入地涉足王国内地。

毫无疑问,玛丽亚·克里斯蒂娜发现,她必须出席或主持的众多社交活动都很乏味——这些官方和半官方的活动是玛丽·安托瓦内特所厌恶的那种"礼仪"的匈牙利版本——但她显然明白这些活动的重要性,在大多数情况下它们似乎都成功地展现出了帝国的荣耀和个人的热诚,而这正是她母亲统治的两个主要特征。"她本是个冷淡且高傲的人,但在心情好时却能调整自己的态度,以最亲切友好的姿态示人。"一位曾在匈牙利宫廷待过一段时间的英国人认真地评论道,"很难想象还有比她更适合展现皇室尊严的公主了。"幸运的是,咪咪的公务并不十分繁重,这让她有时间继续发展她的艺术爱好。"她在闲暇时会用铅笔作画,"上述那位英国人写道,"她尤其擅长油画,挂在普雷斯堡各个房间的作品就是最好的证明。我曾在那里见过她画的肖像画,的确十分精湛。"

笼罩在这对夫妇头上的阴云是玛丽亚·克里斯蒂娜令人沮丧的无法再次怀孕的问题,但在最初几年里,他们可能并没有放弃希望。在玛丽·安托瓦内特结婚的1770年,咪咪还只有28岁,尚未超过生育年龄,尤其是考虑到她母亲的经历。因此,生育这个问题并不怎么令她担忧。

她很快乐，也很自信，很明显能看出这一点。"克里斯蒂娜女大公……无疑是一位非常出色的女性。"那位英国访客写道，"她的眼睛充满活力，五官高贵而端庄……她的肢体和动作洋溢出一种庄严的气场，仿佛在昭示着她的高贵出身。"

咪咪的幸福感还得益于她可以支配的巨大资源。这对夫妇差不多有足够的钱购买他们想要的任何东西。阿尔伯特和妻子一样喜欢收藏重要的绘画和其他精美的艺术品——他的祖父曾是一位著名的鉴赏家，德累斯顿的家族城堡曾因其收藏而闻名于世，直到腓特烈到来，将那些藏品抢到了柏林——玛丽亚·特蕾莎把从父亲那里继承来的大约294幅画作作为礼物送给了这对年轻夫妇，其中包括丢勒、勃鲁盖尔和提香的一些重要作品，反正这些原本也只是在维也纳吃灰而已。

不过，尽管玛丽亚·克里斯蒂娜被正式派驻匈牙利，但她的主要任务其实是充当母亲的好友和知己。虽然玛丽亚·特蕾莎身边有两个已成年的女儿，但她真正想要的却是咪咪的陪伴。* 因此，玛丽亚·克里斯蒂娜和阿尔伯特在霍夫堡有他们自己的房间，二人至少一半的时间是在维也纳度过的。对于咪咪来说，这并不是什么麻烦事。她明白母亲对自己的依赖，也知道自己比家中任何人都更能振奋母亲的精神。玛丽亚·特蕾莎非常信任这个她最喜爱的女儿，

---

* 可怜的玛丽安娜和玛丽亚·伊丽莎白！做在家的女修道院院长可没什么意思。那位英国旅人说："她们的生活阴郁而乏味……她们被关在皇宫里，几乎与世隔绝，无论母亲走到哪里，她们都要跟着，还被迫协助帮忙操持各种仪式或宗教活动，就好像她们是修女（严格说来，她们的确是修女），而非公主；欧洲各国几乎都不知道她们的存在，从来没有谁的生活比她们的更不值得让人羡慕了。"

她眼光独到、才华横溢，能够为母亲提供体贴而明智的建议。英国访客评论说："她（玛丽亚·克里斯蒂娜）在性情与智慧上拥有这样的禀赋，因此也就难怪她对母亲的政治和私人行为有着相当大的影响力了。"

咪咪明白，日趋老迈的玛丽亚·特蕾莎如今比过去任何时候都更为需要她。一个新的危险出现了，它有可能破坏和平，打破太后竭尽全力才达成的与邻国的脆弱平衡。在玛丽亚·特蕾莎看来，君权本身以及她自己所代表的一切都岌岌可危。

玛丽亚·克里斯蒂娜也如此认为。毫无疑问，她们必须想办法应付约瑟夫。

我们很难不对玛丽亚·特蕾莎的长子抱有同情。他在二十出头时就失去了一生挚爱，尚处于哀悼之中便被迫要娶一个他所厌恶的女人。现实对他的打击是如此之大，以至于当几年后天花让他摆脱了那个不受欢迎的第二任妻子后，他发誓永不再婚。相反，约瑟夫将自己在伊莎贝拉死后积蓄的所有柔情都倾注在了女儿小特蕾莎身上，作为她那为人喜爱的母亲最后的遗留，小特蕾莎对父亲来说比世上任何人都更为珍贵。随着女儿逐渐长大，皇帝尽可能地陪在她的身边，监督她的教育，还从布鲁塞尔挑选了一位文化修养极高的贵族女士来担任她的家庭教师。他逐渐将女儿与家中其他人隔离开来，尤其是他的母亲，因为他非常不喜欢母亲在宗教上的不宽容态度。"那孩子几乎不认识我……我儿子喜欢独占他喜爱的东西，不与人分享。"玛丽亚·特蕾莎抱怨道。

然后，在1770年的1月，当玛丽·安托瓦内特还在维也纳全神贯注地学习如何行屈膝礼时，小特蕾莎病倒了——并非得了天花，她接过种，而是患上了咳嗽，发了高烧。这似乎是一种细菌感染，很可能是胸膜炎。焦急万分的约瑟夫坚持要亲自照顾她，但他无能为力。1月23日，在他的小妹妹与法国王位继承人正式订婚的戒指交换仪式两天之后，小特蕾莎死在了悲痛欲绝的父亲怀里，就像她的母亲当初那样。当时她只有7岁。

接二连三的残酷打击让约瑟夫崩溃了。他悲伤地对女儿的家庭教师说："我已不再是一个父亲，这几乎让我无法承受……我这辈子都会想念我的女儿。"他让她把小特蕾莎写的几篇充满童趣的文字和她最喜欢的那些绣着鲜花的白色小睡衣收集起来，拿给他作为纪念品收藏。在女儿去世后，本就高傲冷漠的皇帝变得更加孤僻、尖刻和自怜了。他告诉利奥波德（他这时已经有了三个孩子，其中两个是男孩），他将把确保皇位继承永续不绝的任务交给他。约瑟夫闷闷不乐地告诉弟弟说，他很乐意做一个单身汉。"一个可怜的女人要一个可厌的隐士（指他自己）做什么呢？家庭于我又有何益？"他嘲弄地说。从那时起，皇帝便满足于同妓女们厮混，以及与有夫之妇们有一搭没一搭的调情了。

为了进一步减轻痛苦，他全身心地投入到工作中，但工作并不能给他带来安慰。在父亲于五年前去世后，他便精力充沛地带着满脑子想法做了皇帝，与母亲一同治理国家。自青少年时代起，约瑟夫就一直对腓特烈大帝崇拜有加，视其为开明的武士国王的典范（这让玛丽亚·特蕾莎感到恐慌）。*现在他自己成了君王——或者

---

* 腓特烈本人并不虔诚——事实上，他对宗教虔诚嗤之以鼻——他以对犹太教在内的所有信仰持宽容态度著称，因而有了开明的名声。在普鲁士，只要臣民们缴纳税款并服从命令，国王就不会过问他们的信仰。

说是共同执政者，事实证明，这二者并非一回事——于是，这位皇帝便效法起他心目中的英雄来。与腓特烈一样，约瑟夫厌弃礼仪和虚饰。他废止了他母亲和外祖父统治时期那种标志性的华丽服饰，大幅减少了维也纳的宗教节日和节庆宴饮日。他高兴地效法腓特烈去微服私访，假装成普通公民，隐姓埋名。他起草了一份激进的政纲，准备改革他母亲的整个政府，该政纲显然是以普鲁士那种统一而规整的制度为基础的，为的是最大限度地加强控制和提高效率。

然而，在这五年里，约瑟夫那雄心勃勃的计划却处处受到他温和而节制的母亲的阻挠，后者认为他的政策变化太多太广，过于惊人。一下子改变这么多是会造成混乱的。她允许约瑟夫革除宫廷中的大部分虚饰——反正她正在服丧，对社交也失去了兴趣——但拒绝接纳他的其他建议，而没有她的首肯，他什么也做不成。约瑟夫很快就认识到，他实际上并不像头衔表明的那样是一个共同执政者，而只是一个与考尼茨伯爵（玛丽亚·特蕾莎对考尼茨伯爵的意见仍极为重视，其地位远在他人之上）差不多的顾问而已。他嘲弄地称自己为"徒有其名的共同执政者"。他对母亲的怨恨是显而易见的，尤其是在让他悲痛的小特蕾莎去世之后。"从他女儿生病时起，他就疏远了我，而且这种情况越来越严重，我们现在除了晚餐时间外根本不见面，一起用晚餐也只不过是为了维持表面上的和睦而已……想想我心里有多么痛苦吧，我活着可都是为了这个心爱的儿子啊。"玛丽亚·特蕾莎悲伤地说。

在诸多政府事务中，太后允许约瑟夫自由支配的唯一一个领域就是军事事务。当丈夫还在世时，玛丽亚·特蕾莎就是让他来负责的，现在她将军事交到了自己的长子手中。她会为此后悔不已。

★　★　★

毫无疑问，叶卡捷琳娜大帝是此事的始作俑者。当初她提名她的前情人为波兰国王，同时派出了俄国军队越过边境，以确保其当选。土耳其人对一个新的未经考验的女性统治者公然攫取地区权力的行为非常不满，于1768年向俄国宣战。叶卡捷琳娜很高兴对方主动发起战争，并从1769年到1770年打败了奥斯曼帝国的陆军和海军。"我需要更多大炮，"她在回复腓特烈大帝祝贺她取胜的友好信件时冷静地说，"因为我正在各个方向上朝土耳其帝国开火。"

但普鲁士国王的热情赞美是装出来的。实际上，他并不太高兴看到叶卡捷琳娜取得如此决定性的胜利。腓特烈害怕俄国崛起甚于其他任何威胁。他曾严肃地对他的弟弟亨利说："这是一股可怕的势力，在半个世纪内会让整个欧洲颤抖。"叶卡捷琳娜的士兵已渡过了多瑙河。诚然，国王和女沙皇是盟友，但如果她继续以这种疯狂的速度前进，普鲁士也很可能会被这个贪婪的（即便宣称是友好的）邻国所吞并。

腓特烈大帝从一开始就蓄意与玛丽亚·特蕾莎为敌，竭尽所能地削弱她和她的王国，使其无法恢复，而现在他却过迟地意识到，他实际上非常需要一个强大的奥地利来帮助他抵御俄国。这无疑是历史上最令人感到痛快的反讽之一。虽然普鲁士国王知道自己是太后最难信任的人，但他还是必须想办法哄她结盟，还要帮助她维持其国家的生存。显而易见的解决办法当然就是在她长子身上寻求突破。约瑟夫不满母亲对他的限制，又急于在各国君主中扬名立万，正适合被普鲁士所利用。

年近 30 岁的皇帝非常清楚，在他这个年龄，腓特烈已夺取了西里西亚并震惊了整个世界，而玛丽亚·特蕾莎在英勇抵抗法国、巴伐利亚和普鲁士的联合进攻时甚至更为年轻。如今，叶卡捷琳娜大帝作为另一个女流之辈横空出世，一出手便给土耳其人造成了毁灭性的打击，其大军所过之处，城市和堡垒如棋盘上的棋子那样被一扫而空。

于是，约瑟夫慢慢地、小心翼翼地踏上了对外征服的危险之途。在与阿尔伯特一起进行了实地调查之后，皇帝声称他发现了一些文件，证明波兰边境对面的两个地方实际上属于匈牙利，因而是其母亲的领地。虽然玛丽亚·特蕾莎在查考证据后表示有所保留——"我认为我们的所有权极少有根据。"她不高兴地对考尼茨说——但她并没有阻止儿子在 1770 年派兵进入波兰，占领这两处小的领地。

约瑟夫无疑认为自己是对的，而且觉得规模如此之小的一次入侵根本不会引起别人的注意。但他错了。腓特烈和叶卡捷琳娜大帝都注意到了。事实上，就在之后不久，腓特烈的弟弟，正在俄国与女沙皇谈判的亨利就报告说，叶卡捷琳娜特别向他提到了约瑟夫最近在波兰抢夺领土的行为，建议两国采取联合反击行动，同时和善地笑言道："为何不每个人都分一杯羹呢？"

她根本无须再提第二次。如往常一样，普鲁士国王在侵占他人财产时总是敢为人先的。他在叶卡捷琳娜上台之时就已看出她想要吞并波兰东部，而且为了避免与他发生冲突，她也会允许他得到波兰北部毗邻普鲁士的那部分。若是在以前，他会毫不犹豫地达成交易，然后让维也纳接受既成事实。玛丽亚·特蕾莎当然会抗议，但他知道这位太后没有能力出兵反对——之前的战争已经证明，奥地利无法同时对付普鲁士和俄国。

然而，若是他按照过去的方式行事，一旦俄国决定要继续西进，威胁他的边境，玛丽亚·特蕾莎是绝不会出手相助的。他到那时又能向谁寻求援兵呢？没有人了。因此，他必须想办法让奥地利参与瓜分波兰的计划。那样一来，如果俄国向他发动进攻，他就有了一个盟友。

正是基于这样的考虑，腓特烈开始向约瑟夫示好，安排了一场1770年9月3日在摩拉维亚（靠近西里西亚边界）与皇帝及无所不在的考尼茨伯爵的会面。普鲁士国王显然已经看透了他的这个门徒，他对皇帝极尽恭维之能事，同时却又能忍住不笑，真是让人感到惊奇。"我是不可能与一位伟人为敌的！"腓特烈一见到约瑟夫就开始大唱颂歌。"至于我自己嘛，年轻时野心勃勃，但如今我已经不再年轻了……您觉得我居心不良。我明白，在某种程度上我也是罪有应得，但那是形势所迫，而如今一切都已不同了。"普鲁士国王谄媚而认真地向皇帝保证说。在讨论的过程中，当考尼茨自命不凡地宣读他专门为该场合撰写的一篇冗长的政治备忘录时，他甚至还能假装专心倾听。"您的大臣拥有欧洲最聪明的头脑！"腓特烈热情地说，显得对考尼茨这场表演极为赞赏。他恳求考尼茨把这份文件留给他，这样他便可以"时时参阅，因为我真的想要依此而行"。

这次谄媚的会谈以及随后的通信带来的结果是，约瑟夫和考尼茨都强烈主张奥地利应与普鲁士和俄国协调一致，三国瓜分波兰。

玛丽亚·特蕾莎大为震惊。波兰是一个独立王国！波兰人没有做任何引发冲突的事情！腓特烈和叶卡捷琳娜只是在利用邻国的

14 皇室的分歧

弱点，让他们可以抢夺根据所有条约和国际权利归属于他人的财产。这正是腓特烈在她即位之初试图对她做的事，即与法国和巴伐利亚联手攻击她。她花了这么多年的时间与他抗争，难道现在要转而效仿他的行为吗？这是不可想象的。"目前的危急状况让我倍感压力，不得不将此事再次提出来公开讨论，并试图找到一种补救措施，即使不是好的，至少也是恶果最小的。"1772年1月25日，她在给儿子的信中激动地说。"我们这是试图像普鲁士那样行事，但同时又要假装诚信……也许我错了，也许这些事件比我以为的更有好处，但……我始终认为得到这些领土的代价过于昂贵，因为我们牺牲了荣誉、君权的荣耀以及我们自己的信仰和宗教！"她大声疾呼。"自从我不幸的统治开始以来，我们至少试图在一切事情上都遵守真实而公平的行为准则，在我们的事业中秉持诚信、节制和忠诚。这为我们赢得了欧洲的信任，甚至可以说是钦佩，也赢得了我们敌人的尊重和敬意，而这一切在去年一年里全都丧失殆尽。"她哀叹道。

但此时的她已有50多岁，已经累了。自从丈夫去世，她自己感染天花，她就丧失了往日的精力，也没有了斗争的意志。约瑟夫的怀恨让她心如刀绞。她不想削弱儿子的军事权威，从而加重其怨恨，而且她也没有力量同时抵抗儿子和她的首席大臣。在极不情愿的情况下，她同意参与瓜分波兰，授权考尼茨伯爵在与匈牙利接壤的波兰土地上划出一大块来予以吞并。（奥地利希望占领的土地北起克拉科夫以北约90英里，东至伦贝格[利沃夫]以东约200英里。当考尼茨提出这一方案时，腓特烈奚落道："我不得不说，你们的胃口可真不小啊。"）但国王和女沙皇都没有表示反对，三方于1772年8月2日在圣彼得堡签署了正式条约，按方案中所划之界将波兰一分为三。"我曾屡次想要与这玷污我整个统治的行动划清界限！"玛丽亚·特蕾莎在 9 月懊悔地说道，她无法对自己犯下的罪过释怀。"愿上帝保佑，不要让我在来世为之承担罪责。此事沉重地压在我的心上，折磨着我的思绪，让我的日子过得很糟糕，而我原本就已经过得够苦的了。"

她的儿子为自己的成就感到自豪，而她的宿敌则幸灾乐祸，他知道，经过这么长时间的努力，他终于取得了决定性的胜利。"女沙皇和我都是强盗，"腓特烈对宫廷众人慢悠悠地说，"可那个虔诚的太后就不同了，她要怎么忏悔呢？"

玛丽亚·克里斯蒂娜亲眼见证了这一切，她越来越惊愕地看着自己的母亲在哥哥和考尼茨伯爵的合力施压下明显变老，不得不放弃自己的原则，同意瓜分波兰。她像往常一样站在了玛丽亚·特蕾莎一边，也正是在此时，她开始成为约瑟夫在宫廷中最主要的政治对手。这种情况甚至在外人看来也是显而易见的，咪咪激烈地为她母亲的温和政策辩护，而这"可能……正是她的皇帝哥哥对她没有多少感情，甚至刻意疏远她的原因"，那位英国访客说，"众所周知，他（约瑟夫）将她看作一个强大的对手，有能力通过唤起太后的顾虑挫败他的主张，阻碍（若不是全盘推翻的话）他最成熟的征服计划或政策。"

在波兰问题发展到至关重要的时刻，太后正承受着最大的压力之时，一个谣言开始流传，说咪咪与奥地利派驻普雷斯堡的军事指挥官查理·利希滕施泰因亲王（Prince Charles Liechtenstein）有染，而这正是玛丽亚·克里斯蒂娜政治影响力大增的最有力证明。流言的源头正是查理·利希滕施泰因的妻子埃莉奥诺尔，她声称自己的丈夫已主动坦白，还说玛丽亚·克里斯蒂娜干得太不小心，连玛丽亚·特蕾莎都已经知晓了她的通奸行为。埃莱奥诺尔觉得自己有义务将这个吸引人的故事告知皇帝和她的几位密友，而这些密友恰好就是宫廷中依附于约瑟夫的那一派。

这一指控颇成问题。首先，也是最重要的一点，埃莉奥诺尔·利希滕施泰因并不是一个中立客观的信息提供者。在过去两年里，人们一直盛传她与约瑟夫之间的情事，而皇帝本人对她的兴趣简直就是显而易见的。埃莉奥诺尔虽然看上去并没有报答皇帝的热情，但却因此必须巧妙周旋，一方面要抵制约瑟夫的求爱（这事已闹得满城风雨，她丈夫查理也不得不有所抱怨），另一方面又要避免得罪这个在维也纳最有权势的人。她和她的丈夫成了有关约瑟夫这个妹妹的流言蜚语的唯一知情权威，这未免也有些太巧了。其次，查理新近未能获得晋升，他是在表示抗议之后才勉强出任驻普雷斯堡的职位的，他认为那职位根本配不上他。他显然怀恨在心，其供述当然有可能是实情，但也有可能是他与妻子争斗赌气的一种方式，而他的妻子却对他的话加以利用，因为她知道，约瑟夫是很高兴能抓住玛丽亚·克里斯蒂娜的某些把柄的。至于说玛丽亚·特蕾莎得知了此事，这几乎是不可能的；这位太后绝不可能接受已婚女儿的婚外情，她若是知道了这种事，必定会将查理革职，还会写信强烈斥责咪咪。但这两种情况都没有发生，相反，约瑟夫在那之后不久便提拔了查理。

在此期间，玛丽亚·克里斯蒂娜与丈夫之间的关系也并未出现明显的裂痕，这也表明利希滕施泰因夫妇所讲的故事是子虚乌有的。相反，咪咪和阿尔伯特之间的关系变得更加亲密了，他们在这时还一起制定了一个计划，二人将在余生中耗费大量财富，购买一批大师级的艺术作品，展现艺术在各个时代的发展历程。

玛丽亚·克里斯蒂娜将她最喜欢的画作制作成了一部版画集，作为新年礼物送给阿尔伯特，似乎正是这件事催生了他们收藏艺术品的想法，此外，百科全书派的影响显然也起到了很大的作用。咪咪和阿尔伯特自问，如果他们能集聚起一批相当于一部美术史综合论著的画作，收集精美的绘画和素描，然后按照年代、诞生地、艺术流派和重要的美学运动来展示它们，会产生怎样的效果呢？"这让亲王殿下（阿尔伯特）很高兴，他声称，昔日艺术大师的画作能够最适当地将视觉享受与思想启蒙完美地结合在一起。"这对夫妇在1773年聘请了一位负责将他们的宏大想法付诸实现的威尼斯艺术品商人，他兴高采烈地说，"正是这种想法催生了这一收藏艺术品的计划，该计划将因其目标更为高远而超越其他一切收藏计划。"他满意地宣称。

两年后，玛丽亚·特蕾莎想要派遣自己可以信任的人去查看玛丽亚·阿马利娅在帕尔马，以及玛丽亚·卡罗琳娜在那不勒斯过得怎么样，于是她便为咪咪和阿尔伯特到意大利进行一次长途旅行提供了机会，而这大大有助于二人推动那个雄心勃勃的计划。这对夫妇赶紧抓住了时机，于1775年12月28日从维也纳出发，开始了长达7个月的探亲之旅，同时也是一次世界顶尖艺术品的欣赏研讨之旅。

这是33岁的玛丽亚·克里斯蒂娜第一次出国。在此之前，她离开维也纳最远的一次旅行就是去因斯布鲁克参加弟弟利奥波德的婚礼。阿尔伯特以前的旅行也仅限于最近对匈牙利的考察和在德国的作战，二者无论如何都不能算是愉快的旅行。而此时这对夫妇却可以缓缓前行，作为皇室成员和尊贵的访客，悠闲地在或许是欧洲最为美丽的土地上漫游一番了。

他们在威尼斯受到总督的盛情款待，还乘坐了贡多拉船，像其他初来乍到的游客们一样惊叹于周遭的胜景。他们从威尼斯前往博洛尼亚，在那里遇到了法里内利，这位欧洲昔日最著名的歌唱家如今已是一个退休老人了。在离开博洛尼亚之后，他们去探望了利奥波德和他的家人，在优雅的皮蒂宫里住了两个月，欣赏那里迷人的花园和杰出的雕像。二人在告别佛罗伦萨后便径直去了罗马，在那里逗留了一个月，住的是宏伟的美第奇别墅，咪咪还收到了教皇赠予的金玫瑰。然后，他们便前往那不勒斯去看望玛丽亚·卡罗琳娜。直到5月，他们才往回走，经由罗马和托斯卡纳，到帕尔马去见玛丽亚·阿马利娅，最后又去了米兰（咪咪第二个弟弟斐迪南是那里的总督）。这对夫妇每到一个城市都必定会去欣赏拉斐尔、米开朗基罗、达·芬奇、提香及其他艺术大师的作品。就像许多艺术爱好者一样，玛丽亚·克里斯蒂娜和阿尔伯特被他们先前只闻其名的壁画和油画原作震撼了。这是一次审美上的启示之旅。

当然，玛丽亚·特蕾莎派咪咪前往意大利可不是为了让她去欣赏艺术，她是要汇报情况的，因此，咪咪在整个旅途中都会定期写信回去。（阿尔伯特做了很多笔记，最终出版了一本关于这次旅行的回忆录。）利奥波德一家过得蓬勃兴旺，玛丽亚·克里斯蒂娜向母亲报告说——利奥波德的第八个孩子，也是他的第六个儿子于1776年3月9日降生，那时她和阿尔伯特正在罗马——她弟弟显然为确保帝位有人继承而尽力了。除此之外，利奥波德还进行了一系列旨在改善臣民生活的改革,包括向教会和贵族征税,提高政府和军队的效率,取消宗教裁判所等。夏洛特的宫廷蔚为大观,她丈夫斐迪南的行为举止在她的影响下已有所改善,但仍玩物丧志,不是在打猎就是在钓鱼(取决于季节)。那不勒斯王后非常宠爱她的孩子们——已经有了三女一男——每天大部分时间都和他们在一起。虽然咪咪并未说起,但对她而言,看到这么多的孩子必定是一件苦乐参半的事情,毕竟她自己能够身为人母的希望已越发渺茫。等到他们要离开时,她的弟弟或妹妹便会拿出自己大家庭的新近画像,要她带回维也纳,为的是让玛丽亚·特蕾莎也能看看自己的孙辈。

这次轻松快乐的度假之旅中仅有的不和谐音可能来自帕尔马,那里的玛丽亚·阿马利娅对丈夫和她自身所处的糟糕环境感到非常不满。她的两个妹妹都走上了上坡路,嫁入大国,过着奢华的生活,而玛丽亚·阿马利娅的地位和总的生活水平却因婚姻而下降了。* 她与丈夫争吵不休,还想要离开他回到奥地利;在要求遭到拒绝之后,她便从丈夫的首席大臣手中接管了政府,导致那位大臣向路易十五大吐苦水。对玛丽亚·特蕾莎来说更为糟糕的是,她听说女儿竟然遣散了侍女们,又找来一群男仆,每天跟他们一起打猎。二人吵得不可开交,以至于太后干脆不再给帕尔马公爵夫人写信。"那不勒斯、凡尔赛、佛罗伦萨和米兰给了我诸多的安慰,"玛

---

* 那位曾对那不勒斯歌剧院赞不绝口的英国女士描述帕尔马剧院说,那里的天花板和舞台是"用一块块老旧的棕色木板拼接在一起的,已经因烟熏和潮湿而破败不堪,地板也糟糕透顶,走在上面很难不磕磕绊绊"。由于公爵收入微薄,帕尔马城堡("根本不值得去看。"这位来访的英国女士说)也同样破败。虽然帕尔马曾因"收藏有大量的……青铜器、画作、徽章和书籍"而闻名,但这些珍宝早就按照唐·卡洛斯的命令运往那不勒斯了,在玛丽亚·阿马利娅抵达之时,它们正装点着玛丽亚·卡罗琳娜的宫殿。

丽亚·特蕾莎谈论她在这些地方的子女们说,"而这个女儿则带给我诸多痛苦,从她离开家那天就开始了。"*

然而,由于玛丽亚·阿马利娅最近履行了妻子的职责,生下了作为继承人的儿子,她的母亲正考虑要修补她们之间的关系。咪咪的来访相当于是她的和解表示,是恢复友好关系的第一步。已6年未见玛丽亚·阿马利娅的咪咪震惊地发现,她妹妹已容貌大变,这让她既失望又忧心。"她已失去了年轻时的魅力和美貌,"咪咪哀叹道,"她已没了当初美丽的身材,连衣着和举止也变了。"她对母亲说:"她不如以前快乐,品味也变差了。"

妹妹所遭的罪反衬出玛丽亚·克里斯蒂娜本人的幸运。她虽然没有孩子,但却有一个她爱戴、尊敬并与她心意相通的丈夫。咪咪和阿尔伯特此时已经决定,他们回到普雷斯堡后将扩建宫殿,建造一个画廊来展示他们的收藏,而且(本着新的现代启蒙精神)会向普通民众开放。于是,匈牙利便暂时受惠,拥有了欧洲最早的公共艺术博物馆之一。

在旅途最后珍贵的几天里,这对夫妇去威尼斯见了那个他们雇佣的艺术品商人。他一直在忙着购买他们要求的那些艺术品,已成功地收集了数百幅,这时便将它们交到了这两位满意的主顾手中。此外,他还不辞辛劳地编撰出一份长达11页的目录,写明了这一收藏所追求的目标。

尽管他们当时还不知道,就在玛丽亚·克里斯蒂娜与阿尔伯特

---

* 母女二人互相仇视,玛丽亚·阿马利娅既生气又伤心,以至于当其长女于1770年出生后,这位帕尔马公爵夫人竟一反传统,为其取名为玛丽亚·卡罗琳娜,成了她的兄弟姐妹中唯一没有将女儿命名为玛丽亚·特蕾莎的那个。

来到艺术品商人位于威尼斯的豪华家宅中，为他们新获得的藏品而欢欣鼓舞并称赞他如此雄辩地概括了他们的意图的那一天（即1776年7月4日），一份同样雄辩的文件（也是启蒙运动的产物）刚刚在费城诞生，那是4000多英里外的一个偏远市镇，一个如此遥远且不起眼的地方，无论是他们，还是艺术品商人，甚或是意大利的任何人，都从未听说过。这份文件的作者是一位名叫托马斯·杰斐逊（Thomas Jefferson）的受过良好教育且能言善辩（但心怀不满）的殖民者，他将自己草拟的这份文件称为《独立宣言》，其内容是政治性的，与艺术无关。这份影响深远的文件将把因百科全书派而流行起来的理性思考的运动投射到一场全新且对后世影响深远的斗争中去。这是一部目录，罗列的不是昔日的艺术大师，而是每个人都享有的选择自身统治者并组建自己政府的权利。

咪咪和阿尔伯特（二人在十天后抵达维也纳，回到玛丽亚·特蕾莎身边，还兴高采烈地与她一起观看了她在意大利的孙辈们的画像）过了一段时间才听闻此事。即便在那时，他们可能也并没有多想，毕竟英国与美洲殖民地之间的矛盾是众所周知的。至于麻烦制造者们用什么理由来粉饰他们的不满，这又有什么关系呢？人们真正担心的是，新大陆的反叛会把欧洲其他国家也拉入战争，就像上次那样。人尽皆知的是，只要有一个机会主义者兴风作浪，又一个七年战争便又会开打。

所有人都明白，除了约瑟夫和考尼茨伯爵。

和他的母亲不同，约瑟夫因自己将波兰的大片领土并入了家族的匈牙利领地而感到自豪（也因此而名声大振）。他认为这是为弥补皇室因丢失了西里西亚而遭受的损失迈出的精彩第一步，因胜利而深受鼓舞的他想要进一步尝试采取类似的、雄心勃勃的行动，更多地扩大母亲治下的领土，毕竟，一旦母亲去世，那就会变成他自己的领土。实际上，在考尼茨的推波助澜之下，他已经觊觎巴伐利亚一段时间了。

当然，巴伐利亚归属于家族中威廉明妮那一支，在玛丽亚·特蕾莎多年前刚刚即位之时，他们曾与普鲁士和法国结盟来反对她。正是这位巴伐利亚选帝侯入侵了奥地利，然后又加冕为皇帝，只不过后来玛丽亚·特蕾莎将其打败了，还占领了巴伐利亚的首府慕尼黑。*在这个丢人出丑的皇帝死后，玛丽亚·特蕾莎宽宏大量地原谅了他那年少的儿子，还将其土地归还，让他可以在过去30多年里平安无事地统治那里。约瑟夫那被人厌恶的第二任妻子玛丽亚·约瑟法正是此人的妹妹。这位巴伐利亚选帝侯如今已50岁了，还没有子女。那么问题来了，在他死后谁会继承他的财产呢？

巴伐利亚显然是个上好的目标，正是约瑟夫想要纳入囊中的那类领土。就像当初对付波兰时一样，这位皇帝派人在各个档案馆里搜寻，希望能找到某些数百年前的文件，为他的领土要求和他作为已故的玛丽亚·约瑟法（看来她还是有点儿价值的）的丈夫所拥有的权利提供出哪怕最微弱的法律凭证。他如愿找到了这方面的材料，做好了行动准备。然后，在1778年1月1日有消息传来，说他在巴伐利亚的大舅子已于前一天去世了。这时他所缺少的就只剩下母亲的

---

* 这段历史后来被写进了一首诗里："胆大包天的巴伐利亚人时运不济，他们冒险觊觎皇帝之位，出人意料地挥军出动，踩躏我们毫无防范的国土。他们的胜利何其短暂！美好的奥地利散发出她哀伤的魅力，美人女王发动了世界之战。"

允准了，然后他便可以挥军出征，将这个公国纳入奥地利的版图。

出于纯粹的巧合，那位对咪咪十分着迷的英国访客受邀与皇室一起在维也纳庆祝新年，因此得以记录下玛丽亚·特蕾莎对儿子入侵巴伐利亚计划的反应。显然，他是忽然向她提出这个计划的，之前并未透露一星半点儿。"当时，维也纳的所有贵族和有身份的人正要齐聚于皇宫的大会厅中，太后、皇帝、各位女大公（玛丽亚·特蕾莎的女儿们，包括玛丽安娜、玛丽亚·伊丽莎白和来访的咪咪）也都在场。玛丽亚·特蕾莎在坐着玩牌，从不玩牌的皇帝则站在她身边，与她交谈。我当时在场，与他们离得很近。"他这样写道，为的是证明自己是亲眼所见。这时，一位信使到来，显然是带来了巴伐利亚选帝侯去世的消息。皇帝"走了出去，没过几分钟又回来了，他在牌桌旁探身在母亲耳边低语了几句。她立刻扔下了手中的牌，明显情绪激动地起身离开了房间……各位女大公，也就是她的女儿们……也放下了牌，跟着出去了。我们所有人都惊讶地面面相觑"。他生动地回忆着："然而，我得到可靠的消息说，太后在回到自己的居所后便召开了一次秘密会议，与会者包括太后本人、皇帝和考尼茨亲王。关于奥地利军队应索要和占领多少领土，当时出现了很大的意见分歧。玛丽亚·特蕾莎表现得非常激动，数次急切地用德语说：'看在上帝的分上，只占领那些我们有权占有的东西吧！我觉得这会引发战争！'"

当然，他们根本没有明确的权利占有那里的任何领土，但这并未阻止约瑟夫和考尼茨坚持认定，他们必须马上出兵。他们只得向心急如焚的玛丽亚·特蕾莎承诺说，他们保证将尽可能少地占领巴伐利亚的领土，而且就算占领也只是警戒性的占领，为的是就此展开谈判，用这种办法才让忧心忡忡的玛丽亚·特蕾莎勉强同意出兵。在得到了她极不情愿的同意之后，约瑟夫立即派出了一支大军，而这样一支军队当然会占领大片的土地，远远超出了他当初向母亲提到过的那些。

这是一个令人震惊的挑衅举动；发动者是一个爱慕虚荣的老人——考尼茨已 60 多岁，仍沉浸在过去的荣耀中——和一个自负的、渴望向全世界证明自己能力的年轻人；这样的行动几乎不可能不招来反击。"那位已故选帝侯的妹妹、萨克森选帝侯（阿尔伯特的侄子）的母亲难道会对此无动于衷吗？"那位英国旅人问道，"普鲁士会眼看着自己最强大的对手获得荣耀、增加领土而不闻不问吗？"

不会的，事实上普鲁士无法坐视不管。腓特烈在听说奥地利占领了巴伐利亚后非常生气。在瓜分波兰之时，他已经费心地教导过那个新手皇帝外交上的规矩了！如果一个强国想要侵略一个弱国，那么礼貌的做法就是邀请其他强国一起行动，让各国都能分一杯羹。可现在约瑟夫却想独占整个巴伐利亚。"这些人大概以为我已经死了吧。"腓特烈难以置信地说。然后，普鲁士与同样对巴伐利亚有领土声索权利的萨克森结成了盟友，之后便聚集大军，准备出征。*

即将迎来 61 岁生日的玛丽亚·特蕾莎不知该如何是好。这正是她担心会发生的事情。她想尽了一切办法，试图让约瑟夫和考尼茨让步，从巴伐利亚召回军队。她表示她愿意屈服于普鲁士和萨克森的要求，承担一切责难和羞辱。"我愿意为一切承担责任，即使

---

* 曾遭受过普鲁士占领的萨克森不想再冒与腓特烈敌对的风险，因此这回站到了普鲁士一边。"维也纳宫廷能够为萨克森提供的好处根本无法与跟普鲁士决裂几乎必然导致的不幸相比。"那位英国旅行者解释道，"如今这位聪明的选帝侯深知他的祖父都经历过什么，遭过怎样的罪，对这一真理深信不疑。"

这会玷污我的名声。"她在1778年3月14日的一份书面备忘录中祈求道,"人们可以指责我年老、软弱、怯懦,我愿意牺牲一切,将欧洲从目前这危险的境地中拯救出来。"但约瑟夫态度坚决,并集结军队准备作战。他想要打仗。"只有皇帝一个人显得心情愉悦,一直在为备战奔忙,太阳还没升起他就已经在马背上了,并且随时准备迎接各路军队的到来。"那位英国访客在3月19日写道。

就在这个时候,震惊不已的玛丽亚·克里斯蒂娜站了出来。什么?约瑟夫和考尼茨竟挑起了这么一场战争,使得阿尔伯特(因为娶了她而将在奥地利军队中为将)如今不得不冒着生命危险与自己的萨克森同胞作战?"他(阿尔伯特)甚至可能要攻入德累斯顿,摧毁他自己出生于其中的那个家族所统治的土地。"那个英国人指出,"这样一种原则和义务的冲突必定会让一个重感情的人深感痛苦。据说女大公因此事而大动肝火。她极不愿意看到两家反目成仇……在木已成舟之前,她曾……不止一次地扑在她母亲的脚边,含泪恳求她阻止这场流血冲突。皇帝……也许会在某一天……因其反对自己的政策而惩罚她。"

但玛丽亚·特蕾莎缺乏足够的政治意志来公开否决儿子的政策,从而使他颜面尽失,何况多年来一直对她忠心耿耿、尽心尽力服务的考尼茨伯爵还向她保证说,这样做是正确的,一切都将顺利完成。"他(考尼茨)支持开战,"玛丽亚·克里斯蒂娜恼怒地对阿尔伯特说,"因为据他说,屈服是可耻的,即便一个人先前犯了一个愚蠢的错误……他的态度一天比一天坚决,帝国的命运竟然掌握在这么一个人手里!"咪咪所能做的就是让她丈夫被分配到奥地利军队的另一翼,尽可能让他远离萨克森。阿尔伯特于4月9日出发去统率军队，玛丽亚·克里斯蒂娜骑马陪着他走了一程，然后被迫与他告别。"这次分离对她来说不可谓不痛苦。"那位英国人同情地说道。约瑟夫兴奋不已，信心满满，跃跃欲试地想要率领一支大军取得胜利，让自己名垂青史，他在两天后动身前往布拉格，其主力部队正集结在那里。

这位志得意满的指挥官的美好愿景只维持了 3 个月，具体而言就是到 1778 年 7 月 5 日为止，腓特烈为了给奥地利一个教训，在那一天入侵了波希米亚，而约瑟夫异常痛苦地发现，相比于真的上战场，他（更不用说在他指挥下的 16 万奥地利军队了）还是更喜欢玩战争游戏。事实证明，战争会造成毁灭，一点儿都不好玩。不仅如此，战争也是危险的。"战争带来的灾难是可怕的，而且……比我想象的要糟糕得多。"在一封写给母亲的恐慌信件中，他战战兢兢地说。同时，他在信中表示自己已经不抱任何胜利的希望，恳求母亲至少再派给他 4 万援军，以便能够击退普鲁士人，虽然他那时所指挥的部队已经是太后在多年的战争经历中派到战场上的最大一支军队了。"看看我们现在的处境吧！"在收到 37 岁的儿子发来的这封令人不安的信后，玛丽亚·特蕾莎在写给梅西伯爵的一纸短笺中写道："他们（约瑟夫和他手下的将帅们）现在竟想要舍弃布拉格和整个波希米亚……我们的军队还没有遭受丝毫的打击，他们就已经变成这样了。"*

皇帝的这封信简直就是一种惊慌失措的求救，这让玛丽亚·特蕾莎找到了机会，得以按照她认为对皇帝最有利的方式行事。让约

---

* 约瑟夫显然毫无领兵作战的能力，以至于他母亲忍不住要拿他来与以前的奥军指挥官比较。她在给梅西的信中疲惫地补充说："与之相比，（洛林的）查理都显得不那么差了。"如果手下的指挥官连洛林的查理都不如，那情况可真是不妙。

瑟夫永远蒙羞的是，她首先做的就是给腓特烈发去一封密信，在信中向腓特烈许诺说，她可以将巴伐利亚北部的安斯巴赫和拜罗伊特这两个重要省份拱手送出，只要他能收兵并饶她儿子一命。

这正是腓特烈一直在寻找的机会，他自然会加以充分利用。他马上就玩起了自己最擅长的两面三刀的把戏，一面提高普鲁士和萨克森的谈和条件，一面又与英国和俄国进行秘密谈判，以便让这两个大国站在他这一边参与进来。法国政府在这方面也帮忙不小，法国宣称自己已经承担了援助美洲各殖民地的重担，因而无法按照法奥同盟条约出兵相助，不过真正让腓特烈大为受益的是约瑟夫的态度，他根本不敢与普鲁士军队作战。"本世纪以来，还没有哪一场战争比这次更令人失望，也没有哪一场战争比这次更为平淡乏味，伤亡更少。"那位英国旅客遗憾地说。"皇帝铁了心要忍受一切侮辱，宁愿眼睁睁地看着他的国土被践踏敲诈，也不敢冒险交战。"他哀叹道。

结果，战争不到一年就结束了。1779年5月13日，玛丽亚·特蕾莎62岁生日那天，巴伐利亚由谁掌控的问题得到了解决，起决定作用的不是战争，而是条约。普鲁士得到了安斯巴赫和拜罗伊特，还有波希米亚的某些土地。萨克森获得了600万弗罗林，作为对其权利的补偿。奥地利再次破产，为了追逐那最终难以到手的战利品，在几个月的时间里就花费了1亿弗罗林，所得成果只是巴伐利亚东部的一小块土地。如果当初约瑟夫和考尼茨不是选择入侵，而是通过谈判与萨克森和普鲁士瓜分巴伐利亚，他们无疑是可以获得比这更多的领土的。让咪咪感到欣慰的是，阿尔伯特毫发无损地回到了家，她哥哥不合时宜的军事征服行动唯一真正的受害者是可怜的波希米亚人，他们的家园和田地曾一度任由腓特烈手下的士兵们摆布。

这场计划不周、中途放弃的小规模战争耗费了大量的资财，导致了巨大的声望损失，同时也导致了另一个隐而不显的后果：它搞垮了玛丽亚·特蕾莎。从约瑟夫提出这个计划开始，直到她看到约瑟夫、他的弟弟马克西米利安（他也被征召入伍）和阿尔伯特安全回到维也纳为止，她在这个过程中所经受的焦虑折磨是深重的。一年多以来，她每天要在皇室小教堂里跪上好几个小时，祈求上帝的指引和保护。她抱怨说自己已经"厌倦了生活的奔忙"。从这时候起，她的身体状况急剧恶化。咪咪忧心忡忡地注意到，母亲现在仅仅走过一个房间就会变得气喘吁吁，就像以前爬上一段楼梯那样。就连书写也变成了一件苦差事。"我的手已经不听使唤了，"太后难过地说，"我怕它们会变得彻底不中用了。我的体重也将造成很大的麻烦，因为没人能够抬动我。"那位英国访客悲伤地写道："玛丽亚·特蕾莎的身上已经没有了她曾经拥有的那种魅力；看到她如今的面貌和外表，人们很难相信她也曾美丽过……这位太后如今已变得肥胖、笨拙且虚弱。"她太重了，现在她若是想去弗朗西斯的墓前为其灵魂祈祷（她坚持每个月都要去），就只能坐在一把大扶手椅里，让人把她吊放到地下墓室里去。1780年10月15日，当她被吊出墓穴时，固定该吊运装置的一根绳索断了，但太后镇定自若。"他（弗朗西斯）想把我留下来，"她伤感地叹息说，"我很快就会来找他了。"

她是对的。一个月后，她乘坐一辆敞篷马车出门，结果被一场突如其来的大雨淋湿了，患了感冒。她坚持带病处理政务，第二天整日都在伏案工作。到了11月25日，她显然已病入膏肓。医生们在11月28日正式宣布她已没了康复的希望，于是她接受了临终仪式，那时咪咪、阿尔伯特和约瑟夫，以及玛丽安娜和玛丽亚·伊丽莎白都陪在她身边。约瑟夫劝她睡一会儿，但她拒绝了。"我可不想一睡不醒，浑浑噩噩地离开人世。"她简短地说道，"这十五年来，我一直在为死做准备。我要清醒着去见他。"

1780年11月29日晚上8点45分，神圣罗马帝国皇后、匈牙利和波希米亚女王、奥地利女大公、数个世纪以来在欧洲举足轻重的哈布斯堡家族中唯一一个真正亲身掌握了权力的女性玛丽亚·特蕾莎去世了，享年63岁。作为统治者和家长，她有很严重的欠缺之处，曾盲目地迫害那些不信奉天主教的人们，还曾狭隘地试图立法规范臣民的道德品行，然而，在其长达数十年的统治期内，她还是展现出了惊人的力量、勇气、智慧、决心和远见。她始终站在平民一边，临终前还在努力，想要将农奴从匈牙利特权阶级的残酷压迫中解放出来。她在近40年的时间里将治下那些彼此相距遥远且迥乎不同的臣民们团结在了一起，有时凭靠的仅仅只是她自己的意志，她精力充沛，治国勤勉，而这正是源于她对人的同情、对公平审慎的追求，以及她那根深蒂固的责任感。

"玛丽亚·特蕾莎去世了，"比她年长5岁并很高兴能比她长寿的腓特烈在听到这个消息后欢呼雀跃，"新的秩序要开始了。"

不过，驻在路易十五的法国宫廷里的那不勒斯使者、神父加利亚尼的预言或许更有见地一些。他警告说，这位太后的死将像是"一瓶墨水洒落在了欧洲的地图上"。

玛丽亚·卡罗琳娜
Maria Carolina

"夏洛特"

"Charlotte"

爱玛·汉密尔顿夫人

15

那不勒斯王后掌权
The Queen Takes Control

> 在我所有的女儿中,她(夏洛特)是最像我的一个。
>
> ——玛丽亚·特蕾莎

1775年1月6日,在与那不勒斯国王斐迪南结婚近7年之后,玛丽亚·卡罗琳娜终于生下了她的第三个孩子,一个作为王位继承人的儿子,这让她的丈夫及臣民们欣喜若狂。那时她的母亲仍然健在,她的妹妹玛丽·安托瓦内特则刚刚从太子妃变成尊贵的法国王后。这位22岁的王后终于达成了婚约中规定的这一重要条件,于是,她几乎刚一离开产床便进入了国王的执政团,占据了她应得的位置。这也让她第一次拥有了与长期担任王国首席执政大臣的贝尔纳多·塔努奇平起平坐的地位。

此时的塔努奇已70多岁了。他是在斐迪南的父亲唐·卡洛斯手下开启其政治生涯的，至今已掌权 30 余年。尽管唐·卡洛斯现在是西班牙国王查理三世，但塔努奇仍然认为他才是那不勒斯真正的统治者；他认为靴子形的意大利半岛的南部和西西里岛并非一个独立王国，而是强大的西班牙帝国的附属国。因此，这位大臣听从的是来自马德里，而非位于卡塞塔的地区性政府的命令。

这种事态持续了多年，主要是因为斐迪南从小被教育成一个听话的儿子，而且说到底也没有任何统治欲望和能力，于是他便对塔努奇和父亲言听计从。在极少数情况下，那不勒斯国王似乎也想表达对某项政策的反对，而那位大臣明白，他只需声称国王违反了其父亲的意愿，或以辞职相威胁，就能够吓住斐迪南，让他屈服。

然后，玛丽亚·卡罗琳娜登场了。她比丈夫受过更好的教育，希望让那不勒斯与奥地利结盟，还想推行她的兄弟约瑟夫和利奥波德所推行的那种开明改革。她没用多久便看出，斐迪南根本没有掌管国家的能力，这一认识使她与塔努奇发生了直接的冲突。"上帝啊，真希望我的丈夫是个勤勉之人，我更希望他自己来做这一切事情。"夏洛特在写给利奥波德的信中感叹道，"但他玩物丧志（整天打猎、钓鱼），根本不会履行自己的职责……所以，为了不看着他被大臣们或某个坏人杀死，或被他的忏悔神父牵着鼻子走，我不得不采取行动。"

塔努奇当然知道王后的想法，她认为他的影响力过大，还认为应该由她和斐迪南来发号施令，而不是西班牙国王。但他自恃地位稳固，根本不把她放在眼里。相反，为了让她摆正自己的位置，他决定与她斗一斗。这在最后被证明是一招错棋。

斗争是围绕着政府对共济会的压制展开的，可笑的是，那只是一个不具威胁性的小团体。正在崛起的共济会与百科全书派和启蒙哲学有着密切的联系。包括伏尔泰、约翰·洛克、海顿、莫扎特、乔治·华盛顿和本杰明·富兰克林在内的许多伟大人物都被认定为共济会成员，其名单就像是一部18世纪的名人录。玛丽亚·卡罗琳娜的父亲弗朗西斯也是共济会成员，因此她的兄弟约瑟夫和利奥波德也都加入了共济会。许多因自己的壮游之旅或为拜访英国大使威廉·汉密尔顿爵士而来到那不勒斯的英国人同样是共济会成员。因为王后是众所周知的共济会热心支持者，所以共济会的各分部便得以在那不勒斯的首都公开建立起来。虽然教皇认为共济会是危险的异端组织，但至少在意大利，共济会成员们的主要活动似乎只是举办兴高采烈的欢宴聚会罢了。

塔努奇对付共济会并非出于什么紧迫的需要；实际上，他不得不翻出一道西班牙在1751年（那时玛丽亚·卡罗琳娜还没出生）发布的老旧禁令，来充作取缔共济会的法律依据。然而，共济会为王后增添了不少声望，他们的成员也是王后最忠实的支持者，所以这位那不勒斯大臣在1776年春天采取了行动。在获得西班牙国王的允准后，他让斐迪南签署了一份正式公告，宣告共济会为非法组织，还威胁说，如果共济会成员继续开展活动，就要将他们法办。他的警告未能起效，于是塔努奇便让王家卫队闯入了共济会的一次会议，将参加会议者关进了监狱，准备以危害国家罪对他们进行审判。

他选择的发难时机实在糟糕。当时玛丽亚·克里斯蒂娜和阿尔伯特（两人都是共济会成员）正在那不勒斯访问，因此夏洛特可以获得姐姐和姐夫的帮助与建议。在王后的授意下，有许多达官贵人跑到监狱去探望那些被捕的共济会成员，还送去了日用品和其他各种好物供他们享用，而且王国里那些最优秀的法律人才也纷纷出面要为他们效力。被指派审理此案的法官们收到了大量力陈被告之清白和指控之荒谬的请愿书，公爵、公爵夫人之类的要人接连来到法庭，对政府的做法表示反对。

检方在压力下屈服了，被告无罪释放，各共济会分部得以继续运作。西班牙国王写信批评了他的儿子，但连这种通常会管用的办法这次也失效了，因为斐迪南讨厌纷扰吵闹，只想好好地打猎，相比于父亲的怒气，他更害怕妻子的不悦。"以前我不愿意提及此事，但既然陛下您已经对我的苦恼有所了解，那么我就告诉您，想方设法要保住它们（共济会的聚会）的是我的妻子……而我只是为了能够清静度日才允许的。"他在给父亲的回信中抱怨道，"陛下在信中说我过多地看重他人意见却不听您的话，我把您的信给她（夏洛特）看了，而她说：'这就是你不高兴的原因？这有什么大不了的？他不过是个顽固不化的笨蛋，蛮不讲理，脑子出了问题。振作起来吧，就按我说的去做。'"斐迪南如此向他的父亲汇报，显然还处于震惊之中。

感到震惊的不只他一个。塔努奇也将遭受突然袭击。那不勒斯王后发动了一场精心策划的攻势，她先是装模作样地大吵大闹并拒绝行房事，随后又夫妻和解，恢复恩爱关系，最后终于说服丈夫在1776年10月26日签署了一份文件，解除了首席政务大臣的职务。这份文件措辞温和，仿佛这位大臣是在光荣地操劳半生后终于获得了退休的机会，它一大早就被送到了塔努奇手中，后者在见到国王派来的信使时还穿着睡衣。"可是（西班牙的）天主教国王并没有写信通知我此事啊！"塔努奇躺在床上语无伦次地说。关于如何应对，信使已得到夏洛特的指示，他平静地回答："阁下您多次要求退休，（那不勒斯的）国王满足了您的愿望。"

就这样，玛丽亚·卡罗琳娜在结婚八年后巧妙地击败了这位年龄是她三倍的老练政治家，推翻了西班牙的权威，接管了这个王国。从那时起，她便开始主持丈夫的政务会议，为他制定政策，替他管理政府，而她的丈夫则过得清闲自在，整日沉湎于打猎和其他往往不那么健康的娱乐活动。那不勒斯国王很愿意让妻子来处理这些乏味的公事。"你就放心（做决定）吧，事后告诉我一声就行了。"斐迪南对妻子说。

她就是这么做的。

那不勒斯充斥着一种慵懒的氛围，旧时代的美、胜景奇观和狂欢宴饮掩盖了大多数居民那种贫穷、无知且迷信的真实生活状态。在接下来的十年中，玛丽亚·卡罗琳娜就是在这样的环境中努力地改善着臣民们的生活，增强着这个国家的权力和威望。像她的母亲一样，她非常注重细节。她认真阅读送到她那里的所有报告、信件、清单和卷宗，她努力了解情况并寻求专业的建议。她按照严格的时间表来生活。她会在7点起床，穿好衣服，梳好头发，按时参加早间弥撒。她会去查看孩子们的状况，然后将剩下的所有时间都用来处理公务：与大臣们会面、写信、接见觐见者和请愿者。如果斐迪南没有外出打猎，她会在午饭或晚饭时与他见面，晚饭后她要参加政务会议，然后便上床睡觉。同时，她也没有因为多次怀孕而耽误政事（同样是效法其母亲）。从1777年到1786年，夏洛特虽然经历了八次生产，又生下了9个孩子——三男六女，包括一对双胞胎——但她一直按照这种令人生畏的工作节奏生活着。

自唐·卡洛斯的时代以来，那不勒斯还不曾有过如此勤勉而精力充沛的统治者，而她的工作也取得了惊人的效果。王后重视教育，特别是对妇女的教育（尽管政务繁杂，她每天仍会抽出时间来读书），她用了短短几年便打破了耶稣会士对教育的控制，使学校里的课程现代化，建立了许多新学校和一座王家科学与文化学院（这是该王国历史上第一座这样的学院）。1777年，那不勒斯爆发天花，而且有可能演变为一场大流行病，于是她向利奥波德求助，后者向她推荐了比萨大学的一流接种专家安杰洛·加蒂医生（Dr. Angelo Gatti）。她把这位医生请到了那不勒斯，虽然胆战心惊，却还是让自己的孩子首先实验接种了疫苗。"没有一个那不勒斯人曾想过要去找加蒂。"前驻法大使、修道院院长加里亚尼观察说，此时他正担任玛丽亚·卡罗琳娜的顾问，"但既然他已经来了，他们就全都接种了疫苗。"她为了应对将来可能发生的饥荒而储备粮食，废除了酷刑和宗教裁判所，还对道路进行了整修。然而，毫无疑问，在诸多改革之中，最合她的意，也是让她花了最多时间和热情的乃是发展海军。

也许你很难相信，在夏洛特之前，那不勒斯的君主或政府成员从未想过要建立一支海上舰队来防御国土（虽然那不勒斯坐落在一个半岛上，而且国土还包括了西西里岛），但事实确实如此。当然，那不勒斯王国名义上是处在斐迪南父亲的保护之下的，因此从理论来说，可以依赖西班牙战舰的保卫，然而，除非这些战舰在攻击发生时恰好就在附近海域（它们从未在那里出现过），否则这种所谓的保护根本是远水解不了近渴，没有任何实际意义。所以，只要某个野心勃勃的邻国拥有一支舰队，那不勒斯就能被轻易占领。更令人担忧的是，此时各国的海上力量都在增长，特别是那些欧洲强国。比如，叶卡捷琳娜大帝在上台的最初几年中就将建设海军当成了头等大事，而那时她甚至都还没有一个常年不冻港呢（后来她从土耳其人手中夺得了一个）。

在对国内军官进行检视后，玛丽亚·卡罗琳娜发现没人有足够的经验来承担如此宏大的任务，于是她四处打听，最后终于在利奥波德手下找到了合适人选，一个遭驱逐出境的英国的上校，其表现备受赞誉。她一如既往地小心谨慎，假装自己所做的一切都是丈夫的意思，她以斐迪南的名义写信给弟弟，请求让此人离开托斯卡纳，到她丈夫这里来任职。利奥波德欣然应允，于是，约翰·阿克顿（John Acton）上校便在1778年8月4日来到了那不勒斯。

他42岁（而夏洛特26岁），聪明、勤奋且博学。虽然他并非那种古典式的美男，但其外表瘦削而威严，也算是风流倜傥；他直言不讳，根据实战经验提出的论点也总是很有说服力。玛丽亚·卡罗琳娜多年来一直在与一个顽固不化的老人（塔努奇）和一个长不大的孩子（斐迪南）打交道，如今见到富有专业精神且充满干劲的阿克顿，简直感觉他如奔流而下的瀑布，荡涤所有陈腐污秽，让人耳目为之一新。在她结婚时，她的母亲曾教导她说："如果你能找到一个值得你信赖的人，无论是某个大臣还是某位女士，你都要给予他们充分的信任……这样的人是难得的。如果……找到了一个，那就是……上帝最好的恩赐，你要用热情去追求，用心去保护。"阿克顿抵达那不勒斯还不到一周，夏洛特就知道她已经找到了她自己的考尼茨伯爵。他立即被晋升为将军,并被任命为海军大臣。

那不勒斯王后没有看走眼。阿克顿立即开始了工作,他不仅建造了战舰,还抑制了贪污受贿的风气,重整了王国的财政,为王室节省了50万杜卡特。他建立了新的造船厂,根据现代生产方式对旧造船厂进行了翻新;从国外引进了航海工程和机械方面的专家;还建立了海军学院,以培养那不勒斯本地的军官。他在两年内便被提升为战争部长,而玛丽亚·卡罗琳娜则在五年内就拥有了自己的舰队:三桅帆船、护卫舰、炮艇和大帆船——总共150艘大小不一、性能各异的船只,全都配备了训练有素的船长和船员。

一个外国人,有着这般能力和工作效率,因此而获得了相应的权力和前所未有的宫廷影响力,很自然会引起本地朝臣的嫉妒;显然,他也激起了玛丽亚·卡罗琳娜的热情。她每天都要见阿克顿,有时一见就是好几个小时,而且她自己也承认,曾给他写过数封有罪的信。我们并不清楚那位大臣是如何回应的。阿克顿在之后又不间断地为她服务了数十年,这一事实表明,他足够聪明,能够一面表达对王后的款款深情,一面又谨慎地不与她发生关系。

夏洛特对战争部长的迷恋,以及她想做就做的风格,反映了她所生活的社会的道德风气。婚外情在那不勒斯的时尚人群中不仅是可以容忍的,而且还被视为一种生活方式。(斐迪南就经常出轨,也经常被抓到。)这是那不勒斯的魅力之一,也是它能吸引"壮游"旅客的原因之一。人们来这里度假,可以做一些在他们国内会为人不齿的事情。出身高贵的人往往会在贵族聚会和晚宴上与那些不太体面(但更有趣)的人打成一片,而他们在伦敦街头是不会与这些人打招呼的,连点头致意都不会。

国王的行为也增进了这种普遍的狂欢痛饮和无所顾忌的氛围。斐迪南一如既往地鄙视知识，喜欢庸俗的玩笑，作风粗俗。他被称为"流氓国王"。在那不勒斯，每年的圣诞前夜都是斋戒日，晚餐不吃肉，他在那时就会戴上商人的帽子，系上围裙，到大市场的摊位上扮演鱼贩，像普通小商小贩一样叫卖鱿鱼和虾，对人群大喊大叫，侮辱妇女，和顾客开猥亵的玩笑，而这让底层大众非常高兴。同样，在四旬斋的前一天晚上，他会把一盆盆热气腾腾的通心粉带到优雅的圣卡洛剧院去。这位那不勒斯国王会倚靠在上层的栏杆上（而他的妻子则尴尬地躲在王室包厢的里面），将一把一把还冒着热气的通心粉扔到站在下面观看表演的平民堆里，然后兴高采烈地看着他们争抢这些免费的食物。出身低微的臣民们非但不会因这种丑陋的慷慨行为而憎恶他，相反还把他视为是自己人。虽然他这种行为可能会吸引无产阶级，但在一个异性的眼中，这是完全无法与一位成熟、老练、身经百战的海军指挥官的魅力相抗衡的。如果玛丽亚·卡罗琳娜没有爱上阿克顿，那才是怪事。"斐迪南是个好人，因为大自然没有赋予他做坏人所需的能力。"那位战争部长评价他所侍奉的这位君主说。

夏洛特的激情是否得到了满足，这已无从考证，但关于她偷情的谣言却甚嚣尘上，甚至都传到了西班牙国王的宫廷里。斐迪南的父亲因塔努奇的倒台而失去了在那不勒斯的影响力，他担心那不勒斯会与奥地利或英国结盟来反对他，因此将这些流言看成是他重建父亲权威的一种手段。他给儿子写了一封长信，指责玛丽亚·卡罗琳娜和阿克顿有奸情，要求流放这位大臣。"睁开你的眼睛，我的儿子。"他斥责道，"他们已把你变成了一个傀儡国王，现在又让你失去了荣誉……你必须马上赶走阿克顿……除非你按我说的去做，否则我就不再认为你是个好儿子。"对父亲不满的恐惧一如既往地起了作用：斐迪南一读完信就冲进夏洛特的房间，向她挥舞着信，大声喊道："我是来抓奸的。我要杀了你们俩，然后把你们的尸体从宫殿的窗户扔出去！"

但玛丽亚·卡罗琳娜显然要比她丈夫更胜一筹。她把门反锁，在接下来的 24 小时里，义愤填膺地指责他竟然相信这些污言秽语，掉进了他父亲那明显是为了重新控制那不勒斯而设置的圈套。难道在她把他从马德里的控制下解放出来之后，他想再次成为西班牙的傀儡吗？她已为他生下了十几个孩子，包括 4 个男性继承人，他怎么还敢怀疑她会做出如此卑贱之事？一个众所周知的事实是，他会向自己遇到的每一个漂亮女人求欢，不止一次让她丢脸，他有什么资格指责她通奸呢？她滔滔不绝地说着，等到她说完，斐迪南已经服服帖帖，巴不得要让战争部长留下来了（他忙不迭地跑出了房间）。

事实是，那不勒斯国王很钦佩阿克顿，也十分赏识他的才干。尽管斐迪南不太知道改革旧制度到底有什么意义——利奥波德有一次曾问他，他做了什么能改善臣民生活的事情，那不勒斯国王想了一会儿，然后说出了那句著名的答话："啥都没做。"——但他也看得出来，在妻子和这位大臣的管理之下，他的王国似乎蒸蒸日上。即便是在灾难发生时，王国政府也能够勉力应付。1783 年，一场可怕的地震在不到两分钟的时间内将卡拉布里亚地区的 100 多个城镇和村庄夷为平地，造成 3 万 2000 人当场死亡，而且在接下来的 10 个月里，还有 3 万人死于余震和疾病。王国政府立即采取了行动,派出了医生并提供了食品和物资援助,还将税收收入用来进行灾后重建。

这真是一个不可思议的三人统治组合:爱吵闹且流氓气的斐迪南在外狩猎,扮演深受爱戴的君主游走于市民之间,而玛丽亚·卡罗琳娜和阿克顿在幕后制定所有的政策。这样的一种分工取得了巨大的成功,在将近20年的时间里,他们的统治成了国际公认的那不勒斯黄金时代。

政府如此稳定,王室又如此受欢迎,这使得夏洛特觉得自己已高枕无忧,于是便在1785年带着斐迪南离开那不勒斯,在意大利各地进行了一次长途旅行。这次旅行有两个目的:第一,通过展示新的那不勒斯海军(王后打算乘船旅行)来提升丈夫的形象;第二,拜访利奥波德。玛丽亚·卡罗琳娜想念她的兄弟姐妹。她不但早已原谅了玛丽亚·特蕾莎将她嫁给斐迪南,而且对母亲的去世深感悲痛。自夏洛特抵达那不勒斯开始,母女二人每个月都会通信,如今没了这种联系,她感到颇为难受。她所喜欢爱戴的约瑟夫在前一年来那不勒斯做了短暂停留,这激发了她自己去旅行的念头。说服丈夫费了些时间,但他最终还是同意了。于是,1785年4月30日,这对夫妇登上了那不勒斯海军的一艘新舰——最大且最豪华的一艘——在12艘炮舰的护卫之下,威风凛凛地驶出了港口。

这次旅行历时4个月。他们首先来到里窝那,在那里与利奥波德见面,后者带他们游览了比萨和佛罗伦萨,向他们介绍了其税法和刑法改革,以及他鼓励农民拥有土地,以此促进农业发展的愿望。(斐迪南假装无动于衷,但在回到那不勒斯后,他建立了一块小小的殖民区,其运作方式显然受到了利奥波德的改革的启发。)

然后他们又从佛罗伦萨去往米兰、都灵和热那亚，一路上气派非凡，使得斐迪南因此获得了"黄金国王"这样一个新称号。在回国途中，他们遇到了几艘友好的英国和荷兰军舰，邀请它们一起前往那不勒斯，因此他们最后是率领着一支由20多艘船只组成的舰队返回那不勒斯港的。在他们登岸时，首都的所有人都涌上了街头，热烈地欢迎他们并庆祝了好几天。成功的航行、威武的新舰以及国王夫妇的凯旋，这一切从很多方面巩固了那不勒斯王国独立于西班牙的地位，反映出其在欧洲的地位的提升。

在城市魅力和美好时光的吸引之下，越来越多的游客涌入这座首都，其中包括一位美貌非凡却名声不佳的年轻英国交际花。就在国王和王后顺利结束意大利之行回国8个月之后，此人来到了那不勒斯，她于1786年4月26日抵达，那天正是她21岁生日。

她以哈特夫人这个朴实的名字旅行。不过，很快她就将成为非凡、诱人且无与伦比的爱玛·汉密尔顿夫人，广为世人所知。

这个后来成为举世闻名的汉密尔顿夫人的女人于1765年出生于英格兰北部一个极端贫困的家庭，比玛丽亚·卡罗琳娜小了13岁。她的真名叫埃米·莱昂。她的父亲是一名工作在矿场中的铁匠，在她刚出生两个月时突然去世了，这让她的母亲成了一个身无分文的寡妇。

作为穷人生长于18世纪乡下产煤地那样的穷山恶水之中，就意味着你需要经历狄更斯笔下那种残酷的生存斗争。埃米由祖母抚养长大（她母亲去了工作前景更好的伦敦），住在一个只有两间屋的棚户里，而且至少还有其他6个家庭成员也会时不时地住进来。

她没有接受过正规的教育，家中食物很少，也没有钱购买燃料和御寒衣物等必需品，甚至连蜡烛都算是一种奢侈品。埃米自述她小时候活泼好动——她后来形容自己是个"野性十足、不谙世事的小女孩……你们可以想象一下"。或许正是这种孩子般的任性帮助她坚强地活了下来，尽管汉密尔顿夫人后来将此归功于其祖母。她后来只要有能力便会按年给祖母寄钱，以感谢这位含辛茹苦的代理母亲多次花光自己的最后一分钱来养活她。

她或许是粗野的，但同时也活泼迷人，且在孩提时代就有一副迷人的歌喉，这些优点并未被人们忽视。然而，埃米身上真正吸引人的是她的外貌。她长得尤其漂亮。待到她长成一个青春妙龄少女时，每次上街人们总是忍不住扭头看她。

美貌本身就是值钱的，尤其是在城市这样的环境里，所以13岁时她被送到伦敦她母亲那里，开始在那里找工作。她初到伦敦时做了女仆，为人擦地板和倒便壶。她做了一段时间这种苦差事后，认识了一起干活的另一个女仆，后者想要当女演员，并且带埃米见识到了剧院里歌声的魅力。后来有一次，当埃米在难得的晚间休息时因回来太晚而遭到解雇，她便想到要去剧院里发展。她找到了一份给服装师打杂的工作，从而进入了剧院，但这份工作没有维持太长时间，她又被迫回到了街头。由于找不到其他的工作，走投无路的她这次留在了那里。

对处境不佳的13岁女孩们来说，卖淫不可避免会成为最后的谋生选择，即使没有埃米那样的好相貌。她后来不服气地说："我承认，我因处境艰难而德行有失，但我寻求美德的心却无损。"埃米是幸运的——她实在太美了，过了约莫一年之后便引起了皇家艺术学院院长的注意，他以她为模特画了一幅裸体维纳斯。这幅肖像画的展出引起了不小的轰动，埃米也因此得以进入了模特行业，然后又参演了当时正流行的、噱头十足的夸张舞台剧《健康圣殿》。她在剧中扮演一位身着白色薄纱裙的女神，与其他几位女神一起围着一张床载歌载舞，剧院老板则以高价出租床位，让有钱的观众可以到床上体验一番。14岁的埃米在演完该剧后就成了报纸上魅力十足的诱惑者，因此进入伦敦最昂贵的高级妓院"凯利夫人之家"也就成了早晚的事。她的工作和在街头一样，只不过是在更好的房子里，穿更好的衣服，工作也更有保障。事实上，为凯利夫人工作的年轻女子是不能随便退出的，除非她能找到一个愿意为她赎身的人。

埃米好运连连。15岁那年，她在妓院的合同被一个雄心勃勃的贵族买下，这位贵族把她安排在自己庞大的乡村庄园里做情妇，她在那里除了要尽私密义务之外，还负责为狩猎季到这里做客的男人们唱歌跳舞。

客人之中有一位是查尔斯·格雷维尔（Charles Greville），他恰好是英国驻那不勒斯宫廷的大使威廉·汉密尔顿爵士的外甥。格雷维尔未婚，是一个古板的32岁国会议员，有一双鉴赏家的眼睛，专门发掘珍稀物品。虽然没有足够的钱来购买真正的艺术品或古董，只能收藏一些矿石，但他却一眼就能认出杰作。他爱上了埃米。因此，当她那位潇洒的庄园主显露出恶棍的本来面目，让她怀孕后又将她抛弃时，她就有了一个可以求助的对象。"我该怎么办？上帝啊，我该怎么办……我连一分钱都没有啊……看在上帝的分上，告诉我该怎么办？"16岁的埃米不知所措地写信给格雷维尔，恳求他帮助自己。

格雷维尔知道该怎么做。对他来说，这就相当于买下了一幅平时根本买不到的二手拉斐尔，而且还是超低价。他给她寄了钱，让她把孩子生下来（他愿意供养这个孩子，只要她能把孩子送到她祖母那里），然后到伦敦郊区和他一起生活。她需要改名换姓，以免被人认出，而且还要甘愿默默地生活，全心全意地为他服务，满足其家庭需求。她当即同意了这一切，谦卑地向自己的救护恩人表达了感谢——"哦！格雷维尔，每当我想起你的善良和温柔，我的心就充满了不知该如何表达的感激之情。"于是，在生下孩子仅仅3周之后，埃米·莱昂就来到了郊区的一个小村庄，变身为爱玛·哈特夫人，成为这个年龄比她大一倍的男人的女管家和情人。

她说到做到。在接下来的5年里，尽管她被迫要断绝以前所有的联系（除了她的母亲，她被允许作为仆人和他们住在一起），放弃一切社交及其他娱乐活动，但还是一直听从他的吩咐并努力取悦他。他们之间是亨利·希金斯和伊莉莎·杜立特尔[*]那种关系。她接受他的教导，在家读书，学习唱歌和音乐；穿着得体又不失品位；饮食节俭，花销更是有限。她将房间打扫得干干净净，地板擦得锃亮，赞美他的矿物收藏，为他唱歌，给他递拖鞋。她做了妻子该做的一切，只是没有妻子的名分。而他则享了大福，每天早晚都能独占这个或许是英国最迷人、最有趣且最具才华的女神，而且很快也得到了她的真心爱慕（爱玛逐渐爱上了格雷维尔，就像伊莉莎逐渐爱上了希金斯那样）。

他只允许她外出做一件事，那就是去做模特，因为做模特可以

---

[*] 电影《窈窕淑女》中的两个主要人物。——译者注

赚钱，而格雷维尔时常缺钱，毕竟按照国会议员的标准来看，他的收入实在不多。她刚来到这个村子便开始给当地一个名叫乔治·罗姆尼的画家做模特。50多岁的罗姆尼有才华，但已没了朝气，他需要灵感，而爱玛给了他灵感。他简直不敢相信自己的好运气，竟如此轻易地拥有了一个如此年轻美丽、艺术直觉敏锐的优秀演员来做模特！她可以做任何事，成为任何人。他曾把她画成喀耳刻、卡珊德拉、美狄亚、自然女神、纺车前的家庭主妇等等。她可以扮演一切角色，无论是古典的还是现代的，高贵的还是低贱的，其激情与智慧在画布上尽显无遗。在与格雷维尔共同生活的5年中，爱玛给罗姆尼做了数百次模特，而在这5年过后，罗姆尼已成了英国最受欢迎的艺术家。本国和外国的王公贵族们争相购买他画的肖像，很快其画作就遍布了欧洲各处。1785年，威廉·汉密尔顿爵士的妻子去世，他从那不勒斯回到英国为妻子送葬，而此时爱玛的面容已风行世界。

因此，在伦敦的威廉爵士自然是要拜访一下他的这位亲戚的，他想借机看一看这位年轻迷人、其肖像造成了轰动的女子。当得知这位驻那不勒斯大使已被爱玛迷住后，他的外甥有了一个想法。威廉爵士富有却无子嗣，格雷维尔多年以来一直想成为他的法定继承人。他需要钱——他因为收藏矿物而欠了债——而他觉得最好的脱困之道就是娶一个有钱的妻子。然而，若是一直和爱玛这样一个名人住在一起，他是无法娶妻的。尽管他曾爱过她，而且那时似乎也仍爱着，但他却更爱钱，他知道，如果威廉爵士正式承认他是继承人，他将有更大的机会结成有利的婚姻。于是格雷维尔想出了一个两全其美的绝妙计划。他提出，他可以将爱玛送给威廉爵士，只要他这位舅舅能够把他写进遗嘱里。对于这位55岁的驻那不勒斯大使来说，这似乎是个合理的交换条件，于是他接受了这笔交易。

剩下的问题就是如何向爱玛解释这个完全合乎逻辑且光明正大的交易了。格雷维尔知道爱玛爱他，以为他打算娶她。他担心她会大闹一番，或者更糟糕，如果他直接告诉她这个安排，她可能会拒绝接受已商定的条件。于是格雷维尔便做了任何一个有自尊心和骑士精神的男人都会做的事。他骗了她。他让威廉爵士一个人回到意大利，然后提议让爱玛和她的母亲来年春天去那不勒斯拜访大使，顺便接受一下文化熏陶，而他自己则去苏格兰出差。他解释说，这样他就可以在他们都不在时让伦敦郊区的房子闲置，省下一些钱。格雷维尔答应，在工作完成之后，很可能是初秋的某个时候，他会到那不勒斯接爱玛和她的母亲，然后三人一起回家。

爱玛当然相信了他的话。她甚至很高兴能帮他节省开支，不希望他为了自己而花钱，因此很愿意在格雷维尔旅行期间免费住在他舅舅那里。于是她和母亲动身前往意大利，在1786年4月底抵达了那不勒斯。威廉·汉密尔顿爵士在见到她时表现得非常高兴，他把这位身材窈窕的客人（她的母亲仍然充当仆人）安排在他所居住的那座豪华宫殿中最好的房间里，可以欣赏到无与伦比的海景。

爱玛在那里待了不到24小时就明白了大使的用意，但她已习惯了男人对她的渴望，只是觉得威廉爵士并没有意识到她对他外甥的感情有多么强烈。"亲爱的，亲爱的格雷维尔，"她在到那里的第一天便激动地写道，"尽快到这里来吧……他爱上我了，格雷维尔。但我只把他当成是你的舅舅和我真诚的朋友，他永远不能成为我的爱人。你不知道威廉爵士对我有多好，他竭尽全力地想让我高兴。"

但格雷维尔没有来，也没有写信。威廉爵士试图用最温和的方式告诉她真相，但她拒绝相信。"今天早上和威廉爵士的谈话让我发疯，"她在5月写给格雷维尔的信中说，"他说——不，我不知该如何转述。"

这背叛是如此严重，让她感到难以置信，她整整等了3个月，到7月还没有收到情人的来信，这才开始相信威廉爵士向她透露的那可恨的转手交易可能是真的。"我现在只求你能给我写一封信，看在上帝的分上，哪怕只是道别。"她恳求道，"格雷维尔，你再也不会遇到比我更真心爱你的人了……我和你一起生活了5年之久，结果你却把我送到了一个陌生之地，我别无他求，只等着你过来接我。可结果我却被告知……不，我虽尊敬他，但不，决不……我该怎么办？"她质问着，就像当初身为一个16岁的怀孕弃妇第一次给他写信时那样哭嚎无助。

在她的百般乞求之下，格雷维尔终于在8月给她写了信。"从了威廉爵士吧"，格雷维尔简短地写道，意思就是"跟他上床吧"。

爱玛因昔日恋人——他还曾一度对她宣讲善良、端庄和正直的美德——的残忍背叛而痛苦不已，即使在两个多世纪后的今天，这种痛彻心扉的难过仍让人感同身受："格雷维尔，你竟然让我去做这种事！——你曾因为我对别人笑便心生嫉妒，如今竟冷漠地让我去做这种事！……天啊！这是最让人难以忍受的！"

在这整场闹剧中，威廉爵士的表现无可挑剔。从来没有一个男人比他表现得更好。他从未强迫她，也从未表现出怨恨。他让她哭泣，对她表示同情。最重要的是，他尽其所能地宠着她，逗她开心。他带着她四处游玩——参加盛大的宴会,坐最好的包厢看戏,去庞贝和卡普里度假。他向她赠送各种礼物——格雷维尔从不允许她穿的那种(当然也不会花钱给她买)时髦华丽的晚礼服、昂贵的珠宝,甚至还给她配了一辆豪华马车,连带着全套穿制服的仆从,用来载着她在科尔索大街上巡行。

爱玛开始慢慢地从心痛和震惊中恢复过来。她不禁感激威廉爵士的体贴、善良和慷慨。事实上她也别无选择,她没有钱,而且还要养活母亲和女儿。即便回到英国,她也只会落到另一个男人的手中,因为给画家当模特所得到的报酬根本无法维持生活。她有多大机会能找到比眼前这个对她百般宠爱的祖父般的人物更好的人呢?他的社会地位比贫困的她要高得多,而且(与格雷维尔形成了鲜明的对比)他以与她一起公开露面为荣,还一心只想取悦她。大使为她开启的生活充满了财富和魅力,还能为她提供她所渴望的那种认同。那不勒斯与英国不同。在意大利,她的才华受到赞美,不必因过往而羞愧。这时的她已不再是被某个救星所控制的无助少女,而是变成了一个坚强而自信的女人,知道自己想要什么,也知道如何得到。到圣诞节时,她已经搬去与威廉爵士同住了。"你不知道我对他有多大的影响力,"她在分手的风波平息后写信给格雷维尔说,"我会让他娶我的。"

爱玛就这样在那不勒斯开启了新生活。她成了那里的名人。威廉爵士很乐意为她购买华丽的新衣服,而这让她的美貌端庄锦上添花、近乎完美,使得那不勒斯的人们为之倾倒。* 公爵夫人们纷纷

---

* 在英国,人们会在街上停步,痴痴地看她,而在那不勒斯,人们看到她却会跪下来祈祷。当她问女仆人们为什么要这样做时,女仆回答说,因为人们已经从装饰着城市教堂的众多雕像和绘画中看出,是上帝本尊将圣母的面容赐给了她。

向她发出邀请，她就像维苏威火山一样，成了壮游旅客们眼中的奇迹。大使为自己年轻的女伴感到万分骄傲，每晚都会在自己的官邸举行名为《百态》的表演，让爱玛身着各式服装，在聚光灯下模仿著名的古典人物，就像默片女演员那样。*

她如此引人瞩目，不可避免地会引起王室的注意。玛丽亚·卡罗琳娜想必会看到这位迷人的访客在科尔索大街散步或在大使的剧院包厢里看戏，但却不能正式向她致意或接待她，因为礼仪规定情妇是无法享受这种殊荣的，不管她多么迷人。不过，斐迪南却完全不顾忌这样的禁忌。爱玛承认，她"曾被国王以迂回的方式追逐不休，但……从未以任何方式招引过他"。有一种说法是，她曾把斐迪南写给她的一封情书送交王后，以示被错待的女人们之间的彼此团结，从而让夏洛特掌握了更多用来对付丈夫的真凭实据。虽然我们无法确定这事是否真的发生过，但那不勒斯王后确实建议威廉爵士娶他的情妇为妻，并表示如果威廉爵士娶她为妻，自己就会接见她。这种鼓励对爱玛而言意义重大，因为大使与王室的关系及其在宫廷的影响力取决于玛丽亚·卡罗琳娜的态度，若是没有她的认可，他是不可能冒险娶爱玛为妻的。爱玛受宠若惊，感激涕零，从那时起便决心要永远忠诚地支持王后。

而夏洛特也正需要她所能得到的一切帮助。因为就在一切似乎

---

* 无所不在的歌德曾目睹过爱玛的《百态》表演，他非常喜欢，连续去看了两晚，作出了如下描述："威廉·汉密尔顿爵士……长期热爱并研究艺术，最后终于在一位美丽的年轻女子身上发现了自然和艺术最完美的崇拜者……这位老骑士（威廉爵士）让人为她做了一套希腊服饰，非常适合她。她穿上这身衣服，披散着头发，再配上几条披肩，表演出各种可能的姿态、表情和神态，以至于最后观众们几乎以为自己正在做梦……老骑士为她掌灯，全身心地投入到这场表演中……无论如何，至少有一点可以肯定——这场表演真是独一无二。"

都进展顺利,她已建立起了自己的政府,即将走上长治久安之路的时候,来自法国的难民突然开始涌入那不勒斯,人数越来越多,他们带来了发生在路易十六和玛丽·安托瓦内特宫廷的、最让人难以置信的混乱故事。

玛丽·安托瓦内特
Marie Antoinette

法国王后,1775 年

16

法国王后
Queen of France

> 我心急如焚。这是怎样的作风！这是怎样的思路！这证实了我所害怕的事情；她正在大步走向毁灭，如果在败落之时还能保持她所处阶层的种种德性，那已经算是她的幸运了。
>
> ——玛丽亚·特蕾莎致梅西伯爵

当路易十五于1774年5月10日在痛苦的折磨中死于天花，他的大孙子路易-奥古斯特继承王位成为路易十六时，玛丽·安托瓦内特还有6个月满19岁，正是一个高年级高中生的年龄。彼时，她21岁的姐姐玛丽亚·卡罗琳娜刚刚怀上作为王位继承人的儿子，在次年便巧妙地利用儿子的出生赶走了塔努奇，接管了那不勒斯政府。32岁的玛丽亚·克里斯蒂娜在瓜分波兰事件后成了与哥哥约瑟夫抗衡的主要力量，当时正与阿尔伯特一起治理匈牙利，夫妇二人正筹划着他们的艺术品收藏，刚刚聘请了艺术品商人，但还没有去意大利。最重要的是，那时玛丽亚·特蕾莎依然健在，正在750多英里之外的维也纳努力指导她的小女儿，想让她完成从太子妃到这个普遍被认为是欧洲最重要国家的王后的身份转变。

新王统治的最初几天是混乱的。由于害怕被传染，在路易十五逝世后的几个小时内，整个宫廷（除了那些在先王病重期间照顾这位衰弱病人并因此被隔离的人们之外）都逃离了凡尔赛，前往位于巴黎以南约10英里处舒瓦西的王室狩猎地。即便如此，为了安全起见，新国王还是要避免与政府官员见面，至少一个半星期内只能与他们进行书面沟通。不过，路易十六一抵达舒瓦西就拿到了他祖父的私人文件，还有他父亲胖子路易在近十年前去世时留下的一份备忘录。备忘录的标题是：向路易十五继任者推荐的各种人员名单……

没有比路易十六的人生更悲惨的故事了。虽然他非常聪明——他能够接收和记住大量的事实，理解复杂的论辩——而且真诚地希望尽己所能改善臣民的生活，但他在其他方面却完全不适合做一个领导者。他无法对事件做出快速反应。他无法应对其他人。他被身体和社交上的功能障碍所困，就像穿着一件束缚衣。基本的文明礼仪、普通的行为举止，甚至是看似本能的人类活动，对路易来说都是难事。因此，他不仅没有展现出令人振奋的威严形象，反而显得十分可悲。"我相信，你只需要看看他表现出的那副怪相，那么不管我怎么夸他，你都不会喜欢上他的。"一个来到法国宫廷的英国访客惊诧地写道。即便是在不做出怪相的时候，他也总是静静地站着，或者在别人跟他说话时目视他处。他与人交谈的效果总是很差，虽然心地善良，但却总是在人前显得唐突粗鲁，而据一位目击者观察，他的声音"一点儿也不讨人喜欢；如果他热情地讲起话来，其音调总是会升高，发出尖锐的声音"。路易喜欢狩猎和体力劳动，这使他身体强壮，但体重却仍在不断增加，后来随着年龄的增长，他经常吃得太多，以至于不得不昏昏沉沉地被人抬上床；他的仆人们称他为"肥猪"。

宫廷中人深知这位新国王的风格脾性。路易在翻阅祖父的文件时发现了他的弟弟普罗旺斯伯爵和阿图瓦伯爵写给路易十五的密信，他们在信中请求祖父为了王国的利益剥夺他们兄长的继承权，将王位传给他们中的一个。历史学家会严厉地批评他们那看似自私的野心，但事实上，他们很可能只是表达了与王室有联系的每个人的共同心声。"她（玛丽·安托瓦内特）应该立即接管权力，因为若是让王储掌权，他必定表现得优柔寡断。"梅西伯爵在写给玛丽亚·特蕾莎的信中直言不讳地写道，"王储掌权将成为这个国家和整个政府系统所面临的最大威胁。"英国大使所见略同，他于6月8日，也就是新国王登基后的第一个月结束时，在报告中坦白地写道："他所继承的王位不但不会让他远离阴谋诡计，反而会让他正落到那些阴谋诡计的中心。一个拥有伟大而卓越之才能的国王确实可以粉碎这些阴谋，但是……我们没有理由认为他拥有这样的卓越品性。"

这个故事之所以如此令人悲伤，是因为路易曾努力克服这些人们所认为的缺陷，事实上也就是他的本性，试图达成人们对他的期望。在刚抵达舒瓦西的那个晚上，他把自己关在房间里，翻阅着父亲留下的那份早已过时的首席大臣备选名单，就像是为了破解哲人石的秘密而钻研一份加密文本那样。然而，正如梅西所预料的那样，即便是在做这第一个决定时，这位新国王就已经表现出了犹豫不决：他刚刚选定其中一个人选，他的姑妈就得知了消息并跑来逼他选了另一个人；于是，从蓬巴杜夫人时代起就一直流亡在外，如今已经73岁高龄的莫勒帕伯爵就这样上台了。

然而，对玛丽·安托瓦内特来说，老国王的去世并不意味着劳累和责任，而是自由的可能，甜蜜的自由！她将从凡尔赛宫那幽闭的氛围中解脱出来，摆脱永无休止的仪式和乏味的廷臣！她可以自由地穿戴她想要穿戴的衣饰，见她想见的人，不必再装模作样地阅读沉闷的英国历史！一开始，尤其是在本来也没什么事可做的服丧期间，她花了很多时间陪着路易，而路易被眼前的任务压得喘不过气来，把她当成了救命稻草；1774年6月7日，梅西向玛丽亚·特蕾莎报告说，国王"每个小时都会跑去见王后"。但即便在那时，她明显就已制定自己的逃离计划了。梅西在同一封信中还说到，玛丽·安托瓦内特曾问她的丈夫是否可以把王宫庭院里那个被称为小特里亚农宫的宫殿给她，以便"我可以在那里做自己想做的事"，她丈夫答应了。

路易十五的宫廷也许是欧洲最为腐败的宫廷，而法国的新王后曾在其中度过了数年的成长时光，这显然对她产生了影响。即使是一个沉着自信的成年人也很难对抗如此险恶的环境，何况是一个倾向于适应环境的柔弱少女呢！玛丽·安托瓦内特或许并不喜欢学习，但她明白自己应该成为一个法国人。她初涉这种异域文化，并不太清楚自己应该怎么做，只能慢慢探索自己的道路，于是便自然而然地接受了身边人们的价值观。在她身为太子妃在凡尔赛宫学着入乡随俗时，宫廷中最有影响力的女性就是国王的情妇，所有人都投合其喜好。杜巴里夫人本人出身并不高贵，对君主的责任毫无兴趣；她持有的是那种普通老百姓的看法，认为身为王室一员就意味着享受诸种特权，过锦衣玉食的生活。因此，尽管玛丽·安托瓦内特将路易十五的情妇说成是一个品性低劣的女人，并确保其丈夫在成为国王后做的第一件事就是，像她在信中得意洋洋地对母亲说的那样，"把那个女人送进修道院"，但讽刺的是，她却在不知不觉中模仿着她。当然，玛丽·安托瓦内特将发展出她自己的风格，但她对轻浮、奢华和外表的看重却源于一个错误的信念，她认为正是这些东西，而非治国之术，才最与法国王后的身份相称。她在成为王后之后不久便自信满满地宣称："我觉得自己已经彻头彻尾是一个法国女人了。"*

然而，几乎可以肯定，她希望与凡尔赛宫的其他成员分开生活的最深层原因正是要限制与丈夫相处的时间。路易其貌不扬，举止怪异，又有着严格的生活规律，这让他难以成为一个令人愉快的伴侣。在她成为王后之时，宫廷里的人们都知道，他们夫妻还没有圆房，这让她丢尽了脸。19岁的玛丽·安托瓦内特不再懵懂无知，已变成了一个充满活力、体内荷尔蒙分泌旺盛的少女；她知道自己正在错过什么。她是法国的美丽王后，而法国是一个比世界上其他任何国家都更崇尚浪漫激情的国度，这里的每一部歌剧、每一出戏剧、每一首诗歌，甚至是每一场对话里都回荡着"爱情啊爱情"，

---

* 玛丽·安托瓦内特的小叔子普罗旺斯伯爵也注意到，她看待统治地位的态度与杜巴里夫人相似。他指出，由于专注于玩乐、时尚和珠宝，这位法国王后"对很多东西的看法都跟路易十五以前那位情妇差不多"。

就像最甜美、最细腻的音乐中暗藏的激流,但这一切她却无缘体验。她知道,她母亲和梅西伯爵等人都担心,如果不能尽快生下一个继承人,她可能会被休弃,婚姻也会遭到废除,但玛丽·安托瓦内特比他们更了解实际情况。路易会再娶一个妻子?他连眼前这个都不知该如何消受呢!

就这样,在凡尔赛宫度过了 4 年毫无怨言的太子妃生活之后,成为法国王后的她将小特里亚农宫弄到了手,得以摆脱那些在她看来限制着她的王室责任。她宣布:"我将享受一种舒适的私人生活,这种生活本来是我这种人得不到的,除非下决心努力争取。"没有人可以阻止她;她的地位崇高,整个王国中只有一个人拥有可以对她说不的合法权利。这个人就是她的丈夫路易,而他显然并非她的对手。"她所做的一切都很适合她。"他赞叹道。在宫廷抵达舒瓦西后没几天,专横且严守礼仪规矩的诺瓦耶夫人便明白了这一点。她看到玛丽·安托瓦内特在外出散步时竟与一个平民随意交谈,于是便在路易十六面前激烈地批评起这种不合规矩的行为来,像过去向他的祖父抱怨那样。显然,玛丽·安托瓦内特已为这种情况做了准备,新国王只用几句简短的话便让这个过去折磨过玛丽·安托瓦内特的人傻了眼。"不要管王后的闲事,夫人,她想做什么就可以做什么,想跟谁说话就可以跟谁说话。"他冷冷地说。*国王的话就是法律,有了他这番言语,玛丽·安托瓦内特便得到了自由。

---

* 请注意,国王驳斥诺瓦耶夫人的话与梅西在写给玛丽亚·特蕾莎的信中所说的话相似,后者说王后希望得到小特里亚农宫是为了"可以在那里做自己想做的事"。她教给路易的这句话似乎是她常常会说起的。

★　★　★

1775年初，路易十五的官方哀悼期让位于新年的狂欢，王后在位初期那种众所周知的无度之行也就此开始。那是一个发型高耸的时代，时髦女性的头发出奇地蓬松高耸，以至于她们在从一场欢宴赶往下一场欢宴时只能跪在马车底板上。在这一时期，玛丽·安托瓦内特对钻石的喜好变得广为人知；她玩牌赌博，而且赌马（来自英国的时尚）；她经常去看歌剧，然后在假面舞会上跳舞直到天亮；她和她的女伴们还会裹着暖和的皮草，坐着她那臭名昭著的雪橇，在通往首都巴黎的雪地道路上欢快地奔驰，马的銮铃在风中叮当作响，而城里的大多数居民却在严寒中瑟瑟发抖，忍饥挨饿。

每个时代都有自己的社交媒体；玛丽·安托瓦内特时代的社交媒体的代表就是各种社会杂志、报纸和廉价讽刺小册子，它们在欧洲各地自由传播，对于这些出版物来说，这位魅力四射的法国王后可以算是一个意想不到的新闻富矿。没有什么比有关名人显贵的新闻更能促进销量的了，玛丽·安托瓦内特的风格越是张扬浮夸，社会公众就越是为她着迷。"一时间，所有人都渴望拥有与王后一模一样的服饰，佩戴那些因王后正处巅峰的美貌而显得妙不可言的羽毛和鲜花。"康庞夫人写道，"年轻女士们的开销难免增长；母亲和丈夫们对此颇有微词，一些昏了头的女人还为此欠了债；家家开始闹别扭……人们普遍认为，王后将毁掉法国的所有正经女人。"*

对玛丽·安托瓦内特来说，不幸的是，批评她这种新时尚的众

---

* 不光是法国正经女人们。在位于伦敦的那个"凯利夫人之家"（也就是当初14岁的埃米·莱昂曾工作的那个妓院），老板为了迎合高雅男士顾客的口味，要求姑娘们也都模仿玛丽·安托瓦内特，梳起那种高得离谱的发型。

多母亲中有一个正是她自己的母亲。"我还必须说一说所有报纸都在大谈特谈的一件事，那就是你的服饰。"1775年3月5日，震惊的玛丽亚·特蕾莎在维也纳写信说，"他们又说到了那种从发根算起高达36英寸，上面还有羽毛和丝带装饰的头发，那种发型！你知道我的看法，追逐时尚要有度，绝不能过分。一个年轻貌美的王后不需要哗众取宠。"然而，此时的玛丽·安托瓦内特已收了五年母亲的训斥信件，所以这最新的斥责没能起到什么作用。"我确实很注重穿着打扮，但说到羽毛嘛，大家都会戴，我要是不戴就会显得特殊。"玛丽·安托瓦内特平静地答复道，这是在巧妙地使用每个年代的年轻人都喜欢用的那种"大家都这样"的借口。

梅西伯爵非常清楚这种行为对王后声誉的破坏性有多大，因此他不得不勉为其难地向她的母亲详细描述这个年轻女子是如何消磨时光的。"最近，王后陛下去看了一场在巴黎附近举行的赛马会。"他不得不在1775年3月8日报告说，"成群结队的人涌向赛马场，但迎接王后的并非往常那种欢呼和掌声……公众明白，王后心里想的只有玩乐而已。"6个月后，他又不得不报告说，玛丽·安托瓦内特每天晚上11点（路易上床睡觉的时间）都会独自离开王宫，去参加朋友们的私人晚宴并在那里通宵达旦地赌博或跳舞——"这是一天中最关键的时候，"他黯然说道，"王后现在玩的牌戏赌注都很高，她已经不喜欢玩那些赌注有限的游戏了……她的侍女和侍臣们都很惊慌，害怕为了向王后献殷勤而遭受巨大损失。"

这种事在第二年变得更多了，包括购买一批镶珠宝的手镯，梅西报告说，那是她哄着路易为她买下的，因为价格远远超出了她的津贴。"国王以他一贯的温和态度接受了这一要求，只是平和地说，考虑到王后对钻石的喜好，他对她手头不宽裕的境况并不感到惊讶。"梅西和她的教师、修道院院长韦尔蒙都竭尽全力劝她停止这样挥霍，但两人都没有成功，因为玛丽·安托瓦内特地位显赫，不仅不需要听他们的劝告，甚至都不需要接见他们。"在这个民怨沸腾的时代，我们发现，王后对我们的责备感到不满，试图回避我们。上周，她的行为毫无改变，但巧妙地避开了任何与我交谈的机会。我们的努力只会让那些围着王后转并把她引入歧途的人对我们怀恨在心而已。"梅西伯爵沮丧地说。结果，"我发现王后比之前更沉迷于娱乐活动了，虽然娱乐项目没有增加，但她在上面耗费的时间却更多了，一天中有四分之三的时间都在消遣取乐。"他最后悲哀地总结说。

玛丽·安托瓦内特购买钻石和华服，在歌剧院和赛马场之间穿梭来回，每晚跳舞赌博，而她的丈夫却独自一人承担着统治国家的重担。路易的首席大臣很快就搞明白了该如何操纵君主。莫勒帕伯爵发现他的国王是个犹犹豫豫且奇怪地话很少的人，于是便学着用独特的方式提问，这样路易的沉默就可以被视作同意。在第一次觐见路易时，他问国王，是希望将他任命为首席大臣，还是打算自己管理政府。路易不知该如何作答，于是莫勒帕便顺势宣布说："那么我就来教导陛下如何在没有首席大臣的情况下执政吧。"

于是路易就这样变成了学生。莫勒帕和另外两位官员，即财政大臣和外交大臣，利用国王对事实的喜好，将大量资料抛到他面前，20岁的路易则认真地研究起这些资料来，研究过后便会在书信中将大臣们提供给他的信息和主张复述出来。*当他必须向御前会议发表第一次讲话时，他就在莫勒帕的面前排练，直到这位大臣满意地认为他已记下了全文并能以适当的语调和节奏发表讲话为止。

但事实上做决定的并非国王，而是他的大臣们。用一位廷臣的话说，路易是"一个沉默的旁观者"。他从来没有否决或反对过大臣们的意见，虽然从他在大臣们提供给他的成堆文件的空白处所做的笔记中可以清楚地看出，他对他们所主张的方针有所怀疑。莫勒帕意识到国王很容易被人威逼胁迫，或者在私下里被哄骗着做出某种决定，因此他严格控制国王与别人见面。路易每次接见求助者或政府官员，亦或是参加御前会议，这位大臣几乎都守在身边。（他的妻子玛丽·安托瓦内特是唯一一个不通过莫勒帕便能与他见面的人。）国王的日程有着严格的安排：早上6点起床，吃一顿丰盛的早餐，如果条件允许就去打猎，然后回来望弥撒并在下午1点公开用餐，下午和傍晚的时间都用来在自己的房间里研究官方报告或与莫勒帕会面，晚上9点吃晚饭，11点就寝。除了在1775年6月11日于兰斯举行的加冕礼上，路易的臣民们几乎就没见过他们的国王。**于是，因为国王不出场，王室的公开形象便由王后代表了。

公众们看到的是：作为一个没有孩子的年轻女人，她躲避自己

---

* 留存下来的路易手写文件令人印象深刻。单独来看，这些文件似乎表明国王是做决定的人。正因为如此，我们才非常有必要将那些目击者的报告也考虑进来，这样才能理解他表现出的才能与他社交和情感发展程度之间的那种不平衡。

** 在法国，王后已经几个世纪没有加冕礼了，因此玛丽·安托瓦内特虽在场出席，但并没有和她的丈夫一同加冕。康庞夫人写道，加冕仪式"以惯常的隆重方式"举行，"人们对他的爱溢于言表"，但当王冠戴在路易头上的那一刻，他喊道："它弄得我好难受。"

的丈夫，蔑视他，鄙视既有的法国贵族，甚至鄙视她自己的臣民。她的姐姐玛丽亚·克里斯蒂娜可以忍受不计其数的晚宴和其他社交活动的乏味，跟匈牙利的高级贵族们打交道，确保宫廷和政府之中没有人会感到被轻视，但玛丽·安托瓦内特做不到，她会尽可能地躲避凡尔赛宫里老掉牙的传统规矩，藏在小特里亚农宫这个不被打扰的安乐窝里，若是没有她的正式邀请，连国王都无法进入其中。她的姐姐玛丽亚·卡罗琳娜会甄选并资助学者、经济学家和哲学家，还会建立学校，而玛丽·安托瓦内特却把她所有的注意力都放在了两个最要好的朋友身上。两人全都二十出头，其中一个是朗巴勒王妃（此人运气极佳，嫁给了一个有钱人，然后几乎立刻就死了丈夫），另一个是波利尼亚克公爵夫人，后者是个长相漂亮的小人物，据康庞夫人说，玛丽·安托瓦内特之所以喜欢她，是因为"她的性格很对王后的脾气；她……毫不自以为是，也不会假装有知识"。（梅西伯爵不得不向玛丽亚·特蕾莎报告说，法国王后经常与这个新宠进行"冗长且显然非常乏味的对话"。）波利尼亚克伯爵夫人没有那位王妃的财力，但这也不成问题，因为玛丽·安托瓦内特很快就为伯爵夫人和她的丈夫搞到了薪水丰厚的王室任命，消除了他们之间友谊的潜在障碍。玛丽·安托瓦内特总是与这两位年轻活泼的女性及她们的少数亲戚朋友们厮混在一处，要不然就是和国王的两个兄弟及其妻子们一同出现（但却几乎从未与自己的丈夫一起露面），而这一切都看在了巴黎民众的眼中。

因此，在玛丽·安托瓦内特成为王后之后几个月，那些讽刺小册子便开始刊出不堪的打油诗和色情漫画，宣称玛丽·安托瓦内特对国王不忠。她绝非第一个需要应付这类指控的王后。将有权力的女性污蔑成娼妓，这是那些想要搞倒女性政治对手的人长期以来都在使用的招数。（如今仍然如此。）

这次的不同之处在于攻击的规模和复杂程度。篇幅短小、易于阅读且制作成本低廉的小册子在这一时期十分流行，其泛滥程度是以前从未有过的，尤其是在法国。这些小册子完全不受控制，想说什么就说什么，越耸人听闻越好。阻止它们的办法只有两个，要么就是在发行之前买下所有的复本并将其销毁，要么就是将作者告上法庭，但那只会让更多人关注其中那些令人难堪的指控。康庞夫人断言，这些都是王后的敌人、宫廷中的"反奥地利党"所为，其中包括路易的一位姑妈、他的弟弟们以及他的堂兄奥尔良公爵。可以肯定的是，这场针对玛丽·安托瓦内特的联合宣传攻势预演了现代民粹主义运动的种种招数，采用了包括重复宣扬、人格污蔑和恐惧煽动等多种手段，获得了毁灭性的效果。这些小册子信誓旦旦地污蔑、大肆渲染王后的双重罪过，说她是一个危险的外国人，让奥地利的利益凌驾于法国利益之上；同时又是一个堕落的女色情狂和同性恋者，控制了她那软弱的丈夫并让他戴了绿帽子。康庞夫人直言不讳地说："毫无疑问，他们的目的就是要把她赶回德意志去。"

玛丽·安托瓦内特当然知道这些无耻的小报的存在——它们无处不在，无情的漫画和打油诗甚至进入了凡尔赛宫的公共厅堂——但自知无辜的她选择无视它们，不加反击，也不改变自己的行为。实际上我们也并不知道，在最初的差不多18个月之后，她是否还有可能做些什么来减少伤害。若是能够放弃一切娱乐活动，转而专注于虔诚仁爱之行并坚持数年，或许她还有可能得救，但她所做的却是无视所有警告，继续自己的娱乐活动，而这正中敌人下怀。

16 法国王后

潜藏在这一切之下的是王后无法怀孕这一事实，而这通常被归咎于她丈夫的冷淡。在路易十六登基后的两年内，在宫廷中已人尽皆知的是，由于两人的时间安排是错开的，国王很少与妻子同床共枕，而且他还抱怨妻子总是深夜回来，打扰了他的休息。

1777年春天，当玛丽·安托瓦内特的哥哥约瑟夫皇帝决定前来访问时，法国的情况就是如此。

在约瑟夫抵达巴黎时，整个巴黎都在关注着一个鼓舞人心的新情况：勇敢的美洲诸殖民地下定了决心，要从英国这个庞然大物手中赢得独立。

革命者们在前一年7月4日发表的宣言是经过了一段时间才传到法国的。然而，这份书面文件以其雄辩的论点和高扬的理想主义——仿佛"追求幸福"和"被统治者的同意"等说法真的是在表述不可剥夺的权利和真理，而并非仅仅是一小撮妄自尊大的哲学家们未经验证的空谈似的——触动了巴黎普通民众，其中一位极为富有的19岁贵族拉法耶特侯爵感触尤深。"以前还从未有哪种如此光荣的事业吸引过人类的关注，这是自由的最后斗争。"他兴奋地宣称，"伟大的事业必须完成，否则人类的权利就只能毁于一旦。"

急需军事援助的美国人利用了这种热情，将本杰明·富兰克林派往巴黎，试图劝诱法国政府与他们结盟。71岁的富兰克林是绝佳的使者人选。他诙谐幽默、魅力四射，很快就看明白了法国人，为了迎合时髦人士对新奇事物的喜好，他经常戴着一顶古朴的毛皮帽，拄着粗糙的手杖，戴着钢边眼镜在这座首都四处走动。一个法国官员说："宫廷里和巴黎市内所有最漂亮的女人都跑来拥抱他，而他来者不拒，慷慨地满足了她们的愿望。"富兰克林写信回费城报告说："这个国家的民意是支持我们的，但宫廷却并不愿意在近期与英国打仗。"而且，美国人在与英国的战斗中表现不佳，这也让这位大使的努力变得更为困难了。"有非常糟糕的消息传来，"拉法耶特说，"美军在纽约、长岛、怀特普莱恩斯、华盛顿堡和泽西接连战败……仅有3000名美国人还在坚持作战，而豪将军对他们穷追不舍。自此之后，起义军的声望一落千丈。"

但情况并非如此。其实法国政府一年以来一直在秘密向美国人输送资金和武器。路易的外交大臣担心，如果英国海军的优势不被遏制，法国将失去仅剩的海外殖民地。他对路易说："只需要花上两三百万，我们就可以拯救那些价值3亿的产蔗糖的岛屿。"然而，由于法国此时正与英国维持着和平关系，这些枪支弹药不能暴露是法国政府提供的。于是，一场精心策划的闹剧上演了，既荒诞又恰如其分的是，这出剧的参与者中有一个便是法国剧作家，即创作了《塞维利亚理发师》(The Barber of Seville)和《费加罗的婚礼》(The Marriage of Figaro)等喜剧杰作的皮埃尔-奥古斯丁·博马舍(Pierre-Augustin Beaumarchais)。"我们将秘密给你100万法郎，"法国外交部长向这位文学家特工解释说，"我们还将设法从西班牙那里获得同等数额的资金……你要用这200万来建立一个大商行，由你自己承担风险来为美国人提供武器、弹药、装备以及他们维持作战所需的其他一切。"这种花招并没有逃过英国大使的眼睛，他堵住了法国外交部长，指责其玩弄诡计。"一边向某国宣示友好，一边却向它的反叛者提供援助，这是世界历史上前所未有的无耻行径。"英国大使喊道。"我们无法阻止走私者。"法国部长温和地回答说。而英国大使则尖刻地质问道:"请问阁下,难道走私者还会组成舰队吗?"

为了掩盖这些暗地里的行动,国王禁止身为法军军官的拉法耶特驾船前往美洲为殖民者作战。但侯爵无视了这一命令。他买下了一艘将要从马赛出发驶往卡罗来纳的船,在约瑟夫抵达凡尔赛宫还不到一周之际溜走了。

皇帝此行并不完全是为了游玩。他来也是为了查明并向母亲报告妹妹一直没有孩子的原因。整个维也纳都看到了那些讽刺小册子。约瑟夫不能冒玛丽·安托瓦内特因没有生下继承人而遭休弃的险,他正准备入侵巴伐利亚,需要确保法国与奥地利之间的联盟稳固。

梅西伯爵非常清楚地预见到了约瑟夫目睹法国王后的生活方式后会有什么反应,并且已尽力提醒过玛丽亚·特蕾莎。"关于约瑟夫皇帝的来访,"他在信中小心翼翼地说道,"我担心陛下会看穿这个国家的种种缺点,特别是现政府的所有缺陷,这将使他感到厌恶,而这种厌恶的后果可能是无法估量的。我还担心陛下会在他妹妹的行为中看到太多可责备之处;随之而来的可能是关系冷淡,甚至是争吵。"

因此,约瑟夫很可能在临行前就被告知要注意自己的言行,因为至少在一开始,他努力控制住了自己的批评。他于1777年4月19日上午抵达凡尔赛,装扮成普通市民法尔肯施泰因伯爵(所有人都知道,这是他最常用的伪装身份)从大门进入,然后经由便门进入宫殿,沿着秘密楼梯来到王后的居室。他在那里见到了14岁后便再未谋面的妹妹,并很快见到了她的丈夫和其他王室成员。

梅西是对的；约瑟夫没花多少时间就找出了问题的根源。"她和国王之间的关系很特殊，"他写信给弟弟利奥波德说，"这个人意志薄弱，但不是白痴。他有一些想法和判断力，但在身体和精神上都同样冷漠。他可以进行理性的对话，（但）没有任何求知欲和好奇心。"至于玛丽·安托瓦内特，"王后是个非常美丽迷人的女性，但她只知道享乐，对国王没有爱……她既没有尽妻子的义务，也没有履行王后的责任"，皇帝写道。然而，"她的道德品性无可非议"，约瑟夫斩钉截铁地宣称："她善良而直率，虽然年龄太小，做事欠考虑，但本性正直而诚实，考虑到她的处境，这是非常难得的。"

约瑟夫在巴黎逗留了6个星期，他在这段时间里对巴黎及其居民、制度和文化的了解比待在凡尔赛宫的路易和玛丽·安托瓦内特这么多年来见过的还要多。正如梅西的预料，他待了一段时间后便忍不住想要发表自己的看法，他批评玛丽·安托瓦内特，说她涂了太多胭脂，还批评她沉迷赌博，花钱太多，干了太多蠢事，直到她不得不愤怒地提醒他，自己是法国的王后。但他也帮了一回大忙。在与路易稍稍熟识之后，约瑟夫有一天带着这位妹夫一起去散步，并且在身无旁人之时问起了他们夫妻间的床笫之事。

这个世界上有资格向法国国王如此提问的人是很少的。他的兄弟们可能会问，但路易知道，如果他向他们倾诉，他们只会取笑他，或利用他的话来对付他。但约瑟夫是皇帝，是德意志的最高统治者，还是他的家人。而且他采取了正确的做法。就像玛丽·安托瓦内特初入宫廷时所做的那样，约瑟夫尝试着融入路易的世界。而且皇帝注重事实和科学，他在说起这个话题时采取的方式似乎是友好而按部就班地就其过程进行提问，以便路易能够回答。

约瑟夫后来在给利奥波德的一封信中总结了与法国国王的这次谈话。"他们之间的房事是这样的,"他写道,"他会很激动地勃起……然后他会插入,动也不动地在那里停留两分钟左右,然后就拿出来,仍然很硬,没有射精,然后就说晚安了……这让人无法理解,因为他一个人的时候是可以射精的……他坦率地说自己对目前的情况很满意,他只是出于责任才做这事的,并没有快感。"*

皇帝在告别之前显然向他的妹夫解释了受孕的生物学原理,因为法国的国王和王后此后似乎就一起努力学着动了起来,直到路易用大概3个月的时间掌握了这项技能。等到1777年8月30日,玛丽·安托瓦内特才终于可以写信给母亲报喜,她写道:"这是我一生中最幸福的时刻。我们已经圆房8天了;我们昨天又试了一次,这回甚至比上次做得更好。"同一周,西班牙大使向马德里报告说:"国王(路易)对他的姑妈们说,如果他知道自己竟会如此享受这种事,他一定会早点儿做的。"在约瑟夫访问法国一年之后,王后终于被正式确认怀孕了,路易感激地写信给皇帝,告知他这一盼望已久的消息。他说:"我们的幸福要归功于您。"

与玛丽·安托瓦内特怀孕的爆炸性消息同时发布的还有另一则激动人心的消息:法国政府决定正式承认并支持美洲殖民地从英国独立的斗争。

法国下定决心从暗处走到明处、与英国开战的直接原因是,处于劣势的殖民地军队在与可怕的英国对手的作战中取得了忽然而出

---

* 一个健康、聪明的23岁男子,竟然需要有人把性交的过程解释给他听,这再次表明他患有某种自闭症。

人意料的胜利。1777年12月4日，一名信使抵达巴黎，带来了一个令人震惊的消息：在夏天率领一支由大约9000名职业士兵、130门大炮和一列有佛蒙特州那么长的行李车队组成的入侵部队在魁北克登陆的英国将军约翰·伯戈因（John Burgoyne）于10月17日被击败，被迫向组织散乱的叛军投降。这是连本杰明·富兰克林也未曾预料到的，他那时每天都在等待殖民者被赶出费城的消息（他们的确被赶出了费城），而胜利的喜讯让他大吃一惊。*

这场意外的胜利让路易的外交大臣相信，曾经看似不可战胜的英军是可以战胜的，于是他立即开始推动利用英国的军事败局，公开与殖民者结盟。他的理由与革命党人大肆传播的有关自由与公正的崇高宣言毫无关系，虽然该宣言在拉法耶特听来如此顺耳。相反，这位大臣认为殖民地是丰富的原材料进口地，还是同样有利可图的制成品出口市场。如果法国参战，感恩戴德的殖民者们无疑会将他们目前完全面向英国的商业活动转向法国，而这将足以弥补法国在七年战争结束时耻辱地将加拿大割让给英国所造成的损失。莫勒帕认同这种考量，于是，法国政府在1778年2月8日正式承认美国是一个独立于英国的国家，并与他们签署了两项条约：一项致力于促进两国之间的贸易，另一项则关乎共同防御的承诺。英国的反击是召回了驻凡尔赛的大使，并且向法国船只开火，就这样，法国再次与英国开战了。

争取美国独立的斗争在巴黎大受欢迎。许多年轻的贵族争相效

---

* 为了帮助人们正确看待费城的失守，此时正与乔治·华盛顿的军队一起驻扎在福吉谷的拉法耶特给妻子写了一封家书："他们会对你说……'费城被占领了，美国的首都，自由的堡垒被占领了！'那时你一定要礼貌地回答：'你们这些傻瓜。费城是一个贫穷而孤寂的镇子，四面暴露，那里的港口已经关了。'"

仿拉法耶特入伍从军，渴望为如此正义的事业而战，玛丽·安托瓦内特起初也是支持这场战争的。在与美国人签署条约后，她邀请本杰明·富兰克林参加她的一个牌局，作为一种标志性的荣誉，甚至还允许他站在自己的椅子后面。她在1778年2月举办了一场华丽的舞会，庆祝王国有了新盟友，还安排人装扮成美洲原住民跳舞。她还特意让美发师制作了一艘法国军舰形的头饰，然后让他将这个笨拙的大船模装到她的发髻上，以此表明她的爱国之心。

但这种最初的反应很快就让她后悔了。到了4月，局势已很明显，腓特烈大帝正在调集军队，准备入侵波希米亚，反击约瑟夫强势入侵巴伐利亚的企图。玛丽亚·特蕾莎非常担心长子的安全，她写信给梅西和玛丽·安托瓦内特，恳求她的女儿利用自己对国王的影响力，说服法国政府遵守与奥地利的长期联盟盟约，用钱和军队来援助约瑟夫。玛丽·安托瓦内特像她的母亲一样为祖国和家人担忧，她立即飞奔到丈夫身边，请求他派兵援助其兄长。

可惜的是，20年前被蓬巴杜夫人赶下台，因此从一开始就反对与奥地利结盟的莫勒帕早就预料到了这种情况，他巧妙地挫败了玛丽·安托瓦内特的企图。他警告路易说玛丽·安托瓦内特将会试图影响他，同时严厉地告诫国王，王后无权参与官方政策的制定，而路易相信了他。玛丽·安托瓦内特既惊讶又懊恼地发现，在远离政府事务4年之后，她已不能轻而易举地参与其中，也没有办法像私人问题上（比如让国王任命波利尼亚克伯爵夫人的丈夫为马厩主管）那样让丈夫唯命是从了。1778年7月15日，她在给玛丽亚·特蕾莎的信中写道："今天早上，我和国王之间发生了非常感人的一幕。我亲爱的母亲，你是知道的，我从未指责过好心肠的他；这一切之所以发生，只是由于他极为软弱且对自己缺乏信心罢了。今天，他来看我时发现我是如此悲伤，如此害怕（害怕普鲁士入侵波希米亚），他深受触动，甚至哭了起来。"然而，她不得不承认，她无法说服路易推翻莫勒帕的决定，虽然他明显愿意为了她而这样做。"你看，我犯了这么多错，简直不知道该说些什么。"他最后只能结结巴巴地重复说着他在幼时说过许多遍的道歉话。

现在，玛丽·安托瓦内特终于看到了她姐姐夏洛特从一开始就明白的危险。* 玛丽·安托瓦内特虽沉溺于享乐，却是个聪明的女人，她在与路易的这次谈话之后便明白，奥地利与法国之间的防御联盟——这是其家族外交政策的基石，她来到凡尔赛就是为了支持和守护这一联盟——已名存实亡了，这一联盟遭到舍弃的直接原因就是她为了消遣娱乐而逃避了正经的责任。在王后认识到这一痛苦事实的两天后，梅西向玛丽亚·特蕾莎报告说："我从未见过王后如此消沉；她万分信赖地对我说，她想做一次全面的忏悔；她谈到了她的娱乐、她的社交以及她私生活的所有细节……她还说，她所遇到的挫折（无法说服路易出兵帮助约瑟夫）迫使她严肃地思考自己未来的生活。"

虽然暂时无法影响政策，但她在那个夏天至少能够宣布自己怀孕的消息，十分满意地看着宫廷里的其他人因此而惊慌失措。尤其是普罗旺斯伯爵和阿图瓦伯爵，这两个人8年以来一直对他们的兄嫂没有子嗣感到高兴，满心期待着有一天自己可以接班，此时当然难掩失望之情。"你已经听说了我命运所发生的变故了吧，"在玛

---

* 要知道，夏洛特在结婚后不久就说过，为了不看着斐迪南"被大臣们或某个坏人杀死，或被他的忏悔神父牵着鼻子走，我不得不采取行动"。

丽·安托瓦内特怀孕的消息公开后，普罗旺斯伯爵黯然地给一位朋友写信说，"我很快就控制住了自己，至少表面上控制住了……我装得既无喜悦（因为那是过于明显的虚伪，你是知道的，我可不会感到喜悦），也无沮丧（沮丧会被视为精神上的软弱）。但我的内心却很难平静。"他酸溜溜地承认。孩子于1778年12月20日出生，当时产房内挤满了多疑的廷臣和感兴趣的公众，搞得刚成为母亲的玛丽·安托瓦内特都晕了过去，路易不得不赶紧打开窗户让房间透气。虽然生下的只是一个女孩，但她有生育能力这一事实就已经让玛丽·安托瓦内特掌握了一种前所未有的力量，让那种自她成为王后起便一直搅扰着她的"送她回去"的可恶叫喊暂时平息了下来。

然而，就在这个关键时刻，正当她获得了一些安全感并决心要改过自新时，这位法国王后却坠入了爱河。

17

钻石与债务
Diaminds and Debt

今天的真实会成为明日的谎言。

——博马舍《费加罗的婚礼》第 4 场

她爱上的是阿克塞尔·费尔森伯爵（Count Axel Fersen）。此人生在瑞典的一个地位显赫、人脉很广的家庭中，与玛丽·安托瓦内特同龄；他高大修长，长相俊美，身材矫健，充满魅力，是 18 世纪那种典型的北欧美男。虽然身为瑞典的一名骑兵上尉，但费尔森和拉法耶特一样，被美国人所宣扬的激昂理想所鼓动。他为加入殖民地人民的斗争而请求加入法国军队，并且获得了批准。他在 1778 年夏天来到巴黎寻求委任，并于 8 月 26 日在宫中正式觐见了国王和王后。

实际上，他早在 4 年前的"壮游"中便见过他们了。玛丽·安托瓦内特当时还只是太子妃，但这位年轻潇洒的瑞典伯爵显然给她留下了深刻的印象。费尔森记述说，当她再次见到他时便喊道："啊！是个老朋友。"然后又说："但王室其他人都没对我说一句话。"

伯爵花了一些时间才弄到一个职位，因为战争的准备工作还没有完成。在路易登基前的几年里，海军一直被严重忽视，而从小就对海洋感兴趣的国王已授权建造多艘船只。但这些船只在那年秋天还都尚未完工，于是费尔森只好在巴黎安顿下来等待命令。众所周知，玛丽·安托瓦内特正怀着她的第一个孩子，肚子在一天天变大，因此她可以在不引起任何非议的情况下经常见费尔森。费尔森的家信中总是提到她。"王后是我认识的最漂亮、最和蔼可亲的王室人物，她经常亲切地问起我的情况。"他在9月夸耀道，然后又在11月热情地宣称，"王后对我非常友好；我经常参与她的牌局，每次她都会对我说一些充满善意的话。"就在王后分娩前几天，他兴奋地重复道："周四我要去凡尔赛……不是去宫廷，而是去王后的居所。她是我认识的最和蔼可亲的王后。"

然而，等到玛丽·安托瓦内特生下女儿（她以母亲和她最喜欢的姐姐的名字为其取名为玛丽-特蕾莎·夏洛特，但人们一般称长公主）之后，情况发生了变化。在她怀孕的最后3个月里，他们之间的关系还是一种纯洁的友谊，但等到这位新妈妈下了产床之后，这种关系就变得可疑起来。宫廷里的人们怀着恶意欣喜地看到，即使在玛丽·安托瓦内特的身材恢复正常之后，费尔森仍然是她面前的红人。他被邀请参加波利尼亚克夫妇为王后和她的特殊朋友们举办的小型私人晚宴。他是因受到青睐而被允许进入玛丽·安托瓦内特在小特里亚农宫的私密居所的人之一。

这些流言蜚语加上王后言行举止的加持，变得愈演愈烈。在这个23岁的年轻女人身上，第一次发生了猛烈的爱情。到了2月，当费尔森出现在房间时，玛丽·安托瓦内特已无法控制自己的情绪了。她一看到他就脸红，又忍不住要看他。当他靠近时，她会浑身发抖。她对他的痴迷如此明显，以至于瑞典大使不得不将这一令人遗憾的复杂情况通报君主。"我应该向陛下您说出实情，王后对年轻的费尔森伯爵极为热情，这已引起了一些人的不快。"大使谨慎地向瑞典国王报告说，"我确定王后已经爱上了他，太多这方面的迹象让我无法怀疑这一点。"

恰在此时，法国军队的行动消弭了这场危急。派往美洲的第一批部队指挥官在4月得以确定，费尔森被任命为副官；于是伯爵立即离开巴黎，加入了他的军团。瑞典大使松了一口气。"他离开了巴黎，躲开了所有的危险，"他向斯德哥尔摩报告说，"在他离开前的那些天，王后的眼睛无法从他身上挪开，而且经常眼含热泪。我请求陛下您为了王后能保守这个秘密。"然后他又说："廷臣们听说费尔森伯爵要走了，都非常高兴。菲茨詹姆斯公爵夫人对他说：'怎么！先生，你就这样放弃了自己的征服吗？'"

在那之后的一段时期，玛丽·安托瓦内特为了寻求情感支持并转移注意力，变得更加依赖波利尼亚克夫妇了（他们显然知道她对费尔森所怀有的秘密激情）。在费尔森忽然离开之后，她放弃了自己所有的美好愿望，比如戒赌。更糟糕的是，她让自己落入了很容易被人勒索的境地。1779年12月17日，梅西忧心忡忡地写信给玛丽亚·特蕾莎说："我注意到，（波利尼亚克）伯爵夫人现在似乎特别热衷于让她的整个家族发财致富；她无所不用其极，一心想要让国王赠给她一块每年有10万里弗尔进项的地产……就连王后在得知这一过分的要求之后也被吓了一跳；但她最后还是接受了，一心想的都是如何将之实现……在过去的4年里，波利尼亚克一家虽然没有为国家做出过任何贡献，却单纯靠着王室的青睐而获得了年入50万里弗尔的职位任命，以及其他种种好处。"

为了打发时间，这个小集团在1780年春天开始搞一项新的娱乐活动：业余戏剧表演。玛丽·安托瓦内特需要一个适宜的演出场地，在此之前，她已对小特里亚农宫进行了相当大的改造，包括修建了一个英式花园，而此时她又下令要在那里建一个小的私人剧场。这是一座如珠宝盒般的剧场，和城堡里的其他东西一样，完全是女性化的，有金箔装饰和浅蓝色的墙壁，高耸的天花板上绘制着湿壁画。关于这项新的娱乐活动，梅西能够对玛丽亚·特蕾莎说的只是，至少"熟悉角色和排练所需的时间可以让她们远离赌博的恶习，而且在晚上演出的时候，她们就不会到露台上走来走去了"。*

但此时的玛丽亚·特蕾莎已经虚弱到无法表示反对了，她知道自己命不久矣。玛丽·安托瓦内特似乎并没有被告知母亲最后的病情，因为她在1780年11月29日听到母亲去世的消息时感到非常震惊。路易非常害怕她会情绪激动，因此没有亲自来告诉她这个消息，而是让修道院院长韦尔蒙代为通知。康庞夫人写道，路易事后还感谢了修道院院长帮了他的忙，"这是国王19年来唯一一次和他

---

* 凡尔赛宫的院子是对公众开放的，因此当玛丽·安托瓦内特及其朋友们在露台上散步时，很容易被人们看到，而这又会让人怀疑他们在做什么不法之事。

说话"*。

一切娱乐活动都被取消了；王后穿着孝服，除了朗巴勒王妃和波利尼亚克公爵夫人外，一连几天不见王室以外的任何人。她的悲痛无疑是真实的，但没了母亲那无休止的批评想必也是一种解脱。梅西留在巴黎，但由于玛丽亚·特蕾莎已经去世，他就不再向维也纳通报王后的一举一动了。次年的4月有喜讯传出，那是玛丽·安托瓦内特想必很愿意告诉母亲的一个消息：在美洲的战争迅速升级的背景下，法国王后又怀孕了。

在1781年初，法国造船厂经过不懈努力已成功建造了一支约60艘适航炮艇组成的舰队，用于对英战争，约1万名法国士兵或已驻扎在美国，或随时准备出征。这时，作为最早抵达殖民地的援助军之一的费尔森伯爵立即从罗德岛的纽波特写信说："这个国家……已经面临危境，既缺钱又缺人，如果法国不大力援助的话，它就必须求和了。"

但组织船只和士兵都需要钱，而且是大笔的钱；路易此时已经花费了4亿里弗尔，却还没有获得一场胜利，甚至连一场战役都还没有发生。仅靠税收是无法支付这些开支的，而且莫勒帕也拒绝加税，因为他知道，那一定会引发骚乱。于是王室别无选择，只能借贷，而这一吃力不讨好的任务就落在了财政总监雅克·内克尔（Jacques Necker）的头上。

---

* "唯一一次和他说话"：路易几乎肯定无意伤害韦尔蒙的感情。事实上，国王是一个非常善良的人，忽视周围的人只是自闭症谱系障碍的另一个症状，路易一直这样表现。例如，他在1774年登基后不久，对有段时间没见面的一位失宠部长说："你长胖了，舒瓦瑟尔先生，你掉了不少头发，正在秃顶。"

幸运的是，内克尔是一位富有的瑞士银行家，娶了一个有着极大社会野心的法国女人，他完全可以胜任这项任务。作为一名国际借贷经纪人，他知道潜在贷款人在考虑投资时需要怎样的透明度。因此，他使用了行业中屡被使用且行之有效的一种方法来提供这种透明度。1781 年 2 月，他发表了一篇题为《给国王的报告》（Compte rendu au Roi）的文章，公开了王室的账目。虽然实际上国库每年有 7000 万里弗尔的亏空，但内克尔在这本小册子里却通过明智的修正而让人们觉得王室每年有 1020 万里弗尔的盈余，足以偿还任何额外的债务。金融界人士会称内克尔的方法为"资产负债表外融资"或"美化数据"，而普通人则称之为"欺诈"。

不管叫什么名字，这个策略奏效了：资金涌入法国，主要来自外国贷款人，而内克尔被誉为金融天才。士兵们出动了，船只启航了。结果，8 个月后，1781 年 10 月 19 日，这场豪赌得到了回报：英军将领查尔斯·康沃利斯（Charles Cornwallis）和他的所有部下在约克镇向美法联军投降了。

这场战役有 8000 名法军参加（与华盛顿将军麾下的美国士兵人数相当），使用的火炮和弹药（约 41 门大炮）也是由法国提供的，另外还有一支法国舰队在港口帮助孤立和封锁英国人，其胜利标志着战争的转折点。在康沃利斯举起停战旗表示投降的那一刻，所有那些令人陶醉的关于自由和平等的言辞——在以前只是空谈——全都摇身一变，成了活生生的、真实的、不可剥夺的权利，人们为这些权利而奋斗，并且取得了胜利。世界在那一天发生了改变，作为美军两位主要指挥将领之一的拉法耶特深知这一点。他在 1781 年 10 月 20 日写信给莫勒帕说："先生，这场戏已经结束了。"

18天后，事关美国独立和人民同意之原则的这场斗争取得胜利（如果没有法国，这一切不可能发生）的消息传到了凡尔赛，但彼时那里也有人取得了一场更大的胜利，甚至盖过了此事的风头。1781年10月22日，几乎就在康沃利斯战败的同时，玛丽·安托瓦内特终于生下了一个儿子。

在11年没有成果的婚姻生活之后，王太子的诞生是如此令人震惊，以至于康庞夫人记述说，"在孩子生下来的那一刻"，整个房间陷入了深深的寂静之中。路易在明白发生了什么之后，几乎无法控制自己的感情。这个孩子不但是王后的荣耀，也是他自己的荣耀。因为愚钝和另类，国王一生中的大部分时间都受到两个兄弟和宫廷人员的欺凌和嘲笑，而如今他终于履行了自己的职责，像其他人一样生下了继承人。康庞夫人回忆说，路易"喜悦之情溢于言表。他热泪盈眶，不加区别地向在场的每一个人伸出手，快乐得像是变了一个人"。

至于玛丽·安托瓦内特，毫无疑问，这个至关重要的儿子的出生让她在法国的声望和地位都得到了大大的提高。英国大使在给伦敦的一份报告中精辟地指出："此事决定了所有朝臣的态度，他们急不可耐地向（她的）支持者靠拢；而那些跻身于王后陛下那亲密而狭窄的社交圈子里的人们很快就凝聚成了法国国内一个极有势力的党派。"次月，国王的首席大臣、年迈的莫勒帕突然去世，这使得这股投奔王后的政治潮流变得更急了。"毫无成果（指狩猎）。莫勒帕先生于晚上11点30分去世了。"路易在1781年11月21日的日志中就这个过去七年里一直掌控法国实际权力的人写道。

尽管新获得的合法性和影响力必定让玛丽·安托瓦内特感到欣喜，但此时的她却关注着另一件更贴近其内心的事情。约克镇战役之后，为结束在美洲的敌对行动而进行的谈判开始了，最后各方于1783年9月3日签署了《巴黎和约》。英国在该和约中承认了美国独立的事实，放弃了所有的殖民地，这宣告了战争的结束。随着战争结束，军队陆续返回。军队返回……于是费尔森伯爵也回来了。

这一次，她已不再像女学生那样叹气，也不会再红着脸偷看了。此时的玛丽·安托瓦内特已年近28岁，有了两个孩子。她知道自己在做什么。费尔森也变得更加成熟了。他离开了4年之久，在此期间忍受了困苦与乏味；他在约克镇英勇作战，因此获得了法国和美国政府颁发的奖章；他已经拥有了经过战火考验的气度和自信。如果不想要拥有她，他是不会这么快就回到巴黎的。事实上，他9月在巴黎参加了条约的签署仪式，并立即跟她见了面。不仅如此，他还向瑞典国王发出请求，希望允许他留在法国。瑞典国王甚至特意给法国宫廷写了一封信，请求给予费尔森一个重要的军职，而路易答应了他的请求。玛丽·安托瓦内特在1783年9月19日所写的信中对这一安排表达了热情的支持。她向瑞典国王保证说："我愿意在任何事情上给予陛下支持。"这话的意思是说，瑞典国王可以信赖她的友谊和她在法国宫廷中的影响力。

从那时起，伯爵就开始来往于凡尔赛宫和驻扎于法国北部的军团营地之间。1784年6月7日，作为更大的外交访问行程的一部分，瑞典国王造访法国宫廷，费尔森当然也作为随行人员参与其中。6月21日，玛丽·安托瓦内特特意在小特里亚农宫款待了这位来访的君主。她组织的聚会给对方留下了深刻的印象。活动规模很大,在室外举行,有音乐和舞蹈;她还特意邀请了巴黎最美丽、最时髦的女士,要求她们全都穿白衣前来(王后登位初期那种高耸的发型和华丽的宫廷礼服已经过时了;玛丽·安托瓦内特已推陈出新,现在她穿着飘逸的平纹细布衣衫,留着柔软的卷发,打扮成高贵的女牧羊人的样子,那是她喜欢的画家伊丽莎白·维热·勒布伦宣扬的一种造型)。瑞典国王被身边美丽的场景征服了,他称其为"仙境"。王后对外国人的慷慨款待也让他印象深刻。"她喜欢与瑞典人交谈,热情地欢迎他们。"国王高兴地说。

1785年3月27日,也就是举行这次辉煌庆典9个月后,玛丽·安托瓦内特生下了她的第三个孩子,是个男孩,她和国王给他取名为路易-夏尔[*]。也正是在这个时期,波利尼亚克夫妇周围的那个圈子明显胃口开始变大,不断索要钱财和职位。英国大使在1786年10月25日向政府坦率地报告说,王后的这些朋友"已成了王后秘密的亲密参与者,他们一旦掌握了这些秘密,便实际上控制了他们的女主人,然后又可以通过这种方式让自己的权力能够永远地持续下去"。

但目前这还不是问题。在和约签订之后,宫廷里的气氛是昂扬的。战争结束了,法国赢了!法国已经太久没有取得过胜利了,尤其是对英国的胜利。诚然,法国并没有获得多少领土,但与战败的对手不同,法国保住了自己的蔗糖群岛,还扩展了在美洲的捕鱼权。更重要的是,他们打破了英国对殖民地贸易的垄断,有望因帮

---

[*] 没有证据表明路易曾被邀请在小特里亚农宫过夜。事实上,玛丽·安托瓦内特居住在小特里亚农宫的目的就是为了能与她的朋友们独处,并且能远离国王。费尔森在王后去世之前一直都是她的情人,他曾多次在小特里亚农宫和凡尔赛与她共度良宵,我们几乎可以肯定,他才是这个孩子的父亲。

17 钻石与债务

助新兴的美利坚合众国赢得自由而获得商业利益。

宫廷因美好前景而兴奋不已（虽然还没有真正地获利），开始了新一轮的挥霍。玛丽·安托瓦内特继续沉浸在简单的生活中，她在小特里亚农宫的院子里开辟出一个小型农场，里面有她自己的鸡、牛和农民。这种生活让她感到十分满意，于是她又哄着路易多给了她600万里弗尔，用于购买一片她自己的田庄，即距离凡尔赛宫约6英里的条件优越的圣克卢城堡，让她可以在那里享受更为私密的生活。她并非王室中唯一一个大手大脚花钱的人。国王还在劝诱之下为他的姑姑们买下一座宫殿，为他的妹妹买了一座巴黎的宅邸；彻底翻修了王室位于枫丹白露的破败居所；支付了他最小的弟弟的债务利息（阿图瓦伯爵在几年内就欠下了大约1400万里弗尔的债务）；从国库中拨款700万里弗尔给他的另一个弟弟普罗旺斯伯爵，用于购买第二座田庄（他本来已经有一座了）——但附加了一项条件，即由于伯爵没有继承人，这座城堡最终将由玛丽·安托瓦内特的次子路易-夏尔继承。此外，还有其他的大笔花销，比如在毗邻英吉利海峡的瑟堡建造了一个巨大的新港口，耗资2800万里弗尔（因为设计缺陷，最终该项目被放弃）。王室成员还都购入了新的马匹，增加了新的随从，而王后则成功地任命波利尼亚克伯爵夫人（如今已晋升为公爵夫人）为她孩子们的家庭教师，让她获得了这个年薪高达40万里弗尔的职位。*

---

* 公平地说，王后的这位好友并未谋求这个职位。想要发财的并不是她自己，而是她身边的人。英国大使报告说："波利尼亚克公爵和公爵夫人能力有限，恐怕他们两人都未曾制定过什么协调一致的计划，来确保自己意外获得的恩宠能够长久持续下去。"（换句话说，他们根本没有钻营到如此高位的聪明才智。）这位大使认为问题出在他们圈子里的两个人身上，他提到，"沃德勒伊先生和达代马尔先生这两个人，全都野心勃勃，阴险狡诈，都依附于……公爵夫人……是其行为的主要指挥者"。

然而，这一切与国库为帮助美洲各殖民地实现独立而支出的资金相比根本不算什么。法国在这场争取美国自由的战争中花费了13亿里弗尔。十几亿可不是几百万，二者之间差了好多个零。借了这样一笔债务，每年需要偿付的本息就高达1亿零700万里弗尔，大大超过了王室所有开销的总额。事实上，即便玛丽·安托瓦内特穿麻布衣服，全家用面包和水维生，王室的亏空也不会有多大改观。

但公众看不到这些，毕竟国库收入与支出之间的巨大差距一直被小心翼翼地隐瞒着，不让他们知道。然而，表象不管多么离谱，都可能如真相那样引发巨大的风波，王室即将直面这一残酷的政治公理，只待一桩造成轰动的丑闻突然降临到惊诧莫名的他们的头上。该丑闻是围绕一件大而昂贵的钻石首饰展开的。米拉波伯爵（他在不久后将成为法国政坛的一股新兴力量）后来曾精炼地指出："项链风波是革命的前奏。"

此事是从伯爵夫人让娜·德·拉莫特（Jeanne De La Motte）于1783年来到凡尔赛开始的，她是一个漂亮的女人，差不多与玛丽·安托瓦内特同龄，乃是行骗这个赚钱行当的历史中最高明和狂热的人之一。虽然让娜的头衔是假的——她的丈夫其实是出身一般且并不富有的拉莫特先生——但她的确出身王室：她是亨利二世的直系后裔，而亨利二世则是两个世纪之前统治法国的瓦卢瓦王朝的一位国王。*这种王室出身可以说是被她那位沦为赤贫的母亲用棍

---

* 亨利二世在死前两年与一个22岁的情妇生下了一个私生子，这让他的长期情妇、58岁的黛安娜·德·普瓦捷（Diane de Poitiers）和他的妻子、38岁的凯瑟琳·德·美第奇（Catherine de' Medici）都非常不高兴。让娜的祖先正是这个后来得到承认的私生子。

17 钻石与债务

棒灌输进幼小的让娜心中的,她会殴打她,训练她为养家而乞讨,迫使她向街上飞驰而过的贵族马车高喊:"可怜可怜我这有瓦卢瓦血统的孤儿吧!"

母亲的这种残酷灌输终将拯救她。有一天,一辆豪华马车停了下来,一个心地善良的侯爵夫人对这个遍体鳞伤、饥肠辘辘的 8 岁女孩展现出了同情之心。她支付让娜的学费,让宫廷确认了这个女孩的出身,甚至想办法使她每年能因其血统而从国库中领取 800 里弗尔的微薄收入。在那一刻,让娜这个昔日被蔑视和忽略的法国底层一员变成了让娜·德·瓦卢瓦,这可是一个能够进入高门大户的名字。

她得以进入的高门大户之一就是罗昂枢机主教的大宅。罗昂家族是法国最著名、最古老的家族之一。枢机主教年岁稍大,富有而昏聩。那时 25 岁的让娜品味不凡,用骗子们常用的话来说,一眼就看出他是个冤大头。

起初,她只是从他那里骗一些小钱罢了。后来她声称自己是他的情人,但他却总是矢口否认,而且这似乎也根本没有必要,因为她不用这种办法也照样能把他骗得团团转。比金钱更重要的是,他给了她信誉。很快,她就和她的丈夫(品性跟她相仿,而且也和她一样喜欢奢侈生活)住进了凡尔赛宫里的一个小房间。她在那里找了一个名为勒托·德·维莱特(Rétaux de Villette)的情人,此人除了拥有其他优秀品质外还擅长书法。此后,她开始小心翼翼地吹嘘自己和玛丽·安托瓦内特之间建立起了日益深厚的秘密友谊,并且令人惊讶地拿出了数封私人信件当做佐证,这些信件都是用优质纸张书写的,上面饰有象征王权的蓝色鸢尾花,还有王后的亲笔签名。

如她所料，这引起了枢机主教的注意。罗昂正渴望进入玛丽·安托瓦内特的核心圈子。这位枢机主教的财富已今非昔比——最近贵族阶层正经历一场糟糕的破产潮，甚至连罗昂的一些亲戚也卷入其中——想要恢复过去那种奢靡的生活标准越来越难了。众所周知，最可靠的致富办法就是接近王后，波利尼亚克家里那些原本一文不值的人已经证明了这一点。没有人知道她看上了他们什么，但他们却得了宠，富得流油。然而，玛丽·安托瓦内特却不愿与罗昂枢机主教有任何瓜葛。他曾经是法国驻维也纳大使，玛丽亚·特蕾莎不但立刻看出他是个毫无价值的谄媚者和花花公子，而且还将这一点告知了女儿。玛丽·安托瓦内特对这位枢机主教的看法和她母亲一样，因此他在之后就一直被宫廷冷落。

不过，枢机主教并非让娜利用她与王后的密谈故事捕获的唯一猎物。一位名叫伯默尔（Böhmer）的珠宝商也非常需要一个友好的中间人来接近玛丽·安托瓦内特。伯默尔多年来一直试图卖出一条由大约 650 颗完美无瑕的大钻石制作而成的过于奢华的项链，那些钻石是这位珠宝商从欧洲各地煞费苦心地收集到手的。* 伯默尔原本是打算将这条项链卖给杜巴里夫人的，但还没等他搞成这笔交易，路易十五就一命呜呼了。鉴于他要价超过 100 万里弗尔，世界上能消受得起这件大型饰物的女人实在是屈指可数，而玛丽·安托瓦内特却是其中之一。问题是，她已经过了喜欢钻石

---

* 这条项链只不过是一堆从脖子上垂下来的钻石穗子（必要时可以拿来系窗帘），无疑是历史上曾导致君主遭殃的珠宝首饰中最丑陋、最沉重的一个。如果这就是其代表作品的话，那伯默尔倒真不如去做个建筑工。

的时期，根本不想要它。不管伯默尔多么卑躬屈膝地请求，她都不买。在上一次伯默尔试图说服她时，她几乎完全失去了耐心。"站起来，伯默尔！"她气呼呼地说，"正经人是不会跪着求别人的。我已经说了不会买那条项链。国王想把它买下来送给我，但我再次拒绝了。不要再提它了。想办法把它拆了卖掉吧，别因为它把自己搞垮。"

玛丽·安托瓦内特劝他不要慌不择路，这很好，但事实上，这个珠宝商为了制作这条项链已欠了一大笔债，几乎就要宣布破产了。这时，有个朋友说他"认识一个能够接近王后的伯爵夫人"，于是伯默尔便找到了让娜。

在这之后，一切就成了水到渠成的事情了。1784年12月29日，伯默尔第一次向让娜展示了项链。1785年1月23日，她告诉他说，她已经找到了一个买家，"一个大贵族"。（罗昂枢机主教之前外出旅行了，因此事情才拖延了一个月）。第二天，也就是1月24日，罗昂到珠宝商那里谈价钱——当然不是为他自己谈，而是为了王后谈。让娜对这个冤大头——不好意思，是枢机主教——解释说，她已经和玛丽·安托瓦内特详细讨论过此事，王后其实还是想要这条项链的，但目前资金短缺，所以才会犹豫不决。让娜知道罗昂想要为王后效劳，因此建议他可以在这次交易中充当王后的秘密中间人。他的工作就是解决王后无暇一顾的有关筹钱的烦人问题。让娜甚至拿出了一封王后的亲笔信，信中概述了这一计划，还感谢枢机主教愿意替她做这件麻烦事。

枢机主教因这突如其来的王室恩宠而欣喜若狂，他将玛丽·安托瓦内特的指示转达给了伯默尔，还让珠宝商发誓保密（因为让娜告诉他，王后担心她丈夫会因项链价格太高而生气，所以希望暂时不要让国王知道这事）。两人商定了一个时间表，玛丽·安托瓦内特将以160万里弗尔的总价买下这条项链，并在两年内按季度分期付款，首个付款日为1785年8月1日。根据合同，王后因有急用必须在两天后，也就是2月1日，经由让娜拿到项链。伯默尔是个讲究程序的人，他坚持要求王后陛下必须亲自批准这些条件，于是枢机主教便把合同交给了让娜，让娜又把它交给了王后，王后则在1月29日将合同交还枢机主教，并且在上面签名"法国的玛丽·安托瓦内特"——如果有人认真检查的话是会发现疑点的，因为王后的正式签名一向都是简单的"玛丽·安托瓦内特"。然而，两个当事人当时都处在欣喜若狂的状态，所以都没注意到。

这是一个绝妙的计划，而且进行得很成功。到了1785年2月1日，枢机主教如约将项链送到了让娜在凡尔赛的寓所。他刚到，让娜的门就被敲响了，她的同谋维莱特穿着偷来的制服，假装成王室侍从走进来。让娜将装有项链的盒子交给维莱特，还郑重地嘱咐他，要将项链秘密交给王后。罗昂感激地看着那160万里弗尔被带出了门。

让娜和维莱特用了不到一个星期就把那些钻石从碍事的底座上拆了下来，因为干得笨手笨脚，还搞坏了一些宝石。他们一开始试图在巴黎出售钻石，但当地的珠宝商们发现了这个口袋里装满了零碎钻石、在城里到处游荡的人，觉得很奇怪，于是报了警。（然而，因为没有人报警说珠宝被盗，警察也只好让他走了。）然后，让娜学聪明了，她让丈夫带着大部分的钻石去了英国，要将它们卖给伦敦的珠宝商。虽然拉莫特伯爵因急于出手而要价远低于这些珠宝的真实价值，但由于其数量实在太多，他还是在夏天带着一笔不小的财富回到了法国。他和妻子立即用这笔钱购买了马车、家具、小摆设和其他一些必需品，包括"一只可以拍着翅膀啼叫的自动鸟"，用于供来访者玩赏。

在此期间，玛丽·安托瓦内特既没有佩戴项链，也没有亲自向他们致谢，这当然让罗昂和伯默尔感到很失望，但让娜想办法蒙混了过去，解释说王后仍然需要对丈夫保密。为了安抚枢机主教，她甚至还花钱请了一个在巴黎一家商店做裁缝的年轻女人来演戏。这个女人从远处看很像玛丽·安托瓦内特，让娜安排她在一个漆黑的夜晚于王后经常去的一个公园里与罗昂见面。这个假王后身穿一件仿制的平纹细布礼服（跟伊丽莎白·维热·勒布伦所画的那些无处不在的肖像画里的衣服差不多），别过脸去，匆匆递给枢机主教一朵玫瑰，并低声说道："你明白这意味着什么。"随后就为躲避靠近的行人而走进了阴影之中。这样的花招竟然行得通，这充分说明了这场昂贵交易的各个参与者之间能力的差异。

终于，第一次付款的时间临近了。让娜想要拖延时间，声称王后觉得项链价格过高，但这时伯默尔起了疑心，他想请主教给玛丽·安托瓦内特送一封信，确认她收到了项链。罗昂同意这么做，但他改写了信件，使之带有更明显的谄媚之意——"想到世界上最美丽的一套钻石能够归属于最伟大、最卓越的王后，我们感到由衷的满足。"他兴奋地写道——不幸的是，信的内容在经过这么一番修改后已让收信者无法理解，玛丽·安托瓦内特只是骂了珠宝商一句"白痴"，然后就烧掉了它。

这时，要到期交付 40 万里弗尔的款项了，于是让娜使出了绝招。让娜明白，枢机主教一定会用尽一切办法避免让玛丽·安托瓦内特知道他让她的名字卷入到了这样一桩不光彩的交易之中，于是她为了能够逍遥法外而偷偷地找到伯默尔，狡猾而冷酷地给罗昂下了套，让他既遭诈骗又遭勒索。"你被骗了，"她告诉这个惊愕不已的珠宝商，"枢机主教手里那个书面凭证上的签名是伪造的；不过主教本人有足够的钱，他是可以付款给你的。"她向他保证。

这是她犯下的唯一错误。仍然相信项链在王后手里的伯默尔这时急需钱来还债，而且他也知道枢机主教并不像让娜说的那样，随手就能拿出40万里弗尔（更不用说160万了）。于是，珠宝商直接跑去找玛丽·安托瓦内特，想要索回自己的财物。王后当时根本没空见他，但他在向侍女解释自己的来意时崩溃了，而这引起了康庞夫人的警觉，结果后者便获知了这一离奇而不可思议的阴谋。在珠宝商看来，像罗昂这样出身高贵、地位显赫且受过良好教育的人是不可能会被拉莫特伯爵夫人这样一个微不足道的女人欺骗得这么惨的，因此他自然而然地认为枢机主教就是这场骗局的幕后策划者，以至于在叙述此事时连让娜的名字都没有提。震惊的康庞夫人赶紧将项链被骗走的来龙去脉和伯默尔的指控转告了她的女主人。

玛丽·安托瓦内特怒不可遏。就像枢机主教愿意相信玛丽·安托瓦内特会用让娜这样的人作为中间人来背着国王购买奢华项链那样，厌恶这位枢机主教的王后也很愿意相信罗昂利用了她的名义骗取了钻石。这可真像是一出在法兰西剧院上演的博马舍式闹剧。不同的是，这出闹剧将在法国最公开透明的舞台上上演，也就是法国的最高司法机构巴黎高等法院（Parlement de Paris），而玛丽·安托瓦内特将令人信服地在其中扮演一个娇生惯养、自我放纵、专横跋扈的王后。*

她所做出的一切选择在政治上都是幼稚而糟糕的。她没有费心去进行进一步的调查，而是立即去找路易，坚持要还她清白。她不但要求惩罚枢机主教，还坚持要公开羞辱他。路易此时已经没有了莫勒帕的指导（莫勒帕去世后，国王没有任命新的首席大臣），于是他听从了她的建议。为了提高羞辱的程度，王后说服国王再等几天，直到1785年8月15日罗昂预定在皇室小教堂座无虚席的听众面前主持仪式时再逮捕他。"我和国王商量好了一切；大臣们对此一无所知，直到国王让人把枢机主教抓来。"玛丽·安托瓦内特在8月22日写给约瑟夫的信中兴奋地说。（这当然也就是说，是她计划并安排了这场逮捕行动。）于是，整个宫廷便都目睹了这样一番景象：古老而有权势的罗昂家族的一分子身着整齐的教会礼服被武装卫兵押往巴士底狱。

因恼恨而做出这样的行动真是太业余了，玛丽·安托瓦内特将为此付出沉重的代价。虽然的确曾有一两个大臣想要提醒路易注意公开审理此案的风险，但总的来说，国王的御前会议成员都很乐意置身事外，看着王后自取灭亡。

在这个法国绝大多数人都处在饥饿边缘的时期，罗昂枢机主教因盗窃价值160万里弗尔的钻石项链而在巴黎受审，这势必成为轰动一时之事。就像其他具有重要意义的审判那样，此案吸引了公众

---

* 在法国，parlement 并不是像英国议会那样的代议制立法机构，而是政府的司法部门。法国各地都有其地区性的 parlement，其中最有影响力的就是 Parlement de Paris，我们可以将其看作类似于最高法院。

的想象力，暴露了潜在冲突的更大意涵，也彰显了整个社会积蓄的偏见和不满。这对王室来说并非好事。随着一个又一个逃亡的阴谋参与者被抓回巴黎作证（只有让娜的丈夫成功避免了被引渡回国），事情真相渐渐显露，坚称自己从一开始就被人蒙骗的枢机主教当初显然是真的相信自己在为玛丽·安托瓦内特效劳，替她秘密购买那些招祸引灾的钻石。审判很快演变成了一场全民公决，不是针对被告，而是针对王后的行为。众所周知，玛丽·安托瓦内特过去有过此类行为——购买她所买不起的钻石并对国王保密，把像波利尼亚克公爵夫人这样可疑的年轻女子当做是自己的密友，将其提拔到比那些更值得尊敬也更称职的人们更高的地位上——因此，人们对被告抱着深深的同情。1786年7月30日，罗昂被宣判无罪，人们普遍认为这是公平战胜了绝对权力和腐败，而路易在玛丽·安托瓦内特的怂恿下因侮慢罪（lèse-majesté，即对君主不敬）放逐了枢机主教后，人们对他的同情变得更为强烈了。当被流放的罗昂穿越法国时，人群在街上列队欢呼，将他视为英雄。

让娜·德·瓦卢瓦被宣判犯有盗窃罪，受到了烙印和监禁的惩罚；两年后，她逃到了英国，在那里出版了一本回忆录，宣称自己是无辜的，继续败坏王后的名声。

如果说玛丽·安托瓦内特仍记得她的母亲、兄长和梅西伯爵都曾在其即位头几年多次警告过她，她的轻率之行可能会招致这样的结果，那她也并未将这一点表现出来。"王后悲痛欲绝，"康庞夫人回忆道，"我去找她，发现她正一个人躲在内室哭泣。'来吧，'陛下她对我说，'为你的王后悲哀吧，她被人侮辱，成了阴谋与不义的牺牲品。'"

这还不是最糟糕的，这个时候，正当巴黎高等法院让王室遭受了惨痛的失败，使其声誉受到动摇之时，美国独立战争期间的外国贷款到期了，法兰西王国迎来了一场巨大而全面的、大萧条般的经济崩溃。

令人失望的是，法国政府一直寄希望于通过推进与新兴的美国的贸易来弥补亏空，但这一愿望却未能实现。那些刚得到解放的殖民地人民中有许多都在极其偏远的地带辛苦劳作，他们并没有强烈的意愿将仅有的一点钱花在精美的塞夫勒瓷器或其他奢侈品上，而这些东西恰恰是法国的主要出口商品。他们会购买的是那些自己用惯了的东西，这些东西当然来自英国。美国人或许会咒骂英国君主制，但他们在消费上却仍然坚定地忠于英国。英国大使幸灾乐祸地说："自战争以来，（法国港口）波尔多发生了不下120起破产案，航运业下降了50%。自去年11月以来，港内一艘美国船只都没有出现过，也没有出现任何向西印度群岛出口商品的需求。"

面对国库濒临破产的前景，路易的财政大臣——此时的财政大臣是新上任的夏尔-亚历山大·德·卡洛纳（Charles-Alexandre de Calonne）——提出了一个激进的财政改革计划，以确保王国的长期偿付能力。为了减少政府未来对外国贷款的依赖（这些贷款既昂贵又不可靠），他提议征收所有有产者都须缴纳的土地税，用这种方式迫使贵族和教士也都像平民一样向国家纳税，从而增加财政收入。这正是任何时代的进步人士都梦想实现的那种全面的结构性改革，毕竟贵族和教会在法国的历史上从未交过税。卡洛纳向路易提交了一份内容详尽的书面报告，概述了他的方案，而国王予以批准，因为这显然是最公平合理的应对当前困境的办法。

问题是，任何新税的征收都需要巴黎高等法院的同意，而考虑到之前钻石项链案的不利判决，在王室看来，像卡洛纳的计划这样一种史无前例的改革方案在那里得到支持的可能性并不高。政府甚至不能通过披露即将到来的金融危机的严重性来说服对方；在国际银行家们得知真实的赤字规模之前，解决方案必须搞定，否则一场恐慌便在所难免。因此，卡洛纳建议路易绕过巴黎高等法院，召集贵族大会，也就是一个由一群精挑细选的地区官员参与的会议，他们将听话地批准该方案，并确保其在整个王国范围内得到普遍执行。当初，当玛丽亚·特蕾莎在奥地利王位继承战争后开始尝试向贵族征税时，她曾花费了多年的时间进行谈判和劝说，而如今卡洛纳却向路易保证说，这番操作在3个月内就能完成。

贵族大会在1787年2月22日于凡尔赛召开，其结果可想而知。这一次，表象仍然对王室不利。地区官员们本身都是土地贵族或神职人员，他们不可能不注意到王室的生活是多么奢华，他们各自拥有多少房屋和马匹。当要求增加税收的人正在进行数量可疑的房屋整修项目时，"经济即将崩溃"和"需要增加税收"这样的说法是很难取信于人的。对政府政策的反对是如此强烈，以至于国王不得不在不到两个月的时间里就放弃了卡洛纳的政策，并将其本人解职。

围绕着这些事件的混乱局面——愤怒的声音、迅速改变的情绪、对未来的行动缺乏一致的意见——让路易心神不宁。在这种情况下，国王是无法好好统治的。他不再有可以指导他的大臣，也不再有父亲遗留下来的指示。于是彷徨无措的路易像刚刚登基、还未任命莫勒帕为首席大臣时那样，转而向玛丽·安托瓦内特求助。那

17 钻石与债务

时梅西伯爵为了指导王后仍然在凡尔赛，他在 1787 年 5 月写信给维也纳说，国王每天都哭着来见他的妻子。

此时已 32 岁并做了 3 个孩子的母亲的玛丽·安托瓦内特这回倒是挺身而出了。* 她没有像 19 岁时那样，把丈夫交给一个大臣，自己躲进小特里亚农宫去和朋友们玩乐。她见丈夫已不知该如何是好——她告诉梅西说，路易"目前的状况已应付不了朝政"——于是便做了自己应该做的事情。她既做王后，又做妻子，一直陪在路易身边，尽可能地应付局面。这正是玛丽亚·特蕾莎、玛丽亚·克里斯蒂娜或玛丽亚·卡罗琳娜在这种情况下都会做的，也正是在她之前坐上法国王后之位的诸多女人们在必要时不得不做的。

然而，玛丽·安托瓦内特在财政上的无知和危机本身的严重性都限制了她所能做的事情。她请了一个她能信任的老朋友来领导政府，路易的其他两位大臣则辞职以示抗议。她安排政策会议，和国王一起或代替国王参加；她努力了解各种问题，尽全力为丈夫出谋划策。但无论她怎样努力，都无法让流入财政系统的钱有所增加。甚至连天气也在跟她作对：严重的暴风雨之后是干旱，然后是极度寒冷，导致庄稼被毁，作为主食的面包价格创了历史新高。到了 1788 年 8 月 16 日，不可避免的事情发生了。国库空了，债务偿付被迫全部停止。经济崩溃，许多公司破产了。许多法国臣民和外国银行家失去了毕生的积蓄和收入来源。

一个不幸的政治规律是，在发生经济灾难时，人们总是想要找一

---

* 她的第四个孩子，出生于上一年的一个女儿，在此时（1787 年 6 月 19 日）夭折了，这让她和路易更加悲痛。（费尔森也很悲痛，因为这个孩子很可能也是他的——至少他自己肯定是这么认为的。弗尔森称这个女儿和路易 – 查理为"孩子们"，当他和玛丽·安托瓦内特在一起时，会私下见到他们。）

个罪魁祸首出来。在这一最终走向财政正式崩溃的时期，执掌政府的显然正是玛丽·安托瓦内特，因此，她就像是18世纪的赫伯特·胡佛，成了所有指责的目标。"她对政府事务的公开介入使得所有党派和阶级都不喜欢她，这种情绪的快速加剧让所有真正关心她的人都感到害怕。"康庞夫人忧心忡忡地说。人们称她为"赤字王后"。*

然而，这时的法国公民们不仅找出了造成王国目前悲惨处境的罪魁祸首，而且也发现了救世主。公众强烈要求让那位在上次缺钱时弄到了全部所需资金的金融奇才雅克·内克尔来重掌财政。路易此时已经认识到，内克尔正是导致他们最初陷入困境的原因之一，因此拒绝起用他，但玛丽·安托瓦内特明白他们此时已别无选择，于是说服了路易来让这位金融家试一试。1788年8月25日，内克尔意气风发地回到了凡尔赛，开始作为国王手下最具影响力的大臣施展他的魔法。然而，在没有丝毫资金流入的情况下，就连他也没法假装国库尚有盈余，所以他建议路易召开三级会议，请求紧急财政援助。

三级会议是法国版的国民大会。它由第一阶层（教士）、第二阶层（贵族）和第三阶层（其他人）的代表组成。它的召开完全取决于君主的意愿，也就是说，只有在国家面临危机时才会召开。每个国王都明白，想要从三级会议那里拿到钱，他必须要做出限制自身权力的让步，因此，为了避免做出这种他们所不喜欢的选择，国王们都会想尽一切办法应付局面，不召开会议。比如，上一次召集

---

* 虽然玛丽·安托瓦内特的名字在今天已经与"那就让他们吃蛋糕吧"这句名言紧密地联系在了一起，但我们没有任何可靠的证据可以证明她的确说过这句话。事实上，这句话听起来一点儿也不像她说的。这句话被错误地归在她身上这一事实只不过再次表明，她在这个经济危机时期是极其不受欢迎的。

17 钻石与债务

三级会议还是在近两个世纪之前的1614年。

对王室而言不幸的是，此时正是最不适合召开三级会议的时期。最近正有消息从美国传来，又一份极具煽动性的文件在那里诞生了。该文件由一小群政治家在费城的闭门会议中用短短4个月的时间拟定，然后又进行了全国表决，它勾勒出一种全新的政府体系的结构、权利和责任。他们结合民主原则，巧妙地制定了一系列制衡措施，包括取消世袭君主制，改由选举产生且任期有限的行政长官来执掌政府，用这种方式来避免未来出现暴政。美国人将他们的这一作品称为宪法。

时隔175年，法国将重新召开三级会议，公民们将能够就政府发表自己的意见，在这样的时刻，有关美国宪法诞生的新闻所引发的激动情绪是怎么形容都不为过的。费尔森在1788年12月给父亲写信说："除了宪法，没有人谈论别的事情。人们简直陷入了疯狂。"当政府宣布会议邀请的第三等级（主要是律师、商人和其他资产阶级成员）的代表人数将增加一倍以反映他们在普通民众中的多数地位时，人们抱有的期望更高了。这是内克尔提出的建议，由于路易和玛丽·安托瓦内特在那次灾难性的贵族大会后都对第一和第二阶级丧失了信任，所以国王同意了。这是合理的，王国的普通臣民当然比那两个免税阶级的成员们更有可能支持君主向贵族和教士征税的计划。

然而，被选中的"第三等级"代表们的目标远比王室意识到的要雄心勃勃得多。这是他们做出改变的时机，他们知道这一点。诚然，平民无法在法国帮助美国独立的运动中发挥什么积极作用——具有讽刺意味的是，在一场争取平等的斗争中，只有贵族子弟才被允许参战——而现在他们却被要求为此付钱，显然，只有在他们得以分享他们得胜的盟友所倡导的那些权利的情况下，这才可能是公平的。在这么一个关键时刻，三级会议的召集和第三等级在其中作用的增大对他们来说显然是种预示；他们知道，再也不会有比这更好的机会了。如若法国要建立代议制政府，他们就必须像美国人那样掌握主动权，提出自己的要求。这完全是他们的责任。

1789年5月4日，他们带着这样的心情列队参加了凡尔赛宫的开幕游行，其朴素的黑色帽子和暗色服装与第二等级的贵族们那带珠宝的羽饰和华丽精美的服装以及神职人员的富丽长袍形成了鲜明对比。在过去，这些在几个世纪以来标示优越社会地位的贵族服饰会让下层阶级肃然起敬，望而生畏。但那是美国革命之前的情况。现在，第三等级的代表们看到这些只会眯起眼睛，继续他们的工作。在路易的堂兄奥尔良公爵的带领下，一些同样拥护自由和平等思想的重要贵族也加入他们的行列中。1789年6月20日，这些人在一个网球场上聚会，他们庄严宣誓，在迫使王室接受一种基于代议制原则的宪法之前不会解散。就像三英尺高的发型和粗俗地炫耀财富的钻石项链一样，法国的世袭特权突然变成了过时之物。

对王室来说，这是一种令人担忧的局面，而家庭悲剧则使气氛变得更为压抑。6月4日凌晨1点，路易特别宠爱的长子、那位7岁的王储在患病一段时间之后夭折了。路易和玛丽·安托瓦内特都因失去了这个孩子而悲痛欲绝。然而，即使是在这样一个最悲痛的时刻，政治斗争也没有停歇。一个代表团在当天前来，坚持要求立即觐见国王，以便提出他们的要求，路易被迫接见了他们。"第三等级中就没有人是做父亲的吗？"他可怜地喊道。

国内的气氛很糟糕，尤其是巴黎。人们担心国王会解散三级会议，而不是接受宪法。"奥尔良公爵万岁！"的呼喊响彻首都。为了维持秩序，军队被调入巴黎，而这更加剧了人们对路易打算用武力颠覆民意的恐惧。1789年7月14日，市民们终于采取了行动。一群暴民闯入政府军械库，洗劫了那里的武器。武装起来的民众随后向巴士底狱这个遭人鄙夷的酷刑和专制主义的象征发动了攻击。这座要塞防御薄弱，狱长宣布投降。狱长和他手下的几名军官凄惨地被疯狂的民众所屠杀，他本人的头颅则被插在长矛上游街示众。那长矛简直就像是一根狰狞的权杖。

革命开始了。

第 III 部

女皇的影响
In the Shadow of the Empress

攻打巴士底狱

玛丽亚·克里斯蒂娜
Maria Christina

"咪咪"

"Mimi"

咪咪作为布鲁塞尔总督

18

布鲁塞尔的背叛
Betrayal in Brussels

  约瑟夫皇帝很聪明，本可取得很大成就。不幸的是，他总是没有迈好第一步就想要迈第二步。

——腓特烈大帝

  在她的母亲于1780年11月29日去世，约瑟夫继承了其所有领土、头衔和权力之时，玛丽亚·克里斯蒂娜38岁，已与阿尔伯特结婚14年，却一直没有孩子。咪咪因失去母亲而深感悲痛——玛丽亚·特蕾莎与她的这个女儿一直互为最亲密的朋友和支持者——而且这种悲痛又因她哥哥掌权所带来的不确定性而进一步加剧。玛丽亚·克里斯蒂娜和阿尔伯特都深知约瑟夫的性格和野心，对他未抱任何幻想。这位皇帝施行改革并改善臣民生活的决心是真诚的，甚至到了狂热的地步，而且他那贯彻自己意志的决心也同样坚定，为此不惜付出任何代价。在他的妹妹看来，约瑟夫在最琐碎的事情上也要彰显自身优越地位的倾向简直昭然若揭，就像他那常常表现为报复欲的苦毒和刻薄寡恩那样。咪咪知道，她因曾直言不讳地反对哥哥不久前针对巴伐利亚的那场策划拙劣且最终失败的战争而得罪了他，他们夫妻很可能会因此而受罚，尽管阿尔伯特曾尽职尽责，忠心耿耿地参与了那场针对自己家族的战争。

她的疑虑并没有错。约瑟夫只在服丧期间忍耐了几周，然后便开始对维也纳宫廷进行大刀阔斧的改革。他毫不掩饰地表明，他认为两个未婚妹妹待在维也纳让他感到讨厌，几乎在葬礼刚刚结束，他便把这两个不愿离开霍夫堡宫，而且除了那里也未曾在别的地方生活过的女修道院院长送去了她们各自的修道院。* 他在不到一个月的时间里取消了宫廷里的所有仪式，废除了正式的礼服（他讨厌穿这种衣服），大幅减少了节庆日、宗教节日以及他母亲统治下的首都因之著名的那些丰富多彩的娱乐活动。1781 年 2 月，在审查过玛丽亚·特蕾莎的遗嘱之后，他否决了母亲留给他的弟弟妹妹们的几项遗赠，包括赠予玛丽亚·克里斯蒂娜的两座位于匈牙利的房子和 200 幅左右的画作（她现在不得不将它们归还给约瑟夫）。最后，他又将注意力转移到了奥属尼德兰总督这一继承职位的问题上，那是他母亲在咪咪夫妇的结婚契约上清楚写明要留给他

---

* 42 的玛丽安娜在母亲生前曾拒绝前往位于布拉格的修道院，这时被任命为克拉根富特一座修道院的院长，该地位于奥地利的边境上，距维也纳约 200 英里。37 岁的玛丽亚·伊丽莎白被送入因斯布鲁克的一座修道院，距首都近 300 英里。她在那之后的生活经历如下：几年后，她的脸部发生感染，皮肤溃烂，英国大使曾顺道前往慰问。"相信我，对于一个 40 岁的未婚女大公来说，脸上有个洞是很有趣的。"曾经美丽的玛丽亚·伊丽莎白告诉这位惊讶的客人说，"任何能够打破我单调乏味生活的事情都不能算是一种不幸。"在其后的 27 年里，她将一直这样作为因斯布鲁克的女修道院院长生活下去。

们的。

奥属尼德兰（基本上就是今天的比利时）总督一职是个令人羡慕的美差。布鲁塞尔及其邻近各省——佛兰德斯和埃诺等省——繁荣而和平，居民绝大多数是天主教徒，长期以来已习惯了哈布斯堡王朝的统治。总督在宫殿里过着舒适的生活，其职责主要是礼仪性的。玛丽亚·特蕾莎曾在1744年将这一职位作为结婚礼物送给了她的妹妹玛丽亚·安娜和洛林的查理，这足以说明这是怎样的一个好差事。当玛丽亚·安娜在结婚当年晚些时候因难产而去世后，查理继续保有这一职位，虽然他也是众所周知的奥地利军队指挥官。在接下来的36年中，他一直担任着驻布鲁塞尔的总督。*

查理或许不是一个出色的军事指挥官，但他却是一个优秀的总督。在他任职期间，奥属尼德兰不仅从未让玛丽亚·特蕾莎操心过，而且还为她的国库贡献了约7200万弗罗林的税款。诚然，他必须与之交涉的各地区当局都有自己的习俗和偏见，但查理认为这里的居民普遍都很招人喜欢，唯一令人惋惜的就是布鲁塞尔距离维也纳太远了，他的嫂子无法造访该地。"就我的观察而言，"他明智地告诉玛丽亚·特蕾莎，"我敢说，这些省份是非常容易治理的，陛下您只需要展示出一点点儿的温情和善意，然后便可以想做什么就做什么了，而且，在我看来，对于一个君主来说，没有什么是比臣民们的真心尊敬服从更好的了。"

约瑟夫本来也不想兑现母亲的这项遗赠，但在得知该遗赠条款具有法律约束力后，他还是勉强同意了。不过，在自己亲身考察布鲁塞尔之前，他是不会允许玛丽亚·克里斯蒂娜和阿尔伯特到那

---

* 他在1779年去世，比玛丽亚·特蕾莎早死了几个月。

里定居的。他在 1781 年初夏之际亲自巡视了这一地区（于 5 月抵达），在此期间与数十名当地官员进行了交谈，考察了与该地区相关的贸易、金融、行政和教育等各个方面的情况，还收到了数以千计的普通民众所呈递的、以各种各样的形式请求帮助或伸张正义的请愿书。玛丽亚·克里斯蒂娜和阿尔伯特终于在 7 月获准去那里居住，但在此之前，约瑟夫大幅削减了他们的薪水，还迫使他们放弃了地区官员们按照传统会赠送给总督的大宅。*

但这些对玛丽亚·克里斯蒂娜来说都是小事。她和阿尔伯特真正担心的是她哥哥那大刀阔斧的改革计划。他们认为他的许多想法都过于极端，担心他的政策会造成混乱。根据悠久的传统，奥属尼德兰和匈牙利王国一样，要求君主宣誓维护公民的某些权利，以此作为支持其统治的一个条件。在布鲁塞尔，这一誓约被称为《特权宪章》（Joyeuse Entrée）。约瑟夫在访问期间巧妙地回避了有关这项义务的问题，他解释说，他的妹妹和妹夫作为总督将代替他宣誓遵守《特权宪章》。

玛丽亚·克里斯蒂娜可不想做出不光彩的行为，欺骗她未来的臣民。于是，她和阿尔伯特去找留任首席大臣的考尼茨，直截了当地问他约瑟夫是否打算违反《特权宪章》，实行与誓约相冲突的改革。咪咪告诉考尼茨，如果是这样的话，她和阿尔伯特将主动拒绝成为总督，放弃与这个职位相伴的轻松和荣耀，她的丈夫可以转而

---

* 公平地说，这其实是约瑟夫财政改革的一部分，他经过这一改革大幅削减了他所统治的所有地域的开支，以至于在维也纳流传着这样一个笑话："皇帝决定……根据已有规定，为奥地利王室提供了多个世纪的有益服务的耶稣基督理应减薪。"不过，很显然，他也非常高兴可以剥夺咪咪所获得的遗赠。他得意洋洋地对考尼茨伯爵说："她将不得不放弃这些东西，而且肯定会因此而生气。"

接受一个不那么显赫的军中职位。

这位大臣承认皇帝确实制定了很庞大的计划，但他又赶紧向这对夫妇保证，计划并不包括奥属尼德兰。考尼茨伯爵的这番话并不真诚，因为他和约瑟夫早就在酝酿用布鲁塞尔交换巴伐利亚的计划，但咪咪当然不可能知道，因为她一直被排除在这些谋划之外。她相信了这位大臣的话。

于是，玛丽亚·克里斯蒂娜和阿尔伯特接受了这一任命，并于1781年7月10日正式进入布鲁塞尔，他们受到当地人的热情欢迎，人们还为他们举办了宴席和焰火表演。三周后，一场振奋人心的仪式在根特大教堂里举行，在代表该地区教会和贵族阶层的一众贵宾面前，阿尔伯特庄严地宣誓说，臣民们的"特权、豁免权、习惯法、风俗、土地和财产都将得到尊重"。（玛丽亚·克里斯蒂娜也在，但出于礼仪上的原因，她的丈夫代表他们两人宣誓。不过大家都知道，统治的权力来自她的血统家系；人们一般称这对夫妇为"皇帝的妹妹玛丽亚·克里斯蒂娜公主及其丈夫"）。新任总督夫妇在布鲁塞尔定居后不久便赢得了当地人民的好感，并且因自费修建了典雅的拉肯宫而为这座城市增添了美景。与在匈牙利时一样，咪咪和阿尔伯特推动了艺术和文化的发展，为他们的周遭环境增添了迷人的光彩。"两位王家贵胄以其美德让布鲁塞尔宫廷生光，而且共同成为恩爱夫妻的典范，他们彬彬有礼，和蔼可亲，熟悉佛兰德斯人的性情并且一直对这里的人民抱有深厚的感情，所有这一切让他们深得人民的尊敬和信任。"当时一位编年史家如此写道，"没有人曾担心他们领导下的机构会推出侵犯人民权利的举措。"

编年史家的话是对的。布鲁塞尔人并未怀疑他们的新总督会心口不一,而且这种信任也没有错。约瑟夫从一开始就故意不让这对夫妇知道他的计划。玛丽亚·克里斯蒂娜和阿尔伯特像他们的臣民们一样上了当。

21世纪的每一位进步政治家都应将约瑟夫二世的统治当作改革政府与社会的失败案例来进行深入研究。从来没有一位统治者意图施行过比这更为开明的计划。约瑟夫上台后做的第一件事就是在1771年10月颁布了一道将在全国(包括奥属尼德兰)施行的宽容敕令,允许新教徒和犹太人享有信仰自由,甚至还让这些以前遭排斥的少数群体有了建立宗教学校和教堂以及在帝国政府中担任职务的权利。这是天主教君主所颁布过的最勇敢、最公平、最全面、最自由、最正义的法令,如果他能就此止步并用余下来的所有时间来确保这一法令得到遵守,那么他将作为历史上最值得称赞的君主之一被人永远铭记。

但约瑟夫并没有就此止步。他才刚刚开始。这位皇帝相信,他可以通过自上而下的方式解决所有问题,精简所有效率低下的环节,就像大公司的首席执行官一样。因此,除了宽容敕令之外,他还解放了奥地利、匈牙利和特兰西瓦尼亚的农奴们(这让他们的贵族所有者非常恼火)。然后,他从贵族手中拿走了农奴们所耕种过小块土地,将它们分给了这些昔日的奴仆;此外,他还赋予他们旅行、结婚和从事贸易的权利。他废除了很大一部分修道院——因为他觉得那里充斥懒惰且迷信的男女僧侣——并强迫其成员在5个月内搬离。为了统一——统一是约瑟夫的不懈追求——他下令,自此以后，所有政府事务都要用德语这种匈牙利人、特兰西瓦尼亚人和波希米亚人都不熟悉的语言来办理。*他把匈牙利的首府从普雷斯堡迁到了位置更居中的布达，这一举动受到了民众的欢迎，但他随后却拒绝召集议会（Diet），即国民代表会议，这招来了公民们的普遍愤慨。更糟糕的是，尽管他本人拒绝进行传统的加冕仪式，但约瑟夫却没收了他母亲曾穿戴使用过的那套对当地人具有特殊象征意义的匈牙利王冠、权杖和长了虫子的珍贵王袍，将它们存放在维也纳的一个博物馆里（表面上说是为了安全保管，但也可能是为了防止议会废黜他，让其他人取而代之）。他不顾风俗习惯或古来的传统，重新划分了每个王国的所有行政区域，并让它们直接向身在奥地利的他报告。事关生活（或死亡）的一切事宜都没有逃脱约瑟夫的整合，就连葬礼也要遵守规范条例，该条例规定，所有人都必须使用普通的木棺和相同的无标记墓地，无论他们的地位有多高，成就有多大。结果是不幸的，那位有可能是史上最伟大音乐天才的莫扎特正是在这些规定被实行时去世的，按照约瑟夫的命令，他被匿名安葬，拒绝任何吊唁者出现在他的墓地。

　　这些举措中有很多都值得称赞，而且早就应该实施了（也许关乎简朴葬礼的举措不应在其中）。但是，这些变革范围太广，数量过多，令人不安；它们触及了人们长期以来的信仰和习俗，而约瑟夫没有为这种剧烈调整后不可避免的混乱和动荡留出时间。诏书以惊人的速度接踵而至。此时腓特烈大帝仍然健在，他在柏林饶有兴

---

* 在匈牙利和特兰西瓦尼亚，不同地区、种族和教育程度的普通民众使用不同的语言，包括马扎尔语、塞尔维亚语、斯洛伐克语、克罗地亚语、罗马尼亚语和拉丁语，但没有人说德语。

致地看着约瑟夫向他的臣民们发布一道又一道公告，评论道："我钦佩皇帝那取之不尽的想象力。如果用这种想象力来写诗，他将超越荷马、维吉尔和弥尔顿。"

约瑟夫的创新之举引发了大规模的反抗，这或许一点儿都不令人惊讶。*特兰西瓦尼亚的农奴们发起了暴动，原因是他们认为新法意味着皇帝已经把贵族的土地分给了他们，而贵族们却没有迅速交出来。约瑟夫不得不派出军队镇压，用公开将叛乱首领处死在刑轮上的方式以儆效尤，而这种野蛮的惩罚并没有增进那些他想要帮助的人们对他的好感。匈牙利人采取了持续拖延战术，甚至拒绝让皇帝的官员进入国内进行人口普查。他们不再交税，国内政治家们不但没有推行约瑟夫的政策，反而辞职抗议。匈牙利的主要贵族准备进行武装起义，还秘密向普鲁士示好，表示愿意效忠普鲁士以换取军事支持。

但约瑟夫一意孤行。他的外交政策与他的国内规划一样雄心勃勃（且具有破坏性）。他仍一心想要吞并巴伐利亚，于是与叶卡捷琳娜大帝结盟，承诺在对土耳其的战争中援助俄国，以换取叶卡捷琳娜大帝帮助他获得这个梦寐以求的省份。通过建立这种结盟关系，他促使女沙皇在1785年初派遣使节进入德意志，要求巴伐利亚选帝侯将其领土割让给约瑟夫，以此换取对奥属尼德兰的统治。这一操作大大地打破了该地区的权力平衡，以至于正在迅速老去的腓特烈大帝不得不非常不情愿地从退休生活中复出，想办法加以应对。他抱怨道："我这个一条腿已经迈进坟墓的人却不得不奔

---

* 我甚至还没来得及提到的是，他提出让贵族们开始缴纳高额土地税——类似政策在法国的贵族大会上可没获得什么好的反馈。

走忙碌，绞尽脑汁来应付这个可恶的约瑟夫一天天层出不穷的新点子。"

事实上，此时的约瑟夫已经招来了各邦国首脑们的厌恶，他们都害怕皇帝会利用俄国同盟来胁迫他们，逼他们交出自己的国土。所以腓特烈根本不需要上马出征来阻止他，他只需要搞一点儿外交手腕就行了。1785年7月23日，德意志诸王公在普鲁士国王的带领下组成反对皇帝的联合阵线，建立了一个新的联盟。这些王公强烈反对巴伐利亚领土交换计划，而法国和英国这两个以前在外交政策上鲜有共识的王国此时竟也达成了一致，两国的大臣们都强烈支持诸德意志王公的立场。面对欧洲各国压倒性的谴责，叶卡捷琳娜大帝撤回了她的支持，于是约瑟夫只得收回自己的主张，放弃了将疆域扩展到他母亲先前的统治地域之外的想法。腓特烈再次获得了胜利。

这将是普鲁士国王的最后一次胜利。他于次年，也就是1786年的8月17日去世，享年74岁。像当初他的父亲所做的那样，他留给新任国王（他的侄子）一个充盈的国库，另外，他还留下了通过战争夺取的约2.8万平方英里的新增领土，而那是他父亲想都不敢想的。他的子民们在他死后都很高兴，因为他的侄子没有他那么苛刻，不过，武德昌隆的腓特烈大帝的感召力却延续到了后世，远超其同时代人。在之后的几个世纪中，他的影响将不只改变德意志，也会改变整个世界。

玛丽亚·克里斯蒂娜和阿尔伯特在他们位于布鲁塞尔的雅致住所拉肯宫中观察着时局，他们眼睁睁地看着匈牙利人和波希米亚人对约瑟夫那看上去无休无止的混乱改革的反抗越来越剧烈，内心也因此愈发沮丧。约瑟夫的宽容敕令让二人措手不及，但他们还是设法以外交手段来应付此事，既支持宗教包容，又向臣民们保证他们自己和皇帝的虔诚。这种走钢丝般的应对是困难的，但总的来说他们还是取得了成功；虽然有怨言，但气氛还算平和。然而，他们刚刚平息了这场风暴，约瑟夫又发动了另一场风暴，即提出要用奥属尼德兰来换取巴伐利亚。这一计划最终没有成功，可他却又威胁说，要与邻国荷兰就航行权问题开战，最后弄得法国政府不得不出面来帮他解围。*

最糟糕的是，约瑟夫令人困惑地将咪咪和阿尔伯特拒于决策过程之外。作为帝国政府在当地的代表，他们的职责本是提供有关当地情况和意见的第一手信息，以便让任何改变了的政策都能得到顺利实施。然而，约瑟夫不仅没有征求他们的意见，没有以任何方式与他们协商，而且在打算有所行动时甚至都懒得通知他们。咪咪在给身在佛罗伦萨的弟弟利奥波德的信中忧心忡忡地说："最让我们痛苦的就是，我们发现自己根本得不到他的信任。"

这位托斯卡纳大公与皇帝之间也有矛盾，他完全明白姐姐说的是什么意思。利奥波德的长子、17 岁的弗朗西斯是排在利奥波德本人之后的第二皇位继承人，而约瑟夫已下令要求将他送到维也

---

* 为了挽回颜面，约瑟夫于 1785 年 11 月同意放弃航道要求，以换取 1000 万弗罗林赔偿。荷兰人不愿支付这么多，于是承受了兄长极大压力的玛丽·安托瓦内特只能说服路易，由法国来提供近一半的金额。那时正是王后一党在政府中占优势的时期；英国大使在给本国政府的报告中指出，就在法国为避免奥地利与荷兰开战而承诺付给约瑟夫这笔钱的同时，波佐尼亚克公爵被任命为"邮政总管……这个相当重要且薪水丰厚的职位"。因此，当 3 年后国库破产时，她的臣民们将痛苦地回忆起，王后曾给了她的哥哥这么一笔钱，而这在很大程度上助长了那种谴责她爱奥地利甚过法国的言论。

纳接受训练，而且还要让他与叶卡捷琳娜大帝儿子的小姨子结婚，以便巩固奥地利与俄国的联盟。*与此同时，皇帝还下令托斯卡纳不再是奥地利之外的独立领地，不过为了照顾弟弟的面子，他同意会等到利奥波德去世后再将公国据为己有。然而，这也就意味着大公不能再按自己原来设想的那样将财产和统治权传给次子了。这件事以及皇帝那专横的统治方式让利奥波德感到极其不安，以至于他都开始用隐形墨水给玛丽亚·克里斯蒂娜写信了，为的是防止多疑的约瑟夫（他经常截留弟弟的信件）读他的私人信件。咪咪同样感到震惊，为补救利奥波德的次子所遭受的损失，她让他成了自己的财产继承人，这样一来，两姐弟之间便自然结成了同盟。

玛丽亚·克里斯蒂娜和阿尔伯特决心竭力改善与这个难相处的哥哥的工作关系，因此才会在冬天冒着风雪冰霜赶往维也纳面见约瑟夫。他们在1786年1月11日抵达维也纳，在那里待了两个多月。在他们逗留期间，一切似乎都没什么问题。皇帝对他们彬彬有礼，就像接待来访的外国君主一样。约瑟夫亲自带他们参观了自己在该城进行的所有改进更新项目，包括他新建的学校和医院。他在美泉宫为他们举行了盛大的宴会，期间还放宽了新规定，允许人们穿正式的宫廷服装，购买昂贵的橘树和棕榈树来装饰舞厅，而他平时会将这些视为无谓浪费之举而嗤之以鼻。他鼓励他们去拜访朋友，甚至可以去看看他们在普雷斯堡的旧居（拜约瑟夫削减开支的计划所赐，那里已经破败不堪）。"那座美丽的宫殿竟变得如此破

---

* 弗朗西斯就是那个出生曾让玛丽亚·特蕾莎激动不已的男孩，当时她冲进维也纳的歌剧院，在包厢里大喊，波德尔有儿子了！

败，这让我感到很难受。"咪咪对埃莉奥诺尔·利希滕施泰因哀叹道，"但国事才是最重要的。"她又赶紧满怀忠诚地补充。*

直到1786年3月20日，也就是他们在维也纳逗留的最后一天，约瑟夫才给了他们当头一棒。

咪咪和阿尔伯特都已收拾好行李准备出发了，突然有人给他们送来一份关于奥属尼德兰未来命运的备忘录。在快速阅读了这份文件之后，他们获知，由于约瑟夫被迫保留布鲁塞尔及其周边地区，无法用它们来交换巴伐利亚，所以这个省就像托斯卡纳一样，将不再被允许有独立的政府。但与利奥波德面临的情况不同的是，他并不打算等玛丽亚·克里斯蒂娜和阿尔伯特死后再接管该地。相反，约瑟夫打算在不久的将来就任命新的官员，由他们负责在该地推行大规模改革。咪咪和阿尔伯特仍然可以住在他们位于布鲁塞尔的漂亮房子里，但二人将被剥夺一切权力。当他们表示反对，说这些改革会引起争议，甚至从长远看可能威胁到奥地利在那里的统治时，约瑟夫断然拒绝了进一步讨论的可能性，他粗暴地回应说，他才是皇帝，为大众利益着想是他的工作，而且也只有他才知道什么才是对臣民最好的。

约瑟夫竟然认为受过良好教育、富足且自豪的比利时人会允许他推翻他们那土生土长地发展出来并已维持了几个世纪之久的政府体系，他可真够狂妄自大的，而且这在政治上也是一种令人费解的幼稚表现，若不是白纸黑字地写了出来，人们很难认为这种想法是

---

* 具有讽刺意味的是，就连曾指责玛丽亚·克里斯蒂娜与自己丈夫有染的埃莱奥诺尔对约瑟夫的政策和做事方法也感到非常不满，以至于她竟站在了咪咪这边，自那以后就跟她成了亲密的朋友。

当真的。*这就好像是约瑟夫想要派奥地利官员到凡尔赛去，责成他们在法国推行他那雄心勃勃的改革计划。

玛丽亚·克里斯蒂娜对此心知肚明。不过，多年来母亲的教导让她明白自己的职责所在。她必须挺过约瑟夫的统治，为他的后继者们保住奥属尼德兰。她下定了决心，不能让布鲁塞尔因皇帝的改造而丢失。因此，她和阿尔伯特是带着竭尽全力来缓和过渡局势的决心回到那里的。她明白，玛丽亚·特蕾莎一定希望她能够这样去做。

她知道母亲还会想让她做另一件事，那就是去看看玛丽·安托瓦内特的情况。咪咪多年来一直想要造访法国，但她最小的妹妹总是以这样或那样的借口推迟会面。此时的玛丽亚·克里斯蒂娜担心，在约瑟夫的新政策生效之前，她和阿尔伯特恐怕只有短暂的空闲时间了，于是就再次做出了尝试。1786年春天，从凡尔赛传出的消息令人极为不安。巴黎高等法院刚刚就项链事件做出了不利于王后的裁决，这让她的名誉进一步受损。

玛丽·安托瓦内特在7月9日艰难地生下了她的第四个孩子，一个女儿，这也让她无法以没空为借口来拒绝面见离她很近的家人。因生产而不得不长时间待在房间里休养的王后最终不得不发出了对方期待已久的邀请。1786年8月底，玛丽亚·克里斯蒂娜和阿尔伯特抵达了巴黎。

玛丽·安托瓦内特不愿在那个夏天接待姐姐的原因是多重的。项链事件的羞辱性判决揭示了公众对她的深恶痛绝；王后当然不希望将这样的自己展示给这个总是对她不甚满意（虽然已经去世）的

---

* 就连考尼茨伯爵都对这一计划感到震惊。

母亲的代理人。而且，因为法国刚刚为荷兰问题付钱给了约瑟夫，玛丽·安托瓦内特也不想在这种时候再突显她与奥地利亲人之间的紧密联系。

然而，玛丽·安托瓦内特最在意的必定是要避免这个感觉敏锐的姐姐得知自己与情人之间的长期亲密关系。王后生下的这个女儿几乎肯定是费尔森伯爵的，在她生产期间，伯爵谨慎地躲开了（虽然仍在法国周边待了足够长的时间，直到确定她们母女平安为止），而这时他又忽然想起已很久没与父亲见面了，于是就去瑞典来了一次未加预报的惊喜探望。*

玛丽亚·克里斯蒂娜当然对此一无所知。她和阿尔伯特从未到过法国，因此除了家庭团聚之外，他们还非常兴奋地想要体验巴黎的生活，欣赏这个杰出国度的艺术和建筑，游览其乡村美景。咪咪当然知道那些庸俗下流的小册子，也知道那些有关王后胡作非为的故事，但她到法国来不是为了批评责骂，而是要来帮忙的，而且她也想再一次拥抱这个已经 16 年未见的妹妹。在她们上次见面时，玛丽·安托瓦内特还是个 14 岁的瘦弱孩子，咪咪自己则是一个年近 30 的优雅贵妇。如今，玛丽亚·克里斯蒂娜是一个 44 岁的无子中年妇女，而玛丽·安托瓦内特则成了 33 岁的迷人少妇和 4 个孩子的母亲。这可是一种相当大的逆转。

---

* 这并不是说费尔森离开只是因为玛丽亚·克里斯蒂娜来访，他这么做实际上是为了应对人们普遍的怀疑。玛丽·安托瓦内特这最近的一次怀孕好像出乎她的意料。（约瑟夫曾经提到，玛丽·安托瓦内特写信告诉他自己再次怀孕的消息时，"表现出了对此的懊恼"。）王后很清楚，在项链风波之后，她再也承受不起另一桩丑闻了。她甚至可能曾想过与费尔森一刀两断——伯爵在瑞典逗留了十个月，期间还与另一个女人有染——但他却似乎无法割舍这段感情，最终在 1787 年春天中断了与瑞典情人的关系，回到了玛丽·安托瓦内特身边。

在这段时期，王后对赌博和假面舞会的狂热已像她的爱情渴求一样烟消云散，因此，咪咪和阿尔伯特看到的是一个似乎满足于做贤妻良母的迷人女性。他们在抵达巴黎的当晚就立即被请到了凡尔赛；玛丽·安托瓦内特先把他们请到自己的住所待了一个小时，然后才把他们介绍给路易。"王后美丽、和气且自然；我这么说可并非因为她是我妹妹，您是知道的，这些都是实话。"这次会面后不久，咪咪在写给埃莉奥诺尔·利希滕施泰因的信中天真地说，"国王心地善良，待人友好；他性格稳重且正直，给了妻子莫大的幸福。"阿尔伯特的洞察力要更强一些，他后来说："他的外表没有什么特别出众的地方，他具有聪明才智，也有学识，但只有在他感到自由自在、无拘无束的环境中才能发挥出来；对于那些无法更深入地了解他的人来说，这些了不起的资质都是隐而不显的。"

他们夫妇在巴黎逗留了一个月，在此期间，法国王室一直精心维护着一种家庭生活幸福、家族和谐团结的表象。玛丽亚·克里斯蒂娜和阿尔伯特被介绍给了路易的两个兄弟和他22岁的妹妹伊丽莎白公主。梅西伯爵带他们参观了城市，把他们介绍给了政府大臣和外国大使；他们还和波利尼亚克夫妇一块玩了纸牌。他们去剧院看戏，参观教堂和美术馆，还造访了玛丽·安托瓦内特为了保护隐私、躲开凡尔赛的窥探者们而新近购买的圣克卢别墅。*聪明的咪咪在宫廷中证明了自己的能力。"女大公在这里取得的成功远远超出了人们的想象，"一个法国外交官员说，"她努力给人留下好印象，人们也无法否认她的才智。"

---

* 但值得注意的是，尽管咪咪和阿尔伯特特别要求参观小特里亚农宫的花园，王后却拒绝在那里接待他们，这表明玛丽·安托瓦内特认为他们的来访是一种强加的负担。

然而，没有什么能掩盖首都内部对政府，特别是对玛丽·安托瓦内特的敌意。作物歉收和迫在眉睫的经济危机所导致的最初的物资匮乏正开始显现于已饱受苦难的市民们的生活中。咪咪在1786年8月25日写给埃莱奥诺尔的信中说："我非常喜欢巴黎，但我不会为了世上的任何东西住在这里，就算让我做王后也不行。"随后他们就满载着王室赠送的昂贵法国瓷器和版画离开了。

玛丽亚·克里斯蒂娜和阿尔伯特返回时绕了远路，以便参观法国西海岸的海军设施，然后在9月底回到了布鲁塞尔。没有任何指示等待着他们；像往常一样，他们被蒙在鼓里。然后，在1787年1月1日，就像要恩赐给比利时人民一份节日大礼似的，皇帝发布了他的新命令。

约瑟夫提出了或许是他整个积极进取的统治期内最为极端的计划，他打算对该地区的政府、法律、教育和宗教等几乎所有方面进行全面的颠覆性改革。他就像是把已在匈牙利、特兰西瓦尼亚和波希米亚颁行的所有法令都进行了扩充和完善，然后拼接在一起，一股脑儿抛向布鲁塞尔。就连咪咪也觉得难以置信，虽然她深知自己的兄长向来对他人的感受无动于衷。

根据帝国在1787年新制定的制度，该地区的大小代表议会（被称为"诸州"）被一律废除，取而代之的是九个大小相等的区，每个区由约瑟夫任命的一名管理者（被称为"长官"）来治理。这意味着奥属尼德兰的每一个城市、镇子和村庄——这些地方的居民们早就习惯了相对的自治，而且每一个地方都有不同的经济需要和传统——突然间都要任由一个陌生官僚来摆布。所有这些长官都将由驻布鲁塞尔的一个大臣来监督，而这个大臣也将由约瑟夫来任命。"长官的权力不受任何限制，他高居于法律之上，其行为只对大臣负责。"一个震惊的观察者如此评论道。至于那位大臣呢，他是直接向约瑟夫负责的。*

似乎废除一个拥有数百年历史的代议制政府还不够，皇帝还记起，在他访问荷兰期间，曾有许多人抱怨诉讼过程时间太长，于是他决定要将法律系统推倒重来。司法委员会（比利时版的最高法院）和所有下属地方法院都被取消了。为了提高效率，约瑟夫下令成立了64个新法院，其判决由布鲁塞尔的一名法官负责监督，该法官也是任命的，只对约瑟夫负责。

当然，为了消除愚昧和迷信，使臣民的宗教活动更符合皇帝本人的开明趣味，他还关闭了大量修道院，禁止了许多圣日和节日的公开庆祝，包括古老而又非常受欢迎的主保瞻礼节，这对尼德兰人来说就像是取缔了圣诞节一样。在高兴地做完了这一切之后，约瑟夫赶往克里米亚进行长途旅行，与叶卡捷琳娜大帝一起庆祝其对土耳其人取得的最新胜利。这次旅行的目的地是如此遥远，导致他与政府的联系因而中断了好几个星期。

皇帝的命令立即引发了抗议。富人和穷人、受过教育的人和无知无识的人、资产阶级、贵族、农民、教会人士全都感到不满，约瑟夫通过元旦这一天的行动便成功地让所有公民团结了起来，大家一起反对他。这成就实在了不起。

民众这一次可并不只是嘴上抱怨。"整个国家都拿起了武器。"

---

* 要理解当时的人们对这一切的反应，我们不妨设想一下：加拿大总理跑到美国来，废除了国会以及所有州政府和地方政府，将美国重组为九个大小相等的行政区，每个行政区由一名来自多伦多的官员管理。

一个偶然路过的旅行者直截了当地写道。暴力抵抗爆发了。人们拟定了一份呈交给玛丽亚·克里斯蒂娜和阿尔伯特的正式抗议书，在其中痛陈新政策明显违反了《特权宪章》中所规定的条件，因此是不合法的。* 代表团不知道约瑟夫已剥夺了他妹妹和妹夫的一切权力，所以要求他们立即行动起来，遵守他们在就职典礼上所发下的具有约束力的誓言。"公众的骚动丝毫没有减弱，诸州……最后向身为总督的亲王夫妇宣布，除非迅速采取措施满足人民的正当要求并消除他们的恐惧，否则诸州必将动用属于他们的权力（宣布不再接受约瑟夫的统治）。"那位编年史家写道。

现在的情况是，要么采取必要措施，否则就会失去尼德兰，而咪咪认为，即使是约瑟夫也不会愚蠢到拿每年从该省流入帝国国库的可观税收来冒险的。于是，她和阿尔伯特在考尼茨伯爵的全力支持下进行了干预。1787 年 5 月 30 日，这对夫妇颁布了一项正式法令，废除了帝国的政策，单方面宣布中止"触犯民众并引发了骚乱的一切改革措施"。他们向公众保证："此外，所有的错误都将……很快得到纠正，（人民）将恢复其在过去两百年里习惯了的生活方式。"考虑到人们认为约瑟夫危害了宗教信仰，他们在声明的最后虔诚地写道："愿神圣的上帝保佑你们。"并一起签名"玛丽亚和阿尔伯特"。

这一及时、合理且显然出自真心的应对举措起到了作用。公告

---

* 在整个过程中最令人痛心的就是，假如没有后来这些命令的话，约瑟夫在即位之初所推行的宗教宽容改革是有可能确立下来的。但实际情况却是，宗教信仰自由的命令与帝国的其他过分命令混在了一起。"因为新法令引发了如此激烈的骚动，政府在现阶段施行的其他不受欢迎的法令也遭受了严厉的重新评估，蔓延诸省的不满情绪也因而加剧。"一个目睹了这一切的人说道，"其中，宗教事务方面的变革最受瞩目。"

发布后，人们在街头又唱又跳地庆祝起来，当两位总督在第二天晚上来到剧院，"他们在那里受到了热烈的欢迎，人们还在舞台上朗诵了赞颂他们的诗歌"。暴力平息了，诸州同意缴纳税款，代表们甚至还愿意与皇帝讨论温和的改革。

但有些人就是没救了。因布鲁塞尔发生暴乱，约瑟夫不得不从克里米亚回来，这让他恼怒不已（毕竟叶卡捷琳娜大帝不在时可没人敢违抗她的命令）。他在7月带着不祥的咳嗽回到了奥地利，随后便粗暴地命令妹妹和妹夫到维也纳来向他解释他们的做法。玛丽亚·克里斯蒂娜"含着眼泪"向她的臣民们保证，她会为了他们和自己的哥哥展开斗争，"说她愿意为比利时各省做任何事，甚至不惜流血丧命"。然而，他们在抵达奥地利后发现，自己根本什么都做不了；约瑟夫完全不肯退让。"他根本听不进我们说的话，"她沮丧地对利奥波德说，"他似乎铁了心想要定我们的罪……我觉得他至少认为我们太过软弱了。"

既然不愿意妥协，约瑟夫能选择的应对之道就非常有限了，但他竟然还是从这不多的选择中挑出了最具挑衅性的一个：升级冲突。他在12月将奥地利军队派往布鲁塞尔，由他手下一位最臭名昭著的将军指挥（此人因不久前残酷镇压了匈牙利的一场起义而闻名）。根据记录，约瑟夫曾明确指示这位指挥官，要将尼德兰当做一个被征服的省份来对待。

这位将军于1788年1月履职，他奉命要确保地区官员们和各代表议会牢记并接受皇帝的敕令和权威。他包围了市政厅并向聚集起来抗议帝国政策的人群开了火，用这种办法迅速地实现了这一目标。约瑟夫派来了一个新的文官，表面上是为了领导政府，但实际上却要听命于那位将军，布鲁塞尔实际上处在了军法统治之下。

然而，公众一旦被激怒是不会那么容易平静下来的。约瑟夫所选择的时机也是再糟糕不过了。这时美国人正在投票批准限制行政权力的新《宪法》，此事在法国引发的狂热情绪正迅速向邻国比利时蔓延。充斥巴黎的那些小册子也可以在布鲁塞尔看到，此外，还有许多当地印刷出版的小册子。皇帝竭尽全力地想要抑制小册子的传播，甚至曾在市中心公开焚烧这些东西，但革命的热潮却是无法阻挡的。

玛丽亚·克里斯蒂娜和阿尔伯特在严格遵守将军和大臣命令的条件下获准回到布鲁塞尔，他们只能沮丧地看着自己那些原本无党无派且性情随和的朋友和邻居们被约瑟夫的强硬政策逼得变成了激进派。奥地利士兵在街上巡逻，将军的间谍潜伏在咖啡馆的角落里，那些被怀疑领导了地下叛乱的人遭到围捕，全城上下民怨沸腾。转折点出现在1789年6月6日，迫不及待地要粉碎人们所有反抗希望的约瑟夫断然颁布命令，宣布"从今天起……《特权宪章》的全部内容将被取消和废除"。

后果可想而知。

比利时人得到了法国革命派的援助，又在一个月后因巴士底狱的陷落而深受鼓舞，于是成立了一支民军。1789年10月26日，这支本地民军袭击了驻扎于布鲁塞尔东北约60英里处特恩霍特的奥地利士兵，迫使他们撤退。

叛军的成功让约瑟夫的将军措手不及，也让奥地利大臣感到震惊。他要求增派军队。11月16日晚，他去找玛丽亚·克里斯蒂娜和阿尔伯特，告诉他们他准备在第二天把自己的妻子送走。让咪咪感到厌恶的是，他竟然还命令她也离开。"他这番话让我感到震惊，"玛丽亚·克里斯蒂娜后来告诉利奥波德，"这位大臣就像他自己就是皇帝似的，竟然给我们下命令，亲爱的弟弟，想象一下我当时的心情吧。"她怒气冲冲地回答说，她不是那种懦弱的女人，而且在夜里偷偷溜走是可耻的。只有当奥地利军队被迫撤离时，她和丈夫才会离开这座城市。"我们下定了决心，只有在政府和军队都离开时才会跟着离开。"她郑重地告诉利奥波德。

但那位大臣坚持己见。他出示了一封约瑟夫的信，命令他们离开。第二天早上，他又施加了更大的压力。"我的医生在上午10点到来，大臣派他来告诉我们说，一切都完了，我们一刻也不能耽搁；布鲁塞尔可能在一个小时内就被侵占。"玛丽亚·克里斯蒂娜述说道，"我认为如此匆忙地离开是不可能的。我们派人……去找大臣和军队指挥官，让他们以书面形式向我们说明离开的必要性……结果那位将军当着众人的面给了我们36个小时的时间。"

他们觉得除了服从已别无他法。"由于根本没见到有关此事的任何官方公告、信件或文件，我们只能相信这些先生们告诉我们的一切。"她痛苦地说，大臣和那位将军都坚持要让他们走"那条糟糕又累人的路去卢森堡……借口是如果走别的路线，我们可能会遭到绑架。我正病着，走这样的路怎么能行？"已经病了几个星期的咪咪问那位大臣，后者"吞吞吐吐地说，按照皇帝陛下的命令，我们必须这么做"。他们在第二天早上4点出发了，"说实话，因为我们不愿看到朋友们因我们离开而痛苦"，她难过地说。

他们花了四天时间才终于安全抵达了德意志的科布伦茨，住进了朋友家里。他们到达后才发现，就在二人离开后，将军马上发表了一份官方声明,称一切都在控制之中,让人们无需惊慌。令人气愤的是,他们的出逃消息被大臣泄露给了当地的报纸,报纸兴高采烈地刊登了一些报道,暗示说皇帝那胆小如鼠的无能妹妹和妹夫还没发生什么事就惊慌逃窜了。"想想我们被迫扮演这样的角色是多么痛苦啊!我们又该不该认为这是故意的呢?"痛苦的玛丽亚·克里斯蒂娜对利奥波德抱怨说,"最善意的解释就是,那两位先生害怕自己会太迟执行皇帝陛下有关我们的命令,因此才会乱了方寸,而这么说也只是因为我不想怀疑他们动机不良。"但她和阿尔伯特在布鲁塞尔所遭受的声誉损害是确定无疑的。"想想此事(他们的出逃)会让陛下那些忠诚的仆人感到多么失望吧;这会让那些支持我们并也想要离开的人感到多么惊慌……人们会认为我们是懦弱的,连皇帝也会显得懦弱。"她悲哀地说。

咪咪其实也不必这么难过,反正她和阿尔伯特在那里也待不了多久了。将军所说的一切都在控制之中最终被证明是有些乐观了。到了12月初,战斗在布鲁塞尔的街头爆发。市民们向奥地利驻军发起攻击,围攻那些士兵们,用能搞到手的任何东西来向他们发起攻击。人们仿效那些法国的教唆者们戴上了帽徽(别在帽子上的一小束象征革命的丝带),从人行道上挖出大石头砸向寡不敌众的士兵,还从屋顶上居高临下地进行袭击。到了1789年12月12日,约瑟夫的军队已逃离了这座城市。又过了一周,奥属尼德兰的人民正式宣布独立。

身处维也纳的约瑟夫呼吸困难,越来越衰弱,拼了命想要谈判。他两年前于克里米亚患上的咳嗽久治不愈,此时已发展成了晚期肺结核。他担心自己已时日无多,同时又悲哀地想到自己不但未能扩张领土，反而可能失去一个富庶的省份，于是只得全面投降，同意尊重《特权宪章》，让原来的法官和法院都恢复如初，允许人们公开庆祝圣日和节日——只要比利时人能够再次承认他是他们的最高领主。但现在这样做已为时太晚，在布鲁塞尔已没人再想与他有什么瓜葛了。

约瑟夫二世皇帝于两个月后死去，就在1790年2月20日黎明前，离他的49岁生日只差几周。在父亲、母亲、女儿和两任妻子临终之时，约瑟夫都曾悉心照料和安慰他们，但等到他自己要死时，家人却没有一个到场陪伴。玛丽安娜已于前一年的11月去世，玛丽亚·伊丽莎白仍然待在那座位于因斯布鲁克的修道院里。咪咪和阿尔伯特也没有到场，他们正跟最小的弟弟马克西米利安一起待在波恩，他们知道约瑟夫病得很重，但都没有去维也纳陪他走完最后一程。利奥波德倒的确从佛罗伦萨出发赶来了，但他作为这个垂死兄长的领土和头衔的继承人本来就是要去维也纳的——而且，他最终也没能及时赶到。

具有讽刺意味的是，这位把自己奉为启蒙典范的皇帝没有意识到，那场从百科全书派开始，用理性和科学方法战胜迷信的运动已奇妙地转变成了另一种更具探索性且影响更为深远的东西。心智自由开辟出了多条道路，其中一条就通向对既有权威和数世纪以来的统治形式的质疑。在这一过程中，对自由的渴望被释放出来。从此以后，所有自命开明的领导者都将无法忽视这种强大的力量。

约瑟夫因此而经历惨痛。他最后接见的人中有一个是出生在比利时的贵族。"你的国家害死了我！"这个外国亲王笔下的垂死皇帝喊道，"失去根特令我痛苦，而丢掉布鲁塞尔则要了我的命！"

玛丽亚·卡罗琳娜
Maria Carolina

"夏洛特"

"Charlotte"

19

王后立场坚定
The Queen Takes a Stand

漂亮女人并不全都是蠢货。

——爱玛·汉密尔顿夫人

在约瑟夫去世,她最喜欢的哥哥利奥波德继承了帝位之时,玛丽亚·卡罗琳娜37岁,已在那不勒斯统治了22年。在这段时间里,她将自己的王国从西班牙的影响下解放了出来;进行了致力于改善臣民生活的渐进稳健的改革,尤其是教育方面的改革;还通过建设海军而大大加强了那不勒斯的国防力量。她的统治造就的稳定繁荣局面促进了旅游业的发展,增加了王国的财富和声望。而且就像她的母亲一样,她在做这一切的同时还料理着一个相当大的家庭;在约瑟夫去世的消息传来时,她正怀着自己的第十五个孩子。*

在这之前，夏洛特已经历了一段特别痛苦的时期。就在前一年，一场天花疫情夺走了她8岁的儿子真纳罗的生命。几周后，她最小的儿子，6个月大的卡洛也病了，此前她因为害怕而让他过早地接种了疫苗。这个婴儿最终也死于这无情的疾病，玛丽亚·卡罗琳娜悲伤得几乎要疯了。"我首先是一个母亲，两个孩子的死让我悲痛欲绝。"她在1788年写给利奥波德的信里说。

她丈夫的残酷行为也极大地加剧了她的痛苦。费迪南因经常偷情而染上了性病。夏洛特在他身上看到的那种很可能是由淋病导致的明显溃烂症状——"你知道，我在很长一段时间以来一直怀疑我亲爱的丈夫身体不太健康。"她在给利奥波德的信中就此写过——也开始侵袭她了。

"我们在那不勒斯的可怜妹妹不但经历着孕期的种种不适，还突发眼疾，我们甚至担心她会因此而失明。"利奥波德在1790年2月12日的一封信中忧心忡忡地对玛丽亚·克里斯蒂娜说，"而国王却仍然在打猎……身边围绕着那些为王后所不喜的妇人们。他甚至都没有拨冗回去看看她，这还真是令人欣慰啊。"他讽刺地说。或许费迪南还是不去看她比较好，因为他把自己的病情归咎于妻子，有几次甚至还为了泄愤而强迫与其发生关系。

利奥波德对妹妹健康的关心不仅仅源于寻常的同情。皇室需要夏洛特。她的兄弟姐妹们都很清楚，没有她，他们是不可能保住那不勒斯的。这时斐迪南的父亲已经去世，他的哥哥继承了西班牙的

---

* 令人痛心的是，她的很多孩子都因为疾病而没能活过童年。算上在1790年7月出生的第十五个孩子（一个儿子），那不勒斯王室共有七个女儿和两个儿子。

王位。为将意大利南部重新置于西班牙的控制之下，他哥哥已经开始联系斐迪南，想要让自己两个女儿中的一个与那不勒斯国王的长子结婚。时刻都保持着警惕的玛丽亚·卡罗琳娜迅速出面干预，说服丈夫拒绝了这一讨好的求婚。但情况已经很显然，为了巩固与那不勒斯间的联盟，帝国必须尽快做点儿什么了。

因此，利奥波德接掌维也纳政府后最先做的事情之一就是安排夏洛特的两个大女儿嫁给他的两个大儿子，并让他的一个女儿嫁给她的长子。*这是一场大胜；他们通过采取这种措施而守住了一切——奥地利、匈牙利、波希米亚、尼德兰（假设利奥波德能拿回来的话）、托斯卡纳（在约瑟夫死后重新成为一个独立的省）和那不勒斯。此时绝不应该浪费时间了，一旦玛丽亚·卡罗琳娜从最近的分娩中恢复过来，三场婚礼就将全部于9月在维也纳举行。"这样一来，让下一代接班的全部准备就做好了。"利奥波德在写于1790年6月12日的信中满意地对咪咪说。

选择这个时候去维也纳对那不勒斯的王后来说是最好的。自从巴士底狱陷落以来，法国难民源源不断地涌入意大利，其中许多人都去了那不勒斯王国。这些人都是逃离革命的贵族，而他们讲述的故事令人毛骨悚然。新来的难民中有一个是曾与玛丽·安托瓦内特过从甚密的著名画家伊丽莎白·维热·勒布伦。玛丽亚·卡罗琳娜急切地想知道有关妹妹的一切，于是便将维热·勒布伦夫人置于自己的保护之下，并委托她为自己和女儿们画像。"那不勒斯王后

---

* 就在约瑟夫去世前3天，利奥波德的长子兼继承人弗朗西斯的第一任妻子（叶卡捷琳娜大帝的亲戚）在分娩时去世，这就给了玛丽亚·卡罗琳娜机会，让她可以迅速采取行动，把自己的女儿嫁过去。

虽然不像她的妹妹法国王后那样漂亮，但也跟她很像。"这位艺术家说，"她的面容已显苍老，但人们还是能很容易看出她曾经很漂亮……这位王后性情温和，家中作风简朴。她的宽仁之风尽显王室气度。"

维热·勒布伦夫人所描述的法国的情况，以及她逃离巴黎时的悲惨遭遇，一定让夏洛特忧心不已。"我害怕得要命，只想着赶紧离开。"这位国际知名的肖像画家惹人同情地说，"我让人把东西装上马车，准备好通行证，做好了第二天就带女儿离开的准备……这时却有一群国民卫队的士兵拿着火枪冲进我的房间。他们大多数人都喝得烂醉，衣衫褴褛，面目狰狞。有几个人走到我面前，用最粗俗的语言告诉我，我必须留在巴黎。"她好不容易把这些威胁者赶出家门，邻居们就冒着生命危险偷偷进来了。他们直截了当地告诉她，她的处境并不安全，必须马上逃走，但同时警告她说不要坐自己的马车，因为会被卫兵发现。她听从了他们的建议，带着6岁的女儿悄悄地乘坐公共驿车溜了出来。和母女俩一起乘坐这辆摇摇晃晃的驿车的是两个男人，他们"都非常肮脏……臭得像得了瘟疫"，而且还"说着最可怕的粗暴言语"，最后维热·勒布伦夫人不得不央求他们不要再说什么杀人的话，因为这吓到了她的孩子。首都之外也同样危险。"在每个城镇都会有一群人拦住马车，打听巴黎的消息……我非常担心国王和王后，因为一路上直到临近里昂为止，不断有骑马的人赶上来对我们说，国王和王后已经被杀了，巴黎正烧着大火。"她生动地回忆说。

问题就出在这里：在这一片混乱中，与法国的通信中断了。众所周知，邮件是不安全的，进出巴黎和凡尔赛的信件都会被革命政府的间谍拆开。蓄意散布虚假或误导性信息以煽动党派情绪的现象十分普遍，消息越是耸人听闻就传播得越快。焦虑不安的玛丽亚·卡罗琳娜根本就无法随时搞清楚她心爱的玛丽·安托瓦内特到底怎么样了。

如今，在离开20多年后，她终于要回到家乡维也纳了。她将在那里见到利奥波德和其他的家人，他们可以一起制定一个计划，从那些卑鄙无耻、无法无天的革命者——他们在街上大肆屠杀，将受害者被割下的头颅插在矛头上招摇过市——手中解救出他们最小的妹妹一家人。怀着这样的想法，夏洛特在1790年8月21日带着斐迪南和两个大女儿登上了北上的船只，向成群结队前来为他们送行祝福并恳请他们早些回来的人挥手致意，启程前往奥地利。

玛丽亚·卡罗琳娜在维也纳的时光如其所愿。利奥波德不遗余力地赞美和庆祝这一重要的家族联系。他不是坐等着玛丽亚·卡罗琳娜来见他，而是向南航行了近300英里去迎接那不勒斯的船队，用令人印象深刻的礼炮来欢迎他妹妹一家，并且亲自护送他们前往首都。玛丽亚·伊丽莎白高兴地离开修道院，赶来拥抱她这个远道而来的能干的妹妹，去认识自己的国王妹夫和兴高采烈的外甥女们。他们在9月14日高高兴兴地进了城，长长的马车队伍穿过维也纳的街道，路两旁满是看热闹的热情群众。婚礼在一周内就举行了，庆典活动与母亲在时一样富丽堂皇，让人满意。夏洛特后来自豪地说："我非常满意地办完了两个女儿的婚事。"

婚宴只是好局面的开始。在短短7个月的时间里，主要靠着尽可能多地扭转约瑟夫的政策，利奥波德成功地恢复了家族的声誉并稳住了政局。他说服英国和普鲁士来帮助他谈判停战，从而摆脱了与土耳其人的战争；恢复了尼德兰的《特权宪章》；召开了匈牙利的议会。少数没有遭到废除的约瑟夫的旧政策之一就是宽容敕令，利奥波德不仅将其保留下来，还加强了对犹太人的保护。他在做这一切时并没有违背自己的原则，因为利奥波德相信他的臣民享有权利，而尊重这些权利是君主的责任。事实上，他认为制定一部宪法来限制执政者的权力并规定统治者与被统治者之间的确切关系是个好主意，因此他在统治托斯卡纳期间就曾亲自制定过一部宪法。

很显然，约瑟夫的继任者并不打算延续他兄长的那些激进政策，这让整个德意志都松了一口气，因此，在1790年9月30日，也就是在奥地利举办的几场婚礼结束两周之后，他就被一致推选为皇帝。全家人（包括咪咪和阿尔伯特，他们一直忙于与布鲁塞尔进行谈判，因而错过了婚礼）都去法兰克福观看了于1790年10月9日举行的加冕仪式。当初11岁的玛丽亚·卡罗琳娜曾因为年龄太小，未能参加约瑟夫的加冕典礼，而如今已经长大并成为一国统治者的她得以目睹利奥波德穿上古老的皇袍，戴上手套，举起权杖和金球，就像她父亲在其母统治时期所做的那样，这让她感到非常高兴。

但最后一个庄严仪式仍有待举行。对新皇帝心存戒备的匈牙利人仍在造反。于是，玛丽亚·卡罗琳娜和家族的其他成员，包括熟悉匈牙利事务的咪咪和阿尔伯特，都在加冕礼结束后匆匆赶回了维也纳，准备前往匈牙利。利奥波德将被约瑟夫送入博物馆的那套圣斯蒂芬的王冠、宝剑和虫蛀旧王袍取了出来，他们所有人都像玛丽亚·特蕾莎在近50年前所做的那样，穿上匈牙利的传统服装，然后出发前往普雷斯堡。

1790年11月10日，利奥波德在诸兄弟姐妹的簇拥下正式进入普雷斯堡。那不勒斯国王和王后在这座城市特别受欢迎，因为外国王室并不经常造访匈牙利。新皇帝小心翼翼地效法当初母亲在那里请求支持时的做法，在匈牙利议会中发表讲话，宣誓将会维护王国的法律和习俗。然后，利奥波德转向他的长子、新婚的弗朗西斯——他将阿尔伯特原来的总督职位分配给了他——戏剧性地向在场的匈牙利贵族们高喊："我带来了我的儿子，为的是向你们保证……我是真诚地想要深化我们之间的感情。"

这就够了。不到一周后，1790年11月15日，利奥波德被加冕为匈牙利国王。他做得恰到好处：他也骑着一匹牡马，冲上了玛丽亚·特蕾莎曾经跑上的那个小山坡，然后雄赳赳地向四方挥舞圣斯蒂芬之剑。匈牙利重新回到了奥地利的统治之下。

在成功处理了约瑟夫的统治给家族传承带来的急迫挑战之后，玛丽亚·卡罗琳娜和她的兄弟姐妹们终于可以将注意力转移到深陷困境的小妹妹及其丈夫身上了，此时他们两人正被囚禁在巴黎的杜伊勒里宫。事态紧急，皇室成员几乎还没换下古怪的匈牙利服装，就有消息从巴黎传来说，法国人已不再满足于攻击自己的君主制了，他们此时正积极在国外煽动革命，甚至还发起了一场旨在削弱法国教士阶层的新运动。

这种情况显然需要采取对策，但由于法国王室被民众扣为人质，问题变得更加复杂了。是该设法把他们救出来，还是该把他们留在那里，然后通过外部压力帮助路易夺回统治权？兄弟姐妹们意见不一。震惊的玛丽亚·卡罗琳娜想要派军队去镇压革命，强行恢复她妹妹和妹夫的合法统治。利奥波德也认为应组建一支军队并威胁发动入侵,但只是为了做做样子;他的想法是,届时身处困境的法国国王就可以集结起法国军队来应对眼前的危险,然后获得一场毫无悬念的胜利,从而重新赢得国民的尊重和爱戴。(值得注意的是,夏洛特和利奥波德全都没见过路易。)曾拜访过法国妹夫的咪咪和玛丽·安托瓦内特——她通过梅西伯爵和费尔森伯爵(奥地利皇室一家都没听说过这位瑞典贵族,认为他之所以帮助他们的小妹妹,似乎完全是因为具有骑士精神)与维也纳保持着零星的秘密联系——都支持逃亡计划。

最后,由于无法达成一致,他们决定同时从两方面着手。利奥波德和玛丽亚·卡罗琳娜促使各自的国家和军队为战争做好准备,以防万一,而玛丽亚·克里斯蒂娜则负责安排逃亡。在确定了行动方案后,夏洛特于1791年3月依依不舍地告别了维也纳,与斐迪南一起踏上返回那不勒斯的旅程。

在她离开的8个月里,那不勒斯国内的气氛发生了变化。玛丽亚·卡罗琳娜还没有抵达就已经感受到了这种变化;她和斐迪南先是到了罗马,为的是表达他们对教廷的支持,并讨论如何共同应对法国对神职人员的攻击。在那里,他们遇到了路易的姑妈们,她们设法——险些失败——逃出了巴黎。这两个老处女此时都已年近六旬,她们对夏洛特讲了很多法国发生的事。情况比她想象的还要糟糕。最激进的派别已控制了政府,国王在胁迫下被迫接受了新政策——两位姑妈们尖刻地称之为"迫害"——王室成员没有行动自由,时刻受到监视。两位姑妈尽管年事已高且受人尊敬,却险些与暴民发生冲突：她们的马车在离开巴黎的途中被拦下，不得不困在车上几个小时，等待国民议会讨论是否让她们离开。

疯狂显然正在蔓延。那不勒斯王后不需要路易姑妈们的证词也能看出，在她离开期间，法国移民的数量已急剧增加。不过，如今这些移民的性质已经不同了。其中相当一部分人只是假装成难民，为的是掩盖他们的真正使命。这些人是革命派的间谍，他们向普通民众许诺法国会帮助他们进行争取自由和平等的斗争，想要用这种方式来输出暴力。夏洛特敏锐地意识到，那吞噬了身处凡尔赛的玛丽·安托瓦内特并迫使玛丽亚·克里斯蒂娜逃离布鲁塞尔的灾祸正向自己扑来。

由这一洞察所导致的恐惧怎么说都不为过。法国是世界强国，也许是世界上最强大的国家。即使在这样的动荡时期，法国军队也不是玛丽亚·卡罗琳娜的军队能够匹敌的。由于路易多年来对造船业的重视，法国舰队的实力远远超过她的舰队。法国国王还建立了一所一流的战争学院，因此，其军官的训练水平比那不勒斯的军官要好许多，当然也更有经验。而且法国人口众多，军队可以召集数以万计的士兵，其人数是她想都不敢想的。夏洛特明白，这不是那不勒斯能够独自承担的战斗。

问题是，她最好到哪里寻求帮助呢？她不能让利奥波德出兵，皇帝已被自己国家面临的威胁压得喘不过气来了。咪咪确实已回到了布鲁塞尔，但奥属尼德兰的政治局势仍不稳定，利奥波德不得不派遣军队去维持那里的稳定。此外，夏洛特也亲眼看到了这数个月的旅行、仪式和忧虑对利奥波德健康造成的损害；他经常生病。她知道他不可能再承担起那不勒斯的防务。她的丈夫毫无用处；斐迪南甚至都拒绝关注从法国传来的消息，声称那与他无关。不管接下来要做的是什么，她都只能亲力亲为。

她首先想到的就是让意大利各国联合起来，一起抵御法国。为此，她写信给北方的两大势力撒丁王国和威尼斯，敦促它们与那不勒斯建立防御同盟。她提出，如果他们首先遭到攻击，她会派遣舰队前往援助，还承诺说，如果两国与她结盟，教皇也将加入联盟之中。她有先见之明地告诉两国："意大利的灾祸之源就是，所有人都只想要救自己。"撒丁王国与法国接壤，其国王像她一样忧心，所以赶紧地接受了她的建议，但威尼斯拒绝了，而如果没有威尼斯的船只，她的处境便不会比之前好多少。意大利团结的愿景就此消逝。

这使她别无选择，只好另谋出路。她的选择很有限。要对抗一个世界强国，她就需要另一个世界强国，最好是一个大使友好、海军强大且一贯与法国敌对的强国。符合所有条件的也就只有英国及其大使威廉·汉密尔顿爵士了。

1791年春，那不勒斯王后从维也纳回到那不勒斯，威廉爵士却没有到场迎接，因为这位61岁的鳏夫经过深思熟虑，决定听从夏洛特的建议，迎娶26岁的情妇爱玛（当时还被称为"哈特夫人"）。由于这位大使与英国国王沾亲，所以他需要回到伦敦，获得君主的批准。伊丽莎白·维热·勒布伦在那不勒斯期间曾为爱玛画像，她曾听威廉爵士自白说，尽管他在英国的家人都极力反对，但他还是决心要搞成这场婚事。"不管那些人如何反对，她终将成为我的妻子，"他对这位艺术家说道，"毕竟要娶她的是我。"

19　王后立场坚定

对于像爱玛这样的女人来说，如威廉爵士这般出身的人的求婚意味着地位的提升，而且其程度是难以想象的。以她的出身而言，要成为大使的妻子就像是要生活在月亮上那样异想天开。她深知这一点，所以在宣布她将和未婚夫重返伦敦时忍不住流露出自得的情绪。"我们回来的时间很短……是来告辞的……威廉爵士会告诉你我们是因何事回来的。"她在写给前情人格雷维尔的信中轻描淡写地说，后者曾冷酷地将她送出，而如今却已比不上她的社会地位了。

从5月到9月，他们夫妇都待在伦敦，爱玛在那里过得很好，就像夏洛特在维也纳那样。她又成了全城关注的焦点，再次为老朋友乔治·罗姆尼做了模特，还与英国上流社会的精英们一起参加了各种私人聚会。"星期六晚上，我和……一小群人待在一起，其中就有威廉·汉密尔顿爵士和哈特夫人，她……在离开伦敦之前就会成为驻那不勒斯大使的夫人（Mme l'Envoyée à Naples），那不勒斯王后已经承诺，一旦她成了大使夫人就会接见她。"与汉密尔顿爵士同为国会议员的一位伯爵如是说。虽然英国王后在爱玛结婚后仍拒绝接纳她，但国王却认为这件事很有趣，因此允许了他的这位表哥结婚。于是，爱玛和这个对她宠溺有加的情人在1791年9月6日于伦敦结成了夫妇。"威廉·汉密尔顿爵士真的与他那一系列雕像结了婚，他们正准备返回那不勒斯。"那位伯爵在一周后打趣道。

但笑到最后的却是爱玛。夏天的时候，夏洛特得到了法国王室逃亡失败的消息，这让她非常失望，特别是因为最开始逃亡行动曾被误报为成功。"我在法国的妹妹遭受不幸，我一直都在为她担心。"那不勒斯王后痛苦地说道。为了让她安心，威廉爵士和他的新婚妻子从伦敦返回的途中在巴黎停留，以便当场了解那里的政治局势；在他们停留期间，爱玛利用自己大使夫人的身份与玛丽·安托瓦内特进行了私下谈话，甚至还偷偷带出了一封法国王后写给姐姐的信。玛丽亚·卡罗琳娜对此十分感激。她跟爱玛一起待了好几个小时，详细地询问了她与玛丽·安托瓦内特谈话的方方面面，询问国王和王后以及他们孩子的健康和精神状况。从这时起，夏洛特几乎把这位新任汉密尔顿夫人当成了自己的家人。爱玛在1791年12月20日的一封信中满足地说道："那不勒斯王后主动接见了我，她对我亲切无比，关怀备至。"这个长着一副天使面孔、从13岁起便为了生存而对他人低声下气的年轻女人，如今却能够将皇帝的妹妹、伟大的玛丽亚·特蕾莎的女儿玛丽亚·卡罗琳娜当成自己最亲密的朋友之一了。

此时的夏洛特需要一切她可以得到的支持。从维也纳回来后，她和首席大臣阿克顿将军就开始竭尽全力地武装那不勒斯，以应对可能爆发的与法国的战争。他们加强了征兵工作，购置了更多的船只来扩充舰队，并四处搜罗装备一支像样的战斗部队所需的枪支和火炮。事情进展缓慢。那不勒斯已经有半个世纪没有面对过外敌了，这里的居民没有当兵的习惯。

然而，在这个革命热潮高涨的时代，仅仅抵御外来攻击是不够的。那不勒斯面临的威胁是隐秘的，敌人通过许诺和宣传，从内部进行渗透，将当地居民转变成了战争武器。玛丽亚·卡罗琳娜怀着一种苦涩的讽刺感认识到，当前通过暴力推翻权威当局表现出来的那种对自由和自主的狂热渴望在某种程度上植根于百科全书派的启蒙教义，而正是她本人在那不勒斯栽培了这一哲学的信徒。这种想法可并不令人愉快，这意味着她不能再信任那些20年来一直受益于她的教育政策和恩惠的人了。

因此，为了确保自己不会像玛丽·安托瓦内特和咪咪那样被自己的臣民打得措手不及，夏洛特采取了果断的措施，组织了一个秘密情报机构，负责对国内民众进行监视。她选择了一位高级贵族作为该机构的负责人，这位野心勃勃的贵族成了一个卓有成效的秘密警察头领。他的间谍遍布全城，监听咖啡馆和冰淇淋店，还混入了学校课堂和各种政治俱乐部。玛丽亚·卡罗琳娜本人会在午夜时分于宫殿的一个特别房间里聆听这些特务的汇报，这更增加了这种行动的隐秘色彩，于是人们恐惧地把这个房间称为"暗厅"（sala oscura）。

当时的大致情况就是如此，然后变化突然发生。1792年3月1日，当时还不到45岁却已积劳成疾的利奥波德突然感染了严重的传染病，而且很快便撒手人寰，甚至来不及举行临终仪式。于是，夏洛特的女婿、24岁的弗朗西斯继承了皇帝的众多头衔；她的女儿则成了皇后。这位由约瑟夫一手培养起来的新皇帝想要对法国采取一种更强硬好战的态度，于是法国人为了抢占先机，在一个月后，即1792年4月20日，向奥地利宣战了。双方都开始积极整军备战。

在那不勒斯，悲痛的玛丽亚·卡罗琳娜关注着不安定的时局变化，为自己的女儿担惊受怕，同时又在5月2日生下了她的第十六个孩子，一个儿子。"摊牌的时刻已经到来。"她写道。

玛丽·安托瓦内特
Marie Antoinette

法国王后和孩子们,维热·勒布伦绘

20

舍命一搏
A Desperate Gamble

如今是我统治着巴黎;但我所统治的却是一群被最恶毒的政治集团怂恿鼓动着的愤怒民众;而且他们还被无数种阴谋诡计耍得团团转,对此有所抱怨是理所当然的。

——拉法耶特侯爵

外省的民众中了那种人人平等观念的毒,这是由哲学家们的书传播开来的。

——阿克塞尔·费尔森伯爵

(御前会议中的)大部分人都主张国王应留下来,这选择是否正确就要看来日的结果了。

——玛丽·安托瓦内特

1789年7月15日，即巴黎的一群狂热暴徒攻破了昔日坚不可摧的巴士底狱大门，砍下了监狱长的头颅，举着这很成问题的战利品在首都的大街上游行示威后的第二天，路易在凡尔赛召开会议，讨论他该采取何种行动。

虽然攻陷著名的巴士底狱这一行动深入人心，以至于人们如今将那一天当成君主制的终结日来庆祝，但实际上，巴士底狱的沦陷并非革命的转折点。真正对凡尔赛构成威胁的事件发生在几个小时之前，当时这同一批暴徒强行突破了法国近卫军（负责保护国王和维持公共秩序的部队）的重要军械库，将储存在那里的所有武器弹药，包括大炮，分发给了平民。那里储存的枪支是如此之多，以至于他们为了将其发完不得不四处找人来领取——英国大使震惊地向伦敦报告说，他的两个仆人当时正好在街上，"他们不得不去（军械库）领了两支非常好的火枪带走"。他估算，在街上横冲直撞的起义民众（他称这些人为"武装起来的资产阶级"）数量可能多达5万人。

5万名愤怒的、装备着火枪和大炮的暴乱者可不是普通警察能够镇压得了的，这是一支敌对的军队。这些人当然也把自己看成了军队，因为叛军在成功攻入巴士底狱后的第一个行动，就是寻求一位有能力和经验的将军来领导他们。"你一定已经听说了昨天发生在我身上的事，"拉法耶特侯爵在7月16日给一位朋友的信中写道，"之前几乎没有人说过要我统率巴黎民兵的事，结果所有人忽然就有了这个想法，而我必须接受这种安排，而且我也很有必要留下来，因为人民正处在狂热的谵妄状态，只有我才能控制。"

路易的御前会议在那个决定命运的夜晚里所讨论的问题就是这

个——面对这伙数量庞大且可能致命的暴民，该如何是好？由于这个问题关系到家族的未来，国王的两个兄弟以及他的妻子都参与了讨论。在他们看来，主要的危险不是推翻君主制本身——现在说这个还为时过早——而是政变。法国最富有的人、巴黎人的绝对宠儿、路易的堂兄奥尔良公爵已与拉法耶特的民兵（已改名为国民自卫军）结盟，并且正在四处撒钱，收买士兵和支持者们。因此，国王的近卫军中每天都有越来越多的人投奔拉法耶特的国民自卫军。"秘密特务在分发钱财；他们几乎无处不在……人们强烈怀疑奥尔良公爵就是这一切的领导者和推动者。"身为法国军队上尉的费尔森伯爵在给父亲的家信中痛心疾首地说。

虽然王室有先见之明，增派了军队帮助维持秩序，但在当前的危机中，这些军队并不足以保证在发生正面冲突时取得胜利。因此，这时需要决定的是，国王是该带着忠于他的那部分法国军队退守靠近德国边境的梅斯（靠近王后的亲戚们，令人安心），寄希望于能够组建起一支决定性的力量，回来击败拉法耶特，还是该留下来，让三级会议（如今的国民议会）继续工作，同时做出一些合理的让步以示友好，等待法国人民一贯爱戴和尊敬国王的态度能够恢复，令危机得到解决呢？

玛丽·安托瓦内特和国王最小的弟弟阿图瓦伯爵——两人都为巴黎人所厌恶，因此也面临着最大的风险——的意见都很明确坚决，两人都极力主张应带着军队撤退，召集所有忠于王室的法国人到梅斯会合，然后再带着压倒性的兵力回到巴黎；事实上，王后已经收拾好珠宝准备出逃了。但国王的大弟弟普罗旺斯伯爵态度同样坚决，他认为，带着军队逃跑就等于向政变投降，那时奥尔良公爵会立即接管政府，而一旦稳固了地位，他就可以动用王国的所有资源，几乎不可能再被赶下台了。普罗旺斯伯爵的立场得到了军队指挥官的支持，后者并不认为自己的君主有多大鼓动民众的能力。"是的，我们可以去梅斯，但到了那里之后我们干些什么呢？"他疲惫地问道。

最后，路易厌倦了讨论，他从议事桌前站了起来，示意会议已经结束，该做出决定了。"到底走还是留？我怎样都可以。"他逆来顺受地问道，就像要按日程安排出门约会似的。*

最后，普罗旺斯伯爵（而非王后）的意见得到了大多数的支持，于是会议的决定就是，留下来，尝试通过和解来保住王位。起义者们提出了许多要求，其中最重要的就是，要求路易将军队调走，并且要亲身前往巴黎，以示对革命的支持。会议决定让国王接受包括这两条在内的一切要求，全力安抚民众。玛丽·安托瓦内特焦急万分，不停地争辩，尤其反对让她的丈夫前往首都。她叹息着说："他们永远不会让他再回来了！"但她无法改变会议的决定。

她知道，一旦军队离开，凡尔赛就不再安全了，因此她竭尽全力想要保护她所爱的人。在会议做出让路易留下的决定后，王后立即把波利尼亚克公爵夫妇叫到了她的房间里。"国王明天就要去巴黎了……我担心会发生最坏的情况。"她说，"现在你们还来得及躲避敌人的攻击；如果那些人攻击你们，那更多的是出于对我的仇恨，而不是对你们的仇恨。不要因为你们对我的感情和我们之间的

---

* 人们经常会说，路易之所以留下来是为了避免内战。虽然他后来确实说过绝不与同胞开战，但我们可以从有关这次会议的记述中清楚地看出，如果与会者们当初投票赞成离开，他也会照做的。事实上，在他执政之初，当市民们因为面包价格而暴动时，他就曾听从莫勒帕的建议，对市民们使用过武力。

友谊而受害吧。"这对夫妇不愿在她需要帮助的时候抛弃她,起初拒绝离开;最后她不得不让国王下命令,迫使他们服从。

他们在午夜离开了。王后因这一无私行为所承受的痛苦可以从她写给他们的短笺中看出。"再见了,我最温柔的朋友们,"她在信中对这个十年来最亲近的密友说,"'再见'这个词多么可怕啊!但我必须说出来。再见。我只有足够的力气拥抱你了。"毫无疑问,玛丽·安托瓦内特在那一晚救了他们的命。

趁着夜色出逃的廷臣可不只波利尼亚克一家。当国王决定向巴黎人屈服并按照他们的要求让军队离开的消息普遍传开后,凡尔赛爆发了恐慌性的逃亡(阿图瓦伯爵和他的家人也在当晚逃离了凡尔赛)。玛丽·安托瓦内特甚至不知道她的哪些仆人离开了,直到第二天早上她想找他们,才被告知他们早已人去屋空,房门紧锁——"他们因害怕而逃走了。"康庞夫人写道。

王后也很害怕,但她没有抛弃路易。她知道,没有她,路易无法生存。她也没有让孩子们随军离开。如果她送走了孩子们,而他们离开的消息又泄露出去的话,人们很容易就会认为这是企图颠覆革命。因为会议决定让路易独自前往巴黎,她不能冒这个险。(王储作为王位的合法继承人将始终是一种危险,随时可以带领军队归来;让他离开会让国王的态度显得不可信。)路易的妹妹、25岁的伊丽莎白公主也留了下来,以示对哥哥的支持,此外,留下来的还有两位姑妈以及这种安抚政策的倡导者普罗旺斯伯爵。

于是,第二天,也就是1789年7月17日,路易在极少随从的陪同下出发前往首都。国民卫队在城郊等待他的马车,然后护送"我的囚犯"——带领这支队伍的拉法耶特就是这样公开称呼这位昔日不容侵犯的法国君主的——前往市政厅，与市长和300名国民议会代表会面。英国大使震惊地报告说："国王进入了巴黎，这无疑是他可能采取的最让自己受辱的行动之一。他就像一头驯服的熊那样，被趾高气扬的代表们和城市卫队带进了城。"沿途街道上站着两排挥舞着武器的市民。"我想我可以大胆地说，这一天在巴黎携带武器的人不会少于15万。"这位外交官说。

进入市政厅之后，路易"面带忧伤和焦虑的神情"，宣读了一份事先准备好的声明，表示"他愿意尽一切努力平息他们的情绪，恢复城市的安宁"，随后巴黎市长便以一种特别有损尊严的姿态递给国王一枚象征革命的蓝红相间的帽徽，而路易则默默将其别在了帽子上。然后，他恭恭敬敬地戴着这顶帽子走到阳台上公开露面，人们对他的这一举动报以习惯性的"国王万岁！"的欢呼，而此前这种呼喊是会被国民卫队制止的。

据说，这欢呼声像是给路易打了一剂强心针。"国王在那一刻又重新焕发了活力，他热泪盈眶，感叹说自己的内心是渴望人民的这种呼喊的。"康庞夫人写道。他显然把这种认可的呼喊声看成是一种迹象，表明他的御前会议做的决定是正确的；所以，他在度过这至关重要的一天后心情当然变得好多了。他的家人们原本害怕再也见不到他了，见他平安归来都非常高兴，不等他走上楼梯便立刻冲下来拥抱他。"他庆幸自己没有发生意外，而且当时还重复说了好几遍：'幸好没有流血，我发誓绝不让一滴法国人的鲜血因我的命令而流。'"康庞夫人回忆道。

但玛丽·安托瓦内特更为明智。对于那天在巴黎发生的一切，她比拙于判断人际互动关系的丈夫看得更为透彻。御前会议采取的政策有一个名称：绥靖。长期以来众所周知的是，绥靖只会导致灾难。

绥靖的弊端在两个月内便显露出来了。在经历了多年的压制、不公和贫困之后，下层民众对国王迅速接受革命的态度抱有疑虑。成功来得太容易了，他们担心这是一场骗局。人们都知道，王后对政府有着极大的影响力，而四起的谣言宣称，她已经向她的皇帝哥哥求助，奥地利的入侵就要开始了。*反对玛丽·安托瓦内特的怒火日益高涨；有人呼吁攻打凡尔赛，抓住国王，把他带到巴黎，囚禁或杀死王后。拉法耶特成功地阻止了一次这样的袭击——"我用四个词就让他们打消了这个小念头。"他吹嘘道。然而，到了9月，连他也认为还是提醒一下路易的卫队统领圣普里斯特伯爵，告诉他这种袭击的企图更好了。"这件事本不足为虑，"拉法耶特轻松地安慰他说，"我担心的只是那些搞鬼的阴谋家们会想尽各种办法来鼓动。"

圣普里斯特可没有这么乐观。他那时手下只有800名卫兵。因此，他安排将一支1000人的队伍从佛兰德斯调到了凡尔赛。这支部队于1789年9月23日抵达。两天后，费尔森伯爵也来了。

玛丽·安托瓦内特显然很高兴能再次与他在一起。圣普里斯特伯爵指出，这个瑞典人回来后"一直自由出入她的居所，经常在小特里亚农宫与她会面"。她知道，如今每个与她有关的人都会成为

---

* 她并没有那么做。何况约瑟夫（他那时仍然在世）在这时也根本腾不出手，因为他正与土耳其交战，还要应付在匈牙利和比利时发生的反叛。即便是约瑟夫这样的人也明白，这时不能再与法国开战了。

众矢之的,所以为了避风头,她安排他住进了凡尔赛宫。但他很可能像过去一样,大部分时间都是在她的房间里度过的。费尔森也知道要谨慎行事。他在8月24日的信中对他的妹妹说:"在说到与这个国家和她(指玛丽·安托瓦内特)有关的事情时请谨慎一些。"

他们在一起相处了整整十天,然后一切都变糟了。问题始于对佛兰德斯军团的欢迎仪式。按照传统,该军团的高级军官应该受到当地军官们的宴请欢迎,因此,圣普里斯特手下的卫士们便于10月1日在王宫的大剧院——这是唯一一个足够容纳下所有人的厅堂——为两支部队约200名军官举行了宴会。军官们在宴会上可没少喝酒。

没有什么比志同道合的同僚的狂饮更能激发潜在的政治忠诚了。卫士们都是保王党人;"'国王万岁!'震撼了大厅,持续了好几分钟。"在剧院上层包厢中见证了这场欢宴的康庞夫人回忆道。听到欢呼声后,一位指挥官敦促国王和王后屈尊露面,以奖励军人们的忠诚。玛丽·安托瓦内特想得很周到,把王太子也带上了。王室的出场引起了轰动。"从四面八方传来了对两位陛下的赞美、亲切的呼喊、对他们所受苦难的叹惋、鼓掌声以及'国王万岁!王后万岁!'的欢呼!"后来有人说,当时,人们将那令人憎恶的蓝红帽徽撕了下来,踩到了脚下,然后用代表国王的白色帽徽取而代之。康庞夫人驳斥了这种说法,她说:"真实的情况是,有几个年轻人……把他们代表国家的帽徽的白色衬里翻了出来。"但这并不重要,危害已经酿成了。到了第二天,整个巴黎都知道了卫兵们已表露出他们的真心,而且王室也鼓励他们表达这种反革命的效忠。"从那时起,巴黎就一直处于骚乱之中;暴民随处可见,在所有公共场所都能听到最激烈的倡议;人们谈论的话题无一例外都是进攻凡尔赛。"这位侍女绝望地写道。

就这样,三天后的 10 月 5 日上午,当英国驻巴黎大使从窗户向外望去,他"非常惊讶地(最初也是饶有兴味地)看到了一幅荒唐景象,一支女兵队伍正异常喧闹却又井然有序地迈着坚定的步伐向凡尔赛宫进发",他报告说:"我可以毫不夸张地向陛下您保证,当时的妇女人数不会少于 5000,她们手持自己能找到的各式武器,一起向那里进发。"然而,特使的轻松愉悦很快便消散了。"我们发现她们后面还跟着许多居民……还有好几队武装的布尔乔亚民兵(Milice Bourgeoise)。"他严肃地补充道。

圣普里斯特在这群意图不善的暴民到来前近 8 个小时就收到了消息。他通知了外出打猎的路易,让他返回王宫。路易照办了,然后自然又召开了御前会议。作为与会的高级军官,圣普里斯特建议立即将王后和孩子们送往位于巴黎西南方约 40 英里的朗布依埃的王室庄园,他们在那里可以得到更好的保护,而路易本人则应该跟卫兵们一起留下,骑着马去见那些暴民。圣普里斯特解释道,有他手下的士兵在后面摆出战斗队形,国王可以"命令巴黎人退回去,如果他们不服从命令……可以让骑兵发起几次冲锋,尝试驱散他们……即便失败,国王也有时间率领部队退回凡尔赛,然后立即向朗布依埃转移"。

像往常一样,这个明智的计划立即遭到了御前会议一半成员的反对,他们主张原地不动,因为妇女们的目的"很可能只是为了向国王请愿"(虽然圣普里斯特指出,这些人是全副武装前来的,其意图显然并非请愿)。没有得到明确多数意见的路易当然无法自行做出决定，于是他只好去找被紧急从小特里亚农宫召来的玛丽·安托瓦内特商量。

关于王后当时说了些什么，人们众说纷纭，彼此矛盾。讨论时并未在场的圣普里斯特沮丧地报告说，王后"宣布，无论出于什么考虑，她都不会与他（国王）和孩子们分开"。但这并不意味着玛丽·安托瓦内特不愿意离开，她只是不愿在没有丈夫同行的情况下离开罢了。事实上，她似乎一直试图说服路易，想让他跟王室其他人一起到朗布依埃去。她在一开始大概达成了目的，因为当天下午她给手下人下了命令，让他们"收拾好行李，我们半小时后出发，要抓紧时间"。然而，她最终还是没能让国王在如此短的时间内采取如此果断的行动。于是她又给手下人送来了第二封信。"情况都变了，"王后简短地写道，"我们将留在这里。"

于是他们就留在了凡尔赛宫，坐等着那支由武装起来的饥肠辘辘的妇女们组成的喧闹步行队伍，在数个装备更精良且危险性更大的男性分队的支持下，缓慢而从容地从巴黎向他们走来。就政治效果而言，这种做法就好比站在海滩上等待着浪潮来袭。一个在10月5日那个关键的夜晚身处王宫的国民议会代表就王后的表现写道："除她之外，所有其他人都显得惊慌失措。"而且玛丽·安托瓦内特还简短地告诉他说："我知道人们从巴黎赶来就是为了取我的人头。但我从母亲那里学会了不畏惧死亡，我将坚强地等待厄运降临。"

当天傍晚7点左右，第一批鼓动者浑身又冷又湿地（那天一整天都在下大雨）到来了。他们高喊："我们要把王后带回巴黎，不管她是死是活！"用这种方式宣告他们的到来。幸运的是，拉法耶特的信使紧跟着就到了。将军在信中说，他已得知了情况，此刻正带着国民卫队赶往凡尔赛来保护王室。他们只需要坚守到他到达就可以了。于是他们锁上了王宫的大门，对卫队和佛兰德斯军团进行了有效的部署，成功地挺到了最后。

拉法耶特和国民自卫军如约在午夜抵达，将军亲自向国王保证了他和他部队的忠诚。王室成员相信了这一保证，于是在晚上各自回卧室休息去了。拉法耶特整夜都没睡，一直忙于安排人站岗放哨和安置手下的士兵们。直到5点钟天快亮时，他才躺下休息。

然而，尽管他采取了种种预防措施，这位沉睡中的将军实际上并没能控制住局势。他躺下还不到一个小时，显然做了事先谋划的暴民们便重新聚集起来，等到天一亮，拉法耶特派去守卫王宫的士兵便违抗命令打开了大门。圣普利斯特伯爵从卧室的窗户目睹了整个过程，他惊恐地回忆道："一群疯狂的暴徒冲了进来，他们手持长矛和大棒，甚至有些还拿着马刀和火枪……他们以最快的速度冲向王室成员居住的院子，那里有通往国王夫妇居室的楼梯。"大多数人直奔王后的居室。他们冲破了由外围岗哨把守的大门，杀了王后的两名卫士。"杀啊！杀啊！毫不留情！去王后的居室！"他们大喊着。

那天早上有四个侍女值班，其中一个是康庞夫人的妹妹。康庞夫人写道："（在听到喊叫声后）我妹妹向着传来喧闹声的地方赶去；她打开了门……看到一名拿着枪挡在门前的卫兵遭到一群暴徒围攻，暴徒们打得他满脸是血。他转过身来喊道：'快去救王后，夫人，他们是来刺杀王后的！'"

康庞夫人的妹妹行动迅速。她赶紧躲回自己走出的那扇门，砰的一声将门关上，然后用大门闩从里面拴住；紧接着，她又如法炮制，拴住了通往王后居室的内门。她飞奔到玛丽·安托瓦内特床边将她叫醒，急切地喊道："快起来，夫人，别穿衣服了，赶紧到国王的房间里去！"

几乎可以肯定，玛丽·安托瓦内特那天早上并不是一个人躺在床上的。三天后，费尔森给他的父亲写信说："报纸上报道的那些发生在凡尔赛的事情……包括发生在 5 日星期一和 6 日星期二的所有事情……我都亲眼看见了。"像宫中的其他人一样，费尔森也看到了凶恶的暴徒们在前一天晚上来到凡尔赛，听到了他们声称要杀死王后的威胁之言；我们很难相信，这个曾经写信给妹妹说自己不想结婚，因为"我不能归属于唯一想要归属的那个人，那个唯一真正爱我的人，所以我也不想归属于任何人"的男子，会丢下被他视为妻子的那个女人不管，让她独自去面对这种事关生死的险境。*

他们只有片刻的反应时间。玛丽·安托瓦内特惊恐万分——康庞夫人用的就是这个词——她"从床上跳了起来；她们给她披上了一件衣服，都没有来得及扣上扣子"，康庞夫人的妹妹说。从王后的居室到国王的居室有一条几乎从未使用过的秘密通道；玛丽·安托瓦内特和她的两个侍女沿着这条通道逃走了，费尔森则留在王后的房间里，以确保她能逃脱。两个人可能都认为这是他们最后一次见面了。

---

* 在这些事件发生两年之后，一位到访法国的英国贵族声称，康庞夫人曾通过另一个人向他承认说，那位瑞典伯爵当天早上确实在王后的床上，他为了逃离不得不穿上那位侍女提供的用来掩盖身份的服装。当然，这只是传言，不能作为历史证据。然而，依照费尔森的性格来判断，尤其是考虑到他在那之后的所作所为，他恐怕当时的确是在场的。

三个女人在黑暗中奔跑，结果却发现通往国王卧室的门在另一侧被锁上了。路易担心家人的安全，出去查看情况了。她们敲打着房门，呼喊着开门，随时都可能被追在后面的人发现并杀掉。在经过十分钟的混乱之后，终于有一个国王的侍从听到了敲门声，让她们进了房间。那天早上，王后的头发从根部开始变白。那时她还不到 34 岁。

孩子们的家庭教师已经把他们安全地送到了路易的房间，国王也很快安然无恙地回来了。"王后又见到了她的孩子们，"康庞夫人写道，"读者们一定能想见那温柔而绝望的一幕。"

此时，拉法耶特已醒了过来——在这样的喧闹中没有人还能继续睡下去——他在一些训练有素的士兵的帮助下成功地驱退了暴徒，阻止了他们对卫兵们的进一步屠杀。随后，他立即前往路易的房间保护王室。圣普里斯特知道通往国王房间的后门，他穿了一件大衣来掩盖身份，也成功进入了国王的居所。他进去后就发现路易"处于一种难以描述，甚至难以想象的恍惚状态"。外面挤满了人，他们先是要求国王露面，然后又想见王后；拉法耶特走到阳台上试图安抚他们，但却根本做不到。"他的所有言辞都无法让他们停止高喊'去巴黎！去巴黎！'，甚至院子里还有人放了几枪，所幸没有击中任何人。"圣普里斯特说，"我……对他（路易）表示，拖延着不屈服于暴民们的意愿是无用的，也十分危险；他必须答应跟他们去巴黎……这是摆脱这些野蛮人的唯一办法，他们随时都可能走极端……但国王一句话也没说。"

圣普里斯特说得没错，他们别无选择；王室的防线已被攻破，院子里危险的人群明白这一点。尽管如此，路易还是花了大约 4 个小时才同意。王室的马车被套好，一家人在下午早些时候出发前往巴黎。这段旅途糟糕透顶。有人将当天早上被屠杀的两名卫兵的头颅插在长矛上，举着走在队伍前面，就在国王和王后的马车窗外，而车上坐着的还有他们的女儿、10岁的玛丽-泰蕾兹（Marie-Thérèse），4岁的王储，以及国王的妹妹伊丽莎白公主。王室一行人由凯旋的暴民一路护送到巴黎，暴民们幸灾乐祸地叫喊着："我们把面包师、面包师7684老婆和小面包师带回来了！"据说玛丽·安托瓦内特在途中曾平静地对这群折磨者说："国王从来都是只求人民能够幸福。"她向那些气势汹汹地逼近马车窗的人们保证说："有人对你们说了很多关于我们的坏话，说这些话的人都没安好心。"相反，在6个半小时的旅途中，路易始终一声未吭。

国王的姑妈们、他的弟弟普罗旺斯伯爵以及其他王室成员所乘坐的一辆辆马车一起组成了车队，进行这次凄凉的行程，费尔森也乘坐了其中的一辆。由于这位瑞典伯爵在凡尔赛并没有什么官职，所以很可能他跟随宫廷只是为了能靠近王后。"我乘坐一辆王室马车回到了巴黎，"他在给父亲的信中写道，"愿上帝保佑，别让我再看到这两天的痛苦景象。"

至于玛丽·安托瓦内特，这惊心动魄的48小时只是让她的态度变得更为坚定了，她决心要遵循她从动乱一开始就主张的策略：撤退到一个安全的地方，组建一支军队，然后带着足够的兵力返回，重新让她的丈夫掌权。"唉！圣普里斯特先生，为什么我们昨晚没有离开呢！？"那天早上，当在国王的居室看到这位王室卫队指挥官时，她喊道。"这不是我的错。"圣普里斯特无奈地回答。"我很明白。"她回答说。

★　★　★

王室在巴黎的杜伊勒里宫安顿下来，这座宫殿已经有半个世纪没有使用过了；为了住人，必须从凡尔赛宫搬运家具过来。*最初的几个星期特别难熬，因为王室住在这里是个新鲜事，全城的人都跑到窗下的花园里来，他们要求国王尤其是王后现身，像动物园里的动物那样展示给他们看。"他们整整一天都是在这种令人疲倦却又不能不搞的仪式中度过的。"英国大使报告说。"那些在前一天还发誓要杀死她的人……这时却在高呼王后万岁。"他嘲弄地补充道。巴黎市长和陪同王室来到首都的国民议会主席想让人们觉得王室是自愿到这里来的，于是派出谄媚的代表来欢迎他们。市长在一次这样的场合说："夫人，我来向您传达巴黎市的敬意，并向您证明巴黎市民对您的尊敬和爱戴。这座城市为能在这座我们历代国王居住的宫殿里见到您而感到荣耀，希望国王和陛下您能将这里作为常驻之地。"在拉法耶特国民卫队——既负责看管他们，也负责阻止掠夺者闯入——的严密监视和持续约束之下，玛丽·安托瓦内特别无选择，只能配合着演这出戏。"我很愿意接受巴黎人的好意；无论国王去哪里，我都会欣然追随，尤其是这里。"王后礼貌地答道。

然而，暴力和仇恨的爆发仍在继续。晚上，人们在窗下的花园里叫喊着可怕的威胁，甚至有一次还曾有人朝他们的阳台射击。"没有人知道这些恶徒会做到什么地步，"玛丽·安托瓦内特忧心忡忡地说，"危险在日益增长。"1790年2月4日，为了向革命政府

---

* "这里的东西都好难看，妈妈。"王储评价这个新家说。"我的儿子，当年路易十四曾在这里住过，他很喜欢这里；我们不应该比他更挑剔。"他的母亲笑容满面地回答道。"要知道，我可没想到我们会来这里。"玛丽·安托瓦内特悄悄对王室其他人说。

和骚动的巴黎民众保证王室的让步政策依然保持不变，路易专程去了一趟国民议会。国王再次宣读了事先准备好的演讲稿，承诺会"捍卫和拥护宪法规定的自由，这宪法出自民众的普遍意愿，同时也是我的意愿；除此之外，我还会做得更多；王后与我心意相通，我们会一起努力，尽早让我们的儿子为迎接新秩序做好思想和心灵上的准备"。

尽管她的丈夫这么说，但很明显，即使是在这么早的时候，玛丽·安托瓦内特就已经在为采取行动做准备了。就在一个月前，费尔森伯爵（他经常去杜伊勒里宫探望王后，以至于后来拉法耶特威胁说，她将被控以通奸罪并被迫离婚）写信给他的父亲说："只有一场内战或对外战争才能让法国安定下来，恢复王室的权威；但这在国王囚禁巴黎的情况下怎么可能发生呢？同意让人把自己弄到这里来就是错误的一步。现在必须设法让他离开巴黎。"伯爵直截了当地说，"一旦离开巴黎，国王应该就可以着手确立新秩序了。"玛丽·安托瓦内特完全赞同这种看法。

她并不是唯一一个这样认为的。事实上，到了1790年夏天，必要的一个做法是，把路易从首都解放出来并至少重建他的部分权威，以抗衡有可能使国家陷入混乱的暴力极端主义。甚至连米拉波伯爵这个最决绝的革命支持者也转而认同这一点了。* 此时的米拉波认为，暴民的力量是对自由的最大威胁，而君主制则是唯一能够

---

* 在这次顿悟之前，米拉波一直是君主制的苛刻批评者。他最尖锐的论断包括："主权完全属于人民，也只能属于人民，这是不可更改的。""现在已经到了要根据人们额头下两道眉毛之间所承载的东西来评价他们的时候了。"米拉波还曾在国民议会里咆哮说，贵族们都是"自私自利之徒，都以为这些绝望和痛苦的骚动终将过去……你们真的能确定这么多没有面包吃的人会让你们安安静静地享受你们不愿降低分量和口味的丰盛吃食吗？不，你们会被毁灭的"。

遏制这种威胁的制度。"如果这些已习惯了流血和混乱的民众继续让自己凌驾于官员们之上，藐视法律的权威，那么社会很快就会遭到摧毁。"他指出，"因为经常发生的情况是，共同的危险将让人们投入专制的怀抱，在无政府状态下，就连暴君都会被看作是救世主（这话准确地预言了拿破仑的崛起）。"

米拉波的计划是要将国王一家偷偷弄到诺曼底，然后国王就可以在这个安全之地召集忠于他的法国人来抵抗巴黎那些最恶劣的势力了（在米拉波看来，其中包括他那个被吹捧过度的竞争对手拉法耶特）。这个革命者想要寻求普罗旺斯伯爵对他这个大胆营救方案的支持，结果后者却只是嘲讽地表示，他哥哥绝不会采取这样积极的行动。"国王的软弱和优柔寡断简直是没法形容的，"普罗旺斯伯爵对这个想要营救路易的人说，"你若是想了解他的性格，可以想象一堆上了油的象牙球，那是你无论如何都没法聚在一块的。"

但米拉波坚持己见。他很聪明地想到，他最大的成功机会就是与王后达成一致，于是便想办法让她秘密召见了自己。"国王身边只有一个真男人，那就是他的妻子。"他如此宣称。

玛丽·安托瓦内特竟然同意接见米拉波，由此可见她有多么想要逃离巴黎。在她看来，米拉波就是煽动民众向凡尔赛进军的恶棍之一；她认为他和奥尔良公爵一样可恶，都是危及她生命的那些恶行的始作俑者。事实上，当米拉波通过中间人首次提出双方联合起来以帮助她的丈夫摆脱困境的想法时，王后笑了。她表示拒绝说："我想我们还不至于不幸到那个地步，要悲惨地铤而走险，寻求米拉波的帮助吧。"

但出于对家人安全的担忧——巴士底狱陷落一周年即将到来，

谁知道又会发生什么恐怖事件呢——她还是同意了与这位最不可能的盟友见一面。秘密会面定在了 1790 年 7 月 3 日，那时玛丽·安托瓦内特身处位于圣克卢的庄园里。* 会面在清晨举行，米拉波从城堡附属的公共公园入口溜了进去，成功躲过了侦查。这是这位伟大的演说家第一次与王后私下交谈，后者给他留下了深刻的印象。"她非常杰出，非常高贵，也非常不高兴。"他在会谈后立即对他的侄子说，然后又志得意满地预言道，"但我会拯救她的。"

那年夏天，米拉波的逃跑计划在王室中是一个公开的秘密。只有孩子们不知道国王正在考虑采纳伯爵的建议逃离巴黎。路易的妹妹伊丽莎白公主几乎无法抑制自己想要摆脱禁锢者们的急切心情。8 月 29 日，她在给一位朋友的信中隐晦地说道："我的腿仍然麻木。不过……我想不久就可以治愈了。"

不过，路易当然会要求米拉波以书面形式详细说明他的计划，毕竟国王习惯了用这种方式接收信息。米拉波所提交的备忘录不同于玛丽·安托瓦内特和她的丈夫以前见过的任何政府文件。路易手下的大臣们早已习惯了国王的被动性情，他们都知道如何用令人放心的婉转措辞来表达建议，而这个能说会道的演说家却毫无保留。"有四个敌人正在迅速逼近，那就是税收、破产、军队和冬天。"他严肃地列举道，并断定："我们必须做好准备，好好利用它们……内战必然会发生，而且也许是必要的。"

竟然要发动内战！王室简直惊诧莫名，好像米拉波建议他们驱

---

* 为了制造王室可以随意离开巴黎的假象，他们被允许在那个夏天到王后位于圣克卢的庄园中度过一段时间，那里是离巴黎最近的王室居所。包括凡尔赛宫在内的所有其他地点都被国民议会否决了，因为那些地方距离首都太远，不方便监视。事实上，王室仍然几乎每周都要返回巴黎一两天，以示对革命的支持。

车在巴黎各处放火似的。玛丽·安托瓦内特立即想到，米拉波果然是一个危险的激进分子，不可信任。于是她疏远了他，不再理会他的建议。没有了妻子的全力支持，路易根本不可能赞成如此激进的策略。巴士底狱沦陷纪念日平安无事地过去了；国王的参与换来了人们的欢呼；绥靖政策似乎奏效了，因此仍将继续。米拉波于次年年初去世，至死都遗憾于没能为自己钦佩的"天资聪颖"的王后做些什么。

但米拉波错了。他用如此令人不快的（虽然准确）措辞提出方案，使得玛丽·安托瓦内特认识到永远不该相信一个革命派，但却帮助了另一个几乎完全相同的计划获得了通过，而这一次使用了更加振奋人心的措辞，提出者是王后打从心眼儿里信任的人：费尔森伯爵。

费尔森的计划在很大程度上要仰赖玛丽·安托瓦内特家人们的支持和善意，特别是她的哥哥利奥波德和姐姐玛丽亚·克里斯蒂娜，它是由一小群忠于王室的朋友和顾问经过了长时间的秘密讨论后才提出的。显然，利奥波德在登基后需要一段时间来稳定约瑟夫留给他的局势，因此这位瑞典伯爵不得不等上几个月才向国王提交逃跑计划的细节。等到1791年初，费尔森得以写信给他的父亲说："他们（路易和玛丽·安托瓦内特）过去赐给我诸多恩惠，如今又给了一份令我受宠若惊的殊荣——信任；而且知道这个秘密的仅有四个人，所以也就更让我受宠若惊了。"他透露："如果我们能为他们提供帮助，我将会多么高兴啊……如果能为他们的福祉做出贡献，我的内心将享受怎样的甜蜜啊！"

这四名秘密谋划者是费尔森、布耶侯爵（梅斯要塞的法军指挥官）、布勒特伊男爵（波利尼亚克圈子里最早的成员之一，在巴士底狱被攻破后的第二天晚上与他们一起逃亡，这时正小心地在奥地利宫廷中做法国国王和王后的代表）和梅西伯爵（他被利奥波德从巴黎调到了海牙，协助玛丽亚·克里斯蒂娜和阿尔伯特收复奥属尼德兰）。这群人的共识是照搬米拉波的基本思路——让王室撤退到一个安全的地方，国王可以在那里召集忠诚于他的同胞们，组建一支军队，然后用这支军队让路易复位——但把诺曼底换成位于法德边境、靠近梅斯的蒙梅迪镇。顾问们认为，这样一来，若是忠于国王的法国士兵人数太少（这是一个不幸的可能性），还可以用雇佣的帝国士兵来补充。

路易再次要求要有一份对计划安排有详细说明的书面报告，而费尔森深知米拉波的计划是如何被否决的，他想办法淡化了使用外国雇佣军对付法国人民所必然会导致的流血和破坏。*他手段高明，将这一计划描绘成了一个仁爱的国王将要做出的英雄壮举。他在这份于1791年3月27日呈递给国王的文件中开宗明义地指出："毫无疑问，如果想要恢复秩序和繁荣，让王国免于彻底毁灭，防止被肢解（这话说得极好，因为洛林正威胁要脱离法国），使国王复位，重新获得权力，那就必须采取行动，而且必须采取有力的行动。"费尔森接着指出，路易当然可以等待，直到他完全确信自己已经通过书面条约（显然是国王喜欢的方式）获得了所需的全部资金和外援之后再采取行动，但那注定要等很长的时间，而且路易的弟弟阿图瓦伯爵和其他逃到国外的王族已经在谋划入侵了；如果他们的努

---

* 更不用说，这些外来士兵的出现很容易会被解读为奥地利发动的第一波攻势。

力成功了，他们岂不是就"主宰了王国和两位陛下的命运了吗"？

但幸运的是，君主还有另一种选择。"离开巴黎，只需等待各国的善意得到确认并筹集到两三个月的军饷……这样做会显得恢宏、高尚、威严且大胆，其对王国上下和整个欧洲的局势将产生不可估量的影响。"这位瑞典伯爵兴奋地说，"这样做可能会将军队争取回来，防止其彻底瓦解；它将使宪制得以确立，防止各个派别对其进行有利于巩固革命的修改，而且……（这将会）使得诸王族的行动变得对国王有利。"

恢宏、高贵、大胆、鼓舞人心——这才是伟大的玛丽亚·特蕾莎的骄傲女儿会予以热情支持的计划。王后显然至少在4个月前就已经同意了这一策略，因为她在前一年12月就订购了一辆四轮大马车，就是波利尼亚克公爵夫人一家出逃时使用的那种超大型豪华马车。当然，说服路易的问题还没有解决，但在费尔森向国王递交书面建议后发生的一件令人不安的事在这方面帮了谋划者们的大忙。

那是1791年4月18日，复活节前夕，王室打算在圣克卢逗留几天，然后返回巴黎庆祝节日。当时的首都比往常更加动荡不安；国民议会最近开始攻击宗教，要求神父们宣誓效忠尚未完成的宪法，而这是与教皇的权威和教会的教义有直接冲突的。对国王的两个姑姑来说，这是压倒她们的最后一根稻草；她们对天主教受到的攻击感到震惊，于是逃到了罗马，而人们普遍认为，她们在那里积极与教皇勾结，企图颠覆革命。

因此，当国王的马车在那天要前往圣克卢的消息走漏后，民众们怀疑国王一家也要追随两个姑妈的脚步试图逃跑，于是便赶来阻止他们。尽管拉法耶特尽了最大努力，但被指派保护国王的国民卫队成员却站在了大众一边，他们拒绝打开大门让马车通过。双方僵持不下。一直在场的费尔森描述了当时的场景："一队队掷弹兵到来，誓言不让国王离开巴黎；有几个人拿出了子弹，说如果国王稍有要离开的举动，他们就会把子弹装进枪里，向其开火。他们使用了最具侮辱性的言语，称国王……是一头肥猪，没有能力统治；说他应该被废黜，让奥尔良公爵取而代之；说他只不过是一个公职人员，而他们付给了他2500万，实在是太多了，他必须听从他们的安排。最后，在拉法耶特先生徒劳无功地努力了两个半小时之后，国王只好下令让马车掉头了。"但事情并没有就此结束。当晚，在他们窗下的花园里，"一个人大声朗读了……一份满是吓人话的有关国王的文件，鼓动人们攻打王宫，把里边所有的东西都扔出窗外，最重要的是，不要丢掉他们10月5日在凡尔赛错失了的机会"，伯爵阴郁地写道。

于是事情就这样定了。路易同意出逃。

虽然康庞夫人（她被找来帮忙准备出逃）后来将王室推迟两个月启程的原因归于玛丽·安托瓦内特要带的东西太多——"看她非要做那么多的准备，我感到非常不安，在我看来，那是根本无用的，甚至是危险的，我对她说，法国王后在什么地方都能弄到亚麻布料和礼服。"这位女侍不悦地说道——但事实上，推迟启程是由于后勤方面的复杂问题。费尔森的策略有赖于外国军团和盟友们的精确协调，尤其需要获得足够的资金来确保国王军队的忠诚。"我们必须确保国王能够拥有七八千由他自己雇佣的士兵。"负责此次行动的军事指挥官布耶侯爵在 5 月 9 日用密语给费尔森写信说。
"为了约束我们集结起来的部队，多出这些人来是很有必要的，因为虽然他们几乎都是德意志人，但也很容易被（革命者们）收买；而如果有了这批增援部队，他们就会认为一切皆有可能，其忠诚也能得以确保。你首先要关心的是如何弄到钱。"他嘱咐道。

直到 6 月的第一个星期，他们才凑齐了支持如此大规模行动所需的资金，但即使这样也还不够，因为利奥波德还没有派出他承诺的士兵，而布耶拒绝在这些战斗力量到达之前有所行动。"如果国王希望靠着自己的军队在自己的王国之内立足，那么他就绝对必须等待奥地利人到来。"这位指挥官坚持己见，"我建议等到（6 月）15 日或 20 日，届时奥地利人肯定能到达指定的地方。"

因此，他们有足够的时间来设计最安全的路线。最后的决定是，全家人将趁着夜色离开，向东北方行进，经由莫城和兰斯，去往蒙梅迪，全程 180 英里。* 路易对旅途感到忧虑，他要求布耶在沿路留下小队士兵保护和引导他们的马车，虽然费尔森认为没有这个必要。"从这里到夏隆之间不需要采取任何防范措施，"他对将军说，"最好的防范措施就是不采取任何措施。一切都有赖于速度和保密，如果您对您的分遣队没有十足的把握，那最好就不要安排任何人；或者至少在瓦雷讷这边不要安排任何人，以免引起注意。"康庞夫人曾说王后"决心要带上全套衣服到布鲁塞尔去，包括她自己和孩子们的衣服"，由此看来，玛丽·安托瓦内特打算在安全抵达蒙梅迪后留丈夫在那里领兵，自己则会带着家里其他人去跟玛丽

---

* 计划还要求普罗旺斯伯爵在同一时间逃往布鲁塞尔，但他要乘坐的是一辆更小的车，走的路径也不同。

亚·克里斯蒂娜和阿尔伯特会合，后两者此时已经回到了比利时。

最终，利奥波德来信确切地告诉他们说，他已下令在临近卢森堡的边境集结所需的奥地利军队；于是一切就绪；他们出发的日期定在了6月19日晚上。王太子随从中一个可疑的女仆要求他们将逃跑时间推迟24小时，但费尔森还是通过密信告诉布耶说："他们将于20日（星期一）午夜准时出发，最迟将在星期二下午两点半抵达索姆梅韦尔桥（位于兰斯城外，在巴黎以东约125英里处），你可以放心行事了。"

最后，1791年6月20日这个期待已久的夜晚终于到来了。每个人都沉着地扮演着自己的角色。白天的活动按照惯例进行；晚餐在预定时刻供应；宫廷成员上床休息，卫兵们丝毫没有察觉国王一家即将溜出王宫。他们将经由一系列连接各个房间的秘密通道逃出去，这些通道的门都是巧妙地开在墙上的，看上去就像是护壁板。这次午夜逃亡显然效法了波利尼亚克夫妇的成功经验，他们要乔装打扮，改变身份，打扮得如同王后的业余戏剧表演中的角色一般。孩子们的家庭教师穿着华丽的服装扮演主角、俄国的科尔夫男爵夫人；伊丽莎白公主扮作科尔夫夫人的贵族伴侣；王储被伪装成小女孩，和穿着花布衣服的姐姐玛丽-泰蕾兹一起扮演男爵夫人的女儿们；玛丽·安托瓦内特将脸和头发藏在一顶灰黄色帽子下，披着一件深黑色的斗篷，扮成家庭教师的模样；路易则戴上假发，穿着一件朴素的棕色大衣，装作是男爵夫人的男仆。他们的行李已经藏好了，费尔森在4天前把它们从王后的居室中偷运了出去。这位瑞典伯爵当晚也到了那里；出巴黎城的这一段路被看作是整个逃亡之旅中最危险的，为了让他们能安然出去，费尔森决定亲自驾车把他们送到城郊,所以他装扮成了马车夫,在楼下庭院的一辆马车里等候。

拉法耶特当晚正在巡逻;费尔森竟然能当着他的面把车赶进又赶出(以便让参加这次出逃的人有时间穿好衣服),这说明他的监视能力着实不怎么样。"10点一刻,孩子们出来了,没遇到什么困难。"费尔森说,"到了11点三刻,先是伊丽莎白公主出来,而后是国王,再然后是王后……拉法耶特放行了两次。"当所有人都上车后,伯爵驱车前往另一处的会合点,他的一个仆人已经驾着装载好的四轮大马车在那里等着了。伯爵把载着王室成员离开杜伊勒里宫的那辆较小的马车(车上很挤,国王上车时差点踩到王太子)赶到四轮大马车旁边,乘客们感激地换到那辆更宽敞的车上。然后费尔森跳上驾驶席,坐到了仆人身旁,命令他出发。这时已过了午夜,他们已经比计划时间晚了。"快,赶快点儿!"他催促道。

凌晨1点半时,他们已到达了东北郊的班迪,距巴黎市中心约7英里。四轮大马车在这里换了马,费尔森也与他们分开了。似乎是为了照顾国王的颜面,这位瑞典伯爵不会和他们一起去蒙梅迪;他将沿着普罗旺斯伯爵逃亡奥属尼德兰的路线前行,等到所有人都安全地处于布耶侯爵的保护之下时再和国王一家会合。如果说国王会因为在逃亡中如此依赖王后这位亲密伴侣的帮助而感到尴尬的话,他也并未表现出来。"无论以后发生什么,我都不会忘记您为我做的一切。"路易在费尔森离开前感激地对他说。

伯爵按二人习惯的方式以密语向玛丽·安托瓦内特告了别。他们曾一起选择了假冒的俄国男爵夫人旅行时所使用的护照姓名。这是一个私密的玩笑:科尔夫夫人实际上确有其人,是费尔森的朋友。为了骗过警卫并再次向王后表达他的忠诚，他最后对玛丽·安托瓦内特行礼，说道："再见了，科尔夫夫人。"在说出这句礼貌的告别语后，他便转身返回巴黎，骑着马消失在夜色中。

四轮大马车在黑暗中出发，精力充沛的马匹奋蹄疾奔。孩子们都已睡着，大人们警戒着四周。他们还是有遭人跟踪的可能的。但是，无论这些旅行者们如何侧耳倾听，都听不到远处有马蹄声传来，也听不到有人喊"站住！"。相反，一切都很安静。不久，太阳升起来了，他们可以透过马车窗户看到宁静的乡村，刚刚醒来的居民们显然还未注意到他们的存在。

但他们知道，真正的考验是在下一站，巴黎以东约 35 英里处的莫城。他们战战兢兢地驶近该城。此时已是上午 10 点左右，这时哪怕有一个王室成员被认出来，他们也会遭到拦截，然后被交给拉法耶特的国民卫队。但在这里也并没有发生什么异常事件，一切都按计划进行。预定好的替换马匹已经在等着他们了；没有人怀疑他们的证件，也没有人对他们有过多关注。马车在光天化日之下轻而易举地驶出了莫城，就像在费尔森离开后趁着夜色离开班迪那样。

这时他们明白，他们成功了。他们已逃离了巴黎，获得了自由！车厢里的气氛立刻高涨起来。几篮子食物被拿出来，如释重负的众人吃了一顿欢快的早餐。逃亡之旅在此时变成了一次愉快的出游。他们放慢了速度，还停下来带孩子们散步。由于最初阶段的出逃已经达成，这时的路易深信，一旦他离开了首都，其同胞便会聚集到他的身边来支持他。"我现在已经出了那让我遭受惨痛羞辱的巴黎城，"他对玛丽·安托瓦内特说。"请你相信，今后你将看到一个与以往大不相同的我。"他又说，就像童年时向人保证他会做得更好那样。仿佛是为了证明这一点似的，等到了下一个城镇，在他们停下来换马之时，他没有像往常那样默默地坐在车里，而是下了车，试图与镇民们搭话。"他与路人们谈论庄稼的收成。"一位目击者如是说。当马车夫劝说他不要露面时，国王很惊讶。"我想这已经没有必要了，"路易和蔼地对这个忧心忡忡的仆人说，"在我看来，我的旅途已能确保安全，不会发生任何意外了。"

情况看起来确实如此。当天下午两点半，他们到达了位于巴黎以东约 90 英里的尚特里克斯（费尔森曾向布耶保证，他们可以在那时抵达约 35 英里外的索梅韦瑟，那里正有士兵在等待护送他们离开），路易再次走下马车与镇民们搭话，结果他被认了出来。但令人欣慰的是，他并没有像在巴黎时那样面对一群愤怒暴民的吼叫，而是被一群惊奇的祝福者包围了，他们都是被国王驾到这样的新鲜事吸引过来的。这正如计划所预料的那样。就这样，路易带着溢于言表的自得回到马车里，对他的妻子说："拉法耶特先生此时正不知所措呢。"

国王的这种说法可大错特错了，拉法耶特先生非常清楚该怎么做。当天上午早些时候，在得知王室成员出逃的消息后，这位将军立即采取了行动，他调集了一队信使，并立即草拟了一份公告，准备让他们去广为散发。"国王已被革命的敌人带走了，"他快速向秘书口授道，"信使奉命将这一事实告知所有善良的公民，我以正面临危险的国家的名义命令你们，赶快将他从敌人手中抢回来，送交国民议会……这一命令适用于所有王室成员。"他强调说。骑着快马的信使将这一命令传向各省，国民议会的代表们也不甘落后，纷纷派出人手追踪逃亡者们。

与此同时，从尚特里克斯迅速传出国王就在附近的消息。几乎就在同一时间，有人报告说在索梅韦瑟附近发现了一群可疑的德意志士兵在四处游荡。居住在这两地之间的乡下人不需要拉法耶特的公告就能明白这些现象是有关联的。正如费尔森所警告的那样，人们担心这些外国军队是帝国入侵部队的第一波，目的是要杀害法国爱国者，推翻革命，让王国重新回到绝对君主制的统治之下。一个半小时后，当王室成员来到下一站沙隆时，当地居民的情绪已明显变得阴郁起来了。迎接他们的四轮大马车的是居民们的窥视和窃窃私语。当路易下车监督换马时，一名法军军官从他身边走过，低声警告国王"他被人出卖了"。

王室成员惊慌失措，立刻全速赶往索梅韦瑟。然而，这时他们已经比计划晚了近8个小时。那个德意志团发现有越来越多的武装市民警觉到他们的存在，此时早已四散奔逃了，而他们的法国指挥官也离开了那里，正在暮色中徒劳地搜索树林，想要找到他那不见踪影的君主。当马车在将近夜里11点赶到约定的集合地点时，那里已没有任何士兵了。旅行者们别无选择，只能继续赶往最近的城镇瓦雷讷，希望能在那里弄到新马来替换这些已精疲力竭的拉车马匹。然而，沉重的马车刚驶入该镇的主广场就被团团围住了。卫兵们喊道："站住！站住！否则我们就开枪了！"

随后发生的事情就是一堂惨痛的政治现实课。女家庭教师尽力装出受冒犯的男爵夫人的口吻，要求允许她的马车通行；人们挥舞着火枪和其他临时拿到手的武器拒绝了她的要求。王室成员不得不从车上下来。他们被带到附近一个杂货商的家里，在那里等待外出办事的镇长归来。杂货商从未见过国王本人，于是谨慎地叫人找来一个曾去过凡尔赛宫的邻居来识认；那个邻居刚一进门就立刻下跪喊了"陛下"，从而确认了这个被囚禁者的身份。"是的，我正是你们的国王；这是王后和其他王室成员。"路易坦白地承认说。"我来到各省忠实的臣民们中间，寻求他们全都享有的那种自由与和平……我要到你们中间生活，我的孩子们，我是不会抛弃你们的。"他依照费尔森在计划中所构想的策略和蔼地说道。

实际上，杂货商和他的邻居都倾向于支持君主制，都对国王的困境深表同情，但他们无法左右局势。一队德意志雇佣兵在他们的法国军官带领下一直四处搜寻国王的马车，最后终于找到了踪迹，跟着来到了瓦雷讷，但就连他们也已无能为力了。* "套上马，把他们送回巴黎！"不断涌入大广场的众多镇民吼叫道，"送回巴黎，否则我们就把他击毙在马车里！"

几小时后，国民议会的两名代表带着拉法耶特的公告出现了，王室的命运就此注定。玛丽·安托瓦内特厌恶地将那份有损尊严的文件扔在了地上，但它的意义是确定无疑的。国王和王后仍对布耶率领的主力部队的营救抱有希望，他们孤注一掷地想要拖延时间，恳求杂货商说，他们和孩子的生命都掌握在他的手里。"如果他们不离开巴黎，就会被奥尔良公爵一党杀害。他们会落得怎样的下场呢？"路易心烦意乱。玛丽·安托瓦内特"和他一样焦虑不安，并

---

* 正如布耶所担心的那样，法军指挥官刚离开部队去跟国王商量对策，看到敌对力量之规模和热情的外国雇佣兵们就叛变了，开始跟当地居民们喝起酒来。

且极其激动地将这种情绪表达了出来",她向杂货商的太太寻求帮助。"天哪,夫人!"那个可怜的女人喊道,"他们会杀了索斯先生(那个杂货商)的!我真心地爱着我的国王,但你听我说,我也真心地爱着我的丈夫。你看,他被安排了这个任务啊。"最后,为了让他们赶紧出来,国民议会的代表们再次使出了他们熟悉的办法,操纵聚在杂货商家外面的人群起哄闹事,这种民粹招数是没有能力发表激情洋溢的即兴演说的国王所不能应付的。"他们不愿回去!"国民议会的代表在窗口喊道。"布耶就要来了,他们在等着他!"人们对遭受这支保王党优势兵力攻击的恐惧与他们重生的革命热潮交织在了一起。"他们必须离开,必须强迫他们离开!"群众高呼着,"我们要拖着他们的脚把他们扔回马车里!"

于是,由于布耶和他们花钱雇来的士兵们完全不见了踪影——事实上侯爵认为大势已去,这时已开始越过边境逃往德意志了——国王只好投降。王室成员悄无声息地回到了车上,国民议会的两位代表也跟着上了车,为的是确保囚犯们在漫长的回程中不会再次试图逃跑。"显然,关于法国的公众情绪,有人对我们说了谎。"面无表情的玛丽·安托瓦内特说。他们在炎热且尘土飞扬的道路上度过了可怕的两天,道路两旁站满了作势威胁的观众和幸灾乐祸的国民卫队士兵,后者是拉法耶特派来护送他们回巴黎的。当他们回到杜伊勒里宫的时候,路易已经完全放弃了。国王"表情冷漠而平静,像是没有发生任何不寻常的事情似的……如同刚刚打猎归来那样",一个从瓦雷讷开始便和他们同乘的代表困惑地说。

费尔森在班迪和他们分开后便策马飞奔,第二天就越过边境进入了奥属尼德兰,他直到 6 月 23 日才听说了王室被俘的消息,而当时他们已经在返回巴黎的路上了。伯爵已得到了普罗旺斯伯爵安全逃离的确切消息,因而完全没想到国王一行人会惨遭失败(与路易和玛丽·安托瓦内特不同,普罗旺斯伯爵在逃亡过程中极其注重速度和隐蔽性,因而成功到达了比利时)。费尔森惊恐地意识到,由于他策划的这次行动的失败,如今他心爱的女人的处境比以前更加危险了。他的痛苦可想而知。"一切都完了,我亲爱的父亲,"他在听到这个消息后沮丧地写道,"我已陷入了绝望。"

至于玛丽·安托瓦内特,被人当成逃犯一般追捕并押送回首都的经历所带来的恐惧和羞辱变本加厉,因为她痛苦地意识到,如果当时让她的情人一路护送他们一家前往蒙梅迪,这次逃亡是很有可能获得成功的。在回到杜伊勒里宫后,王后只勉强写了一封潦草的信,而后便被痛苦和疲劳压倒了。信是写给费尔森的。"我想要告诉你,我爱你,但我甚至没时间说这些。"她悲伤地写道,"我很好,别为我担心……再见了,最爱我也最为我所爱的人啊。我全心全意地吻你。"

王宫的各道门都上了锁,卫兵数量加倍,国王一家已被隔离了起来。末日即将来临。

21

恐怖与悲剧
Terror and Tragedy

让法律的利刃横斩，砍下所有大阴谋家的脑袋吧。

——罗伯斯庇尔

毫无疑问，在这次失败的逃跑之后，君主制的存留机会急剧下降了。正如费尔森所指出的，成功会带来盟友。而如此可耻的失败却会产生相反的效果。国王和王后本希望在国内外以勇敢、果断、能干的形象示人，而现在却显得无能而令人失望。这样的形象对他们的未来可不会带来什么好的影响。讽刺的是，由大约 10 万个法国最富有的家庭组成的贵族流亡党（他们正被迫流亡在外，心中很是不满）及其对立面、激进的雅各宾派（代表了革命运动中最极端的成员）*，如今都以差不多相同的方式看待路易和玛丽·安托

---

* 梅西伯爵向维也纳报告说："在巴黎的多明我会修道院（the convent of the Jacobins）里成立了一个俱乐部；那是所有革命支持者的集合地，他们在那里准备材料，然后在国民议会上进行鼓动。所谓'雅各宾派'即由此而来。"

瓦内特，将他们看成是自己目标实现的障碍。移民们看到普罗旺斯伯爵成功逃脱出来，认为如果由他而不是他的哥哥来掌管王国，他们恢复自身权利并拿回财产的可能性就会更大。雅各宾派一心想让法国成为一个共和国，他们需要先消灭君主制，然后这一目标才能实现。

即使是利奥波德也不知道该如何是好了，虽然他无疑很关心妹妹的安全。他在最开始以为玛丽·安托瓦内特已成功逃了出来——最初的报告称王室成员已经安全越过了边境——于是赶紧给她写了一封信，向她保证"我的一切都任由你使用，金钱、军队……所有的一切。姐姐（玛丽亚·克里斯蒂娜）和梅西伯爵已经得到一切必要的授权，可以发布任何一种宣言或公告，或执行你需要的一切军队调动或部署活动。"但是，现在法国国王和王后自己是如此成事不足，情况就变得复杂多了。他们当然需要被救出来，但此时他们作为人质被扣押在巴黎，离边境如此之远，究竟该怎么救呢？在救援到达之前，他们可能就已经被杀了。

面对日益险恶的环境和有限的选择，再次肩负起保障君主制延续之责的王后（在瓦雷讷的大失败之后，路易变得一言不发，有时一沉默就是好几天）采取了务实的政策，想要尽一切可能争取时间，希望能有某种形式的外国干预使他们获得解放。1791年9月3日，法国第一部成文宪法制定完成，这极大地有助于她实现自己的目标。这部历时两年的大部头宪法废除了包括爵位在内的所有贵族特权；确立了言论自由和集会自由等公民权利；写入了选举程序；规定对富人和穷人按收入征税；还设立了国家立法机构和独立的司法机构。它确实保留了君主制，但君主的权力遭到极大削弱。路易别无选择——他的妻子明白，如果他拒绝，他们很可能再次遭到攻击——只能公开承诺维护和捍卫这份意义重大的文件。玛丽·安托瓦内特重新与费尔森伯爵建立了安全的联系通道，她告诉他说："更高尚的做法是拒绝，但在目前情况下，那是不可能的。"

在国王表示接受宪法之后，法国人的喜悦和欣慰之情简直无以复加。全国大多数人都认为，路易的同意标志着革命已经结束，他们取得了胜利！到处都是庆祝活动，焰火照亮了首都，王室参加了一系列戏剧演出，几个月来第一次有人群向他们欢呼致敬。1791年9月25日，国王的妹妹，好不容易从被禁锢在杜伊勒里宫的可怜处境中解脱出来的伊丽莎白公主在给朋友的信中说："我们看了歌剧，明天还要去看喜剧。天哪！多么快乐啊！我真是太高兴了。"＊

但王后的默许只是一种姿态。"这些人根本不会容忍君主存在……他们正在一点点地摧毁君主制。"她有预见性地对康庞夫人说。事实很快证明她是对的：国民议会的代表们打破了几个世纪以来的惯例，在路易宣誓保护和遵守宪法时拒绝在国王面前起立。这种蔑视行为让路易蒙受了巨大的耻辱，他后来泣不成声地对康庞夫人说："一切都完了！啊！……你见证了这种耻辱！"在丈夫崩溃时，玛丽·安托瓦内特"跪在他面前，将他紧紧搂在怀里"。"哦！去吧，去吧！"王后对侍女喊道。"那语气仿佛是在说：'不要留在这里看你的君主沮丧绝望！'"

但那是在私下里。在公开场合，尤其是在与国民议会的领导人

＊ 正是在这段短暂的欢乐时期，刚结了婚的爱玛·汉密尔顿夫人得以在返回那不勒斯的途中与玛丽·安托瓦内特见面，进行了那次对于玛丽亚·卡罗琳娜来说无比重要的密谈。

（玛丽·安托瓦内特在背后轻蔑地称他们为"疯狗"[enragés]）交谈时，国王和王后都假装毫无保留地支持立宪政府，以至于连费尔森都要求得到解释，玛丽·安托瓦内特不得不急忙安抚他。"您难道打算真心实意地站在革命一边吗？您真的认为别无他法了吗？"伯爵匆忙从布鲁塞尔写信问道。"不要慌……我是永远不会投靠那些疯狗的，"她安抚他说，"我不得不利用他们来防止更大的祸害；至于说好处嘛，我知道他们是无法提供什么好处的。"*

不幸的是，尽管路易显然是被迫才公开表示接受宪法的，但他的表态却让革命政府获得了公信力，反过来也让他的弟弟们带领的流亡党恼怒不已。恼羞成怒的流亡者们明白，如果他们还想拿回自己的头衔、财产和影响力，就不能让这种民主试验在法国扎下根来。国王的兄弟们极力呼吁利奥波德和其他大国采取军事行动，宣称在法国发生的一切对欧洲的每一个君主都构成了威胁。雅各宾派则采取行动助长了这种恐惧，他们向奥属尼德兰、德意志和意大利派出了间谍，煽动暴力推翻当权阶级。

利奥波德刚刚成功夺回尼德兰的控制权并将玛丽亚·克里斯蒂娜和阿尔伯特送回布鲁塞尔，此时诸事缠身，同时又要应付企图破坏他权威的法国间谍、士兵和革命宣传的大举进攻。他可不想再次失去那个省份。1792年2月7日，皇帝宣布他已与奥地利的宿敌普鲁士签订了正式的同盟条约，这充分说明了他对自己所面临威胁的重视程度。雅各宾派就这样在6个月内促成了过去50年时光，

---

* 她还用一种隐晦的方式向情人保证，她对他的感情始终如一。"在伤心欲绝之时，我会把儿子（王太子）抱在怀里，全心全意地拥抱他，在那一瞬间，一切都得到了安慰。"她写道。她并未提及女儿。

甚至是对在位君主的恶毒攻击也未能促成的事情：玛丽亚·特蕾莎之子和腓特烈大帝的侄子因对极端分子的共同厌恶而团结了起来，同意一起让法国国王复位，如果必要就使用武力。

1792年3月1日，就在这一影响深远的联盟确立三周之后，利奥波德去世了，他的长子弗朗西斯继承了王位，随之而来的就是战争。

玛丽·安托瓦内特得知哥哥突然去世的消息后大吃一惊。他死得太突然了，以至于她确信他是被毒死的。但皇帝的死丝毫没有让她改变政策。王后盼望着奥地利军队入侵。"没有理由为我们的安全担心，"她用密语写信给梅西伯爵说，"这个国家（法国）正在挑起战争，国民议会想要打仗，国王所承认的宪法保护了他。另一方面，国王父子的存在对周围这些无赖来说是非常重要的，这也保证了我们的安全。"她肯定地说。但这么想是有些幼稚的。

她对于帝国干预的希望得到了费尔森的鼓励，后者自逃亡行动失败后更加紧了营救王室的努力，并且代表王后在维也纳和布鲁塞尔之间频繁往来。在利奥波德去世前两周，伯爵甚至冒着被俘和入狱的危险前去探望王后。他戴着假发，拿着假护照，在1792年2月13日悄悄潜入了巴黎，直接前往杜伊勒里宫。*他在玛丽·安

---

* "走老路去见了艾丽，"他在当天的日记中写道，"很怕被（国民）卫队发现。奇妙的慰藉。"无法与玛丽·安托瓦内特在一起的费尔森此时有另一个情妇，名叫埃莱奥诺尔·叙利旺（Eleonore Sullivan）。他毕竟是个30多岁的男人，需要有人陪伴。公开与另一个女人在一起也是一种很好的障眼法。然而，他对埃奥诺尔的感情却与他对王后的深情相去甚远。"那是另一种感情——那种体贴，那种牵挂，那种温柔，"他写信给姐姐说，"埃莱奥诺尔无法取代她在我心中的位置。"

托瓦内特那里过夜,与她共度情人节,临走时才向她的丈夫致意。"我发现国王和王后决心坚定,想尽办法要摆脱当前的处境。"费尔森向瑞典国王报告了这次会面的情况,"根据我与两位陛下的谈话,我可以向您保证,他们坚信……只有借助外国军队和援助,他们才能重新恢复自身的权威。"

事实上,王后和伯爵利用这段偷来的时间一起制定出了一个大胆的新计划草案。战争开始后,皇帝将派聚集在比利时边境的奥地利军队带头发起进攻。与此同时,普鲁士人将采用由腓特烈大帝首创的那种快速进攻战术,利用奥军佯攻所提供的机会快速挺近巴黎(届时巴黎很可能无人防守,因为法军的大部分兵力都会被派到北部去抵御入侵),以解放王室。因此,一旦战斗打响,路易只需在首都坚持一小段时间便能获救并恢复权位。

这一大胆谋划所需的条件很快就得到了满足。新皇帝弗朗西斯(玛丽亚·卡罗琳娜的女婿)接受的是约瑟夫的训练,一有机会就试图扩张领土,因此他急于发动入侵,而且他和普鲁士国王都认为,法国因内部不和以及大批军官叛逃到流亡党一方而变得非常虚弱,他们可以轻松地将其击败,瓜分其国土。另一方面,法国的国民议会也做好了战斗的准备——他们把即将到来的冲突看成是自己的独立战争,想要像美国人那样奋勇作战。"皇帝!我再说一遍,皇帝才是你们真正的敌人!"国民议会的一个领导人大声疾呼。"你们必须与他作战,要么打败他,要么迫使他放弃与他国结盟反对你们的企图……你们必须要践行自己在上百次宣誓中所说之言,无宪法,毋宁死!"4月20日,显然并不情愿的路易再次向公众舆论低头,被迫在国民议会发表了一篇例行公事的演说,用低沉而时断时续的声音正式对他的侄子弗朗西斯宣战。

正如维也纳预料的那样，法军在战斗开始的几周里表现糟糕。4月28日，法军的一个团试图入侵佛兰德斯，结果被耻辱地击败，撤退的士兵甚至还反过来杀掉了他们自己的指挥官。就连曾与乔治·华盛顿并肩作战、在约克敦战役中经受过考验的拉法耶特也被证明并非帝国军队的对手。

法国还未曾面对最可怕的敌人。普鲁士和奥地利这时仍在集结他们打算用来攻破法国防线、解救被囚巴黎王室的大规模入侵部队。为了帮助她的拯救者们实现目标，玛丽·安托瓦内特不惜叛国，她将从路易的御前会议上得到的有关法国士兵和大炮之动向的机密情报通过密码发给了费尔森，后者则确保这一重要情报被传递给普鲁士军队总司令布伦瑞克公爵。到了6月，王后已经有理由抱持谨慎的乐观态度了：她得到消息说，攻势将在下个月的某个时候开始。但她的盟友们组织兵力所花的时间远远超过了她的预期，而且在此期间，人们对王室的反感情绪也大大增加了。法国军队的糟糕表现（没有人喜欢失败）使人们怀疑路易和玛丽·安托瓦内特与敌人串通一气。5月1日，一个到访巴黎者在一封家信的开头写道："如果我几天后写信告诉你不幸的国王和他的妻子已经被谋杀了，你也不要惊讶。"

似乎这一切还不够似的，即将到来的入侵所造成的紧张局势又给玛丽·安托瓦内特带来了新的问题：她的丈夫因想到战争和自己不光彩的处境而心灰意冷，放弃了希望。"国王陷入了绝望，几乎到了完全没救的地步。"康庞夫人写道，"他连续十天都不发一言，甚至在家人面前也是如此；只有在与伊丽莎白公主玩双陆棋……不得不说出棋招时才会出声。在这样的关键时期,这种态度是致命的,王后想要让他振作起来……她扑到他的脚下,用深情的言语说了各种话,试图让他警觉起来。"这位侍女说:"她还指出他对家人负有的责任,甚至还对他说,如果他们注定要死,那也要死得光荣,而不是等着在这里窒息而死。"

她的确成功地唤醒了他,只不过并非如她所愿;他倒是下定了决心,但却是决心去死。路易显然认为,拯救他的家人和法国最高尚的方式就是牺牲自己,而国民议会适时为他提供了途径。5月26日,国民议会通过了一项法令,将所有拒绝宣誓将对国家的责任置于对教会的责任之上的神父流放。路易非常虔诚;他认为自己对这项法律的默许,无论是不是假装的,都是对自己灵魂的玷污。虽然宪法允许国王对立法拥有否决权,但在当前环境下使用否决权无异于自寻被公开处决的下场。路易一再被警告,如果他抗拒法律,暴民就会起来反对他;他的回答似乎表明,这正是他想要的结果。"我准备好接受死亡了,我提前赦免他们。"他平静地说道。他在6月19日否决了这项法令,紧接着就叫来了他的忏悔神父。"到我这儿来吧,"他写道,"我已受够了人世,盼望着去往天堂。"

他的顾问们是对的;这次否决正是雅各宾派一直在寻找的机会,他们可以借此释放民众的愤怒,摧毁君主制。这甚至不需要费多少事,他们本来就已经计划好了在第二天组织游行,而这一天恰好是王室逃离巴黎一周年。他们只需要把已经排好队并蓄势待发的愤怒示威者们聚集起来,煽动他们抗议国王的否决,发动暴乱,然后让这股致命的力量冲向他们的目标就可以了。

1792年6月20日下午,大约3万名愤怒的巴黎人袭击了杜伊勒里宫，其中许多人一整天都在酗酒，几乎所有人都挥舞着长矛、斧头和其他各种自制武器。1万6000名被派来保护宫殿门户的国民自卫队员袖手旁观。* 于是，这支凶残的队伍便毫无阻挡地冲上正门的台阶，进入了这座宫殿，一直冲到主楼梯处。一个惊恐的旁观者说："在我看来，这些人比狂怒的浪涛还要危险。"

当时，王室成员都在国王的居室里，路易忠心耿耿的贴身卫队里有一个成员走了进来，建议国王直面入侵者，想办法让他们平静下来。玛丽·安托瓦内特想要陪伴她的丈夫——"让我去吧，"她恳求说，"我应该待在国王身边，要死也该死在他的脚下"——但路易让她和孩子们待在一起。伊丽莎白公主跟她的哥哥一起去了。"先生们，救救国王！"玛丽·安托瓦内特在他离开时对其随从喊道。

随后，路易和他的臣民们进行了长达两个小时的对峙。对峙发生在王宫上层的一个大房间里。掷弹兵们将国王安置在一个窗洞里，以防有人从背后攻击他。然后，他们在国王周围围成一个半圆，而国王则爬上他们身后的长凳，以便让人群看到自己。房间的门已被外面的人砍得支离破碎，因此在卫兵们的示意下，门被打开了。顿时，成群的愤怒武装暴徒者冲了进来。"公民们！"掷弹兵队长用最骇人的声音喊道，"看看你们的国王吧，要尊重他！法律命令你们这样做。我们所有人是宁可死也不会让他遭受丝毫伤害的。"

---

* 一位名为拿破仑·波拿巴的年轻法国军官惊呼："这太疯狂了！"他当天正好在巴黎，和一群目瞪口呆的围观者一起见证了这一幕。"他们怎么能允许这群乌合之众闯进去？为什么不用大炮轰掉四五百人？那样其他人就会逃之夭夭了。"

21 恐怖与悲剧

第一波暴徒试图攻击国王，但被路易周围武器更精良的卫士们击退，他们转而将怒火发泄到了家具上。*在这之后，入侵者们只是挥舞着斧头，喊叫着各种污言秽语，却不敢再上前。在这个过程中，路易始终坚忍地站在长凳上，以一种超凡脱俗的尊严面对折磨他的人，与周围的纷乱形成了鲜明的对比。他做了人们要求他做的一切事，甚至戴上了红帽子——雅各宾派的标志——那是一个鼓动者递给他的（谨慎地挂在长矛的一端递出，以免离掷弹兵的剑太近）。躲在另一个窗洞里的伊丽莎白公主甚至更加勇敢：一个男人误以为她是王后，用刺刀抵住了她的喉咙。"小心点，先生。"国王的妹妹冷静地拂去刀刃，面带微笑，提醒那个攻击者说，仿佛对方是在开玩笑似的。"你会伤到人的，我怕你会因此而懊悔。"

与此同时，那些无法挤进国王房间的暴乱者们奔到别处寻找王后去了。为了保护王后和孩子们，大约200名卫兵把他们带到后面的一个房间里。就像保护路易兄妹那样，他们把玛丽·安托瓦内特和她的女儿置于一个凹处，将开会时用的大会议桌推到她们面前作为屏障，然后把王储像装饰烛台一样放到了上面，以便人们可以从远处看到他。他们分散着围在这几人周围，然后放那些嚎叫的暴民进入了房间。"让一让，让人们能看到王后！"一个高级官员宣布，他像博物馆的讲解员一样，轻快地带着人们往前走。"看吧！"他指着冷若冰霜的玛丽·安托瓦内特和她惊恐万分的儿子说道，"这是王后，那就是王储。"观众们也跟着他一路走过去，一边走一边大声辱骂。"这太过分了，超出了人的忍受极限。"玛丽·安托瓦内特轻声说。但她不想表现出恐惧，而这救了他们的命。"如果这些

---

* 这就印证了拿破仑的话，即只要小小地展示一下武力就足以吓退这些暴民了。

无赖中有谁大胆地袭击王后……人们一定会群起效尤，房间里的所有人都会被屠杀的。"一个目击者说，"万幸的是，王后陛下……她的自信神态镇住了暴徒们。"

最终，翘首期盼国王被杀的巴黎市长意识到行动已经失败，于是不得不来到杜伊勒里宫。他赞扬了群众在当天的表现，向同胞们发表了讲话："公民们，你们是来合法地向国家世袭代表（国王）表达自己的良好愿望的，"他声音低沉地说，"你们的做法表现出了自由人的高贵和尊严！现在回家去吧！"为了加快撤离的速度，王室居所的主廊道被开启，让那些参与这一激动人心的特别活动的人们可以最后看一眼那里的展示物，或许还能偷走一两件小饰品带回家留作纪念。

直到将近10点钟，最后一批不速之客才蹒跚着出了惨遭破坏的宫殿，走入夜幕之中。王室成员几乎不敢相信自己竟活了下来。"我仍然活着，这是个奇迹。"玛丽·安托瓦内特写信给费尔森说。王后现在明白，是她错了。她一直指望的安全网——政府需要国王和王太子来提供合法性，因此会保护他们——只是一种幻想，普鲁士军队是他们唯一的希望。她在7月4日的信中向梅西伯爵表明了这一点。"您已经知道了6月20日发生的事件吧，我们的处境正日益危急。"她告诉他说，"如果不是因为这些心怀不满的人们因害怕近在眼前的惩罚而退缩了，那么一切都会被毁掉的……他们不惜一切代价也要建立共和国。为了达成这一目标，他们已决心要杀死国王。"

玛丽·安托瓦内特意识到，在救援者到来之前，她必须再次承担起保护丈夫和孩子的责任，于是她便亲自采取了行动。王后通过梅西要求她的救援者们发表一份宣言，目的是吓住雅各宾派，使他们不敢再对国王采取任何暴力行动。"这份宣言应该要求国民议会和整个法国为国王及其家人的生命负责。"她要求说。为了让她的话更有分量，她提到了一个她知道梅西不想辜负其希望的人：玛丽亚·特蕾莎。"我仰赖着您的奉献精神，"伟大女皇的女儿恳求她从前的仆人说，"我冒昧地自以为，我分享着您和我母亲之间的深厚情谊。此时正是证实这一点的时候，请您解救我和我的家人吧。"

她很了解他，知道这样的要求是梅西伯爵无法拒绝的。他立刻将这一请求以及王室的紧迫处境传达给了普鲁士军队的统帅布伦瑞克公爵。

王后想要一份宣言，于是她得到了一份。

当玛丽·安托瓦内特的请求被传达到身处科布伦茨总部的布伦瑞克公爵手中时，帝国迅速战胜法国的前景似乎已很确定了。到7月中旬，普鲁士人已经集结了一支约8万名士兵组成的军队，此外还要加上2万2000名奥地利士兵，以及名义上由普罗旺斯伯爵和阿图瓦伯爵指挥的1万2000名流亡派士兵。皇帝还在比利时边境部署了由其姑父阿尔伯特统率的另外1万8000名奥地利士兵。

指挥官此时只是在等待普鲁士国王的到来，以便在发动入侵之前检阅部队。普鲁士国王于1792年7月25日到达，于是这天似乎就成了发表法国王后所要求的宣言的合适日子。布伦瑞克公爵可不是一个说话兜圈子的人。"巴黎市及其所有居民都必须立即毫不拖延地臣服于（法国）国王，"他高傲地提出要求说，"如果有人强行进入或攻击杜伊勒里宫，如果有人对国王、王后及王室成员施以哪怕最轻微的暴力,我们必将实施一种让你们永远无法忘却的报复行动,用武力征服该城并将其彻底摧毁,让犯下上述暴行的叛乱分子受到应有的惩罚。"在做完这最后的骑士姿态之后,他便跨上战马,率领他的大军渡过莱茵河,进入了法国。

即便他用垂死的法国士兵的鲜血在他们背上涂上"叛徒"二字,他对路易和玛丽·安托瓦内特造成的伤害也不会更大了。这篇侮辱性的公告和敌人攻入法国边境的消息一起在8月第一周传到巴黎,引发了几乎是普遍性的恐慌和愤怒。直到这时为止,王室在国内仍有支持者;尤其是因为他们在6月20日的英勇表现赢得了同情。但布伦瑞克公爵的宣言却让这一切发生了改变。布伦瑞克公爵的这番话既揭露了国王和王后的叛国之行,又让巴黎市民想起了贵族的傲慢和残忍,这位敌军统帅用这种方式为共和国在法国的建立做出了巨大贡献,远超国民议会中最慷慨激昂的演讲。雅各宾派真该给他写一封感谢信。

1792年8月10日,就在公众得知这份煽动性的最后通牒内容不到一周之后,杜伊勒里宫再次遭到了袭击,而且这次再多的坚忍从容都救不了王室了。普鲁士人已发出了决斗的挑战,基本上就是在挑衅雅各宾派反抗他们,由于许多巴黎人认为自己反正都会死,所以也欣然接受了挑战。路易的臣民们不再满足于辱骂、长矛和斧头,他们这次带来了士兵和大炮。走在这支复仇之师最前面的是一个令人生畏的营队,他们最近刚从马赛调来,帮助保护巴黎免受帝国的攻击。有人建议王室逃离王宫,到正在杜伊勒里宫旁边的骑术学校召开的国民议会那里去,听凭其处置。玛丽·安托瓦内特简直不敢相信自己的耳朵;他们手里还有一个由800名忠诚的瑞士卫兵组成的团；她想要留下来战斗。"我宁可被钉在墙上也不会离开。"她高傲地宣称。"王后陛下，整个巴黎都行动起来了，"对方回答道，"现在做什么都没用了，抵抗是不可能的。您难道想让自己为国王、孩子、您自己……以及您身边忠实的仆人们被屠杀负责吗？""天啊，决不。"她让步了，同意离开。

一群市政府代表和国民卫队成员帮助他们安全地离开了王宫，穿过花园来到国民议会，在那里临时避难。他们的随从就没那么幸运了，瑞士卫队惨遭屠杀。暴徒们闯进王宫，杀掉了他们看到的所有人——侍从、仆人、秘书、侍女——任何与王室有关的人。康庞夫人惊险地逃过了一劫。她当时正在一条狭窄的楼梯上，躲避一群暴徒的杀戮，他们刚刚屠杀了王后的一名男仆，当时"我感到一只可怕的手落在我背上，抓住了我的衣服"，她清晰地回忆说，"幸运的是，有人在楼梯下面喊：'你在上面干什么呢？'那个正要杀了我的可怕的马赛人哼了一声，那声音我永远都忘不了。另一个声音又说……'我们不杀女人。'我当时正跪在地上，刽子手放开了我，说：'起来吧，你这个没用的娘们儿。国家原谅你了。'"

上天对康庞夫人的照顾远超其想象——她不仅活了下来，还成功地躲过了牢狱之灾。那天幸存下来的几乎所有其他廷臣最终都被抓了起来，其中包括朗巴勒王妃，也就是在玛丽·安托瓦内特成为王后的第一年里靠着漂亮脸蛋和时髦皮草引起了乘坐雪橇出行的王后注意的那个人，她在王后心目中的地位仅次于波利尼亚克公爵夫人。实际上，就在国王一家逃往瓦雷讷之前，这位王妃已经离开了法国，但后来她为了给玛丽·安托瓦内特送一封费尔森伯爵写的信又回来了。她留了下来，忠心耿耿地支持和帮助着王后。此时，她和其他一些人，包括在那次失败的逃亡中假扮科尔夫夫人的王室家庭教师，都被关进了拉弗勒监狱。

王室一家的情况比侍臣们好不了多少。在国民议会成员就如何处置他们进行辩论的三天里，他们一直在等待着。最后，国民议会决定剥夺国王的权力，逮捕路易、玛丽·安托瓦内特、他们的孩子和伊丽莎白公主，然后将就他们危害国家的罪行进行调查和最终审判。1792年8月13日，他们被塞进一辆马车，送往一座由中世纪塔楼改建而成的监狱——圣殿监狱。

此乃君主制的终结，恐怖的开始。

由于对杜伊勒里宫的袭击没有缓解这座城市面临的真正威胁——普鲁士人在几周内就会开进巴黎，屠杀所有男人、女人和孩子——8月10日的暴力事件丝毫未能平息民众的嗜血欲望。来自前线的消息一点儿都不乐观。8月19日，有报告称，装备了大量火炮的敌军已到达距离首都约200英里处的隆维要塞。这座要塞于8月23日落入敌手。现在就只剩下位于东方160英里处的凡尔登要塞守卫着通往巴黎的道路了。如果凡尔登陷落，乡村地区是无法抵抗敌人的攻势的。届时普鲁士人便可以围困首都，或者用大炮轰击城墙，然后随意入城了。

恐惧和仇恨混合而成的有毒情绪笼罩着巴黎。居民们听天由命，等待着死亡——这情形就像是在培养皿中培育致命的病毒。仅仅监禁国王是不够的，任何被怀疑效忠君主的人都难逃其咎，理应受到惩罚。人们开始在城中进行大搜捕。数百人被抓，其中很多是神职人员，因为众所周知，路易曾使用否决权来支持他们。此时给人定罪已经根本不需要证据了，只需要一个指控，不管是什么样的指控，都足以将人送进监狱。就这样，每天都有新的叛徒被发现，而这反过来又证实了的确有很多叛徒存在的妄想，助长了歇斯底里的恶性循环。

尤其令人不安的是，有些人认为只有大规模处决这些害虫才能保卫革命，而科学也在此时上来帮忙了。"我的机器能在一眨眼的工夫里就将人头斩下，被杀的人不会有丝毫痛苦。"约瑟夫 – 伊尼亚斯·吉约丹（Joseph-Ignace Guillotin）医生向国民议会保证说。人们对这个新玩具充满了好奇，忍不住要实验一番，于是这个装置就被安放在了路易十五广场（被更名为革命广场*）上，所有人都迫不及待地想要看看它是否真的管用。它的确管用，而且来得正是时候。9月2日，有消息传来，凡尔登要塞也已陷落敌手。侵略军现在距离巴黎只有一周的路程了。

第二天，即1792年9月3日，巴黎市民开始了行动，他们以自由和平等之名展开了一场大屠杀，其惨烈程度让人不禁怀疑，即便是普鲁士人真的到来，恐怕也杀不了更多的人了。无辜受害的人多得可怕。在随后的日子里，约有200名教士被杀，他们唯一的罪行就是坚持自己的宗教信仰。在8月10日攻击杜伊勒里宫的行动后被逮捕的人中有将近一半遭到处决。这一次，他们没有放过女人。一群爱国者不想坐等断头台发挥作用，他们挥舞着斧头闯入拉弗勒监狱，用传统方法砍掉了朗巴勒王妃的脑袋，然后将其插在矛头上，以便能够举着这颗脑袋在圣殿监狱周围巡行，希望王后能看到。"下午3点，我们听到了可怕的叫喊声。"13岁的玛丽 – 泰

---

* 即现在的协和广场。

蕾兹和家人一起被囚禁在那里，她后来回忆那天的情景说，"我父亲问发生了什么事，一位年轻军官回答说：'你想知道我就告诉你，那是朗巴勒夫人的脑袋，他们想要让你们看到。'"玛丽·安托瓦内特大叫一声，晕了过去。"那是她唯一一次方寸大乱。"她的女儿悲痛地写道。

当然，杀死大批无助的教士和廷臣虽然令人满意，却无法解除真正的威胁。普鲁士人仍在逼近，而巴黎人似乎对此无能为力。巴黎人民如坐针毡，等待着有关敌人进展的消息，同时也等待着他们即将面临的末日。

突然，不知从何处传来了消息，法军在最后关头赶来，在凡尔登以西约30英里处的瓦尔密构筑了一道屏障，在9月20日与敌军进行了一场战斗，而且取得了胜利！首都得到了保全。

这场胜利保卫了革命的果实，其重要性怎么说都不为过。它对法国的意义就像约克敦战役对美洲诸殖民地的意义那样。法军一鼓作气，乘胜追击，一举夺取了战争的胜利。如今的普鲁士国王可不是腓特烈大帝，他看到部队在瓦尔密战役中遇挫后得出结论，认为占领巴黎并不像他原本相信的那样简单轻松，于是下令撤退。法国人在那一刻忆起了他们的光荣历史，想到他们比对手要强大得多，尤其是在如今第三等级已经掌握了自己命运的情况之下。正如最激进革命派别的非正式领袖马克西米利安·罗伯斯庇尔（此人很快就会成为某些最极端的恐怖行为的策划者）在一次对雅各宾派发表的演说中指出的那样，"法国有300万武装起来的人民"，与之相比，贵族们领导的十万大军又算得了什么呢？

在巴黎，国民议会兴高采烈地宣布法国将成为共和国。得胜的

21 恐怖与悲剧

法国军队制定了入侵布鲁塞尔的计划。然而，战场上的胜利并未丝毫减轻首都人民对国王及其同谋者们所怀有的愤怒。相反，雅各宾派开始组织法庭对政治对手进行快速的审判，然后押上断头台斩首，在他们的怂恿之下，民众的愤怒情绪转变成了一种更为危险的行为：得到官方支持的复仇。而刚刚宣布成立的共和国政府所要针对的目标正是国王一家。

对前法国国王路易十六的审判于 1792 年 12 月 11 日开始，在国民公会（国民议会的改名）中进行。两名卫兵来到圣殿监狱，突然将正给王储上地理课的路易带走，后者直到此时才得知自己要遭审判的消息。在此之前，习惯了规律作息的国王每天都会在规定的时间里与妻子、孩子和妹妹见面，和他们一起用餐、学习、玩双陆棋，如果天气允许，还会到花园里散步或爬上塔顶呼吸新鲜空气。然而，等到针对他的法律诉讼开始，他连这样的放松时刻也被剥夺了。除了两次被传唤出庭之外，路易一直被关在自己的房间里。

国民公会经过六周的审议，最终得出了致命的结论。1793 年 1 月 14 日，法国前国王以 691 票对 0 票（27 票弃权）被判犯有"阴谋剥夺人民自由并企图危害国家安全罪"。6 天后，路易因一票之差——361 票对 360 票，这个结果因如下事实而尤其引人注目，即奥尔良公爵竟站在了多数派一边，实际上是他的一票决定了其堂兄的命运——而被判死刑。

直到 1793 年 1 月 20 日，国王才被允许最后一次与家人见面。当时是晚上 8 点半，四个人哭着扑进他的怀抱，玛丽·安托瓦内特和王储在一边，玛丽-泰蕾兹和伊丽莎白公主在另一边。"他哭了，不是因为怕死,而是为我们伤心。"他的女儿悲痛地写道。她们就这样待了45分钟,紧贴着他,努力压抑着啜泣,用各种方式尽力表达着对他的感情。玛丽·安托瓦内特恳求让他们与他一起度过这个夜晚,但路易不同意;他保证第二天早上再与他们相见,这才说服家人们离开。"你保证?""是的,我保证……7点钟。再见!"他声音断续地答道,"再见,再见了!"但家人们一离开,"他就告诉卫兵说不要让我们再下来了,因为我们的出现让他太痛苦了",玛丽-泰蕾兹悲痛地写道。他需要保持坚强,以迎接即将发生的事。"啊!为什么我要如此温柔地爱和被爱呢?"这位被判死刑的国王对他的忏悔神父说道。

第二天(1793年1月21日)上午10点30分,路易十六被处死。他享年38岁,已统治法国18年。法国人民毫不知情的是,他们从未有过这样一个国王,他勇敢地挣扎奋斗,为的是履行自己的职责,造福自己的人民,他可能每天都在与人类行为的奥秘作着斗争,为的是能够按照人们对他的期望行事。他一直努力到了最后:路易没有能力在大庭广众之下发言,他搜肠刮肚,最后一次努力向挤在下面、渴望看到断头台执行其残酷正义刑罚的人群开口说话。"我死得很清白,没有犯过那些人们指控我的罪行……"他说道,刚一开口,声音就被鼓声淹没了。他毫不反抗地任由别人把自己安置在断头台下,刀片落了下来,那个生来就与别人不同的男孩不复存在了。

路易在几天前写了一份遗嘱,将孩子们托付给了王后。"我恳求妻子的原谅,她因我而遭受了诸般苦难,在我们的婚姻中忍受着许多由我导致的烦恼。"他在遗嘱中写道,"如果她觉得自己有什么地方做得不好的话,那也请她放心,我对她没有任何埋怨。"

玛丽·安托瓦内特因丈夫被处死而伤心欲绝。她未曾像爱费尔森那样浪漫地爱过路易,但这并不代表她对他没有真挚的感情。在过去的5年里,随着危机的加剧,国王和王后以前所未有的方式共同面对危机,他们之间因而建立起了深厚的感情纽带。他们共同患难,在彼此那里得到了力量和安慰。玛丽·安托瓦内特的悲痛中显然也有内疚的成分。她知道自己有责任保护国王。她曾经努力过,但所有的努力都失败了;更糟糕的是,她意识到,正是自己最近的糟糕谋划导致甚至可能加速了国王的死亡。"没有什么能够平息我母亲的痛苦。"她的女儿伤心地写道,"我们无法让她怀有任何希望;她已经对自己的生死漠不关心了。她有时会悲悯地看着我们,那眼神让我们发抖。"

王后之所以如此绝望,也是因为她确信,丈夫的死是不会让雅各宾派满意的。这一点就连路易也看得很清楚,虽然他曾一度认为只有牺牲自己才能拯救家人。"反叛者们如此无情地诋毁和诽谤王后,只是为了鼓动群众来毁灭她。"国王在审判开始后不久就指出,"她是注定要死的。他们担心如果让她活下来,她会替我报仇。"

事实证明,他的话非常有先见之明。在接下来的6个月里,国民公会的代表们开始为起诉和控告王后做准备。起初,他们采取的行动只是给王室制造一些小麻烦。囚犯们被剥夺了日常生活必需品,包括干净的床单;他们会在半夜被从床上叫起来,以便在房间里翻找叛国活动的证据(什么都没有找到);一些除了情感价值外没有其他意义的小物品也被没收了,比如伊丽莎白公主留下来当做纪念的国王的帽子。在这一切过程中，王后始终以一种冷漠的居高临下姿态应对着，在折磨她的人面前没有表现出丝毫惧怕之情。她似乎要用这种态度表明，他们想拿走什么就可以拿走什么，她根本不在意。

直到1793年7月3日，他们带走了王太子。

就像国民公会的成员们以往那些出奇残酷的举动一样，这次行动也是在夜里进行的。玛丽-泰蕾兹被吵醒，目睹了这一切。"他们向我们宣读了一道命令……宣称弟弟将与我们分开，被关到塔楼另一个更安全的房间中去。"她后来讲述道，"命令还没有宣读完，他便扑进母亲的怀里，大声哭嚷起来，恳求不要将他和母亲分开。我的母亲……不愿放弃她的儿子，守住儿子所在的那张床，抵抗着那些官员们。但他们铁了心要带走他，威胁说要使用暴力并叫来警卫。我母亲告诉他们说，必须先杀了她才能把孩子从她身边抢走。她抵抗了一个小时，……最后，他们威胁说要把我们一起杀了，母亲出于对我们的爱不得不屈服。"

他们把尖叫着的王太子从王后的怀抱中拽了出来，将这个8岁孩子交给一个虐待狂来看管教育，此人以前是个鞋匠，他认为把自己对君主制的仇恨发泄到这个小孩子身上是理所当然的，那是他的爱国责任。即便如此，鞋匠也花了很多天的时间，通过不断殴打才让男孩变得足够恐惧，不再哭喊或恳求回到母亲身边。玛丽·安托瓦内特简直要疯了；在那之后，她唯一能看到儿子的地方就是居室墙壁上的一个小缝隙，从那里可以看到通往圣殿监狱顶层的楼梯，王储有时会被允许去那里透透气。"她会在那里一待就是几个小时，等待着见到自己孩子的那一刻；这是她唯一的希望，唯一关心的事。"她女儿回忆说。

　　一个月后，有人来带走王后，准备对她进行审判，这对经历了一切痛苦的她而言简直可以算是一种解脱了。代表们又一次在午夜过后的可怕黑暗中来到圣殿监狱，他们唤醒了这一家人，宣读了庄严的命令，宣布玛丽·安托瓦内特将被关进臭名昭著的裁判所监狱（Conciergerie），然后就粗暴地将她从女儿和小姑子身边带走了。由于监禁条件恶劣，王后此时已经病入膏肓；在前往新监狱的途中，她在马车上大出血，裙子和座位上都沾满了血迹。他们在凌晨3点将她扔进一间肮脏的牢房，留下两名国民卫队士兵进行持续的监视。这天是1793年8月2日。

　　两个月后的10月14日，这位前法国王后接受了审判。这次审判的特殊不在于判决——玛丽·安托瓦内特的命运早已注定了——而在于不同寻常的指控。控方显然认为，仅仅指控这个囚犯叛国是不够的，尽管叛国罪显然是起诉的重点。王后是一个非常有用的宣传工具，不能将她的罪过仅仅局限在复杂且说到底没什么意思的政治领域。她必须从里到外地呈现君主制的腐败和堕落，以防止国民在未来会再次拥护任何一个国王，尤其是她那个最有资格继承王位的儿子。结果就是，他们最终根据以前的那些讽刺漫画和小册子来塑造玛丽·安托瓦内特的形象，这让她成了一个放荡到令人作呕地步的女人，甚至将淫乱传染到了自己孩子身上。为此，王储的家庭教师不断恐吓这个男孩，还强迫他喝酒，直到喝醉，诱使这个学生承认母亲曾和自己同床，还强迫他手淫。*在提出这一指控之前，王后对控方的态度一直是顺从的，但现在她不由自主地站了起来，

---

* 事实上，强迫王储手淫的是那个鞋匠。法国任何一个国王都未曾像雅各宾派对待王储那样摧残过一个孩子。

表现出惊恐和愤怒。"上天不容对一个母亲提出这样的指控，"她叫道，"我恳求所有在场的人来明断！"

路易的审判历时两个月，而他妻子的审判只用了两天。玛丽·安托瓦内特于10月15日被宣判有罪，并将于第二天早上被送上断头台。当时她离38岁生日还差两周。自从前一年杜伊勒里宫遭到袭击之后，王后就再也没能给费尔森写信了；她的最后一封信是在行刑前几小时天快亮时写给小姑子的。"我要对您说一件令我非常痛苦的事。"她对伊丽莎白公主说，意指王储所作的证言。"原谅他吧，我亲爱的妹妹；想想看，迫使这么小的一个孩子说出人们想要他说的话，甚至是他自己都不明白的话是多么容易啊……我原谅我所有的敌人对我的伤害。"她坚强地继续说道，"我要向姑妈们和所有的兄弟姐妹们说再见……再见了，我善良温柔的妹妹，希望这封信能送达你的手中！我全心全意地拥抱你，还有那两个可怜的孩子。天哪，要永远离开他们是多么令人心痛啊！再见了！再见！"

1793年10月16日上午11点，她被带出了裁判所监狱。这个被带上开放式囚车运走的女人面容苍老、憔悴、病态，除了其挺直的身姿，已经完全没了昔日法国王后的荣光。当局深知这一事件所具有的娱乐价值，因此尽可能地延后了她的死亡时间。为了给予其最大的羞辱，玛丽·安托瓦内特被安置在一辆简陋的马车上，就像一堆木柴或圆白菜，马车缓慢而沉重地在拥挤的街道上行进了整整一个小时，人们在她经过时尽情地嘲骂着，就像在更早的时代中对待一个女巫或异教徒那样。

她经受住了这一切，即便双臂被反绑在身后，其姿态依然高贵庄严。她甚至在登上断头台的台阶时也没有崩溃。她，这个14岁就来到法国的天真可爱的新娘,如今将自己锻炼成了一个意志坚定的王后。她的确犯过很多错误,但那都不是因为缺乏勇气。中午时分,残酷的刀刃落下,玛丽·安托瓦内特就此成了传奇。她从容赴死,不愧为玛丽亚·特蕾莎的女儿。

玛丽亚·克里斯蒂娜
Maria Christina

"咪咪"

"Mimi"

查理大公

22

死于维也纳
A Death in Vienna

你永远不会知道一个精神失常的民族能干出什么来。

——玛丽亚·克里斯蒂娜

在玛丽·安托瓦内特被处死前的三年里,她的姐姐一直在不遗余力地要让尼德兰重归于奥地利统治之下,这不仅是为了确保她的家族对这个宝贵省份的影响力,也是为拯救法国王后及其一家所做的必要准备。在玛丽亚·特蕾莎继承的诸多领土之中,尼德兰与法国接壤,距离巴黎最近,因此提供了与被拘禁者们进行秘密联系的最迅速便捷的路径。为此,在约瑟夫死后,利奥波德所采取的最初行动之一就包括把梅西伯爵——他在法国照看玛丽·安托瓦内特20年,是帝国中最了解这个国家的人——从巴黎调走,并在1790年夏天派他去协助玛丽亚·克里斯蒂娜和阿尔伯特进行谈判,以便让他们作为总督重新回到尼德兰。

利奥波德的登基必定曾让咪咪松了一口气。在玛丽亚·特蕾莎的所有子女中，她和利奥波德所遭受的由约瑟夫的狂妄导致的伤害是最重的。他们二人都反感兄长的所为，对彼此的困境充满同情，因此二人之间建立起了一种不可磨灭的纽带，而现在利奥波德当上了皇帝，这种温暖的关系便成了其统治的最大倚仗之一。

他们之间的联盟不仅仅是政治上的。1790年10月，当她和阿尔伯特在法兰克福与家族其他成员团聚，庆祝利奥波德加冕为皇帝时，咪咪提出了一个她非常关心的问题——收养弟弟的第三子作为自己的继承人。当初在约瑟夫试图剥夺利奥波德次子的佛罗伦萨继承权时，她也是这么做的，而现在那个年轻人得回了托斯卡纳，还娶了玛丽亚·卡罗琳娜的一个女儿，已经不需要另一份遗产了。于是，玛丽亚·克里斯蒂娜这时便好心地将这个位置给了利奥波德的另一个儿子，19岁的查理大公。利奥波德在婚后生下了10个儿子（哈布斯堡家族只生女儿的魔咒已被破除，玛丽亚·特蕾莎一定会为之骄傲的），而他需要为所有的儿子提供去处和生计，于是他感激地爽快答应了。事情就这样定了下来，一旦玛丽亚·克里斯蒂娜和阿尔伯特重新回到布鲁塞尔，查理就会去和他们一起生活，以便了解这个将来处于其统治之下的国家。

当然，在尼德兰回归奥地利统治之前，这些善意的规划都是无法实现的。尽管利奥波德已向比利时人保证，他将尊重《特权宪章》，一切都将恢复到约瑟夫掌权之前的状态，但梅西伯爵与该省的谈判却是一拖再拖，因为人的本性总是想要更多。新皇帝无法允许这种情况继续下去——与这些叛民的谈判拖得越长，雅各宾派就越是得利,他们正在尼德兰大肆宣传革命。但真正令人担忧的还是法国,其代理人正破坏整个地区的稳定。因此,利奥波德在加冕后亲自处理此事,向比利时派了一支由 3 万名士兵组成的军队。这一次,奥地利军队几乎没有遇到任何抵抗。起义军的领导者们深陷政治争斗之中——事实证明治理国家并不那么容易——暴露出了自己的无能,而大多数公民都愿意回归旧日的生活方式。1790 年 11 月 25 日,利奥波德的军队占领了那慕尔。两周后,他们占领布鲁塞尔,并在那里受到了大多数人的欢迎。1791 年 1 月初,梅西伯爵被任命为临时监理大臣,等待玛丽亚·克里斯蒂娜和阿尔伯特的到来。

正是由于利奥波德的这番迅速行动,法国王室才得以在当年夏天进行了那次失败的从杜伊勒里宫出逃的行动。皇帝在 1791 年春天启程前往意大利,忙于册封次子为托斯卡纳大公,他因离得太远而无法亲自监督逃亡事宜,于是把这个任务交给了咪咪和梅西伯爵。* 虽然玛丽亚·克里斯蒂娜要到 6 月才能回到布鲁塞尔——阿尔伯特生病了,需要休养,而且她还得安排一场新的仪式,他们夫妇将在仪式中再次宣誓尊重《特权宪章》——但她仍然全面地关注着为妹妹从巴黎秘密出逃所做的准备工作。虽然路易和他身边的人后来都证实国王从未考虑过出境,他只是想逃到法国境内一个安全的地方而已,但咪咪和利奥波德之间的信件却清楚地表

---

* 具有讽刺意味的是,在前往佛罗伦萨之前,显然对费尔森和玛丽·安托瓦内特之间的关系一无所知的利奥波德曾严肃地提醒玛丽亚·克里斯蒂娜,要她不要与这位瑞典伯爵有任何瓜葛。他在 1791 年 2 月 24 日写信给咪咪,严肃地说道:"我要提醒你,须警惕那些人(法国人),但最需要警惕的却是费尔森伯爵,我知道他对我们、甚至王后的态度是虚伪且抱有敌意的。"但他妹妹和梅西消息比皇帝更灵通,他们很快就改变了他的想法。"费尔森伯爵来了,他把你的信交给了我……我与他相谈甚欢。"利奥波德后来对玛丽亚·克里斯蒂娜说。"他对王后忠心可鉴。"他天真地补充道。

明，他们想让玛丽·安托瓦内特及其家人去往布鲁塞尔。"所有消息都表明，尼德兰的情况正在好转，而你们的到来将产生最重大的影响。"1791年6月9日，在玛丽亚·克里斯蒂娜和阿尔伯特正式入境的日子即将到来之际，利奥波德在给姐姐的信中写道。"来自法国的消息仍然糟糕。我祝你一路愉快。"他隐晦地说道，"我们还不能确定更多。"后来，在逃亡事件发生后不久，当被错误地告知玛丽·安托瓦内特和孩子们已安全越过边境后，他在7月5日从帕多瓦寄来的信中告诉咪咪："至于王后一家，我授权并责成你为他们及其随从提供一切可能的补给和便利，如果王后不愿意去布鲁塞尔，就请你亲自把她送到卢森堡吧。"

玛丽亚·克里斯蒂娜专程赶来迎接妹妹，她在得知逃亡失败的消息后心碎不已。6月26日，就在国王在瓦雷讷被抓的消息变得广为人知的两天之后，她见到了费尔森。"一点钟时去见了女大公（咪咪），她对我很好，让我非常感动。"费尔森在日记中感激地写道。她对成功寄予了厚望，这使得失败的结果变得更加难以接受；毕竟，普罗旺斯伯爵是在同一天晚上从巴黎逃出来的，而且一路平安无事。"自从我敬爱的父亲和母亲去世后，我再没有经历过比得知我可怜妹妹的不幸遭遇更痛苦的事情了。"玛丽亚·克里斯蒂娜在写给朋友的信中倾诉道。"您可能已经得知，她是在离边境不到4英里的地方被抓到的；如果走的是另一条路，她就会像伯爵（路易的弟弟）夫妇一样获救。我真为我那不幸的妹妹和她无辜的孩子们感到伤心。"她痛苦地说。*

---

* 从这些证据来看，情况很可能是，虽然路易认为自己将会随军队留在法国，但费尔森和玛丽·安托瓦内特指望他在安全抵达蒙梅迪后会听从布耶将军的建议，即他必须跨过边境。

但咪咪不是那种会轻易放弃的人,她继续支持着费尔森,认为他是最有可能提出一个安全的计划,将玛丽·安托瓦内特及家人从囚禁中解救出来的人。姐姐的意见在利奥波德那里很有分量。"他(费尔森)谈论自己做成的事时很谦虚……话说得机敏而谨慎。"皇帝说。"他与那两个王子(路易的弟弟们)很不一样……那两个人只想要摄政权和军队,总是要钱,说个不停。"利奥波德厌恶地评价道。

在妹妹逃亡失败之后,玛丽亚·克里斯蒂娜在整个夏天里都心情阴郁,期间唯一值得高兴的事情就是 20 岁的查理大公即将到来。咪咪为此事所做的精心准备反衬出 49 岁的她因没有自己的子嗣而必定感受到的深深失落。即便如此,她还是非常谨慎,不忘表现出对查理的亲生父亲利奥波德的尊重。她在每次做出与查理有关的人事安排前都会先征求弟弟的意见,以确保查理在布鲁塞尔的仆人、家庭教师和同伴都能得到皇帝的认可,此外,她还会提前告知皇帝查理将要接受的政治和军事训练内容。利奥波德也很明白她的需要,他在那个夏天从意大利寄给她的每一封信中都会提到自己的儿子:"查理发了几天烧,喉咙痛,不过已在好转了。""查理已痊愈,但身体仍然虚弱。""查理很好,已经康复了……等我回去,第一件事就是做好必要的准备,把他给你送去。"他向她承诺。

1791 年 9 月底,这个盼望已久的养子终于来到了布鲁塞尔姑妈家,玛丽亚·克里斯蒂娜有生以来第一次体验到了做母亲的感觉。从她的信中可以清楚地看出,查理的到来让她感到非常幸福。

"你可爱的儿子表现很好,刚上完骑术课回来,他收获很大,也非常努力。"她自豪地对利奥波德说。阿尔伯特似乎更难于适应自己的父亲身份。虽然他答应了她的所有要求,不辞劳苦地帮忙教育查理,培养其军事能力,但咪咪后来仍然劝他说,他应该对他们这个年轻的门徒多一点儿关爱。"我知道你对他很好,充满了善意,但请允许我怀着母爱请求你给予他更多的关注……如果你总是那么谨慎地保持距离,那种对查理而言至关重要的信任关系就永远无法建立起来。"她温柔地提醒说。

幸亏查理到来,让她在家里能够找到新的慰藉,毕竟此时身为总督的玛丽亚·克里斯蒂娜和阿尔伯特面临着越来越大的压力,他们必须确保比利时不受攻击并忠于利奥波德。1791年9月,就在查理抵达比利时的同时,路易和玛丽·安托瓦内特别无选择,只能公开表示支持法国宪法,而这极大地增加了玛丽亚·克里斯蒂娜夫妇履行职责的难度。

国王这一显然是迫不得已的表态激怒了他的两个弟弟以及他们手下那些以科布伦茨为基地的流亡贵族。科布伦茨这座城市恰好属于特雷沃选帝侯的管辖范围,这位选帝侯是一个内心不怎么坚定且很容易受外力影响的德意志伯爵。由于他的领地与奥属尼德兰接壤,这位忧虑的领主不断恳求玛丽亚·克里斯蒂娜,想要得到一些军队来帮助他保护自己的领地,抵御法国人对流亡者们的攻击。

与此同时,想要一股脑儿地推翻君主制的雅各宾派正在整个欧洲煽动革命,他们把目光瞄准了尼德兰,因为此地也与法国接壤,是离得最近也最容易渗透的邻国。玛丽亚·克里斯蒂娜被夹在这两个交战阵营之间，受到了双重的威胁。她的处境就像身在巴黎的玛丽·安托瓦内特那样，双方都将她看作是实现自己目标的障碍。

在这段时势日益令人焦虑的时期，咪咪始终保持着清醒的头脑，为利奥波德出谋划策。从1791年秋天到新的一年，姐弟俩每周都要通信四次。"他（选帝侯）总是想要我们派军队到特雷沃去，"咪咪在1792年1月7日告诉皇帝说，"但我们的理智让我们必须向你说明，毫无必要地卷入这场冲突是很危险的……无论怎样的（军事）示威……都可能会加速（法国人的）进攻，而避免遭到这种进攻才是最好的；但那两位王子（路易的兄弟们）……正希望挑起这种冲突，以便让你……加入他们的阵营。"她精明地提醒他。"我不想有负自己对你的责任，因为我将其看得十分神圣和宝贵……如果我不再次向您重申……若是法国进攻这个选帝侯领地，我们的处境会很糟糕，防御这些省份（比利时）所必需的军队将不得不调走，并冒着牺牲它们的明显风险，而且可以肯定的是，我们能派出的（军队）并不足以……保护这位选帝侯的领土……无论发生什么情况，"她最后坚定地说，"你至少可以放心，只要力所能及，我们必定奋勇战斗，法国人和此地的叛军想要再次夺取这块土地必将付出惨重的代价。"

然而，在双方蓄意误导的宣传攻势下，她的信誉受损，统治变得更为艰难了。有一天晚上，她头痛欲裂——她在这期间经常头痛，而这实在不足为怪——取消了原定去戏院看戏的计划。阿尔伯特和查理看到她痛苦的样子，也决定留在家里。他们刚刚上床休息，就有人来报告说，整个城市已经因为一个传言而闹腾起来了，据说奥地利军队奉命在法国进攻之前放弃布鲁塞尔，总督夫妇之所以突然取消了原定计划，是因为他们正在收拾行装，准备像上次一样午夜出逃。"这让所有人都灰心丧志，据说连布拉班特议会的议员们也大为惊恐……而那些人可并不以勇气和勤勉著称。"玛丽亚·克里斯蒂娜冷淡地说。她和阿尔伯特刚刚平息了这一谣言，另一个谣言又传开了，说是皇帝因为比利时人投票反对提供惯常的援助款而大发雷霆，打算解除他们的职务。她告诉利奥波德说，她收到了一封来自科布伦茨的密信，从中得知"两个王子的一个亲信顾问肯定地宣称，你，我亲爱的弟弟，曾对拿骚亲王说，你对我的行为非常不满，将要把我从这里召回"，她在1792年2月2日的信中写道，"如果我不是那么了解你，如果我不知道……与这种流言相反，我们所有的行动都是根据你的命令做出的，都是为了能为你服务，而你也在所有的信中都表达了对我们行为的赞同，那么，连我都会觉得不安了。"

皇室的兄弟姐妹之间能有这种程度的理解、互谅和信任实属罕见，尤其是在这种面临危局的时候！*玛丽亚·克里斯蒂娜和利奥波德同心协力，相互依赖，随时准备共同面对一切。

然而，3月1日，利奥波德却在毫无征兆的情况下去世了。

带来这一悲伤消息的维也纳信使在一周后抵达，当时两位总督正在举行晚宴。首先得到消息的梅西伯爵把阿尔伯特叫到一边，私下和他谈了话。阿尔伯特知道这个消息会对他的妻子产生怎样的影响，于是他回到大厅里，找借口带着玛丽亚·克里斯蒂娜离开；他把她领到附近的一个房间里，用尽可能温柔的态度告诉她，她的弟弟死了。咪咪哭得死去活来，连隔壁房间都能听到她的哭声。"这

---

* 这与路易和他的两个弟弟之间的关系形成了鲜明的对比。

个打击太可怕了,我的心遭受重创,变得伤痕累累。"她在写于1792年3月16日的信中痛苦地说。"那是我的弟弟和君主啊,我们失去了一个真正的朋友。他的儿子(查理)是我们最大的快乐,利奥波德的离去将让我们对他更加珍爱。我不得不亲自将这个消息告诉他,就像亲手往他的心上插刀一般。出于对他的爱,我才勉力一点点儿地将这个不幸的消息告诉了他。他不愿意相信这一切……看着家人一个个地死去真是太痛苦了。"她绝望地说。

但她知道自己该做什么,她在几个小时内就设法振作了起来。费尔森曾在他的日记中钦佩地记录道:"在晚上晚些时候,女大公把所有将军都叫来了,对他们说了一番非常出色且坚定的话。"除了个人的悲痛之外,咪咪还认识到,利奥波德在这一关键时刻的去世不仅仅会影响到比利时和奥地利,也会让整个欧洲的局势发生改变。接替利奥波德位置的是查理的哥哥,她的侄子弗朗西斯,一个年轻且未经考验的领导者,她还没来得及与他建立起工作关系,事实上她根本就不了解他,而且他还是由约瑟夫培养起来的。

从此,奥地利迅速且不可阻挡地走上了与法国开战的道路。在这几个月的时间里,新皇帝与普鲁士结盟,准备利用巴黎的混乱局势,一举将法国王室解救出来;奥地利和普鲁士组建了一支十万人的大军,在布伦瑞克公爵的统领之下驻扎在科布伦茨;布伦瑞克发布了那个臭名昭著的7月25日宣言。虽然玛丽亚·克里斯蒂娜强烈建议不要让比利时卷入战争,但弗朗西斯的维也纳顾问们否决了她的意见,他们任命阿尔伯特统率一支奥地利军队执行牵制任务,在位于布鲁塞尔西南约35英里处的蒙斯附近越境攻击法国人。

作为玛丽·安托瓦内特代理人的费尔森密切关注着战事，以便能够向被囚禁的王后报告军队的进展情况。他在8月21日的日记中写道，普军在法国东部边境的罗什福尔取得了重大胜利，俘获了拉法耶特将军和其他十几名法国军官，以及"他们的仆人、40匹马和大量黄金"。但费尔森也表达了他对阿尔伯特及其部下尚未参战的沮丧，他记录说，一个使者"向女大公（咪咪）谈及公爵的不作为。他（使者）说这让他（阿尔伯特）蒙受了耻辱，说他本可以通过尝试攻占面前的土地来获得荣耀，而那是很有可能获得成功的"。费尔森接着说，玛丽亚·克里斯蒂娜"似乎意识到了（这种耻辱），但还是辩解说，她担心那样会影响低地国家（比利时）的内部安宁。不过，她还是记下了使者的话"。

咪咪的担心不无理由。自从利奥波德死后，法国人的革命大字报就充斥了布鲁塞尔。她和阿尔伯特都担心，民众们会利用开战的时机，再次起来反抗奥地利的统治。费尔森本人也承认这一点，他指出，不断有报纸"煽动人民……造反，说这正是起义的时刻，他们必须抓住这个大好时机，诱惑士兵投诚"。但维也纳下达的与法国开战的命令是明确的，因此尽管两位总督很不情愿，却不得不听命行事。1792年9月25日，费尔森终于在日记中写道："阿尔伯特公爵已率军出发了。"

可惜为时已晚。一周后，一名信使抵达布鲁塞尔，带来了普鲁士人已被击败并正在撤退的消息。"他（信使）说，联军因疲惫、物资匮乏和疾病而遭到削弱；看到没有补给车辆抵达，军人们都开始害怕会遭到敌人围困；法国人发起了一次大胆的冲锋……这次撤退的后果非常糟糕。"费尔森极其沮丧地记录道。

  信使带来的消息让玛丽亚·克里斯蒂娜几乎无法承受。普鲁士人从法国撤军意味着，她在这个世界上最爱的两个人——阿尔伯特和查理大公（他在养父麾下作战），如今将面对敌军的全部兵力。很明显，法国人想要击败她的丈夫；接替被俘的拉法耶特的那位将军已经发布公告，宣布支持尼德兰从奥地利独立出去的斗争。他许诺说，法国士兵将在这场斗争中成为他们的"盟友和兄弟"。咪咪决心不留下任何值钱的东西供可恶的雅各宾派掠夺，她在整个10月里都在收拾家中一切值钱的东西——包括阿尔伯特和她举世闻名的艺术收藏、他们图书馆里的数千册图书、政府文件、金钱以及他们两位总督拥有的祖传珠宝——然后费尽周折将这些东西运到了荷兰。全部箱子装满了三艘大船。

  这番准备可谓及时，因为她咬牙等待的战斗在不到一周之后就打响了。1792年11月6日，阿尔伯特和查理率领2万军队，在约50门重炮的火力支援之下，在蒙斯城外的热马普与拥有150门大炮的7万8000名法军开战了。虽然奥军寡不敌众，兵力几乎只有对方的四分之一，但他们仍进行了坚决的战斗，与对方用大炮互射整整三个小时，然后直接向敌军中央发起骑兵冲锋，将其步兵打散。但法军很快就重新集结起来，发动了攻势，压倒了阿尔伯特的部队，让他不得不下令撤退。据说，法军士兵是一边高唱他们的新国歌《马赛曲》一边追击撤退的奥军的。

  战败的消息在第二天传到了惶惶然的布鲁塞尔。"这里到处都是四处奔走、寻找逃离之途的人。"费尔森写道，"那些没有钱也没有门路的不幸流亡者们都陷入了绝望，他们连一辆马车都找不到。"

他到了梅西伯爵那里，发现对方正在收拾行装。"所有人都是一副害怕、惊讶和恐惧的表情。"费尔森说，"他们（奥地利人）打得很艰苦……几次进攻都被击退；他们损失惨重。从蒙斯到这里的一路上挤满了军事装备和运载伤员的大车。"

焦急万分的玛丽亚·克里斯蒂娜一整天都在等待这场关键战役的结果。传来的消息至少并非全是坏事：阿尔伯特和查理都在这场残酷的战斗中幸存了下来。然而，正如她的预料，有相当大一部分国民被在利奥波德死后涌过边境的宣传鼓动所感染，成为激进派，此时正准备迎接被他们看作解放者的法国军队。妹妹的惨痛教训就摆在面前，她知道自己最好不要留在布鲁塞尔冒被雅各宾派俘虏并扣为人质的风险，他们甚至可能会以叛国罪来审判她，就像巴黎人威胁要对路易十六施行的审判那样。1792年11月9日，在收到热马普战役失败的消息两天之后，她也登上自己的马车，与几个亲信一起逃离了布鲁塞尔。

她向东驶向距离布鲁塞尔约70英里的马斯特里赫特。费尔森也在那一天逃走了，他们走的是同一条路；那是唯一一条仍由奥地利残余部队把守着的道路。道路上拥挤得很，因为所有担心遭到法国人报复的人都蜂拥逃出了城。"一路上那些不幸流亡者们的样子实在可悲可叹，"这位瑞典伯爵在日记中写道，"波旁家族军队中的许多老少军人被丢在了后面，他们拿着火枪，背着背包，几乎无法前行。甚至还有一些优雅的女士，或是独自，或是带着仆人徒步前行，有的还抱着孩子……我当时真希望自己找来一百辆马车，接走这些不幸的人。"他十分同情。（然而，费尔森显然还没有关心到将自己的马车让出来给那些遭受折磨的人乘坐的地步。）伯爵在11月

11日才抵达马斯特里赫特。"两天内有9000人抵达，"他说，"根本找不到住处……有些人不得不露宿街头。"

玛丽亚·克里斯蒂娜更为幸运，她在城里有熟人，因此能找到地方住。阿尔伯特和查理在那里找到了她，他们一起逃避得胜法军的追击，深入德意志境内。一周后，咪咪已身在波恩这个安全之地，靠近她的弟弟斐迪南，她在那里悲伤地写信给一位朋友说："当得知我不得不再次长途跋涉，奔走逃亡时，你一定可以想见我的悲伤和痛苦吧。"她在上次逃亡时也是逃向这里的。"法国人如狂涛淹没了我们的国土……我丈夫病了，我不能待在马斯特里赫特……也不能留在亚琛，因为可怕的思想已经在那里蔓延充斥，革命随时都可能爆发。"

就在玛丽亚·克里斯蒂娜写这封信的时候，在乡村地区未遇任何抵抗的法国军队正在进入布鲁塞尔。他们的指挥官深知这是一个具有历史意义的时刻，于是向聚集在主广场上欢呼雀跃的人群发表了讲话。"不要再让外国人统治你们了，因为你们并非命定如此！"这位将军在热烈的欢呼声中宣布。

人们很快就会因为自己的热情洋溢而后悔。一个月内，所有地方管理机构都被取缔，取而代之的是那些雅各宾派认为足够激进的官员。法国人把他们在巴黎实施的那些暴力措施——包括针对教士的举措——都强加到了比利时人身上，而且为了确保比利时人的服从，还在布鲁塞尔竖起了断头台。法国人征税，洗劫民宅和修道院，将政治对手扣为人质并勒索赎金，向那些生命面临威胁的商人们勒索借款和贿赂。当地居民以《特权宪章》赋予他们的权利为由，抗议这些苛刻的命令，而占领军士兵则在街上燃起火堆，当众将这份受人尊敬的文件烧掉了。到了1793年2月，将玛丽亚·克里斯蒂娜和她的大臣们赶走的那些人又开始乞求总督和他们的士兵们回来了。

奥地利人确实回来了，但回来的并非玛丽亚·克里斯蒂娜。已经50多岁的阿尔伯特因劳累多病，恢复起来很慢；而且，战败的耻辱也一直萦绕在他的心头。他和咪咪都意识到，新皇帝并不像利奥波德那样对他们怀有信任和信心。为了消除误解，避免尴尬，阿尔伯特主动提出辞去统帅职务，弗朗西斯接受了他的辞呈，并盛情邀请如今已永久失去了领地的姑姑和姑父返回维也纳生活。

阿尔伯特一直在科隆休养，他们直到2月底才离开那里。咪咪在途中得知路易已在上个月被处决的消息。信使带来了骇人听闻的事件细节，消息传遍德意志。"虽然我已做好了心理准备，但如此可怕的罪行仍然让我痛苦不堪。"焦虑的费尔森写道，他跟着玛丽亚·克里斯蒂娜到了波恩，然后留在了那里，继续为营救玛丽·安托瓦内特努力。"从巴黎通过海牙寄来的信告诉我，王后已非常消瘦，面目全非……王储依然可爱；他的侍卫们都为他哭泣。"天气就像来自法国的消息那样糟糕，大雪让咪咪和阿尔伯特的行程受阻。玛丽亚·伊丽莎白早就离开了她那位于因斯布鲁克的修道院，在奥格斯堡等待着这对夫妇，与他们含泪相聚，然后一起走完了最后一段旅程，于1793年3月11日抵达维也纳。

在他们到达维也纳时，形势已有改观。就在他们跋涉而来时，奥地利军队重新集结，夺回了离布鲁塞尔仅60英里的列日。因重归战场而与养父母分开的查理大公在战斗中表现出色。两周之后，法国人及其支持者们被迫在得胜的奥地利军队抵达之前逃离布鲁塞尔。玛丽亚·克里斯蒂娜毕竟是个凡人，在听闻她昔日的臣民们这次又走上街头向查理及其部下欢呼的消息后，她感到快慰不已。

但她的政治影响力已经结束了，就像她丈夫的军事生涯那样。接力棒已传给了下一代，咪咪只能从远处看着革命导致的血腥杀戮。虽然在夺回布鲁塞尔之后，人们曾希望双方能达成协议，用奥地利人获得的俘虏来交换法国王室的剩余成员，但相关谈判却以失败告终，此后费尔森也无法得到支持来进行另一次营救行动了。"关于营救王后之事……除了立即派出一支强大的骑兵队伍袭击巴黎之外，已别无他法了。"1793年8月11日，在得知玛丽·安托瓦内特与子女分开，准备接受审判的消息后，伯爵急切地写道。"我为此去见了梅西，发现他的反应十分冷淡……他认为王室已经没救了，我们现在什么都做不了。"费尔森痛苦地说，"他不认为各革命派别会同意谈判；他认为他们会不惜一切代价，让整个法国与他们的罪行捆绑在一起，人们要么帮助他们取得胜利，要么与他们同归于尽。最后他告诉我说，已经没有希望了。"

梅西的判断悲观而准确。玛丽·安托瓦内特于1793年10月16日被处决的消息在4天后传到了费尔森那里。"我满心所想的都是自己失去的人，"他悲伤地说，"我不知道事情的具体细节，这实在太可怕了；想到她在最后时刻孤身一人，得不到安慰，没有人和她说话，没有人聆听她最后的愿望。这简直太可怕了。这些来自地狱的怪物啊！"他非常愤怒，悲痛并不会随着时间的流逝而消退。"她的形象、她所遭受的痛苦、她的死亡以及我对她的爱从未离开过我的脑海,我一心所想都是这些。"他悲从中来,"哦,我的上帝啊,为什么我要失去她,我将会变成什么样啊?"几个月后,他对知道隐情的姐姐说:"失去她是我一生的哀痛,只有死亡才会让我停止悲伤。我从未如此深切地感受到我曾拥有的一切是多么珍贵,也从未体会到我是如此深爱她……但我仍然记挂着那个孩子(王储)。"他真情流露地表示:"他的遭遇让我更加痛苦。"

这消息对玛丽亚·克里斯蒂娜的打击也是巨大的,尤其是当审判者们对玛丽·安托瓦内特性虐待王储的指控被公之于众并在整个欧洲广为传布时。在所有的兄弟姐妹中,咪咪是最明白母亲心意的;她知道,女皇一定希望她能给这个最小的妹妹以特别的看护,帮忙保护和引导她。咪咪没能做到这一点,这使得这种无耻的指控和玛丽·安托瓦内特所遭受的苦难更让她难以承受了。"玛丽亚·特蕾莎永远也不会相信,她的孩子竟然会被恶人折磨,遭受密谋者们的摧残,蒙受耻辱,最后死在断头台上。"玛丽亚·克里斯蒂娜惊骇地写道。"想到我这个不幸的妹妹在她生命最后几个月里所承受的悲伤,特别是因孩子们而起的悲伤,我便备感煎熬……如今死亡已终结了所有的悲哀和痛苦。"她试图这样安慰自己。

1794年春天,咪咪和阿尔伯特开始了他们作为平民的生活。毫无疑问,玛丽亚·克里斯蒂娜是带着怀旧之情选择她在维也纳的新家的,那栋别墅以前的主人是她母亲最信任的一个大臣,塔罗卡伯爵。当年在统治初期那些痛苦的年月中,年轻气盛的玛丽亚·特蕾莎曾明智地任命此人为言官,要他指出自己的过失,纠正自己的行为。房子需要大修,尤其是从布鲁塞尔运出的那些箱子到来之后。咪咪和阿尔伯特失望地得知,装载他们财物的一艘船沉没了,但幸运的是,损失的物品大多是书籍。他们收藏的艺术品仍完好无损,那可是他们品味和心血的结晶,而且已被公认是欧洲最有价值的私人收藏之一。玛丽亚·克里斯蒂娜甚至说服侄子弗朗西斯归还了她母亲作为陪嫁送给她的名画(约瑟夫在玛丽亚·特蕾莎去世时恶意夺走了这些画),作为补偿,她给皇帝送去了大约 500 幅他更加喜欢的版画。

岁月静好,但也并非没有忧虑。战争仍在继续。1794 年夏天,法国发动了第二次进攻,再次越过边境进入奥属尼德兰。这一次,法国军队取得了决定性的胜利,迫使查理大公及其麾下士兵撤退。1795 年 10 月 1 日,奥属尼德兰省正式并入了法国,并一直持续到战争结束。*战线向着德意志和意大利移动。玛丽亚·克里斯蒂娜既焦虑又自豪地关注着养子查理的军旅生涯,看着他逐渐成长为兄长弗朗西斯手下最有经验且最为成功的将军。

另一个让人欣慰的消息随着新的一年而到来。1795 年 12 月 21 日,通过交换战俘,奥地利终于解救出了玛丽·安托瓦内特的女儿玛丽-泰蕾兹。她于 1 月初抵达维也纳,是被拘禁的王室唯一幸存的成员。伊丽莎白公主在 1794 年 5 月 10 日跟随她的哥哥和嫂子上了断头台,她在刑场上再次展现出了当初在杜伊勒里宫面对暴徒时的那种慷慨大度。"她让人把她带到将与她一同赴死的人的房间;她以一种镇定、崇高而无畏的精神劝勉众人,这是一种安慰,让大家变得坚强。"玛丽-泰蕾兹后来从当时在场的人那里了解到,"她

---

* 拿破仑后来曾夸耀说,在所有他从合法主人手里抢夺来的宫殿中,玛丽亚·克里斯蒂娜位于布鲁塞尔的优雅乡间别墅拉肯宫是他的最爱。

在囚车上同样表现平静，鼓励着与她在一起的女人们。在断头台下，人们残忍地让她一直等待着，最后才杀了她。每个女人在走下囚车时都请求亲吻她，她也都同意了，并且以她一贯的亲切态度鼓励她们每个人。她在最后一刻也没有失去勇气，而是满怀虔诚地默默承受了这一切。"她当时30岁。

伊丽莎白公主

王储的命运更为凄惨。那个虐待狂鞋匠很快就因厌倦而放弃了监守，他离开后也没人来接替。"他们竟然残忍地让我可怜的弟弟自生自灭，这种野蛮的行径真是闻所未闻，绝无仅有！"玛丽-泰蕾兹感叹道，"那可怜的孩子只有8岁，而且生着病……他被锁在塔楼里，得不到任何帮助，只有一个叫人的铃铛，而他根本没有摇过铃，因为他太害怕铃铛会唤来的人……他躺在一张6个多月没有整理过的床上，而且他也没有力气去整理；他满身跳蚤和虫子，被褥和身体上到处都有。他的衬衫和长袜一年没换过；他的排泄物就留在房

路易十七，玛丽·安托瓦内特和费尔森伯爵之子

间里，在整个这段时间里没有人清理过它们。他的窗户用挂锁锁住，从未打开过；人根本无法待在那样一个臭气熏天的房间里……牢房在很长一段时间里根本没有灯，那不幸的孩子忧惧而死。"[*] 在这样的折磨下，1795年6月9日，路易十七（玛丽·安托瓦内特和费尔森伯爵这个爱子在历史上的名号）因病而死，年仅10岁。

但玛丽-泰蕾兹却设法活了下来。她当时17岁，生命中三分之一的时间都是在可怕的监禁中度过的。她在伊丽莎白公主死后也是被独自关押着，但可以得到柴火和蜡烛，而且那时她的年龄稍大，可以想办法让房间至少保持清洁。她的平安归来让她母亲的家人们欣喜不已，他们竭尽所能给予她欢迎和关爱。她被安排住在霍夫堡宫，全维也纳的人都涌来看她。玛丽亚·克里斯蒂娜一定对她

---

[*] 人们竟然故意让这个小男孩独自被关在一个被锁闭的房间里，在黑暗中度过了一年之久。相比之下，如果让他死在断头台上反倒显得更仁慈，至少没那么邪恶。

格外珍视，因为咪咪是家族中少数几个曾在以前的幸福时光中见过玛丽-泰蕾兹的人之一，那是在十年前，也就是咪咪和阿尔伯特在1786年8月访问巴黎的时候。为了让这个饱经摧残的年轻姑娘与皇室亲族更紧密地联系在一起，人们提议让获救的公主嫁给她的嫡亲堂兄查理大公，这个想法最初可能来自查理大公的养母咪咪。

然而，讽刺的是，被臣民讥讽为"奥地利人"的玛丽·安托瓦内特却把她的女儿教导成了一个彻头彻尾的法国人。玛丽-泰蕾兹当初见到玛丽·克里斯蒂娜时只有6岁，对她毫无印象。这个少女在维也纳过得很不自在。这些人对她来说都是陌生人。她不习惯奥地利的生活方式，渴望能见到熟悉的面孔。尽管她在同胞手中承受了诸多苦难，但她仍然像母亲一样坚信，法国的文化和社会是更为高等的。因此，她拒绝嫁给查理，转而到父亲的弟弟普罗旺斯伯爵（即现在的路易十八）那里去了。3年后，她嫁给了阿图瓦伯爵（她父亲最小的弟弟）的长子。作为流亡党的领导人，她的这个叔叔曾冷酷无情地伤害过她父母的利益，其政策加速了他们的死亡。

玛丽-泰蕾兹拒绝嫁给查理大公，然后又离开奥地利，这肯定都让玛丽亚·克里斯蒂娜感到失望。但至少玛丽·安托瓦内特的这个孩子不用再去监狱里受苦了。维也纳的生活很愉快，皇帝十分慷慨：咪咪和阿尔伯特如同仍然在布鲁塞尔担任总督一般，可以继续从国库中获得收入，这让他们可以维持自己的生活水准。两人更热心地投入到艺术品收藏的事业中，尤其是玛丽亚·克里斯蒂娜，她买下了一大批画作，包括米开朗基罗、拉斐尔和达·芬奇的作品，作为送给阿尔伯特的礼物。那是二人在比利时结识的一个朋友留下的，这个朋友死在了战场上。咪咪可能知道自己已时日无多，因此想用这种方式让丈夫知道他对自己有多么重要。咪咪经常生病，因胃痛而备受煎熬。到了1798年夏天，她显然已经知道自己快要不行了。

玛丽亚·克里斯蒂娜临死也不失其本色，她更关心的是阿尔伯特，而非她自己的痛苦，她尽最大的努力来宽慰他。"我最最亲爱的丈夫，"她在临终前写道，"我对自己的健康已不抱任何幻想——我能看到，也能感觉到自己不可能康复了……如果说我应该得到世人的尊敬和同情，那也只是因为有了你。是你成就了我。你是……推动我行善的力量，是我的指路明灯，我为你而活，归属于你，并且希望自己能配得上你。我因你而享有多年的幸福生活，对你的感激之情不知该如何表达……我亲爱的朋友，我宝贵的丈夫，这是我的遗言……愿你安乐。愿慰藉人的天使在此刻到来！……别了，祝福你千遍万遍，我亲爱的丈夫！"

她于1798年6月24日去世，与父母和兄弟姐妹们一起葬在皇室的地下墓穴。为了纪念她，阿尔伯特委托人雕刻了一组巨大的纪念雕塑，其中包括几尊真人大小的送葬者雕像，他们悲伤地垂着头，蹒跚地向她的墓门走去，仿佛在举行一场永恒的葬礼。这组纪念雕塑由意大利最杰出的一个艺术家雕刻完成，是对这位坚强、才华横溢、勇敢的女性的凄美纪念，她反抗着时代的局限，活出了自己的风采。

它如今伫立在维也纳的奥古斯丁修士教堂。

咪咪的陵墓

玛丽亚·卡罗琳娜
Maria Carolina

"夏洛特"

"Charlotte"

拿破仑

23

大使夫人、海军上将和王后
The Lady, the Lord Admiral, and the Queen

我将至死复仇。

——玛丽亚·卡罗琳娜题于
玛丽·安托瓦内特的一幅肖像之下

1792年夏秋之际,夏洛特的姐姐和妹妹都还健在,革命的法国和奥地利之间的战争才刚刚开始,40岁的她在那不勒斯焦急地关注着帝国为解救法国王室而发动的进攻。最初的消息令人鼓舞,她抱着很大的希望。在一开始的交锋中,普鲁士军队压倒了敌人。布伦瑞克公爵的部队距离巴黎只剩下一周的路程。玛丽·安托瓦内特安全获救的消息随时都可能传来。

因此,当她在10月得知法军在最后关头卷土重来并取得了胜利,普鲁士军队未能完成救援任务便匆忙撤退的消息后,玛丽亚·卡罗琳娜失望至极。伴随这一打击而来的是不祥的政体转变，法国宣布废除她的妹夫，成立了共和国，新政府几乎马上便提出要求那不勒斯和意大利其他国家承认其合法性。正如雅各宾派为敦促教皇就犯而派往罗马的那位特使所言，拒绝承认法国新政府会被看作是一种最严重的外交冒犯，将会引发一场军事进攻，而"50万法国人……必将摧枯拉朽，扫荡一切"。

尽管面临这样的威胁，夏洛特还是不愿屈从。对她而言，承认法国的共和政府就意味着赞成推翻法国君主制，也就相当于默许那些人对她最亲爱的妹妹的监禁和折磨！这是不可能的。她和斐迪南都拒绝接见雅各宾派新任命的驻那不勒斯大使，甚至不愿与他交谈，这当然会对这位外交官的社会地位产生不利影响，导致他无法受邀参加任何真正的上流聚会，这让他非常懊恼。

大使恼羞成怒，向他的上司告状。法国政府特意为此召开了一次军事会议。考虑到法国已拥有一支由大约52艘舰船组成的舰队在地中海巡弋，会议作出决定，要对这个桀骜不驯的王国发动一次海上打击。这一消息于1792年11月20日被透露给了那不勒斯。

玛丽亚·卡罗琳娜吃惊不小。她已在意大利生活了将近四分之一个世纪，在这段时间里，王国从未面临过战争威胁。她和斐迪南赶紧接见了法国大使，她甚至还自甘屈辱，勉强对大使说了几句简短的话。* 然而，雅各宾派认为这种迟来的承认还不够。进攻的命令并没有收回。两周后的12月12日，那不勒斯市民一觉醒来后发现，有9艘法国战舰和4艘炮艇驶入了港口，排成战斗队形，将大炮对准了城市中心。

---

* 她还被迫接待了大使夫人，期间她竭力控制着自己的情绪，在结束后气得撕掉了她的扇子。

此时仍是首席大臣的阿克顿将军主张以武力回应。自从听说法国人决定采取恐吓政策时起，他就一直在为这一刻准备着。但他却始终无法让斐迪南认真看待眼前的危险。无论他劝说国王多少次，要他出去"面见钟爱他的人民，到码头上去激励工人、军队和民兵们，他都不愿照办……国王陛下依然每天打猎，好像什么都没有发生一样"，阿克顿绝望地说。如今既然法国战舰真的出现了，斐迪南就更不想打仗了；他坚决反对战争，只想不受打扰地享乐。

于是，决定权就落到了王后手中。夏洛特知道，如果她支持阿克顿，她丈夫是没有反对的魄力的。然而，尽管非常厌恶法国人，但她对臣民的忠诚却抱有疑虑，害怕他们不但不会与法国人作战，反而会站到敌人一边。夏洛特通过散布在国内的间谍得知，雅各宾派的宣传已在那不勒斯广为传布。下层阶级当然仍热情地喜欢着斐迪南，但知识分子和上层阶级中的年轻人却非常同情共和派的理想。那时玛丽亚·克里斯蒂娜刚刚因这种雅各宾派的影响而被赶出了布鲁塞尔，而玛丽·安托瓦内特也正是因这种影响才遭到废黜并被囚禁在圣殿监狱里的。玛丽亚·卡罗琳娜生平第一次在面临战斗时退缩了。那不勒斯在法国人未发一枪的情况下屈服了。王后说："为了避免战争，我们只好安抚这条要毒害我们的大蛇。战争的确是令人厌恶的不幸，可是如果全国上下众志成城，它就没那么可怕了。"

夏洛特很快就见识到了巴黎的共和政府为保护其使节，可以将事情做到何种地步。两个月后，也就是1793年2月，一支法国军队攻入罗马，俘虏了教皇，占领并蹂躏了这座城市，而行动的起因是，法国的一位使节在煽动暴乱时遭到了刺杀。所有保王党流亡者，包括路易那两位年迈的姑妈（她们仍然健在），以及所有因壮游之旅而来到罗马观光的英国游客，全都为躲避抓捕而逃到了那不勒斯。逃亡者们纷纭而至，法国国王被送上断头台的噩耗也随之传来，然后就是那个人们期待已久且鼓舞人心的消息，英国正式宣布参战。

欧洲海军霸主英国正式加入与法国的战争之中，玛丽亚·卡罗琳娜终于如愿以偿，可以与一支世界上第一流的军队并肩作战了。1793年7月12日，那不勒斯与英国秘密签署了同盟条约，根据该条约，王后和斐迪南承诺将派出那不勒斯海军的舰船，与英国人一起打击法国在地中海的力量，条件是英国舰队要在其王国遭到攻击时前来救援。由于担心玛丽·安托瓦内特和她的孩子们会遭到报复，这项协议最初并没有公开。夏洛特仍希望通过谈判来解救出妹妹一家，并为此向巴黎派去了一名使者；俄国也表示愿意充当调停人；而且保王派仍然在制定着各种计划，想要以某种方式将被囚禁的法国王后假扮成他人，偷偷弄出监狱，带她越过边境，抵达安全之地。玛丽亚·卡罗琳娜日日在王宫小教堂里跪着祈祷哭泣，希望她的妹妹能够获救。

当然，这一切都没有成功，玛丽·安托瓦内特在1793年10月16日被处死的噩耗很快就传到了那不勒斯。玛丽亚·卡罗琳娜当时正怀着第十七个孩子，她因法国政府的这种残暴行径而万分痛苦，人们甚至担心她会因此而流产。"上帝啊！"她喊道，"你可曾想过法国人会如此残酷地对待我的妹妹和她的丈夫呢？"两个月后，她的第十个女儿出生了，即便是顺利产下了一个健康的婴儿，她也完全高兴不起来。"我病得太重了，几乎握不住笔，也不怎么能下床活动。"夏洛特在圣诞节时虚弱地给一个朋友写信说,"我经受的折磨毁了我的健康。"

为了填补失去挚爱的妹妹所造成的情感空洞,那不勒斯王后与魅力四射的汉密尔顿夫人成了密友。在爱玛从蜜月之旅中归来并为她偷偷捎来玛丽·安托瓦内特的信之后,这位英国大使夫人在心怀感激的王后心目中的地位便与日俱增。"我在晚上去找她(玛丽亚·卡罗琳娜),我们会在一起闲谈两三个小时。"爱玛在那个夏天的一封信里写道,"有时我们会唱歌。昨天,国王和我唱了3个小时的二重唱,但唱得不好,因为他不是唱歌的料。"到了下一年,她说:"没有人能像王后这样迷人。她是人们所希望的一切,是世界上最好的母亲、妻子和朋友。我常常和她在一起,已经亲密无间地度过了两年,在这段时间里,我在她身上看到的全都是善良和真诚……即便我是她的女儿,她对我也不会比现在更好了,我全心全意地热爱着她。"

但爱玛不仅仅是一个好友,她还是与英国沟通的渠道。"请告诉我一些消息吧,政治和私人方面的都要。"她告诉在伦敦的朋友们,"虽然并不情愿,但碍于我在这里的身份,我还是被卷入了政治之中。"汉密尔顿夫人的丈夫喜欢炫耀自己的娇妻,她也因此而能接触到机密情报,得以结识政府和军方的重要人物。那年秋天,英国舰队中一个名叫霍拉肖·纳尔逊(Horatio Nelson)的前途似锦的军官在那不勒斯停留了几天,为了让他见见自己25岁的妻子,威廉爵士坚持要请这位充满活力的35岁指挥官共进晚餐(对于一个已经60多岁的丈夫来说,这可不是什么好主意)。"我要向你介绍的这位舰长是个小个子,长得也不英俊,但他会成为一个伟大的人。"威廉爵士向爱玛保证说。

能够拥有像英国政府这样强大的保护者，这对玛丽亚·卡罗琳娜来说是一个福音，她正需要一切可以得到的帮助。虽然她和斐迪南在玛丽·安托瓦内特遭处决后便公开与法国决裂了，但被派去煽动那不勒斯人反对君主制的雅各宾派已渗透了首都，还招募了一些不满者加入到了他们的事业之中。1794年3月，夏洛特的间谍救了她一命，他们在最后一刻揭穿了一起打算在当月30日刺杀国王和王后的阴谋。53名密谋者遭到逮捕。调查随即展开，秘密警察的头子本人也被牵涉到了这起阴谋之中。6个月后，漫长的审判开始，由于证据确凿，所有人都被判有罪。法官们做出的判决在那个时代算是非常宽容了——只有3名被告被判处死刑，其他人则被判监禁。*（与之形成对比的是，在巴黎，数以千计的人在几天之内就因不那么严重的罪行而被指控、审判并送上了断头台）。国王和王后支持司法机构，没有干涉判决，但很明显，他们被这一事件震惊了。"现在我去哪里都担心自己不能活着回来。"玛丽亚·卡罗琳娜写道。

宫廷里的生活已经够糟糕了，而在此时，维苏威火山竟再次爆发了，于是政府需要迅速协调对灾民的救援工作并拿出重建费用，这一切都给国库带来了压力。不过这场自然灾害绝不是最让王后头疼的问题。1795年初，法国军队中一名25岁的科西嘉炮兵军官被召回了巴黎。拿破仑·波拿巴的时代即将开始。

---

* 4年后，他们被释放了。"他们早该被绞死，"爱玛愤怒地说，"这些曾想刺杀两位陛下的漂亮先生们竟然又要被放出去了。"

23 大使夫人、海军上将和王后

★　★　★

玛丽·安托瓦内特遭到处决，这不但丝毫没有满足巴黎人的嗜血欲望，反而刺激他们变得更加暴力。在她被砍头后不到一个月，那个在王后看来要为她丈夫被废和死亡负最大责任的叛徒奥尔良公爵，也步其堂兄的后尘上了断头台；到了下一年，那两个在他们一家逃亡失败后被派去将他们从瓦雷讷带回的人同样命丧那台嗜血的机器。如果王后那时还活着，她一定会为此甚感欣慰。事实上，在席卷全城的混乱癫狂之中，几乎没有一个曾致力于摧毁君主制的知名公职人员幸免于难。曾一度主导国民议会的乔治·丹东（Georges Danton）在 1794 年 4 月 5 日被砍了脑袋。3 个月后，罗伯斯庇尔——他在替雅各宾派发声和创建共和国方面比任何人的贡献都要大——试图用自杀的方式逃避被斩首的命运，剥夺暴民们的娱乐，但没有成功。他下巴上挨了一枪，流血不止，虚弱地躺在市政厅一张桌子上整整一夜，最后还是难免在兴高采烈的人群面前游街示众，然后与他的 83 名支持者一起被绑上断头台，被利刃终结了生命。

然而，尽管走上街头挥舞武器、高唱《马赛曲》、怒吼着屠杀那些被认为对革命理想不够热忱者无疑振奋了民族精神，但实际上，这对法国的公共福利并没有起到类似的作用。事实证明，骚乱和恐怖没有像人们希望的那样为商业提供有益的环境。商店关了门，粮食价格上涨，商业停滞，税款无法征收，银行倒闭，杂货店无法补充货物，食物供应匮乏。到了 1795 年秋天，法国陷入了另一场金融危机之中，巴黎挨饿的人比路易十六在位时还要更多。

人们养成了习惯，相信攻击政府是解决一切问题的好办法，于是便有一场针对国民公会（前国民议会）的武装攻击——类似那场打倒王室的运动——被组织了起来，计划在1795年10月4日发动。这个令人不安的消息在前一天晚上被泄露给了国民公会的代表们，引起了恐慌。人们（不无道理地）认为，革命事业正岌岌可危；如果煽动者获胜——实在没有理由认为他们不会获胜，毕竟，这种暴民统治到那时为止都是无往而不利的——法国人民就会被认为无力管理好自己的事务。流亡者们甚至有可能利用随之而来的混乱，重新建立起君主统治。不安的代表们怀着这样的恐惧嚷嚷到了深夜，直到一名粗鲁的年轻炮兵军官在混乱中冷漠地表示同意，说他将捍卫国民公会，击退煽动者们。

历史上充满了令人震惊的巧合和偶然事件，它们从根本上改变了人类事务的进程，不过，这时发生的事却无疑是有史以来最为重要的小概率事件：在那个重要的夜晚，那个时代最有才华的军事战略家拿破仑·波拿巴恰好就在巴黎附近，可以去执行这项任务。他之所以会出现在巴黎，而不是和他的军团在一起，只是因为他跟上司顶嘴，被召到首都接受纪律处分。

这位被匆忙招募来的斗士用10月4日上午的时间（那些预期中的抢掠者们可都不是早起的人）一边等着暴民们出现，一边布置他好不容易找来的几千士兵和5门大炮。下午3点左右，大约3万名暴动者终于聚集起来，挥舞着长矛，喊叫着，开始了他们那惯常的气势汹汹的进军。拿破仑等着他们进入射程，然后向人群开炮。他使用的是霰弹，这种炮弹一出膛就会飞散开来，能够尽可能多地杀伤目标。

对面的人们目瞪口呆，停下了脚步。事情不该是这样的！市民们本该实施惩罚，而不是被惩罚！然而射击仍在继续。300人倒地而死。这足够了，人群开始后退，转身逃跑。国民公会和革命都得救了。"这是我在巴黎留下的印记。"拿破仑后来说。在取得这次胜利之后，拿破仑重组了国民自卫队，用这支部队解除了平民的武装。革命恐怖结束了。

心怀感激的代表们任命拿破仑为南方部队的总司令，并在他的建议下解散了国民公会，成立了五人执政委员会。然而，虽然平息了城内的骚乱，危机却还远未结束。经济崩溃和国库破产的问题依然存在。法国没有用来重振商业和喂饱饥民的资金，它如今正与欧洲所有大国交战，却连士兵的军饷都付不出。*如果不能快速获得大量资金，普遍的苦楚迟早还会引发新一轮的民众暴力。

然而，法国到哪里去筹集必要的资金来继续进行战争，并把国家从一场严重而持久的经济萧条边缘拉回来呢？他们足智多谋的新统帅在这方面也已经有了计划。拿破仑明白，最好的致富办法就是掠夺人们的存钱之地，于是他将目光投向了富裕的意大利。

这个身材矮小的年轻将军很快就将成为世界上有史以来最著名的领导者之一，而这次战役将成为他迅速崛起之途的第一步。**毫

---

* 在路易十六被处死后，英国、西班牙、撒丁王国和俄国的君主们惊恐万分，纷纷与奥地利和普鲁士结盟，参与到反对革命法国的战争中来。

** 在拿破仑获得权力之时，战争的范围已急剧扩大了。法国约有150万士兵部署在德意志、尼德兰、荷兰、西班牙和意大利北部。在欧洲大陆上与之对抗的是奥地利、普鲁士、神圣罗马帝国、俄国以及残余的流亡法国军人，荷兰人和英国人则在荷兰并肩作战。此外，英国舰队防卫着英吉利海峡，援助西班牙，还在加勒比海和地中海巡逻。意大利在历史上都是受奥地利保护的，因此弗朗西斯与撒丁国王结盟，后者在皮埃蒙特的领地毗邻法国，面临着严重的入侵威胁。拿破仑的意大利军面对的是奥地利和撒丁王国的联合部队，约有8万人。

不奇怪的是，当拿破仑于 1796 年 3 月 27 日抵达尼斯时，他发现自己麾下的约 4 万 8000 名士兵（在法国被称为"意大利军"）不但装备不全，而且因为缺乏给养而十分虚弱。他只能用这样的兵力去迎战两倍于己的敌人，这似乎是个不可能完成的任务。

然而，敌人的军队需要保护的区域很大，必须分散在整个地区。此外，奥军的统帅是个 70 多岁的老将，一生战绩平平，不足为惧。*但最重要的是，拿破仑的优势在于他不是为了征服和守住领土而战斗的。这单纯是一次入户抢劫行动，法军的新任指挥官在一开始就道明了这个目标。"士兵们！"拿破仑勉励他的部下说，"你们饥肠辘辘，衣不蔽体；政府欠你们太多，却又无力给予……我来带领你们攻入天底下最肥沃的土地。这些富饶的省份和繁荣的城市很快就可以随你们摆布，你们会在那里得到报酬、荣耀和光辉。意大利军的士兵们，你们有没有勇气去获取？"

他们可不乏勇气。拿破仑借鉴了腓特烈大帝的战术，快速而出其不意地横扫意大利，用这种方式完成了他自己的"壮游"。他的行动是如此之快，以至于对方军队的规模已变得无关紧要；奥地利将军每次都落后两步，永远无法一次召集足够多的士兵来战胜他的法国敌人。相反，拿破仑的军队一点点儿地削弱了敌人，不仅战胜了这支奥军部队，还战胜了被派来支援的第二支敌军。"奥军的行动很不错，他们之所以失败，只是因为不懂得争分夺秒。"拿破仑说道。

---

* 我们还需要记住的一个重要事实是，维也纳此时也在德意志抵御着法国的进犯。与玛丽亚·特蕾莎时代的情况一样，奥地利在意大利的利益被视为是次要的，远不如保卫家园更重要，所以拿破仑面对的其实是一支次要的军队。

在拉拢当地民众方面，法国人也占了上风。正如雅各宾派在布鲁塞尔所做的那样，拿破仑把他的入侵说成是一场争取解放的共同斗争。"意大利的人民！"他在一份广为流传的公开宣言中说，"法国军队是前来打破你们的枷锁的。法国人民是所有民族的朋友……我们唯一的敌人就是那些奴役你们的暴君！"到了1796年4月底，临近意大利的撒丁国王已然屈服，他像玛丽亚·克里斯蒂娜和夏洛特一样，怀疑其臣民不但不会与敌人作战，反而会加入对方的阵营，于是和对方签署了一份停战协定，将所有的火炮、粮草和军需品都交给了法国人。

玛丽亚·卡罗琳娜在那不勒斯密切关注着敌军的动向，她越来越惊恐地发现，在撒丁王国屈服之后，一个又一个城邦开始贿赂拿破仑来换取和平。她的姐姐玛丽亚·阿马利娅此时仍与丈夫待在帕尔马，已是4个孩子的母亲，她向征服者提供了200万法郎、1600匹马和公国中的全部玉米。拿破仑还别出心裁地改变了通常的武力勒索方式，要求他们交出20幅最有价值的画作。米兰公爵被迫拿出2000万法郎和另外20幅名画。罗马也投降了，这个变身为文化鉴赏家的军人因此而大赚了一笔：教皇拿出了3470万法郎、300份珍贵手抄本和100幅绘画作品（当然，必要时也可以用雕像代替）。就连夏洛特那个在佛罗伦萨的女婿，也就是皇帝的弟弟，也只能耸耸肩，付钱了事，还得怯懦地邀请敲诈者共进晚餐。法国国库得以充实，革命又一次得救了。

虽然那不勒斯仍受着与英国签订的防御条约的约束，但该王国并不准备与一位如此杰出的将军打一场陆上战争。夏洛特在5月底派使者前去谈判条件，而拿破仑的行动过于迅速，以至于使者为了传达谈判意图不得不追着他到处跑。双方在 1796 年 6 月 5 日达成协议，那不勒斯同意支付 800 万法郎来换取中立（幸运的是，他们不用交出绘画作品，因为奥地利人已开始收复失地，法国人需要尽快与那不勒斯达成停战）。* 为了巩固自己的谈判地位，王后吩咐使者，让他指出，虽然那不勒斯人爱好和平，但如果非要打仗不可，她的王国可以召集起 7 万名士兵。拿破仑对此不以为然。"我当着全欧洲的面承诺，如果那不勒斯宫廷违反停战协定，再次加入战争，我将以 6000 名掷弹兵、4000 名骑兵和 50 门大炮来迎战这虚构出来的 7 万人。"他嘲弄地说。

玛丽亚·卡罗琳娜知道，这威胁不是说着玩的。她害怕拿破仑，就像她母亲当初害怕腓特烈大帝一样。因此，尽管正如爱玛对她的一个伦敦朋友所说，王后"喜欢英国……而且希望战争继续下去，因为那是摧毁可恶的法国国民公会的唯一办法"，但夏洛特还是忍气吞声，接受了停战协议，谨慎地准备置身事外，静观其变。

然后，霍拉肖·纳尔逊再次来到了那不勒斯。

威廉爵士的判断是正确的：5 年前他曾邀请共进晚餐的那位舰长，后来果然在战场上表现出色（在此过程中失去了一条手臂，瞎了一只眼睛），获得了稳步的晋升；他此时已是一名海军上将，正指挥着一支舰队。1798 年 5 月底，纳尔逊的舰队被派去追击法国舰队，后者被发现此时正在地中海游弋。

但问题是，他找不到对方。地中海很大，而且海军上将也不知

---

* 作为兄长的北方军队指挥官，咪咪的养子、比拿破仑小两岁的查理大公在德意志大败法军，就像法军在意大利大败奥军那样。咪咪让他上的骑术课显然没有白费。

道拿破仑的下一个攻击目标是哪里。纳尔逊行动的根据只是如下事实——有可靠的证据表明，那位科西嘉将军已将陆军的指挥权交给了一位经验丰富的部下，以便他自己能够亲自指挥海上行动。起初，人们担心拿破仑的目标是意大利南部。"我希望我们还来得及挽救那不勒斯或西西里，以免落入敌手。"纳尔逊在1798年6月12日写给威廉爵士的信中焦急地说，"我请求您向那不勒斯国王和王后保证，我将分秒必争地与法国舰队作战，没有人比我更热切地想要拯救他们了。"

当大使宣布这一新进展时，在那不勒斯避难的大批英国人欣喜若狂。科妮莉亚·奈特（Cornelia Knight）是一位年轻的英国妇女，战争爆发时正造访意大利，她参加了威廉·汉密尔顿爵士的晚宴，听到了这一喜讯。"我无法描绘这番讲话所引发的轰动，"她说，"周复一周，月复一月，我们的目光一直盯着大海，却从未发现过一艘友好的船舰出现……而现在，有了一位英国海军上将的保护，我们觉得自己是绝对安全的，而且这位上将还是纳尔逊……还有那些（在他指挥之下）英勇善战、被人们称为'噬火者'的人。"科妮莉亚显然激动不已。

但英国舰队是在两个月之后才到来的，在此期间，纳尔逊四处奔波，不遗余力地寻找着敌人的踪迹。他"从马耳他出发，去了埃及的亚历山大港、叙利亚和亚洲……但没能找到敌人"，他在给妻子的家信中沮丧地说，"不过，没人会说这是因为我未采取行动。我仍然抱着找到他们的希望。"他坚定地补充道。

直到7月20日，纳尔逊的舰队才出现在卡普里岛附近。就是在这里，海军上将终于得到了法国人正向亚历山大港进发的确切情报。事实上，敌人的战舰是在3天前越过那不勒斯，前往亚历山大港的。

一分钟也不能耽误了。如果纳尔逊能迅速起航，他的舰队就有很大机会能赶上对手。但舰队已在海上航行了两个月，船舱里的补给消耗殆尽，水手们在出发前往埃及之前急需补充淡水和各种物资。于是，海军上将派出信使给威廉爵士送去了一封信，要求获得允许，让英国舰队能够停靠那不勒斯进行补给。纳尔逊提醒说，若是不能在那不勒斯靠岸，他便会错失良机，因为他为获得这些必需品将不得不远赴直布罗陀，"因此也将被迫彻底放弃继续追击法国人"。

这位军官带着这一紧急请求于清晨6点登陆，叫醒了爱玛和威廉爵士。夫妻俩立刻意识到，纳尔逊有机会给予法国人出其不意的打击，时机不容错过。但他们也知道，这一请求会让玛丽亚·卡罗琳娜和斐迪南陷入两难境地。根据那不勒斯与拿破仑签订的停战协定，那不勒斯王国是不能向英国海军提供此类帮助的。那不勒斯的港口在任何时候都只能允许两艘英国船舰靠岸。

威廉爵士穿好衣服，立刻就去见阿克顿将军，以便将此事提交给御前会议讨论。但爱玛自有主张。"我去找了王后，她躺在床上接待了我，"大使夫人后来记述道，"我告诉王后陛下，现在两西西里的安危取决于她了。"（两西西里是英国人对那不勒斯王国的称呼）爱玛直截了当地继续写道："我对她说，如果纳尔逊得不到补给，两西西里就势必难保……没有什么会比这番话更让她感到震惊的了。"

玛丽亚·卡罗琳娜完全有理由担心。破坏停战协定可不是一件小事。她和爱玛一样清楚，御前会议明白这一点，因此会拒绝给海军上将提供帮助。风险太大了：纳尔逊不一定能找到法国舰队，更不一定能打败对方，而拿破仑却肯定会发现这一违约行为，然后便会率领军队来惩罚那不勒斯。她和斐迪南可能会失去他们的王国，甚至会失去自己的生命，到那时他们的孩子们怎么办？王室还有7个子女生活在家里：她的长子，21岁的王储，娶了一个奥地利表亲；3个未婚女儿，年龄分别是19岁、16岁和14岁；还有3个最小的孩子，8岁的利奥波德、6岁的阿尔贝托和4岁的伊莎贝拉。他们会不会像玛丽·安托瓦内特那可怜的小儿子（法国王太子）那样，遭到激进分子的囚禁和虐待？不，安全的做法显然是拒绝纳尔逊的要求，按停战协定办事。

但夏洛特也憎恨法国人，她全心全意地盼望着他们被打败，而她明白，如果要实现这个愿望，她就必须给英国人这个机会。"我跪在地上祈祷，恳求她，而她被我的恳求和说辞打动了。"爱玛说，"我把笔墨和纸拿到了她的床上。"在大使夫人的帮助下，王后签署了一道允许英国舰队获得补给的王室指令，然后将其交给大使夫人，让她转交给海军上将，用作允许停靠港口的证明。所有那不勒斯人都知道，掌控政府的其实是王后，因此，无论御前会议做出什么样的决定，王后的命令都更有分量。"我很清楚，从各个方面来说……这条命令会比国王的命令作用更大。"汉密尔顿夫人写道。

这招果然奏效。斐迪南确实按照阿克顿的建议驳回了威廉爵士的请求，但当纳尔逊在码头拿出玛丽亚·卡罗琳娜的指令后，她丈夫的命令就被弃之不顾了。两天后，7月22日，海军上将抽空给汉密尔顿夫妇写了一封短笺："亲爱的朋友，由于你们的努力，我们已经获得了食物和水……一起风便要启航了。"

王后已掷出了骰子，现在剩下的就只有等待了。

对夏洛特来说，那年的8月一定是漫长的。整个那不勒斯都知道纳尔逊去和拿破仑交战了。"我们白天谈的和晚上梦见的都只有这两支敌对舰队的交战，"科妮莉亚回忆说，"宫廷……虽然并未公开放弃中立，但双方都知道，王室并不喜欢法国这个各国共敌，希望联盟取得胜利，其自身的安全也依赖于这种胜利。普通民众普遍支持宫廷，但许多年轻贵族却受到了革命精神的感染。"她十分担忧。有关那不勒斯人背叛的怀疑已经上达巴黎，法国人威胁要采取报复行动。玛丽亚·卡罗琳娜知道这只能怪她自己，她变得非常焦虑，因此生了病。"亲爱的米莉迪，"王后沮丧地写信给爱玛说，"昨天傍晚，我们收到了一封8月15日从当代的索多玛（法国）写来的信……他们似乎想吓唬我们，让我们陷入瘫痪……我们必须做好一切应急准备。"她开始祈祷："愿上帝保佑我们，增强我们人民的勇气，至少让他们能够服从！再见！……请烧掉我的信……怜悯你的挚友吧——夏洛特。"

9月3日，一艘孤零零的船驶进海湾，人们认出那是纳尔逊手下的一艘船。一名军官带着海军上将给威廉爵士的公文下了船。很快，消息传遍了整个城市。英国舰队于8月1日伏击了敌军舰队，与之展开大战——尼罗河之战——英国海军取得了胜利！敌军被击溃了。只有4艘法国船只逃脱，9艘被俘，其余则全被击沉；拿破仑的2000名士兵阵亡，而纳尔逊只损失了200名士兵。那位才华横溢的科西嘉将军本人虽逃过一劫——他在早些时候率领大部分部队前往开罗——但他和他的残兵败将如今已被困在了埃及。*"或许从来没有比这更彻底的胜利！"科妮莉亚激动地说，"意大利得救了！英国荣光无限！"

王后几乎不敢相信这个消息。她的决定真的是正确的！"亲爱的米莉迪，这多么幸福，多么光荣，多么令人欣慰啊……我对你万分感激！"她一听到这个消息就激动而匆忙地给爱玛写信。"我又活过来了！……这消息给了我生命……多么勇敢！多么有勇气！……我的感激之情刻骨铭心……我高兴得发狂！"夏洛特大为赞叹。"我完全无法向你描述玛丽亚·卡罗琳娜的激动之情，"爱玛欣喜地写信给纳尔逊，"她高兴得眩晕，亲吻丈夫和孩子，在房间里走来走去，又是哭泣，又是亲吻，还拥抱她身边的每一个人，喊叫着：'哦，勇敢的纳尔逊啊，纳尔逊，你对我们的恩惠太大了……哦，光是我这颗激动的心便能向他显明我们欠他多少了！'"

9月22日，由海军上将的旗舰先锋号带领，舰队在一片欢呼声中返航。"海岸上站满了人，欢呼声响彻云霄……无法想象还有比这时的那不勒斯海湾更美丽欢腾的场景了。"科妮莉亚说，"乐队演奏着……'看哪，征服的英雄凯旋了！'"爱玛冲上船，在看到纳尔逊时晕倒在他那仅剩下的完好臂弯之中。"哦，上帝啊！这可能吗？"她喊道。她发现纳尔逊看上去非常虚弱和苍白，因为这位海军上将在回程途中病得很重。她和她的丈夫都坚持要让这位指挥

---

* 法国人试图掩盖此次战败的严重性，声称双方损失相当。"看看这些，"威廉爵士在数日之后拿着来自巴黎的新闻报道叫道，"试问他们是怎么把这说成是一场平局的。""他们说得很对，"纳尔逊冷静地说，"只是他们抽到的是白票，而我们却抽到彩票。"

官登岸，到他们的别墅里休养。"我希望有一天能有幸把你介绍给汉密尔顿夫人，"纳尔逊在写给妻子的家信中稍显言不由衷地说道，毕竟那时他和爱玛显然已被对方深深吸引了，"她是这个世界上最优秀的女性之一，她是女性的荣耀。她和威廉爵士对我的好是我无法描述的；我就住在他们家，我可以告诉你，我此刻正需要所有朋友的善意才能挺住。"

这位英雄几乎花了整整一个月的时间才康复，在此期间，他成为首都的焦点人物。"这段时期的那不勒斯简直快乐得无与伦比，"科妮莉亚高兴地说，"所有的焦虑和恐惧都被遗忘了……只要他在街上出现，人们就会围住他，跟着他，高呼'纳尔逊万岁！'。"而在另一边，雅各宾派在遭此挫折之前一直认为自己是战无不胜的，如今其处境之尴尬可想而知。"法国领事西哀士先生……都不敢再出现在他家的阳台上，就连西哀士夫人和她的哈巴狗也很少露面。"这位年轻的英国女士幸灾乐祸地说。

但随着身体逐渐康复，纳尔逊变得越来越沮丧。他确实打赢了一场重要的战役，但这些人的表现就好像战争已结束了似的，实际上他们需要做的是在法国人有机会重新集结之前巩固自己的优势。为了在离开期间防卫罗马，拿破仑只在那里留下了几千人；如果那不勒斯现在组建一支军队并发动进攻，他们就可以夺取这个重要的军事目标，或许还能永久性地扭转意大利冲突的态势，让侵略者处于劣势。然而，在人们沉浸于频繁为他举行的令人疲惫的庆功宴、祝福者们不断涌来之时，想要让宫廷关注这种事是非常困难的。他不得不另想办法。

他只好通过爱玛（他与她的关系越来越亲密，这无疑是健康恢复的一个标志）与王后联系，因为他已经看明白了，玛丽亚·卡罗琳娜才是执掌王国权力之人。纳尔逊采取了与费尔森当初劝说路易和玛丽·安托瓦内特逃离巴黎时极为相似的策略，他在1798年10月3日给汉密尔顿夫人写了一封信，在其中说明了自己的政策建议。他知道，这封信是会被呈交给玛丽亚·卡罗琳娜的。"亲爱的夫人，"海军上将写道，"我无法对两西西里已经发生和正在发生的事情袖手旁观，也不能无视……我此时所清楚预见到的灾祸……而这是由拖延这一最糟糕的政策引起的。"他开宗明义且严厉地告诫道："自从我到达那不勒斯以来，我发现全国上下都渴望与法国人作战，而我们也都知道，法国人正准备派一支强盗军队来掠夺这些王国，摧毁君主政体……我听说，两西西里国王陛下（斐迪南）已经准备好了一支军队，随时可以出征……而我对这支军队没有在一个月之前就出发感到惊讶。""如果他们在国内等着别人来进攻，而不是将战争挡在国门之外，那么我不需要预言天赋就能断定，王国将会分裂，君主政体将被摧毁。"纳尔逊清楚明白地提醒说，而后又用巧妙的措辞表明了他的意图，恭维地表示他殷切盼望夏洛特能够听取他的建议。"我怀着钦佩的心情阅读了（王后）那封庄重而无与伦比的信（给纳尔逊的感谢信）。希望这个王国的决策机构永远能以这样的尊严、荣誉和正义感为指导。愿这个国家的官员们能够听取伟大的皮特先生的名言——'最大胆的政策就是最安全的政策'。"

尊严、荣誉和正义——再次有人试图用这些高尚的说辞来游说玛丽亚·特蕾莎的女儿了。王后绝对信任纳尔逊，就像她的妹妹曾绝对信任费尔森那样。此外，玛丽亚·卡罗琳娜最近冒险为盟友提供补给的经历也让这位海军上将的座右铭显得更有道理了。她当初听从了他和爱玛的建议，勇敢地采取了行动，结果取得了巨大的成功。如果此时她不按他的建议行事，那才真是奇怪。

那不勒斯做好了战斗准备。

为了确保胜利，夏洛特想尽了一切办法。她知道自己的士兵没有经受过考验——那不勒斯已有将近半个世纪没有打过陆战了——因此想要争取她的主要盟友奥地利的支持，请求她的女婿立即派来一支新军，与那不勒斯军队一起发动联合进攻。然而，弗朗西斯不可能那么快集结起一支进攻部队，而且他刚刚与俄国人结盟，很想与他们配合，奉行协调的军事战略。*因此，皇帝建议岳母等到春天，届时那不勒斯可以参与到一场规模更大的攻势之中。这与纳尔逊的建议背道而驰，因此沮丧的玛丽亚·卡罗琳娜拒绝了弗朗西斯的建议。她尖刻地告诉皇帝说，既然如此，她希望维也纳至少能派一名指挥官来统率她的部队，因为那不勒斯并无一个有足够作战经验的人可以胜任这项工作。为了安抚她，弗兰西斯只好让步，派来了马克将军。

马克于10月底抵达那不勒斯。他40多岁，曾在比利时战场上与查理大公并肩作战，表现出色，查理大公非常器重他。不用说，马克在过去的战斗中表现英勇，而且是好心来帮忙的。但这是他第一次来到意大利，对这里的地形并不熟悉，语言更是一窍不通。除此之外还有一个小问题：在接受这项任务之前，马克只是一名负责

---

* 叶卡捷琳娜大帝在两年前（1796年11月17日）去世，与弗朗西斯谈判的是她的儿子及皇位继承者保罗。

指挥一个骑兵团的上校，而如今他要指挥的却是一整支军队。

当然，在那不勒斯没有人知道这一点，而且他所统率的军队规模庞大，这使其疑虑也有所减轻。在由3万5000名士兵组成的常备军基础上，宫廷又招募了另外4万名战士。征兵工作之所以能如此卓有成效，主要是因为夏洛特威胁斐迪南说，如果他不暂停几天狩猎来好好帮助动员，她就发动政变将其推翻。（"国王几天后就会下台，再不会掌权，"爱玛在1798年10月24日告诉纳尔逊说，"摄政将以王储的名义进行，但一切都归王后指挥。她的头脑真是价值千金。"）这场徒劳无果的夫妻之争最终得到解决，斐迪南同意增加新兵的薪水（为了鼓励广大民众自愿参军），而且还勉强答应会亲自随军去往罗马。由于国王在被称为拉扎洛尼（lazzaroni）的游民们中间仍然大受欢迎，他的这番配合就足以让士兵数量大大增加了。夏洛特几乎每天都会骑马去鼓励和检阅部队。看到这一排排的士兵，第一次检阅军队的马可将军简直感到目眩神迷——用7万5000名士兵来对付规模不及其四分之一的法国驻守部队，这可是大部分指挥官梦寐以求的数量优势——他兴高采烈地告诉国王说，"他只是遗憾，这样一支优秀的军队却没有与之相匹配的敌人"。*

1798年11月22日，这支庞大的队伍动身前往罗马，斐迪南也坐着马车随军前往。他们几乎一出发就遇到了困难。马克率军出发之后的那段日子是近年来天气最为糟糕的时期之一。道路因下大雨而难以通行，这些匆忙训练出来的士兵——其中绝大多数人在气候温暖、阳光明媚的那不勒斯生活惯了——背着沉重的行囊和装备，

---

* 如果没有以下事实，他的这种乐观情绪是更会让人放心的——纳尔逊在观看了这位新上任的将军为训练军队而搞的一场模拟战斗之后情不自禁地说："这家伙根本不懂怎么打仗！"

在寒冷的雨中艰难行进了一个星期。由于一切都比预期中花费了更多的时间，结果食物出现短缺，马克为解决这个问题而增加了行军时间，导致士兵们精疲力竭（这并不需要太多时间，毕竟他们本来就不习惯行军）。一周后，当军队到达目的地时，因生病和开小差而损失的步兵人数已经不亚于经历一场战斗。

但即便有逃兵，他们的人数还是远多于对手——事实上，法国军队令人不解地根本没有出现在罗马。对手仿佛看到他们接近便主动撤出了该城。于是人们得出结论说，那不勒斯的大军只一现身便吓退了敌人。斐迪南在 1798 年 11 月 29 日进入罗马，他立即写信给教皇，告诉他可以安全返回了。"快离开您那过于简陋的加尔都西会修道院（教皇逃到了那里）吧，"那不勒斯国王兴高采烈地说，"我们已经做好了迎接您的一切准备；教皇陛下可以回来在我们救世主的诞辰日举行神圣的仪式了。"

可惜的是，有一种军事策略叫做战术撤退，而马克和斐迪南显然都对此一无所知。这种策略涉及暂时性的后撤，如有必要就取得额外力量的增援，然后发动突然袭击。拿破仑虽然被困在埃及，但他在意大利留下了一位经验丰富、能征善战的指挥官。那不勒斯军队抵达罗马还不到一周，法军的反击就开始了。

马克手下的大多数士兵都是第一次面对炮火，他们的表现正如当初第一次上战场的腓特烈大帝那样——转身就跑。虽然留下来的士兵中也有人英勇作战——在这场时间极短的战役中，有 1000 人阵亡，900 人受伤——但显然大多数人都投降了，最后有 1 万多人被俘，连同他们的战马、装备、补给和 30 门大炮全都落入法军手里。斐迪南换上他贴身男仆的衣服，冒充仆人才逃过一劫。他在

12月13日逃回那不勒斯。夏洛特心慌意乱。"昨天我没能给你回信，因为我太痛苦了。"她在写给爱玛的信中说，"如果人们继续像兔子一样逃跑，我们肯定会输。"习惯了老练船员和英式训练的纳尔逊对"欧洲最漂亮的军队"竟如此明显地缺乏完成任务的能力而感到困惑不解。"这不会是一场梦吧？"他在听到从罗马传来的报告后问道，"这是真的吗？"

更糟糕的是，轻易得来的胜利促使那位法国将军想要乘胜挺近，一路追击逃窜之敌，妄图征服那不勒斯，为法军再添一辉煌战绩。马克曾试图重整旗鼓，抵挡住敌人的进攻，但王室对此并不抱太大希望，而入侵者随时都可能出现在首都。"敌人不断逼近，就像狂风暴雨前的乌云。"科妮莉亚忧心忡忡地说。纳尔逊敦促宫廷尽早逃离，为了确保王室成员的安全，他主动提出可以用自己的先锋号将他们送往西西里岛。玛丽亚·卡罗琳娜"因遭此打击而茫然不知所措"，"不停地哭泣"，但她也明白，不能让自己和家人像玛丽·安托瓦内特那样被俘，于是开始收拾行李。

一切都必须秘密进行，因为厌恶法国人并仍然完全忠于国王的游民们决心抵抗。"民众非常吵闹骚动，他们围在王宫周围，恳求国王陛下不要抛弃他们。"科妮莉亚报告说，"甚至连陌生人上街都成了一件很危险的事，除非是众所周知的人；因为所有外国人都很容易被误认为是法国人。"因此，王后只得再请汉密尔顿夫人来充当中间人，在她的帮助之下将王室财产从王宫偷运到港口。12月17日，也就是斐迪南从罗马惨败归来仅4天之后，夏洛特在写给爱玛的信中说："今天晚上，我将冒险把我们拥有的所有西班牙钱币都送到你那里去，包括国王的和我自己的，一共是6万金杜卡特。这是我们的全部财产,因为我们以前从未攒过钱。全家男女老少所拥有的钻石都会在明天晚上送过去。"在接下来的几天里,类似的信不断发出,要运走的行李不断增多。"今天晚上,我会再送几个箱子到你那里,是我的众多家人和我自己的衣服,毕竟它们是生活中必需的。"王后痛苦地说。

他们本可立即启程,但却花了几天时间才说服斐迪南。国王等待着马克将军回到那不勒斯来汇报情况,他本不想离开,直到马克将军确切地告知他,局势已无可挽回。纳尔逊一直关注着敌军的快速进展,他在12月21日警告说,如果国王和王后再等下去,他就不能保证他们的安全了。于是,国王和王后全家被安排在当晚趁着夜色偷偷离开。

为了掩护那不勒斯君主出逃,人们上演了一出好戏。当晚,威廉爵士、爱玛和纳尔逊都换上盛装,参加了一场为海军上将举办的盛大活动。在活动开始大约1小时后,纳尔逊在显眼之处转了一圈,露了露面,然后便悄悄溜走了。爱玛又待了一会儿,在确认没人寻找纳尔逊后便也未与女主人打招呼就偷偷离开了。随后,她与海军上将会合,后者正带着几条船,在王家军械库附近的海湾中一个隐蔽角落里等候。两人一起钻进了"王宫附近的一条秘密通道,爬上通往王后房间的黑暗楼梯,在昏暗的灯光下,用短剑和手枪护送着所有人离开了",爱玛后来写道。

王室一行共有10人:玛丽亚·卡罗琳娜和斐迪南;他们身为王储的长子及妻子;3个十几岁的年长公主;还有3个年幼的孩子。所有人都必须被安全地护送着走下陡峭的台阶,穿过昏暗隐蔽的地下走廊,然后走入12月寒冷的夜晚。在那里,迎接他们的是纳尔逊留下来看守小划艇的武装水手们，他们将要用这些小艇将受惊的旅客们送上先锋号。海军上将在前面带路，爱玛则跟孩子们一起走在后面，安慰着他们。

谨慎的防备起了作用，没有人发现国王出逃。到了午夜时分，王室成员已安全地登上了纳尔逊的战舰。

但船却不能启航，因为他们刚刚登船，一场猛烈的风暴就来临了。他们只好在那不勒斯湾里等待着天气好转或战局生变，但二者皆未发生。马克在最后一刻赶到，他异常绝望，竟在国王面前泣不成声。"我真为他难过，"目睹了这次会面的纳尔逊表示，"他已经完全垮了。"

最后，在12月23日上午，海军上将觉得风暴已有所减弱，可以向西西里岛进发了。先锋号驶出港口，进入公海，在当晚就遭遇了一场暴风雨。"那是纳尔逊勋爵在30年的海上生涯里都未曾见过的。"爱玛说。

船在巨浪中摇晃；风刮得如此猛烈，"我们所有的帆都被撕成了碎片，所有人都拿着斧头准备砍断桅杆"，汉密尔顿夫人写道。除了她、她的母亲（仍假装为仆人）和纳尔逊，所有乘客都晕船晕得一塌糊涂，所以爱玛不得不跑来跑去，先是照看夏洛特，然后是孩子们，最后则是威廉爵士。所有人都认为他们要死定了，而如果没有纳尔逊这样一位船长，他们可能真的会死。斐迪南一向对女士殷勤备至，此刻却对妻子大喊："夫人，夫人，这就是你疯狂的野心给我们带来的结果！你害得我们全都要完蛋了！"

国王错了。除了一人之外，所有人都活了下来。死去的是只有6岁的小王子阿尔贝托（"他是我的最爱"，爱玛悲伤地说），他病得很重，在当天和第二天严重脱水，最后，"他在暴风雨中抽搐起来，圣诞节晚上 7 点在我的怀里去世了，没有一个人能帮我，因为王后陛下带上船的几个侍女都病得很重，难以帮助她和可怜的王子公主们"。爱玛哭着写道。

先锋号在 1798 年 12 月 26 日凌晨勉强驶入巴勒莫港。玛丽亚·卡罗琳娜和她活下来的子女们满心悲伤，而且身体仍然很不适，在早上 5 点离船登岸。"这个高贵的岛屿能够提供给如今在海岸避难的王室成员们的欢迎仪式便是她小儿子的葬礼。"科妮莉亚哀叹说，她和其他英国侨民一起逃到了西西里。

夏洛特在抵达巴勒莫后绝望地给她的皇后女儿写信说："上帝保佑，我们得救了，但已穷途末路，名誉扫地。"

24

科西嘉人与王后
The Corsican and the Queen

告诉你的王后,我对她针对法国的阴谋心知肚明,而且……我会让她和她的家人都死无葬身之地。

——拿破仑致那不勒斯大使

在接下来的一周里,那不勒斯王室的其他成员以及所有英国侨民也全部出逃,他们登上愿意载他们出航的任何一艘船,艰难地来到了巴勒莫。"当时离开那不勒斯的总共有2000人左右。"科妮莉亚说。对于大多数难民来说,上岸后最强烈的感觉就是如释重负。事实证明,作为逃亡之地,西西里还不算太坏。"我习惯了意大利美丽壮观的景色……在看到西西里海岸那如画般的美景时感到很欣喜。然后,城市的前景展现在我们面前,我们看到了那里高贵典雅的大理石宫殿,看到了那里……美妙独特的建筑,感觉就像置身仙境。"这位年轻的英国女士惊叹道。

只有王后一人对眼前的景色无动于衷。她心情悲凉,不仅仅是因为失去了一个孩子,被迫离开了自己的家。除了所有其他问题,在这次逃亡之后,夏洛特的权力也面临着威胁,这是她自当初作为一个15岁新娘来到意大利以来所从未遇到过的威胁。令人不安的是,这新的挑战不是来自法国人,而是来自她的丈夫。

斐迪南因自己不得不割舍大陆上的舒适生活而感到愤怒,他指责玛丽亚·卡罗琳娜(我们必须说,这也不算不公平),说正是因为她非要率先攻击在罗马的法国人,才会导致法军入侵那不勒斯。为了惩罚她,国王公开剥夺了她的一切权力。他告诉王后,今后所有决定都要由他来做,而阿克顿将军将负责管理政府。1799年1月1日,也就是在国王说出以上这番话不久之后,夏洛特在写给爱玛的一封短笺中哀叹说:"没有人问我的意见,我说话也没人听,我非常不开心。"

她对此无能为力。47岁的她历经多次怀孕,魅力早已大不如前,以前的办法不再管用了。斐迪南搬了出去,不再与家人一起住在那个稍显破败的宫殿里,而是在其他地方另建了自己的豪华行宫。他还发现,西西里岛上的女人和狩猎生活比大陆上的还要好,而且他还满怀信心地觉得,他那些处境艰难的臣民们依旧会对他忠心耿耿,于是便径自去过他那狂欢作乐的生活去了。"我知道我是一定能得回那不勒斯王国的。"他志得意满地说。

虽然隔了一段时间,但事实证明他是对的。法国军队与游民们激战了三天之后才在1799年1月23日占领了首都。那不勒斯人可能并不擅长作为士兵在陌生的土地上作战,但作为自己国家里的街头斗士却异常勇猛。最后,这支外国军队之所以能够进入首都,只是因为有一小部分市民(主要是那些空想的学者和年轻贵族)相信了法国指挥官在战前的宣称,即他的军队是怀着友好的意愿来帮助那不勒斯人摆脱暴政的,他们与敌人合作,欺骗下层民众,让后者把那些最重要的堡垒都交到了他们手里。*

即便是这样,那些非常迷信的游民也提出了条件,即只有当藏于大教堂一个古老盆子里的凝固的圣热内罗之血流动,圣人以这种方式表明其认可之后,他们才会接受新的政权。众所周知,教士在法国遭到迫害,教皇也被法国人粗暴地推倒并赶走了,而如今这位法国将军却别无选择,不得不暂时放弃自己的革命原则,顺从地搞起了这种天意裁决仪式。他与那不勒斯大主教一起,率领一支由信众组成的庞大队伍一路走去,前往教堂祈求圣物显灵。进入教堂之后,主教没把握地看着圣器,信徒们大气也不敢喘,这种悬而未决的状态持续了好半天。法国指挥官趁机凑近大主教。"要是没有奇迹,你就得死。"他冷冷地说道。于是,主教高呼一声,确认圣热内罗之血流动了,随后那不勒斯便宣布成为共和国。

但雅各宾派并非唯一懂得在权力斗争中假借上帝之命的派别。1799年2月8日,也就是法国人进入首都两周之后,忠于王室的枢机主教法布里齐奥·鲁福(Fabrizio Ruffo)在意大利最南端的卡拉布里亚地区登陆,开启了一场圣战。生活在农村地区的绝大多数人都是虔诚的宗教信徒和坚定不移的保王派,他们纷纷加入这支"信徒之军"。王国里许多最臭名昭著的强盗、小偷和杀人犯也都成了志愿战士(放他们出监狱就是为了这个)。他们手段残忍,却

---

* 据估计,在这座有50万居民的城市中,只有2万人能够被确认为雅各宾派。

非常有效。到了4月，卡拉布里亚和阿普利亚都已重新回到国王之下了。*

与此同时，有消息传到巴勒莫，奥地利人和俄国人已经开始了预定的春季攻势。一支12万人的军队正在赶往意大利北部来与法国人作战。盟军知道斐迪南需要帮助才能收复他的王国，于是另派了一支大约1万名土耳其人组成的部队在那不勒斯东海岸登陆，向首都进发。

事关重大，玛丽亚·卡罗琳娜不能袖手旁观。尽管所有决定都是由斐迪南和阿克顿做出的（也就是说由将军全权负责，因为斐迪南把所有事情都委托给了他，就像当初把所有事情都委托给妻子一样），夏洛特还是尽其所能地进行了间接的干预，影响着战事的进展。她给枢机主教鲁福写了一封又一封信，鼓励他大胆前进，并与奥地利和俄国的宫廷保持着密切联系，还经常与纳尔逊商讨军事战略。

这次终于有了成果。到了4月底，奥地利人已取得了多场胜利，驻那不勒斯的法军指挥官得到命令，要他撤离该城，带着部下北上与帝国军队作战。于是他和他的军团于1799年5月7日撤出了那不勒斯，只留下约500名守军驻扎在那不勒斯的各个要塞中（临走前不忘向市民们勒索了相当于6000万法郎的赎金，作为有幸得到解放的代价）。在一个月内，鲁福的神圣基督教战士便和土耳其的穆斯林士兵们一起（这充分证明了，不同宗教在搞屠杀劫掠时

---

* 需要指出的是，虽然枢机主教鲁福的部下在这场斗争中的确有许多骇人听闻的暴行，但法国人和他们的那不勒斯合作者同样如此。虽然双方都宣称自己是按上帝之命行事，但没有谁有资格占据道德高地。

是可以彼此宽容的）雄赳赳气昂昂地进入了那不勒斯，宣布该城重回君主统治之下。

然而，法国的小批驻军和与法国人合作的那不勒斯雅各宾派的问题仍有待解决，他们精明地劫持了人质，躲藏在遍布首都各处的据点之中。在巴勒莫的那不勒斯政府决定，先让纳尔逊、汉密尔顿夫妇和一支英国船队去监督剩余叛军的投降，而国王则会在城市安全得到保障后再前往。* 斐迪南已向妻子明确表示，她不能与他同行，玛丽亚·卡罗琳娜深知谨慎地达成和解的重要性，于是不得不再次请爱玛来做她的代理人。"我不得不极其难过地待在这里，祈求上天让一切都有个好结局……我亲爱的夫人，此时的我更需要你的友谊。"她在写给大使夫人的信中意味深长地说。汉密尔顿夫人完全明白王后想要的是什么，她在夏洛特这封信的信封背面草草写道："这是我所热爱和仰慕的朋友写来的，而我将全心全意为她服务……爱玛将向玛丽亚·卡罗琳娜表明，一个出身卑微的英国女人是能够怀着热情和真爱为一位王后服务的。"

6月24日，纳尔逊和汉密尔顿夫妇乘坐一艘装备有80门大炮的顶级战舰，率领英国舰队进入那不勒斯湾，结果却发现，鲁福已经与法国人和通敌者们签订了停战协议。在那之前，为了报复共和派在短暂掌权期间的残酷镇压，游民们进行了为期三天的疯狂杀戮，其残酷程度完全可以与大恐怖时期巴黎人的所作所为相媲美。枢机主教对这种肆无忌惮的野蛮行径感到厌恶，急于防止更多的流

---

* 王室没有自己的舰队可用，为了防止那不勒斯军舰落入敌手，它们已经在法国人到来之前被毁掉了。也就是说，夏洛特的主要政绩——她为创建海军花了大把的钱，付出了几十年的努力——在王室逃往西西里几天后就化为了泡影。

血事件发生，于是便同意让那500名法国士兵及雅各宾派支持者不受阻挠地离开王国，只要他们能够和平地交出各个堡垒。当海军上将和他那艘威风凛凛的炮舰抵达时，交接正要进行。

不幸的是，纳尔逊收到的是严格的命令，要他只接受那不勒斯通敌者们的无条件投降。这或许是玛丽亚·卡罗琳娜和她的丈夫在他们漫长且充满激烈冲突的婚姻中唯一一次就政治决策达成一致。"对于那些公然反叛上帝、反叛我的人，绝不能有任何宽容怜悯。"斐迪南简单明了地要求说。他甚至提出，任何一个没有自愿投降的人都应在24小时内枪决，"无须任何审判"。夏洛特没有那么极端，她的意见包含着更多战略考量，但她也认为，不能跟叛徒们讨价还价。"国王……绝不能表现出畏惧、跟他们谈判或和解。"她提醒说。"我希望我们在海上的强大武力和他们四面楚歌的处境足以让他们在不流血的情况下归降，毕竟我是愿意宽恕自己的敌人的。"王后写信给纳尔逊说。

海军上将一向严守命令，他立即废除停战协议，将60门大炮对准最近处的堡垒，要求反叛者们放下武器投降，听从君主的摆布。在这种情势下，反抗是不可能的。500名法国士兵安然无恙地获释，被允许乘船离开，毕竟因错待如此微不足道的一支部队而引起巴黎的进一步报复是完全没有必要的。然而，那些将入侵者迎入国门并支持了共和国的那不勒斯本地人就没那么走运了。在斐迪南于1799年7月10日归来之后，这些人经历了长达一个月被称为"大惩戒"（Chastisement）的清算期。

尽管听起来吓人，但考虑到他们所犯叛国罪的严重性，王室实际上还是很宽容的。最后，在被俘的8000名政治犯中，约有100

人被处决，另有900人遭监禁或驱逐，其余人则全被赦免。*因为大家都认为是王后掌管着政府，所以因报复行动而遭到指责的是她，而非斐迪南，虽然她在这个过程中并不在场，而且事实上还通过爱玛尽力缓和了一些不公的判决。科妮莉亚作证说："据我所知，很多人指责施行残酷报复行为的是王后，但其实正因为她，许多人才获得了赦免。"玛丽亚·卡罗琳娜深知自己的名声不好。她"非常渴望回到那不勒斯"，她无可奈何地写信给爱玛说，"但我无法如愿，而且理智告诉我这样才是最好的。我被人憎恨，虽然这是不公正的，但我仍然被人憎恨，人们会将一切过错都归之于我，说我动机邪恶，渴望复仇。"

她是对的：人们的确就是这样做的。由于他的妻子如此容易地充当了替罪羊的角色，斐迪南仍然深受爱戴，尽管正是他坚持主张并实施了"大惩戒"。但至少他们重新得回了那不勒斯。8月8日，斐迪南、纳尔逊和汉密尔顿一家在欢庆声中回到了西西里。玛丽亚·卡罗琳娜对爱玛非常感激，送给她满满一箱新礼服和珠宝，国王则授予海军上将一处那不勒斯地产的所有权，该地产每年可以带来3000英镑的收入。9月还有更令人鼓舞的消息传来：法军在意大利北部被击败，奥地利军队正在逼近罗马。现在王室可以高枕无忧地制定返回首都的计划了。

一切都进行得非常顺利。然后，在离开了近18个月后，拿破仑突然从埃及回来了。

---

* 作为对比，在那年春天早些时候，仍在埃及的拿破仑因雅法城反抗他而对该城进行了惩罚，屠杀了约3000人。

★　★　★

拿破仑在1799年10月16日抵达巴黎。虽然在表面看来，他抛弃在埃及的部下是因为国家需要他来迎战奥地利人，但他刚回到首都便决定发动政变，接管政府。政变在11月11日发生。他先是让自己成为法国第一执政，而后又改写了宪法，最后则搬进了路易和玛丽·安托瓦内特在杜伊勒里宫的旧居。在做完这些基本事务之后，这位法国政府的新首脑在1800年1月7日下令召集3万名士兵，准备前往意大利。

这本该引起身在巴勒莫的政府的警觉，但要让仍然掌控着政府的斐迪南注意到此事（或其他任何事）是很难的。国王甚至不愿考虑返回那不勒斯的事，即使他在大陆上的臣民们都在欢呼雀跃地盼望他回来。他在西西里过得实在太满意了。

他并非唯一不愿离开的人。西西里岛上的风景充满异国情调，郁郁葱葱的花园散发着浓郁花香，夜晚迷人，生活节奏懒散，而且社会秩序松弛，所有这一切都奇妙地影响着汉密尔顿夫人和海军上将。他们的相互爱慕显而易见。爱玛在她此前的人生中总是不断地从一个男人转到另一个男人手里，而如今她第一次成了掌控者。她终于可以选择自己的爱人了——她选择的正是纳尔逊。海军上将则像一个人到中年却刚刚体验到性爱乐趣的人那样，时时处在一种似乎着了魔的状态中。从某种意义上说，他也的确是刚刚才体验到这种乐趣，因为纳尔逊夫人很年轻时就嫁给了他，对丈夫忠心不二，在这方面是根本无法与富有经验的高级妓女汉密尔顿夫人相媲美的。*

---

* 这不是说纳尔逊并未真的爱上爱玛。他曾亲眼见识过爱玛的魄力，当初在那艘困于风暴中的拥挤船只上，在所有乘客都以为他们难逃一死时，爱玛几乎是唯一一个保持着理智并对身边其他人提供帮助的人；他知道她是一个了不起的女人。他们的爱情是历史上最伟大的情事之一。

为了节省开支，纳尔逊和汉密尔顿夫妇合住一栋房屋，但即便有威廉爵士跟他们住在一起，爱玛和纳尔逊之间的感情发展也未受到影响。恰恰相反，这反而使事情进展得更加顺利。威廉爵士年近七旬，经常生病，早已不适合寻欢作乐了。他需要的是有人陪伴并照顾自己，而且这个人最好特别漂亮迷人。大使很清楚，在人生的这个阶段，他是永远不会找到比爱玛更符合这些要求的人了。而且，通过与纳尔逊保持亲密的朋友关系（他的确真心喜欢和钦佩着纳尔逊），他可以及时了解到当前所有的政治和军事动态，而这对他的事业大有裨益。因此，威廉爵士对妻子的出轨行为视而不见（他可不想弄出一场公开的丑闻，然后让所有人都跑来跟他炫耀自己的先见之明），从而为这对恋人提供了维持体面所需的掩护。

在西西里岛这样的地方，尤其是在战争期间，当英国海军力量的保护对该岛至关重要时，这样的安排再正常不过了。爱玛、纳尔逊和威廉爵士组成了一个团队——虽然其中两人比第三人享受了更多的乐趣。"我必须说，当时住在汉密尔顿夫人家里肯定是没有什么不妥之处的，"科妮莉亚说，"她家在那时是各国杰出人士的汇聚之地，而人们关注纳尔逊勋爵则是理所当然的。"

但在巴勒莫可以接受的事情，在伦敦却是令人不安的。英国的阶级和社会区分要比西西里严格得多。威廉爵士的上司在听闻这位英国大使夫人的所作所为及其引发的不良影响后可并不高兴。1800年3月1日，政府匆忙将他召回，任命了一个更年轻的新使节来接替其职位，这让担任了长达36年驻那不勒斯大使的威廉爵士感到十分震惊。

玛丽亚·卡罗琳娜对这一事态的发展感到极其失望。她已失去了权力，如今又要失去最好的信息来源和支持力量了。"请告知（威廉）爵士，我从未如现在这样感到对他依恋深重，所欠甚多。此时此刻，我的眼里满是泪水……请告诉我该怎么做，我将全力遵行。"她恳切地对爱玛说。

但她无能为力；决定已经做出，新大使也已上路。汉密尔顿夫妇和海军上将即将离开——纳尔逊也被召回了英国——这迫使夏洛特重新评估自己所处的地位。丈夫的公开拒斥让王后在巴勒莫过得很苦。由于斐迪南仍然不允许她回到那不勒斯，她不得不另谋出路。"我非常不开心……只有两条路可走，要么离开，要么忧烦而死。"她痛苦地对爱玛坦白说，"至于国事，我一无所知。各种阴谋诡计和恶意似乎已决意要与我为敌。"在别无选择的情况下，她只好投靠家人，决定带孩子们去维也纳看望他们的表亲。"我女儿（皇后）写信来，恳切地希望我去看望她。"王后写道。

由于是同时启程，他们便结伴而行——夏洛特，她的三个未婚女儿玛丽亚·克里斯蒂娜、玛丽亚·阿马利亚和玛丽亚·安托瓦内塔（分别为 21 岁、18 岁和 15 岁），以及她 9 岁的儿子利奥波德；威廉爵士和爱玛（她丈夫和其他人不知道的是，她已在 6 周前怀上了情人的孩子）；同样决定要回国的科妮莉亚；以及纳尔逊。*这支显赫的队伍在 1800 年 6 月 8 日从西西里出发。在经历了如此多的痛苦和屈辱之后，玛丽亚·卡罗琳娜显然渴望在维也纳得到亲人们

---

* 夏洛特的小女儿玛丽亚·伊莎贝拉（Maria Isabella）这时 7 岁，她被认为身体太弱，不适于旅行，于是被留在了西西里。不幸的是，她在第二年夭折了，母亲在她死时未能陪在身边。

温暖的陪伴。在他们停留的第一站,"王后陛下高兴地喊道:'里窝那!里窝那!'她无疑因返回故乡而很高兴",科妮莉亚写道。

他们选择的旅行时间再糟糕不过了。纳尔逊刚刚靠岸,就有消息传来,说拿破仑在皮埃蒙特的一场决定性战役中战胜了奥地利军队,热那亚也因此落入敌手。科妮莉亚担忧地说:"我们的处境也很快因此而变得异常令人担忧,因为法国军队正在波拿巴将军的率领下不断向前推进,最后占领了卢卡,而从卢卡出发,只需一夜的行军便可来到这里(里窝那)。"经过反复讨论,他们决定改变计划,改走陆路向东前往亚得里亚海沿岸,然后从那里搭船北上前往的里雅斯特。"我现在非常沮丧,因为我们必须在距离法军前沿据点一英里处通过;即使是军官和船员们……也对他们的海军上将要冒这样大的风险感到震惊。"科妮莉亚写道。

他们跋涉了两个月,十几辆马车和行李车在意大利的烈日下颠簸前行,但运气总算还不错。王后一行人成功地躲开了拿破仑的军队,找到了一个俄国船长将他们送到了的里雅斯特。整个队伍在8月安全抵达维也纳。在行程的最后阶段,纳尔逊海军上将总是人未到而名先至,因为他的功绩在奥地利和在那不勒斯一样广为人知。"在路上的每一个地方,人们都对这位尼罗河上的英雄表现出极大的好奇心。"科妮莉亚写道。"在维也纳,每当纳尔逊勋爵公开露面,周围都会聚集起一群人,他的肖像被挂在许多商店的招牌上——连裁缝都会用他的名字来命名衣服。"她愉快地说。

对夏洛特来说,这次归家苦乐参半。她很高兴能离开巴勒莫,安全抵达维也纳,见到自己的姐姐(玛丽亚·伊丽莎白获准离开位于因斯布鲁克的修道院来参加欢迎活动)、女儿和孙辈们。但她也不得不与几位即将归国的英国友人分别。在大使夫人于9月底离开维也纳之前，王后给她写了一封道别信，她悲伤地写道："我亲爱的夫人和温柔的朋友，但愿我很快就能在那不勒斯再次见到你。我要重申，无论何时何地，无论处在何种境况之下，爱玛，亲爱的爱玛，你将一直是我的朋友和姐妹。"

纳尔逊和怀有5个月身孕的汉密尔顿夫人，在威廉爵士（仍然坚决地假装没有任何不寻常之事发生）和科尼莉亚（表现得有点儿天真）的陪伴下，继续在欢迎和庆祝中前行，穿越奥地利、波希米亚和德意志各地。一路上到处是盛大聚会和焰火表演，在巴登，汉密尔顿夫人为海顿献唱；在布拉格，查理大公在宫殿里为纳尔逊举办了盛大的42岁生日派对。1800年11月9日，这几位声名显赫的侨民终于身负沉重债务回到了英国，在那里，他们仍然是舆论焦点，继续吸引着公众的目光，尤其是在纳尔逊公然离弃妻子而引发了一桩巨大的丑闻之后，而仍然与威廉爵士生活在一起的爱玛则悄悄地生下了一个女儿，取名为霍雷希娅，以防人们对孩子的生父是谁有所怀疑。*

在维也纳，已失去了与强大英国之间的联系纽带的玛丽亚·卡罗琳娜正焦虑不安地关注着时局，看着拿破仑和他那似乎不可战胜的军队持续向南进攻，逼近那不勒斯。

争霸的游戏就是如此，想要征服世界的人并不总会很有风度地事先告知对手他的野心有多大。有时他们会像拿破仑这样，先是夺取一点儿，然后停下来，接着又在其他地方夺取一点儿，与此同

---

* 他们的故事竟然还没有被拍成电视剧，这真让人大惑不解。

时，一直宣称自己热切地渴望着和平，最后则会突然间攫取一切。

夏洛特是那些从一开始就明白威胁严重性的人之一。"我相信，波拿巴会按照自己的意愿和决定在任何地方为所欲为，而整个欧洲则只会目瞪口呆地看着他这么干。"她沮丧地说道。就在她抵达维也纳后不久，这位科西嘉将军在意大利大败帝国军队，然后表示可以与弗朗西斯签订和约，在奥地利将托斯卡纳割让给法国的情况下，允许其保留威尼斯。她表示强烈反对。拿破仑知道，玛丽亚·卡罗琳娜一直在努力说服女婿拒绝这些条件，继续在意大利与法国作战，因此称她为"祸水"。

然而，那不勒斯王后最终无法阻止谈判的进行，奥法两国还是在1801年2月签署了《吕内维尔条约》，拿破仑获得了从卢卡到罗马外围的全部土地。弗朗西斯的弟弟托斯卡纳大公因失去家园和臣民而得到了萨尔茨堡公国（与托斯卡纳相比要差得多）作为补偿，而夏洛特的姐姐玛丽亚·阿马利娅就无福享受这种安慰了。根据协议条款，55岁的帕尔马公爵夫人干脆遭到废黜，只能远走他乡。由于无处可去，她请求她那身为皇帝的侄子允许她回到儿时的故乡维也纳。然而，弗朗西斯已经有岳母在身边了，他可不想再弄来一个唠唠叨叨、愁眉苦脸的老太太，于是便将她打发去了波希米亚。3年后，玛丽亚·阿马利娅在位于布拉格古堡中狭小阴暗的住所里去世。

那不勒斯能够避免被法国吞并也只是因为玛丽亚·卡罗琳娜努力拉拢俄国沙皇，请求这位盟友代表她的丈夫出面干预。尽管如此，拿破仑仍坚持在那不勒斯王国境内驻扎一支由1万6000名法国士兵组成的卫戍部队，以确保那不勒斯王室不再与英国重新结盟，斐迪南只能同意这一条件。"这一招（迫使那不勒斯接受法国士兵进驻）有朝一日将会起到最大作用……使我成为地中海的主人，而这是我政策的主要和一贯目标。"这位志得意满的将军对其长兄约瑟夫说。

一年后，斐迪南终于同意让他的妻子回到那不勒斯了，当时的局势有如上述。斐迪南之所以同意让她回去，倒不是因为需要她，而是因为需要她身边的人，即他们17岁的女儿玛丽亚·安托瓦内塔。夏洛特不在的时候，她长子的妻子因肺结核去世，国王决定利用这一悲惨事件来彰显自己的权威，让王储改娶一个他这边的亲属。他的哥哥西班牙国王正渴望将自己的一个女儿嫁给那不勒斯的王位继承人，而斐迪南认为，公平的做法是，作为回报，西班牙王储也应该娶自己的一个女儿，于是玛丽亚·安托瓦内塔就被选中来接受这一殊荣了。

没有什么比这两桩婚姻更能显明玛丽亚·卡罗琳娜的无权处境了。30年来，她一直将那不勒斯牢牢地控制在奥地利的轨道上；如今，一个西班牙公主却将承袭她的王后之位，同时她的一个女儿还将嫁到马德里去，而在这整个过程中都未曾有人征求过她的意见。然而，她除了接受这一安排之外别无他法，只能带着孩子们回到那不勒斯去庆祝将在1802年9月举行的婚礼。

假如夏洛特曾希望臣民们对她的态度在她离开后有所缓和，那么在踏上首都的那一刻，这种幻想就破灭了。斐迪南在享受了3年的西西里岛美妙生活之后终于被劝说着回到了本土，他在6月底回到那不勒斯，比她更早，迎接他的是人们雷鸣般的欢呼。人们从全国各地赶来观看国王的正式入城仪式，不断鼓掌喝彩；街上挤满了兴奋的民众，国王花了整整一个上午才到达了王宫。相比之下，玛丽亚·卡罗琳娜的入城过程则相当冷清。法国驻那不勒斯大使说："人们为迎接王后归来举办了一些庆祝活动，随后还有一些类似婚宴那样的宴会，但在这一切中都未见半点儿喜悦或欢欣。宫廷的氛围始终沮丧阴郁，而人民则冷淡而默然。"*

在她离开的两年里，夏洛特与丈夫的关系并没有什么改善。"国王与王后公开敌对，"法国大使直截了当地报告说，"她刚从维也纳回来，他就独自去了卡塞塔……他们之间的敌意是如此之深……即使在公开场合，他们也毫不掩饰。"

尽管存在这些障碍，王后还是在回国后的一年内便再次掌控了政府。此时阿克顿将军已退休，而斐迪南也早就受够了做决策，毕竟御前会议占用了太多打猎的时间，还是回到老路上，把一切交给妻子来处理比较轻松。玛丽亚·卡罗琳娜对他们岌岌可危的处境并不抱任何幻想。法国士兵就驻扎在他们的土地上，这无疑表明，拿破仑对意大利南部仍有野心，而她是不能忽视这一危险的。"我们即将面临一场大的危机。"她在1803年12月10日写给纳尔逊的信中预言道。

当然，在那个时候，推测拿破仑的意图是不需要太强的预言能力的。他已将法国军队扩充到创纪录的规模，将其重组为能够同时向各个方向发动进攻的地区军团。与此同时，他也完全放弃了将人

---

* 联姻进行得并不怎么顺利。被送往西班牙的玛丽亚·安托瓦内塔在那里过得非常不开心，不到一个月就乞求着要回到意大利。后来她在马德里去世，年仅21岁，而玛丽亚·卡罗琳娜坚信，女儿是被毒死的。与此同时，25岁的王储娶来了西班牙公主，可新娘却只有13岁。显然，斐迪南为子女缔结婚姻的谋划很不周全。

们从暴政中解放出来的侵略借口。拿破仑的第一个侵略目标其实是自己的国家，他将那里的共和制残余一扫而空，让自己成了唯一的统治者。由于"国王"在巴黎并非一个吉利的名号，也由于拿破仑本就野心更大，所以他选择了一个更煊赫的头衔。1804年12月2日，拿破仑在巴黎圣母院举行的一场盛大加冕仪式中成为皇帝。在这一刻，明目张胆的虚伪被淋漓尽致地展现了出来，让玛丽亚·卡罗琳娜几乎愤怒得无法自制。"法国人大费周章，谴责和杀害了一位最优秀的国王（路易十六），污蔑一个女人，辱骂玛丽亚·特蕾莎的女儿（玛丽·安托瓦内特），杀掉一位高贵的公主（伊丽莎白公主），还大开杀戒……在教堂里杀死600个牧师，在国内和国外不断搞出各种有史以来最野蛮恐怖的行径，在书里写满幸福、自由之类的高调，难道就是为了在14年后让自己成为下贱的奴隶，俯首听命于一个阴差阳错地被不可思议的命运推上高位的小小科西嘉人吗？"那不勒斯王后嘲笑说。"光是这样还不够，他们竟然还对他欢呼雀跃，让他成了皇帝！"她难以置信地怒斥。

战阵已经摆开，问题只剩下何时开打了。尽管被拿破仑强加给那不勒斯的条约禁止其接受英国的任何军事援助，但夏洛特还是秘密向纳尔逊发出了求助。由于保持那不勒斯和西西里的独立，不让地中海落入法国之手对英国海军来说至关重要，海军上将做出承诺，一旦法国新皇帝将来找借口入侵意大利南部，他就会立即赶来提供援助。"征服那不勒斯王国是那个科西嘉恶棍计划的一部分，"纳尔逊提醒说，"他已经有1万3000人在那里了……而如果可怜的国王提出抗议，或者允许我们确保西西里岛的安全，他就会称之为战争，然后开始征服行动。"海军上将的回复让玛丽亚·卡罗琳娜倍感安心。"您帮了我们的大忙，我们又多了一个理由对您抱持永远的感激之情。"她热切地写道。夏洛特和斐迪南甚至暂时搁置了他们之间的分歧，一起制定了一套军事战略。如果发生入侵，"我的妻子、儿子和我自己将分头行动。她负责那不勒斯的防御，我的儿子负责卡拉布里亚"，斐迪南对纳尔逊说，"而我则去西西里。"（毫不令人感到意外）*

拿破仑正确地认定那不勒斯王后才是他的主要对手，于是他直接警告玛丽亚·卡罗琳娜，要她严格遵守条约，否则后果自负。这位新皇帝很会吓唬人，他在加冕后不久便给玛丽亚·卡罗琳娜写信说："麻烦王后陛下耐心听我说，一旦你鼓动开战，你和你的子孙必将失去统治地位，你的孩子们将四处流浪，在欧洲各国为父母乞求援助。"

这种威胁似乎表明她仍有选择的余地，但其实这却与真实处境不符。夏洛特知道，即便她拒绝英国的援助，她和斐迪南也只是王国名义上的统治者。他们或许能做一段时间的法国傀儡，但无论如何奴颜婢膝，她的丈夫都可能很快就遭到废黜，被一个更合法国皇帝口味的人取代。只有反抗才有可能让他们获得长期的安全和真正的权力。因此，除了向纳尔逊求助外，玛丽亚·卡罗琳娜还联系了俄国人，后者承诺将在11月派遣一支由1万1000名士兵组成的军队在亚得里亚海沿岸登陆。玛丽亚·卡罗琳娜认为，有了这些俄国

---

* 国王难得思考几回国家大事，这次便是其中一一。通常情况下，如果某个文件需要国王来签署，夏洛特就得派人带着文件和羽毛笔到他打猎的地方去找他。那不勒斯军队中一个当时正准备为王国而战的上校报告说，他有一次曾在半路上遇到了打猎归来的斐迪南，这位国王问他这是要去哪里，他回答说要去打仗。斐迪南竟然问道："和谁打仗？"于是上校不得不告诉他说："和法国人打，陛下。"

人，再加上仍然在役的约 1 万 4000 名那不勒斯士兵，以及英国承诺派出的士兵和舰队，或许就足以对抗法国了。现在只需等待纳尔逊回来了。

但他却未能回来。1805 年 10 月 21 日，这位海军上将在特拉法加海战中身负重伤。"看来他们最后还是成功了，我的脊梁骨被打穿了，"他平静地对船上的外科医生说，"你已经帮不了我什么，去照顾那些还能保住性命的人吧。"尽管疼痛难忍，他最后所想的却是爱玛；他剪下了自己的一绺头发，请人转交给她。他在当天下午就去世了。整个英国都为之悲痛："上帝让我们获得了胜利，可纳尔逊却死了。"这是为纪念这场战役而写的那首慷慨激昂的诗歌的最后一句。

当玛丽亚·卡罗琳娜得知这一消息时，局势已急转直下：法国皇帝给了他哥哥约瑟夫一支 5 万人的军队，要他入侵那不勒斯。"我终于可以惩罚那个婊子了。"拿破仑说。

她尽可能地坚持战斗，但 11 月底登陆的俄国军队在发现己方明显寡不敌众后便立即撤退了。1806 年 1 月 23 日，斐迪南逃往西西里，留下他的妻子和长子来保卫王国。玛丽亚·卡罗琳娜曾试图激励游民们像上次国家被占领时那样起来抵抗，但她并无国王的威望，而且国王已逃离这一事实当然也无益于提振信心。到了 2 月 11 日，在法国军队攻入王国，正迅速向首都逼近的情况下，夏洛特终于放弃了抵抗，8 年来第二次带着孩子们在可怕的风暴中逃往西西里。

约瑟夫·波拿巴在不久后便进入了首都，他在发布的第一份官方声明中以不容置疑的口气说："那不勒斯原有统治家族已经完蛋了。"

★　★　★

王后一家在波涛汹涌的海上颠簸了5天才抵达并不遥远的巴勒莫，但至少这次所有人都活了下来。不过，王后刚到便收到了糟糕的消息：根据法国皇帝的命令，约瑟夫·波拿巴被宣布为那不勒斯国王，而且他还将负责征服西西里，将斐迪南和夏洛特赶出他们的避难岛屿。"我宁愿打上十年的仗，也一定要解决西西里岛的问题，让你能够统治一个完整的那不勒斯。"拿破仑对他的兄长说。

但玛丽亚·卡罗琳娜已不是第一次陷于这种处境中了，她可不想将王国拱手让与敌人，让给那个被她称为"凶恶的野兽""科西嘉杂种""暴发户"和"那条狗！"的男人。决心不让西西里落入约瑟夫·波拿巴之手的也不只她一个，英国同样致力于此。"国王陛下的想法是，无论如何都不能让法国人占有西西里岛。"英国地中海舰队司令得到了明确的指示。正如当初帮助她母亲那样，英国政府为夏洛特和她的丈夫提供了高额援助——每年30万英镑，王后将这笔钱全都用在了在本土发动叛乱上，希望能够复制上次"信徒之军"所取得的成功。英国还在西西里岛驻军，帮助保卫该岛，又派来了一个认同王后目标的将军，帮助她与法军作战。

然而，那不勒斯只是欧洲反拿破仑战争的其中一条战线，而拿破仑正在获得一场又一场的胜利。在玛丽亚·卡罗琳娜被迫出逃两年之后，西班牙王室也在这位皇帝的攻击之下倒台了。由于约瑟夫未能成功夺取西西里，如今又有一个王位在手的拿破仑决定改封他为西班牙国王，让他到马德里去，这样一来，拿破仑就可以让自己的得力干将若阿基姆·缪拉（Joachim Murat）——他娶了拿破仑的妹妹卡罗琳——取代约瑟夫的位置，成为那不勒斯的新国王了。新国王和王后于 1808 年 9 月抵达首都后，立刻就在夏洛特以前的宫殿里安顿下来。*更令人恼火的是，拿破仑的妹妹与前王后同名**，而这位新的卡罗琳王后年轻貌美，获得各家报纸的极力赞美。

1809 年夏，事态急转直下。拿破仑率领一支总兵力达 23 万人的法国大军向维也纳进发。负责防卫国土的查理大公和他手下的士兵们奋不顾身迎击猛攻之敌，试图阻止或至少延缓敌人的前进，救帝国于危难之中。与此同时，夏洛特说服英国对缪拉发动了一场英国和西西里的联合攻击。6 月 11 日，一支由 250 艘战舰组成的舰队载着约 1 万 4000 名士兵离开墨西拿港，准备夺回那不勒斯本土。

令人失望的是，他们在夺取那不勒斯海岸边的伊斯基亚岛后便未能再前进。1809 年 7 月 6 日，拿破仑在占领维也纳后又在城外的瓦格拉姆大败查理，取得了一场决定性的胜利，迫使弗朗西斯不得不求和。联合部队进展缓慢——他们用了一个月才夺取伊斯基亚岛——并且在得知奥地利求和的消息后信心大减，于是这支被玛丽亚·卡罗琳娜寄予厚望的舰队甚至没有尝试进攻本土就撤回了西西里岛。紧接着，更令人震惊的消息传来，作为与法国签订的和约的一部分，奥地利在 1809 年 10 月 14 日同意承认拿破仑的妹妹卡罗琳和她的丈夫为那不勒斯的合法统治者。

这一系列事件让夏洛特陷入绝望。然而，在这之后又来了另一个打击。拿破仑在维也纳大获全胜，整个欧洲都臣服在他的脚下，于是他自然而然地想到了自己的接班人问题。虽然他深爱着妻子约

---

* 为了安抚民众，他们想办法让那位殉教者的血流动了。"听说你们也用圣热内罗之血搞了那套猴把戏，这让我很不舒服。"拿破仑对缪拉抱怨说。

** Caroline 源于 Carolina。——译者注

瑟芬，但她没能为他生下一个孩子，而对于一个没有儿子来继承其显赫帝位和帝国的人来说，拥有世界上最富有、最庞大的世袭国土又有什么用呢？显然，是时候与约瑟芬离婚，为自己找一个年轻的新妻子了，最好是一个出身高贵，身份能弥补他自己相对低微出身的人。拿破仑明白，就家世显赫和教养良好而言，哈布斯堡家族显然是不二之选。

于是，1810年2月7日，弗朗西斯——他打不起另一场战争了，因而也就别无选择——签署了一份婚约，同意将自己的长女、18岁的玛丽·路易丝（Marie Louise）嫁给40岁的拿破仑。这就像是一种怪诞的往事重演，仿佛历史在重复着自身，玛丽·路易丝的代理人婚礼在维也纳举行（可怜的查理大公不得不扮演新郎），然后便穿过挤满善意祝福者的狭窄街道，被一队马车送走了。同样地，在她新近成为王后的那个国家的边境（由于最近的冲突，边境如今推到了巴伐利亚），她被剥光了衣服，在一个匆忙建成的由三个房间——一间代表奥地利，一间代表法国，中间的房间则装饰着壁毯——组成的建筑里换上了法国服装。拿破仑的妹妹卡罗琳（考虑到当时的情势，选她实在不善）专程从那不勒斯赶来迎接她的新嫂子，扮演当初那位"礼仪夫人"所扮演的角色，她将任务完成得很好，甚至强迫泪流满面的玛丽·路易丝把她的小狗都留了下来。这位迷人的奥地利公主及其迎亲队伍一路向西，穿过法国乡村去往巴黎，一路上同样是欢呼的人群，美丽的灯饰和身着白衣、手捧花束的小女孩。新郎和新娘的婚礼同样盛大；他们同样在杜伊勒里宫的阳台上向挤在下面花园中的崇拜者们展示自己；最后，让人思之不免心中生寒的是，就像当初玛丽·安托瓦内特作为太子妃第一次见到欢呼雀跃的巴黎人时那样,玛丽·路易丝也同样表示"她已得以认识法国人的性情,并能够判断出她能多么容易适应这样一个国家,毕竟这里的人们对君主怀着深情……而且似乎对她也极为喜欢……这让她对未来的日子充满了希望"。

流亡在西西里岛、疲惫且沮丧的玛丽亚·卡罗琳娜在得知这桩婚事以及她与拿破仑新的家族联系后,感到难以置信。"我的苦难算是圆满了,"她讥讽地说道,"现在我成了那个恶魔的姑祖母了!"

尽管这场婚姻导致拿破仑和他野心勃勃的妹妹及丈夫之间的关系破裂——卡罗琳和缪拉对与奥地利联盟心存疑虑,他们担心玛丽·路易丝会影响皇帝,使他偏向于如今被他称为"姑祖母、西西里王后"的那个女人——从而缓解了来自法国的威胁,但这并没有从实质上改善玛丽亚·卡罗琳娜的处境。* 王后这时已经 59 岁了,她身心疲惫,经常生病,饱受失败的困扰,急切地想要夺回王位,却又被完成这一目标所需的外交、政治、财政和军事任务的艰巨性压得喘不过气来。除了这些重担之外,在此期间,个人的悲痛也接踵而至:她死了 3 个女儿,包括两个最年长的女儿——大女儿,弗朗西斯的妻子(玛丽·路易丝的母亲),以及二女儿,托斯卡纳大公夫人——和一个最小的女儿,即可怜的玛丽亚·安托瓦内塔;威廉爵士先于纳尔逊进入坟墓;仍然待在英国的爱玛不再受人欢迎,如今正穷困潦倒。夏洛特最宠爱的女儿玛丽亚·克里斯蒂娜嫁给了

---

* 缪拉甚至指控夏洛特与拿破仑合谋来反对他,因为当时出现了一封伪称是她所写,向她那位新任孙女婿求助的信;夏洛特总是对这种指控予以断然的否认。

那个被废黜的撒丁国王的弟弟,离开西西里去了夫家,而她剩下的那个女儿玛丽亚·阿马利亚则嫁给了玛丽·安托瓦内特的死敌奥尔良公爵的儿子。王后此时对生活的期望已非常之低,以至于当她的法国女婿否认其父在大革命期间的所作所为后,她就已经感到心满意足了。她只说了一句话:"我本该恨你,但却对你心怀好感。"

有些人能够优雅而机智地战胜失败、孤独和挫折,但玛丽亚·卡罗琳娜却不属于这类人。她总是会将自己的苦恼表现出来,为挫折而哭泣,抱怨自己身体和精神上的不适,声称她的麻烦会要了她的命,还会怒斥那些反对她计划的人。驻西西里岛的英国官员们在此时开始向伦敦发出令人担忧的报告,称王后的精神状态不太稳定。他们指出,她拒绝放弃对王位的要求,不断企图推翻缪拉,夺回那不勒斯。她与手下的间谍一起策划阴谋,鼓动对其对手的暗杀行动,还会对朝臣大吼大叫,并通过独裁统治虐待臣民。鉴于她的情绪和身体状况,她经常被剧烈头痛所困扰也就不足为奇了,英国大使不以为然地表示,她每天要服下 6 克鸦片(当时作为常用药;纳尔逊也经常服用这种药 [又称鸦片酊],通常是用来止痛),并且"经常情绪激动,有如疯魔,甚至连随从们都害怕她"。有一次,王后突发严重麻痹症,最后竟到了不省人事的程度;岛上的人们非常不喜欢她,英国大使的夫人注意到,当得知她在发病 24 小时后又清醒和恢复了过来,许多西西里人竟表现出了失望的情绪。

然而,相信这些关于夏洛特行为的描述是成问题的,因为它们显然有自己的目的。历史又一次重演了:正如当初对她母亲所做的那样,英国人决定为了自身利益而牺牲掉王后的利益。在奥地利被拿破仑击败之后,英国在地中海想要达成的目标已与玛丽亚·卡罗琳娜的目标大相径庭。她希望英国继续对那不勒斯的战争，以便她可以夺回王位。然而，英国认为达成这个目标已毫无希望，因而已将其放弃。英国人如今想要的是对西西里岛的控制，而如果没有了多事的夏洛特，这个目标显然更容易实现。宣称她药物上瘾并可能已精神错乱不过是为将她搞下台所做的准备罢了。"我认为很有必要结束王后对公共事务的主导，"英国大使建议伦敦说，"可怜的西西里人已被折磨得够久了，如果现在能让他们摆脱这种折磨，事态将变得更好，因为若是没有了她（夏洛特），国王（斐迪南）就很好对付了。"他的妻子很赞同这种看法，还帮忙将整个计划散播了出去。

他们就是这么干的。1811年12月，伦敦派了一个新的将军到西西里岛来。习惯了与博学的威廉爵士和侠肠义胆的纳尔逊打交道的玛丽亚·卡罗琳娜称这位新军官为"粗野的下士"。他显然是不怎么有魅力的。不到一年，这位英国指挥官就迫使斐迪南退位，把王位传给了更听话的王储；还逮捕了王后，准备强行将她驱逐出境；最后又接管了西西里政府。夏洛特已预料到会如此，在整个遭到废黜的过程中，她持续进行着顽强的抵抗，虽然最终徒劳无功。在最后一次与这位昔日的盟友见面时，她对其严加斥责。"我躲过那不勒斯雅各宾派的斧头、阴谋和背叛，难道就是为了这个吗？我帮助纳尔逊赢得尼罗河战役，难道就是为了这个吗？我把你的军队请到西西里来，难道就是为了这个吗？将军，这就是你的英式荣誉感吗？"她愤怒地质问道，就像很久以前玛丽亚·特蕾莎质问托马斯·鲁滨逊爵士那样。就连厌弃自己妻子的斐迪南也对这种做法提出了抗议。"我听说他们坚持要将我的妻子驱逐，还威胁说如果她不走，就会使用强制手段，这简直让我感到难以置信。然而，如果这是真的，那我必须让我的儿子明白，我是不会允许他在这样的问题上开玩笑的，如果我妻子遭受丝毫的冒犯，我都要他负责，而且他必须给我个严肃的交代。"他写道。

然而，将军握有军权，因而也就掌握了所有的权力，而斐迪南可不是那种敢与他作对的人。1813年6月14日，被认为太危险而不宜留在岛上的玛丽亚·卡罗琳娜在她60岁之际被一艘英国船送出了西西里岛。临行前，王后在当地教堂做了最后一次祈祷。与英国外交官对她的描述完全相反，在祈祷结束后，大批西西里人跟随着王后的马车，为她的离去而哭泣。

王后本人深知英国的此次背叛有多么严重。"我被剥夺了对自己国家的统治权，被剥夺了人格的尊严，被剥夺了丈夫和孩子的爱戴！……然后，我还被指控叛国，而事实上这只是因为我想要恢复自己作为一个独立君主、作为妻子和母亲的正当权利。"

玛丽亚·卡罗琳娜无处可去，只得再次回到维也纳，尽管弗朗西斯已经明确表示不欢迎她，甚至下令禁止她进入该城。但夏洛特仍是一位王后，她可不想像她的姐姐玛丽亚·阿马利娅那样，被人像扔一件虫蛀旧衣服那样扔到波希米亚去。"玛丽亚·特蕾莎的女儿竟成了一个流浪者，一个被遗弃者！"她懊恼地说。因此，她不顾女婿的命令，硬着头皮闯进了奥地利的首都，她猜想，一旦自己到了那里，皇帝是不敢再把她驱逐出去的。

她的判断很正确。弗朗西斯碍于家族关系，不得不允许她留下来。幸运的是，她来得正是时候。在近20年间战无不胜的拿破仑此时正在逃跑。他在前一年率领一支庞大的法国军队攻入俄国,而结果是灾难性的。他的众多敌人(尽管他娶了玛丽·路易丝,但奥地利也加入了敌人的阵营;这就是强取豪夺他人财产的后果)联合了起来,准备在其虚弱之际对付他。1813年11月,就在玛丽亚·卡罗琳娜在维也纳居所中安顿下来之际,法国同时遭到了俄国、普鲁士、奥地利和英国的进攻。联军在一个月内就攻入了法国,沿着一条从佛兰德斯到罗纳河绵延约300英里的斜向战线将其截为两段。

这就是终局。尽管拿破仑竭力挣扎,但他那一向可靠的运气还是抛弃了他。1814年3月30日,法国向普鲁士和俄国联军投降。4月10日,这位科西嘉将军被剥夺了全部的头衔和权位,然后被流放到了厄尔巴岛。(玛丽·路易丝和她唯一的孩子,3岁的小拿破仑,在巴黎被占领之前就逃往维也纳,躲过了这一劫)。1814年5月4日,路易十六的二弟普罗旺斯伯爵(获胜联盟中的一员)终于不可思议地复辟成功,骑马进入了巴黎,以路易十八的身份登上了王位。

这还不是全部。意大利也获得了解放。为了自保,缪拉和卡罗琳背叛了拿破仑,与奥地利结盟。所有得胜盟国将在9月于维也纳召开一次盛大的会议,商讨和平条件并瓜分战利品。夏洛特已开始制定返回西西里的计划了。

她未能回去。1814年9月7日晚,玛丽亚·卡罗琳娜在惯常时间上床休息。在夜里的某个时刻,这位62岁的王后,伟大的玛丽亚·特蕾莎最后一个幸存的孩子(就力量、勇气和奉献精神而言,她是几个兄弟姐妹中最像母亲的那一个),突然发病,很可能是中了风。人们在第二天早上发现她已经死了,死时胳膊伸出,想要拉铃求助。

她与父母和除玛丽·安托瓦内特之外的其他兄弟姐妹们一起被埋葬在卡普钦教堂的家族地下墓穴中,该墓穴至今犹存。她当初是作为一个惊恐的少女被迫离开维也纳,前往那不勒斯的,她在那片遥远的土地上肩负统治之责达 40 年之久,如今,她终于找到了回家的路。

后　记
Epilogue

在玛丽亚·卡罗琳娜去世9个月后，她的丈夫拿回了王位。1815年6月7日，斐迪南欢欣鼓舞地回到了那不勒斯，受到了人们的狂热欢迎。他的臣民们在见到他后欣喜若狂，他返国后第一次去圣卡洛剧院（当初他曾在那里向国人们抛洒一把把冒着热气的通心粉）时，人们起立鼓掌长达半个小时。那时他已经再婚了——他在得知夏洛特去世的消息后没几周就娶了自己的情妇——回国后再未离开本土，将生命的最后十年都献给了他最爱的活动：打猎。他经常感叹："我有个能让我随心所欲的妻子，还有一个能管理一切的大臣，我是多么幸福啊！"1818年1月3日晚，73岁的他上床休息，而后像他的前妻一样，在黎明前的某个时刻去世了，很可能是死于中风。他和玛丽亚·卡罗琳娜的后代一直统治着那不勒斯，直到19世纪下半叶。直到今天，夏洛特在意大利仍备受诟病，仍然被看作是策划了"大惩戒"的残忍暴君。

　　身在维也纳的阿尔伯特也得以安享晚年。与斐迪南不同，他从未再婚。咪咪去世后，他将所有时间都投入到了他们曾共同开创的艺术收藏事业中。他不断增加藏品，为其编目，还撰写了相关论文，并接待学者和其他收藏家来私下参观。在去世时——他比妻子多活了近四分之一个世纪——他已经积累了约1万4000幅素描和20多万幅版画。他在1822年2月10日离世，得享83岁高龄，并把所有藏品都留给了查理大公，而后者完整地保存了这一艺术宝藏，还开放给公众参观。这就是如今的阿尔贝蒂娜博物馆。参观这座博物馆就如同追溯历史，百科全书派的思想在其中得到了昭然的展现。尽管咪咪对这一令人印象深刻的收藏——"也许是欧洲最美丽、最精致的收藏"，当时的人们如是说——所做出的贡献在过去的两个世纪中被人们简化成了一个后缀（博物馆名中的"蒂娜"指的就是她），但她的影响却是明显可感的。正是身为画家的她，而非阿尔伯特，将艺术带入了两人的生活；正是她的财富和人脉让他们能够积累下如此大量的杰作；也正是她的品位和眼光影响了主要藏品的收购。这是她送给他的礼物，她就活在其中。她甚至还为他保存了这些艺术品，因为如果没有她小心翼翼地将这些作品打包并运出布鲁塞尔，它们无疑会像拉肯宫一样被拿破仑抢走，到今天可能已经被拆散，大部分版画都会被存放到卢浮宫的某个地下室中。

　　与其最宠爱的女儿不同，造访维也纳的游客们无须寻找玛丽亚·特蕾莎的影响痕迹，它无处不在。她的雕像矗立在以她的名字命名的主要广场上；她的名字出现在每个导游的口中；今天，这座城市就像250多年前她在位时一样归属于她。虽然臣民们在她去世时欢欣鼓舞（他们因她为支付约瑟夫发动的战争而提高税收感到愤怒），但很快却又开始痛惜她的离去，而且对她统治时期的怀念与日俱增。如今，她已成为在欧洲历史上留下自己不可磨灭之印记的仅有的三位女性统治者之一——另外两位是伊丽莎白一世和叶卡捷琳娜大帝。

费尔森伯爵的生命是被摧毁其爱人生命的那同一种力量终结的。1810年6月20日，即在他协助玛丽·安托瓦内特一家人逃离巴黎的那次失败行动整整19年后，他在瑞典遭到一群被雅各宾派鼓动起来的暴民伏击，身陷重围，最终被殴打致死。费尔森在遇刺时54岁，他终身未娶。

在1814年法国的君主制恢复之后，王位的继承差不多是在断处重连：无子嗣的普罗旺斯伯爵死后，阿图瓦伯爵成了查理十世，也就是说，玛丽·安托瓦内特的两个小叔子最终都实现了其统治野心。然而，阿图瓦伯爵的统治很短暂；1830年，历史再次重演，他的臣民们起来反对他，他被迫退位，让位给了那位更受欢迎的表亲奥尔良公爵。玛丽亚·卡罗琳娜的女儿玛丽亚·阿马利亚所嫁的正是这个奥尔良公爵，于是她也就因此而成为法国王后，登上了那曾由她母亲珍爱的妹妹玛丽·安托瓦内特所占据的高位。

1815年，普罗旺斯伯爵在回到巴黎后不久便意图恢复家族荣耀（并确立自己的合法性），他委托一位著名艺术家制作了路易十六和玛丽·安托瓦内特的墓葬雕像，还对他们的尸体展开搜寻，想要将二人的遗骨转移到位于圣德尼教堂内的家族墓地中去，那里1000多年以来一直是法国君主们的传统墓地。根据王后的一位掘墓人提供的证词，人们确定了二人的埋葬地，他们发现，国王夫妇是彼此交叠着葬在里面的；他们的尸骨被移到了圣德尼教堂，而后一直保存在那里。路易的妹妹伊丽莎白公主的尸体被扔进了乱葬岗，跟和她一起被送上断头台的人的尸骨混在了一起，因此一直未能找到。

尽管进行了大量搜寻，但王储（那个因无人看顾而死于狱中的可怜的 10 岁男孩）的遗体却始终没有被发现，这引发了传言，说他事实上并没有死，而是被人偷偷救了出去，转移到了安全之处。这个谣言给他的继任者们带来了无尽的麻烦，因为时不时就会出现一个冒名顶替者，声称自己就是合法的王位继承人路易十七。但恐怖的真相却是，在男孩弥留之际被召来为他看病的医生是看着这个小小的病人死去的，而后还挖出了他的心脏，将之腌渍，装进一个罐子里，当成了纪念品收藏。这个珍贵的器官后来被人从医生手中偷走，消失无踪，直到 1975 年才被人在西班牙找到并送回了法国。2004 年，人们用这颗被保存下来的心脏与玛丽·安托瓦内特的遗骨进行了 DNA 对比检测，发现两者相吻合，从而证实了其真实性。

有意思的是，人们从未试图对路易的遗体进行检测来确定他是否是孩子的父亲。

致 谢
Acknowledgments

如果没有几位关键人物的帮助，本书是不可能完成的。海克·格雷本施泰因（Heike Grebenstein）慷慨地主动帮助我开启了对玛丽亚·克里斯蒂娜的研究，她用了几个小时的时间帮我粗略地翻译了大约150页德文，而我则在一旁匆忙记录。后来，我非常幸运地找到了芭芭拉·安·施穆茨勒（Barbara Ann Schmutzler），这位专业译者接手了翻译德文资料的任务——天啊，那天我实在高兴！芭芭拉以其翻译技巧和奉献精神让玛丽亚·克里斯蒂娜重现于世，她的友谊也帮助我度过了多年的研究生涯。芭芭拉和我一样对泰申公爵夫人充满了好奇和关注，我对她满怀感激。

我也非常感谢阿尔伯塔大学历史与古典学荣誉教授弗朗兹·萨博（Franz Szabo）博士的帮助，他帮助我了解了玛丽亚·特蕾莎和约瑟夫统治下的帝国在外交政策上的复杂变化。当初我对萨博教授的著作《欧洲七年战争，1756—1763》（这是目前关于这场冲突最清晰、最引人入胜的描述，我强烈推荐）写了一封充满崇拜之情的信，因此才得以与他有了联系，而他非常亲切地关注我的研究并回答了我的问题。他甚至还与我分享了他在档案中发现的玛丽亚·卡罗琳娜写给她哥哥利奥波德的一封信。萨博博士还是研究考尼茨伯爵的权威，他有关这位政治家职业生涯的洞见非常宝贵。

琳达·格雷（Linda Gray）博士在自闭症谱系障碍方面所提供的帮助对本书的写作同样至关重要。格雷博士是一位出色的发育儿科医生，在耶鲁纽黑文医院工作了几十年，是我所认识的最富有爱心和奉献精神的医生之一。她非常友好地详细回答了我的询问，我对她的观点有绝对的信心；她拥有治疗这类谱系障碍儿童的广泛经验。我非常感谢她能够与我分享这方面的专业知识。

我也非常感谢利特尔与布朗出版社的阿斯亚·穆奇尼克（Asya Muchnick），她对我的作品充满了热情，其精心的编辑工作更是不可或缺；因为她的建议，这本书显然变得更好了。同样在利特尔与布朗出版社工作的埃文·汉森-邦迪（Evan Hansen-Bundy）为我提供了许多必要的支持和鼓励，而帕特·贾尔伯特-莱文（Pat Jalbert-Levine）和制作团队的其他成员也都始终保持着耐心和专业精神。魏登菲尔德和尼科尔森出版社的马迪·普莱斯（Maddy Price）和娜塔莉·道金斯（Natalie Dawkins）在为本书搜寻人物图像方面提供了宝贵的帮助。非常非常感谢艾伦·萨姆森（Alan Samson），他从一开始就支持我的工作，而我也完全信赖他的意见。我还要向自始至终都在支持着我的迈克尔·卡莱尔（Michael Carlisle）表达衷心的感谢，没有你，我不可能走完这段旅程。

然而，真正的英雄是我的家人。李和泰勒，你们每天都用自己的冒险精神激励着我，当我感到无力支撑时，你们拍了许多巴顿开心地破坏咀嚼玩具的照片来帮我振奋精神，谢谢你们。我非常爱你们。最后，还要感谢我的丈夫拉里，他在过去四年里一直和一个与死人对话的疯女人生活在一起，尽管他也有自己的书要写，但在我需要时却会放下一切来帮助我，他同时扮演着编辑、技术支持人员、心理治疗师、爱人和最好的朋友等一系列角色。我要对他说，亲爱的，我欠你的太多了。

主要参考文献

Selected Bibliography

Acton, Harold. *The Bourbons of Naples (1734–1825)*. London: Prion Books Limited, 1998.

Anonymous. *A Review of the Affairs of the Austrian Netherlands in the Year 1787*. London: J. Murray, 1788.

Auriol, Charles, ed. *La France: l'Angleterre et Naples de 1803 à 1806: Letters de Napoléon et de la reine Marie-Caroline de Naples*. 2 volumes. Paris: Plon-Nourrit et Cie, 1904–1905.

Bain, R. Nisbet. *The Daughter of Peter the Great: A History of Russian Diplomacy and of the Russian Court under the Empress Elizabeth Petrovna, 1741–1762*. Westminster: A. Constable, 1899.

Barthou, Louis. *Mirabeau*. From the French of Louis Barthou. New York: Dodd, Mead & Company, 1913.

Beales, Derek. *Joseph II: Against the World, 1780–1790*. New York: Cambridge University Press, 2009.

——. *Joseph II: In the Shadow of Maria Theresa, 1741–1780*. Cambridge: Cambridge University Press, 1987.

Bearne, Catherine Mary. *A Sister of Marie Antoinette: The Life Story of Maria Carolina, Queen of Naples*. London: Adelphi Terrace, 1907.

Beaumarchais, Pierre-Augustin Caron de. *The Follies of a Day; or the Marriage of Figaro. A Comedy, as It Is Now Performing at the Theatre-Royal, Covent-Garden*. From the French of M. de Beaumarchais by Thomas Holcroft. London: G. G. and J. J. Robinson, 1785.

Blanning, Tim. *Frederick the Great: King of Prussia*. New York: Random House, 2016.

Bonnefons, André. *Marie-Caroline, Reine des Deux-Siciles, 1768–1814: Une ennemie de la révolution et de Napoleon*. Paris: Perrin et Cie, 1905.

Boulger, Demetrius Charles. *The History of Belgium*. 2 volumes. London: Published by the author, 1902–1909.

Bourbon-Parme, Isabelle de. *"Je meurs d'amour pour toi...": Lettres à l'archiduchesse Marie-Christine, 1760–1763*. Présentées par Élisabeth Badinter. Paris: La Lettre et La Plume, Éditions Tallandier, 2008.

Breakspeare, Eustace John. *Mozart*. London: J. M. Dent & Co., 1902.

Bright, James Franck. *Maria Theresa*. London: Macmillan and Co., Limited, 1897.

Broglie, Archile Charles Leonce Victor, duc de. *Frederick the Great and Maria Theresa from Hitherto Unpublished Documents, 1740–1742.* 2 volumes. Translated from the French by Mrs. Cashel Hoey and Mr. John Lillie. London: Sampson Low, Marston, Searle, & Rivington, 1883.

Browning, Reed. *The War of the Austrian Succession.* New York: St. Martin's Griffin, 1995.

Campan, Jeanne Louise Henriette, First Lady-in-Waiting to the Queen. *Memoirs of the Private Life of Marie Antoinette to Which Are Added Personal Recollections Illustrative of the Reigns of Louis XIV, XV, XVI.* 2 volumes. New York: Brentano's, 1917.

Campbell, Thomas, ed. *Frederick the Great, His Court and Times.* 4 volumes. London: Henry Colburn, 1842–1848.

Carlyle, Thomas. *History of Friedrich II of Prussia, Called Frederick the Great.* 10 volumes. London: Chapman and Hall, ca. 1888.

Casanova, Giacomo. *The Memoirs of Jacques Casanova: Written by Himself Now for the First Time Translated into English by Arthur Machen.* 6 volumes. London: Privately printed, 1894.

Catt, Henri de. *Frederick the Great, the memoirs of his reader, Henri de Catt.* Translated by F. S. Flint, with an introduction by Lord Rosebery. London: Constable and Company, Ltd., 1916.

Clarke, James Stanier, and John McArthur. *The Life and Services of Horatio Viscount Nelson from His Lordship's Manuscripts.* 3 volumes. London: Fisher, Son, & Co., 1840.

Colleta, Pietro. *History of Naples from the Accession of Charles of Bourbon to the Death of Ferdinand I.* 2 volumes. Edinburgh: Edmonston and Douglas, 1860.

Coxe, William. *History of the House of Austria.* 4 volumes. London: H. G. Bohn, 1864–1872.

———. *Memoirs of the Administration of the Right Honourable Henry Pelham, Collected from the Family Papers and Other Authentic Documents.* 2 volumes. London: Longman, Rees, Orme, Brown, and Green, 1829.

———. *Memoirs of Horatio, Lord Walpole, Selected from His Correspondence and Papers, and Connected with the History of the Times, from 1678 to 1757.* 2 volumes. London: Longman, Hurst, Rees and Orme, 1808.

———. *Memoirs of the Life and Administration of Sir Robert Walpole, Earl of Orford.* 3 volumes. London: Longman, Hurst, Rees, Orme & Brown, 1798.

Crankshaw, Edward. *Maria Theresa.* New York: Viking Press, 1969.

Craven, Elizabeth, Baroness. *Memoirs of the Margravine of Anspach, Written by Herself.* 2 volumes. London: Henry Colburn, 1826.

Cust, Edward, Sir. *Annals of the Wars of the Eighteenth Century, Compiled from the Most Authentic Histories of the Period.* 5 volumes. London: J. Murray, 1862–1869.

Dover, George Agar-Ellis, 1st baron. *The Life of Frederick the Second, King of Prussia.* New York: J. & J. Harper, 1836.

Du Hausset, N., Mme. *The Private Memoirs of Louis XV, Taken from the Memoirs of Madame du Hausset, Lady's Maid to Madame de Pompadour.* London: Nichols, 1895.

Dyson, C. C. *The Life of Marie Amélie, Last Queen of the French, 1782–1866. With Some Account of the Principal Personages at the Courts of Naples and France in Her Time, and of the Careers of Her Sons and Daughters.* New York: Appleton, 1910.

Élisabeth, Princess of France. *The Life and Letters of Madame Élisabeth de France; Followed by the Journal of the Temple by Cléry, and the Narrative of Marie-Thérèse de France, duchesse d'Angoulême.* Translated by Katharine Prescott Wormeley. Boston: Hardy, Pratt & Co., 1902.

Elizabeth Charlotte, duchess of Orléans. *The Letters of Madame: The Correspondence of Elizabeth-Charlotte of Bavaria, Princess Palatine, Duchess of Orleans, called "Madame" at the Court of King Louis XIV.* 2 volumes. Translated and edited by Gertrude Scott Stevenson. New York: D. Appleton, 1924.

Fairburn, William Armstrong. *Frederick the Great.* New York: The Nation Press, Inc., 1919.

Farr, Evelyn. *Marie-Antoinette and Count Fersen: The Untold Love Story.* London: Peter Owen Publishers, 2013.

Fersen, Axel von. *Diary and Correspondence of Count Axel Fersen, Grand-Marshal of Sweden, Relating to the Court of France.* Translated by Katharine Prescott Wormeley. London: Heinemann, 1902.

Fowler, William M., Jr. *Empires at War: The French and Indian War and the Struggle for North America, 1754–1763.* New York: Walker & Company, 2005.

Frederick II, King of Prussia. *Posthumous Works of Frederic II, King of Prussia.* 13 volumes. Translated by Thomas Holcroft. London: G. G. J. and J. Robinson, 1789.

Funck-Brentano, Frantz. *The Diamond Necklace: Being the True Story of Marie-Antoinette and the Cardinal de Rohan, from the New Documents Recently Discovered in Paris.* Authorized translation by H. Sutherland Edwards. Philadelphia: J. B. Lippincott, 1901.

Gates-Coon, Rebecca. *The Charmed Circle: Joseph II and the "Five Princesses," 1765–1790.* West Lafayette, IN: Purdue University Press, 2015.

Gaulot, Paul. *A Friend of the Queen: (Marie Antoinette, Count Fersen).* Translated by Mrs. Cashel Hoey. London: Heinemann, 1895.

Goethe, Johann Wolfgang von. *The Autobiography of Goethe: Truth and Poetry, from My Own Life.* Translated by John Oxenford. London: Henry G. Bohn, York Street, Covent Garden, 1848.

———. *Goethe's Letters from Switzerland and Travels in Italy from the German by Rev. A. J. W. Morrison.* Boston: S. E. Cassino and Co., 1884.

Goldsmith, Margaret. *Maria Theresa of Austria.* London: Arthur Barker Ltd., 1936.

Gooch, G. P. *Maria Theresa and Other Studies.* London: Longmans, Green and Co., 1951.

Gutteridge, H. C., ed. *Nelson and the Neapolitan Jacobins: Documents Relating to the Suppression of the Jacobin Revolution at Naples, June 1799.* London: Navy Records Society, 1903.

Hardman, John. *The Life of Louis XVI.* New Haven, CT: Yale University Press, 2016.

Hodgetts, E. A. Brayley. *The Life of Catherine the Great of Russia.* New York: Brentano's, 1914.

Ingrao, Charles. *The Habsburg Monarchy 1618–1815.* Cambridge: Cambridge University Press, 1994.

Jeaffreson, John Cordy. *Lady Hamilton and Lord Nelson.* 2 volumes. London: Grolier Society, 1890.

———. *The Queen of Naples and Lord Nelson: An Historical Biography Based on Mss. in the British Museum and on Letters and Other Documents Preserved Amongst the Morrison Mss.* 2 volumes. London: Hurst and Blackett, 1889.

Johnston, R. M. *The Napoleonic Empire in Southern Italy and the Rise of the Secret Societies.* London: Macmillan and Co., Limited, 1904.

Knight, Ellis Cornelia. *The Autobiography of Miss Cornelia Knight, Lady Companion to the Princess Charlotte of Wales, with Extracts from Her Journals and Anecdote Books.* 2 volumes. London: W. H. Allen and Co., 1861.

Koeppe, Wolfram. *Vienna circa 1780: An Imperial Silver Service Rediscovered.* The Metropolitan Museum of Art, New York. New Haven, CT: Yale University Press, 2010.

Lafayette, Marie Joseph Paul Yves Roch Gilbert Du Motier, Marquis de. *Memoirs, Correspondence and Manuscripts of General Lafayette Published by His Family.* London: Saunders, 1837.

Lenotre, G. *The Flight of Marie Antoinette, From the French of G. Lenotre [pseud.] by Mrs. Rodolph Stawell.* London: J. B. Lippincott Company, 1906.

Lewes, George Henry. *The Life of Maximilien Robespierre: With Extracts from His Unpublished Correspondence.* London: Chapman and Hall, 1849.

Lodge, Richard. "The Treaty of Worms." *The English Historical Review* 44, no. 174 (April 1929): 220–55.

Macartney, C. A., ed. *The Habsburg and Hohenzollern Dynasties in the Seventeenth and Eighteenth Centuries.* New York, Evanston, and London: Harper & Row, Publishers, 1970.

Mahan, J. Alexander. *Maria Theresa of Austria.* New York: Thomas Y. Crowell, 1932.

Maierhofer, Waltraud, Gertrud Roesch, and Caroline Bland, eds. *Women Against Napoleon: Historical and Fictional Responses to His Rise and Legacy.* Frankfurt, Germany: Campus Verlag, 2007.

Maria Carolina, Queen of Naples and Sicily. *Correspondance inédite de Marie-Caroline, Reine de Naples et de Sicile, avec le marquis de Gallo (1792–1806).* Publiée par M. le commandant Weil. Paris: Plon-Nourrit, 1911.

Maria Theresa, Empress. *Briefe der Kaiserin Maria Theresia an ihre Kinder und Freunde.* Hrsg. Von Alfred Ritter von Arneth, volume 2. Wien: W. Braumüller, 1881.

———. *Letters of an Empress: A Collection of Intimate Letters from Maria Theresia to Her Children and Friends.* Edited by G. Pusch. Translated by Eileen R. Taylor. London: Massie Publishing Co. Ltd., 1939.

Marie Antoinette, Queen of France. *Lettres de Marie-Antoinette: Recueil des lettres authentiques de la reine.* Publié pour la Société d'histoire Contemporaine par Maxime de La Rocheterie & le Marquis de Beaucourt. 2 volumes. Paris: A. Picard et fils, 1895–1896.

Marie Christine, Princesse Royale de Hongrie and de Bohême, &c., and Albert Casimir, Prince Royal de Pologne and de Lithuanie, &c. *Lieuténants, Gouverneurs & Capitaines-Généraux des Pays-Bas, &c.* Brussels, Belgium: Chez H. F. t'Serstevens Imprimeur des Seigneurs Etats de Brabant, 1787.

McKay, Derek. *Prince Eugene of Savoy.* London: Thames and Hudson, 1977.

Mercy-Argenteau, comte de. *Correspondance secrète du comte de Mercy Argenteau avec l'empereur Joseph II et le prince de Kaunitz.* 2 volumes. Edited by Alfred Arneth. Paris: Imprimerie Nationale, 1889–1891.

Miller, Anna Riggs, Lady. *Letters from Italy: Describing the Manners, Customs, Antiquities, Paintings, &c. of That Country, in the Years MDCCLXX and MDCCLXXI, to a Friend Residing in France. By an English Woman.* 2 volumes. London: Printed for Edward and Charles Dilly, 1777.

Moffat, Mary Maxwell. *Maria Theresa.* New York: E. P. Dutton and Company, 1911.

Montagu, Mary Wortley, Lady. *The Best Letters of Lady Mary Wortley Montagu.* Edited with a dedicatory letter to Lady Montagu by Octave Thanet. Chicago: McClurg, 1909.

Morley, John. *Diderot and the Encyclopædists*, volume 1. London and New York: Macmillan, 1891.

Morris, Constance Lily. *Maria Theresa: The Last Conservative.* London: Eyre & Spottiswoode, 1938.

Padover, Saul Kussiel. *The Life and Death of Louis XVI.* New York: D. Appleton-Century Company, Incorporated, 1939.

Perkins, James Breck. *France under Louis XV.* 2 volumes. Boston: Houghton, Mifflin, and Company, 1897.

Pick, Robert. *Empress Maria Theresa: The Earlier Years, 1717–1757.* New York: Harper & Row, 1966.

Polasky, Janet L. *Revolution in Brussels, 1787–1793.* Hanover, NH, and London: University Press of New England, 1987.

Recca, Cinzia. *The Diary of Queen Maria Carolina of Naples, 1781–1785: New Evidence of Queenship at Court.* New York: Palgrave Macmillan, 2017.

———. "Maria Carolina and Marie Antoinette: Sisters and Queens in the Mirror of Jacobin Public Opinion." *Royal Studies Journal* 1 (2014): 17–36.

Reddaway, William Fiddian. *Frederick the Great and the Rise of Prussia.* New York: G. P. Putnam's Sons, 1911.

Roberts, Andrew. *Napoleon: A Life*. New York: Penguin Books, 2014.
Robinson, J. H. *Readings in European History*, volume 2. Boston: Ginn, 1906.
Rocheterie, Maxime de La. *The Life of Marie Antoinette*. 2 volumes. Translated by Cora Hamilton Bell. New York: Dodd, Mead and Company, 1893.
Sackville, John Frederick, Duke of Dorset. *Despatches from Paris, 1784–1790, Selected and Edited from the Foreign Office Correspondence*. 2 volumes. Selected and edited by Oscar Browning. London: Offices of the Society, 1909–1910.
Saint-Amand, Imbert de. *The Memoirs of the Empress Marie Louise*. London: Remington & Co., 1886.
Schama, Simon. *Citizens: A Chronicle of the French Revolution*. New York: Alfred A. Knopf, 1989.
Schröder, Klaus Albrecht. *The Origins of the Albertina: 100 Masterworks from the Collection*. Vienna: Hatje Cantz, 2014.
Shoberl, Frederic. *Frederick the Great, his court and times*, volume 3. London: H. Colburn, 1843.
Sichel, Walter Sydney. *Emma Lady Hamilton: From New and Original Sources and Documents*. New York: Dodd, Mead and Company, 1907.
Sloane, W. M. "Radical Democracy in France. IV." *Political Science Quarterly* 25, no. 4 (Dec. 1910): 656–72.
Smythe, David Mynders. *Madame de Pompadour: Mistress of France*. New York: W. Funk, 1953.
Smythe, Lillian C. *The Guardian of Marie Antoinette; Letters from the Comte de Mercy-Argenteau, Austrian Ambassador to the Court of Versailles, to Marie Thérèse, Empress of Austria, 1770–1780*. 2 volumes. London: Hutchinson, 1902.
Sorel, Albert. *The Eastern Question in the Eighteenth Century: The Partition of Poland and the Treaty of Kainardji*. Translated by F. C. Bramwell, with a preface by C. R. L. Fletcher. London: Methuen, 1898.
Szabo, Franz A. J. *Kaunitz and Enlightened Absolutism, 1753–1780*. Cambridge: Cambridge University Press, 1994.
———. *The Seven Years War in Europe, 1756–1763*. London and New York: Routledge, 2013.
Tallentyre, S. G. *The Friends of Voltaire*. London: J. Murray, 1906.
Townsend, Pauline D. *Joseph Haydn*. London: S. Low, Marston, Searle & Rivington, 1884.
Turquan, Joseph, and Jules d'Auriac. *A Great Adventuress: Lady Hamilton and the Revolution in Naples (1753–1815)*. Translated by Lilian Wiggins. London: H. Jenkins Ltd., 1914.
Vander Linden, H. *Belgium, The Making of a Nation*. Translated by Sybil Jane. Oxford: The Clarendon Press, 1920.
Vehse, Carl Eduard. *Memoirs of the Court and Aristocracy of Austria*. 2 volumes. Philadelphia: G. Barrie, 1900.

Vigée Lebrun, Madame. *Memoirs of Madame Vigée Lebrun.* Translated by Lionel Strachey. New York: Doubleday, Page & Company, 1903.

Vizetelly, Ernest Alfred. *The True Story of Alsace-Lorraine.* New York: Frederick A. Stokes Company, 1918.

Voltaire. *Letters on England.* London: Cassell, 1894.

———. *The Philosophical Dictionary: A New and Correct Edition, with Notes, Containing a Refutation of Such Passages as Are Any Way Exceptionable in Regard to Religion.* London: Wynne and Scholey, 45, and James Wallis, 46, Paternoster Row, 1802.

———. *Sequel of the Age of Louis XIV: To Which Is Added, a Summary of the Age of Louis XV. Translated from the last Geneva edition of M. de Voltaire, with Notes, Critical and Explanatory, by R. Griffith, Esq.,* volume 3. London: Fielding and Walker, Pasternoster Row, 1781.

———. *Voltaire's Philosophical Dictionary, Unabridged and Unexpurgated, with a Special Introduction by William F. Fleming.* 10 volumes. Translated by William F. Fleming. Paris: E. R. DuMont, 1901.

Vovk, Justin C. *In Destiny's Hands: Five Tragic Rulers, Children of Maria Theresa.* New York and Bloomington, IN: iUniverse, Inc., 2010.

Weber, Joseph. *Memoirs of Maria Antoinetta, Archduchess of Austria, Queen of France and Navarre: Including Several Important Periods of the French Revolution, from Its Origin to the 16th of October, 1793, the Day of Her Majesty's Martyrdom, with a Narrative of the Trial and Martyrdom of Madame Elizabeth, the Poisoning of Louis XVII in the Temple, the Liberation of Madame Royale, Daughter of Louis XVI, and Various Subsequent Events.* 3 volumes. Translated by R. C. Dallas, R. May, and Mrs. Ievers. London: Printed by C. Rickaby and sold by the author, 1805–1812.

Wilhelmina, Margravine of Baireuth. *Memoirs of Frederica Sophia Wilhelmina, Princess Royal of Prussia, Margravine of Baireuth, Sister of Frederick the Great.* With an Essay by William D. Howells. 2 volumes. Boston: James R. Osgood and Company, 1877.

Williams, H. Noel. *Madame de Pompadour.* New York: Scribner's, 1902.

Williams, Kate. *England's Mistress: The Infamous Life of Emma Hamilton.* New York: Ballantine Books, 2006.

Wolf, Adam. *Leopold II und Marie Christine: Ihr Briefwechsel (1781–1792).* Wien: C. Gerold's Sohn, 1867.

———. *Marie Christine, Erzherzogin von Oesterreich.* Wien: C. Gerold's Sohn, 1863.

Wraxall, Nathaniel William, Sir. *Historical Memoirs of My Own Time.* 2 volumes. London: T. Cadell and W. Davies, 1815.

———. *Memoirs of the Courts of Berlin, Dresden, Warsaw, and Vienna, in the Years 1777, 1778, and 1779.* 2 volumes. London: Printed by A. Strahan, for T. Cadell Jun. and W. Davies, 1800.

Younghusband, Helen Augusta Magniac, Lady. *Marie-Antoinette, Her Early Youth (1770–1774).* London: Macmillan, 1912.